평신도를 위한 성경난해구절해설 시리즈 5권

하나님을 그린 예술작품을 보니 II

[성문서]

이 병 삼 지음

도서출판 영문

감사의 인사로

21세기는 온 우주의 석양 같은 분위기입니다. 성경에는 말세의 징조와 예언이 많이 기록되어 있습니다. 그 많은 예언과 징조가 다 이루어졌습니다. 오직 주님의 재림 한 가지만 남았습니다. 그 주님은 왜 이다지도 안 오시는지 기다려지고 또 기다려집니다.

환경적으로 봐도 지구 온난화 현상으로 온 지구는 균형감각을 완전히 상실한 것 같습니다. 혹독한 더위, 그칠 줄 모르는 장마 비, 물 폭탄 같은 폭우, 해수면 상승으로 사라질 섬나라들 어수선한 석양에 성경난해시리즈 막내 '성문서'를 출산하게 되었습다.

히브리 구약성경의 성문서는 시서(욥 · 시 · 잠), 오축(사 · 룻 · 애가 · 전 · 에), 역사서(단 · 에스라 · 느 · 역대상 · 하)인데 시서는 시가서로, 역사서중 역대기상 · 하는 역사서(하)로 편집되어 이번 성문서에서는 오축5권과 역사서 3권 도합 8권을 묶어서 '하나님을 그린 예술작품을 보니 Ⅱ' 란 제목으로 내놓았습니다.

12월 19일이면 새 대통령선거로 희망을 주는 지도자가 뽑혀 소망의 나라로 만들게 될지? 지난 10월 초 남북정상 만남으로 전정체제, 평화체제, 항구평화선언으로 한반도에 평화가 지속될지? 북한 핵 문제 6자회담이 반드시 성공되어 삼천 리 금수강산에 비핵화, 전쟁 없는 평화가 얼마나 이루어질지?

모든 것이 의문부호로 끝나나 여기 '하나님을 그린 예술작품을 보니' 이 책을 읽고나면 '소망의 나라' 가 어떤 것인지, '항구적 평화' 가 무엇인지를 볼 수 있고 신령한 눈이 뜨이리라. 영안을 뜨고 하나님의 영광의 세계, 예술보다 더 극치의 세계의 주인공이 되라.

마귀와 사단은 제 때가 얼마 남지 않음을 직감하고 올바로 하나님을 믿지 못하게 하고 하나님의 은혜를 받지 못하게 하는데 수단 방법을 가리지 않습니다. 그러나 이런 위기는 도리어 기회를 제공해주기도 합니다. 이 위기를 극복하려고 하나님이 이 땅에 난제해설의 형제들을 보내셨습니다. 성경 안에는 모든 것의 해답열쇠와 능히 감당하게 길을 제시해 주고 있습니다.

그간 출간된 난제해설시리즈들을 대하고 많은 분들의 분에 넘치는 과찬과 성원에 부응하고자 이제 마지막 막내까지 내놓고 난제해설시리즈를 마감하고자 합니다. 이젠 계속해서 교회와 신앙개혁시리즈와 설교시리즈(요약 · 절기 · 예식 · 헌신예배)를 내놓으려고 합니다. 이 난제해설 12권과 개혁시리즈 1권, 성령론 1권 합 14권의 결실을 맺기까지 기도와 지도편달해주신 모든 분들께 감사로 인사드리게 됨이 더욱 감사할 따름입니다.

이 책들은 나의 신앙고백이자, 나의 설교요 나의 신학이요 나의 사상이요 나의 생명입니다. 그리고 나의 목회 철학입니다. 때로는 나의 자식들보다도 더, 내 사랑하는 손자들보다도 더 지극정성과 땀과 눈물을 쏟아 부은 것을 정리한 것입니다.

나를 돕는 것이 이 14권의 책을 읽으시고 은혜 받으시고 더욱 주님의 사랑받는 사람으로 온유, 겸손, 진실해지며 신앙이 더 뜨거워졌다는 소식이 나이 가장 큰 보람이요, 이 책을 통해서 주님과 교회에 더욱 가까워졌다는 소식이 이 종의 소원입니다.

그 바쁘신 와중에도 기꺼이 추천해주신 존경하는 고신 전 총회장 박치덕 목사님과 평소 늘 존경하던 정립대학교 총장이신 박재식 박사님께 심심한 감사를 드리며 다 정리되지도 않은 원고를 읽으시고 과찬의 독후감을 은혜와 감동으로 문학적 기법으로 써주신 나의 영원한 동역자 신재철 목사님, 이 모든 고마움에 우리 주님의 크신 은총이 충만하시길 기원합니다.

이렇게 좋은 책으로 만들어지기까지 원고정리와 컴퓨터 작업에 수고해주신 이수희 전도사님과 그가 섬기는 교회와 행복한 그 가정과 학업에까지 하나님의 손길이 늘 함께하시길 기원하며 특별히 영문출판사 김수관 장로님과 슬하에 모든 직원들에게 고맙고 감사의 인사를 드리며 하나님의 특별한 은총이 이들 위해 함께해 주옵소서.

또 그동안 부족한 종을 신학대학과 신대원 교수로 강의케 해주시고 늘 격려해 주시고 또 나의 이 책들을 신학교 교재로 사용해주신 여러 신학대학 학장님들께도 이 지면을 통해 진심으로 머리 숙여 감사의 인사를 재삼 드립니다.

언제나 새벽강단에서 기도할때마다 눈물로 기도해주시는 신일교회 교우들과 여러 가지 모양으로 후원해 주신 잊을 수 없는 분들도 주님은 일일이 기억해주시고 신령하고 거룩한 것으로 다 갚아 주시리라고 믿습니다.

이 세상에서 가장 행복한 우리 가정에도 계속된 행복이 영원할 줄 믿으며 이 책을 통해 맺어진 인연들이 하늘나라 가서까지 이어질 수 있는 기쁨과 은혜가 되시길 비오며 모든 이들에게 건강과 은혜가 충만하시기를 기도드리면서 머리 숙여 다시 한 번 감사의 인사드립니다.

2007. 11. 15. 소망의 해 2007년을 마무리하며
인천신일교회 목양관에서
이병삼 목사 감사의 인사로 소식 전합니다.

추천사

목회자의 바쁜 일상 중에 학문을 연구한다는 것은 여간 어려운 일이 아니다. 학문 중에서도 특별히 성경을 연구한다는 것은 단순한 지성적 노력만이 아니라 영감 없이는 진행하기 어려운 분야이다.

그럼에도 불구하고 연이어 성경난해 구절해설 서적을 집필하는 것은 대단한 노력의 산물이며 각고의 선물이다. 본인의 경험으로는 이런 학문서적을 발간한다는 것은 오금이 저리고 진액을 짜야 되고 고뇌에 찬 아픔 없이는 불가능한 줄로 알고 있다.

이런 어려움을 극복하고 애쓰신 본교 교수이신 이병삼 목사님의 이 책은 성경을 연구하며 말씀따라 실천하기를 간구하는 우리 신앙인 모두에게는 삭막한 이 현실에서 하늘 나라가는 로정기같은 역할을 해주시리라고 믿습니다.

특히 이해할 수 없는 성경난해 구절과 여기에 결부된 숱한 인생 삶의 문제들을 절대주권자이며 창조자이신 하나님의 섭리와 경륜을 절대 신뢰하고 순종해야 함을 일깨워주는 주옥같은 성경해설시리즈라고 칭찬해야 할 것이다.

나는 늘 온화하고 덕망 넘치는 이병삼 교수님의 우호적인 얼굴을 대하노라면 저절로 은혜가 되고 사랑하는 마음이 전이가 되며 평안이 찾아 오는 듯하다. 겉모습에 담긴 은혜도 대단하신데 이렇게 이번에도 평신도 모두의 필독도서인 성문서(스,느,에,단,가,룻,전도,애가서)를 출판하심에 같은 목회자로서 존경과 부러움이 앞선다.

끝으로 어느 주석이나 어느 책을 보아도 이 분야에서 처음 개척하신 분야이며 특히 성경의 모든 분야는 물론이거니와 인간관계, 사회생활에까지 다양한 모든 관계에서 하나님의 절대 주권만을 확증한 점과 명쾌한 해설은 신앙인들은 물론 목회자, 신학생, 평신도들까지 탐독되어야 할 책이기에 본인은 기꺼이 추천하는 바입니다.

2007. 11. 18

정립대학교 총장 신학박사 박재식

추천사

전도서 12:12에 여러책을 짓고 많이 공부하는 것은 몸을 피곤케한다는 말씀처럼 책을 쓴다는 것은 결코 쉬운 일이 아니어서 아무나 할 수 있는 일이 아닙니다. 그런데 본서의 저자인 이병삼 목사님은 한권 두권도 아니고 무려 열 세권의 책을 저술했고 금번에 열네번째 책을 저술했습니다. 저자는 앞서 출판된 그의 책 머리 인사말에 여러차례 자신의 저술활동을 자식을 낳는 것으로 생각하고는 산고 속에 낳은 아들 또는 옥동자라고 하고 여러 책들을 여러 형제라고 했습니다.

그렇다면 그는 한번 해산도 목숨을 거는 고통인데 무려 열 네 번이나 해산의 고통을 겪은 셈입니다. 그의 초인적인 정력과 끈질긴 집념과 굽힐 줄 모르는 의지에 감탄을 금할 수가 없습니다.

고도로 발달된 인쇄술 때문인지 기독교 서점에 가보면 성경 주석, 강해, 설교집들이 홍수를 이루고 있습니다. 그러나 소문난 잔치에 먹을 것이 없다는 옛말처럼 영혼의 영양소가 되는 양서는 그리 흔치 않은 현실인데 이 목사님의 성경난해구절해설은 마치 자갈밭에서 보배를 발견한 것과 같다고 하겠습니다.

본서가 다른 일반 종교서적과 구별되는 특이한 점은 난해구절 해설 시리즈답게 많은 난제들을 쉽게 풀어주어 가려운데를 찾아 긁어주는 듯한 시원함이 있습니다.

항간에 난해구절 해설이라는 책들이 간혹 있기는 하나 난해구절 그 자체보다 해설해 놓은 말이 더 어려운 경우가 있는데 본서는 신학교육을 받지 못한 평신도라 할지라고 쉽게 이해가 됩니다.

가장 이상적인 설교는 유식한 사람이 들어도 무식하게 들리지 않고 배우지 못한 할머니가 들어도 어렵지 않은 설교라고 하는데 본서는 저명한 학자가 읽어도 지적 수준에서 떨어지지 않고 평신도가 읽어도 어렵지 않은 것이 또 하나의 매력이라고 하겠습니다.

목회현장에서 가끔 겪는 일인데 교우들 중 성경에 어려운 문제를 들고와서 가르쳐 주기를 원할 때 신학교에서 배운데로 해석을 해 주어도 납득을 하지 않아 진땀을 빼는 경우가 있는데 저자는 천번하고도 몇백번 난제를 풀었으니 이것은 아무리 미사여구의 찬사를 한다고 해도 말이 모자랄 것입니다.

성경해석의 대표적인 해석방법은 주석과 강해인데 주석은 은혜면에서 아쉬운 면이 있고 강해는 지적으로 미흡한 점이 있기 마련인데 본서에서는 이 양면의 아쉬움이 해소되고 있습니다.

특히 본서에는 동서고금의 석학들의 글이 많이 인용된 것을 보아 저자의 독서의 폭이 넓은 것을 알 수가 있고 그처럼 많은 글을 인용하면서도 성경은 성경으로(Scripture to Scripture)라는 칼빈주의 해석원리에서 벗어나지 않았고 또한 적소에 신구약성경이 광범위하게 인용된 것을 보아 저자의 성경지식을 가늠할 수가 있습니다.

이 모든 점들을 보아 하나님의 말씀을 사랑하여 주야로 묵상하는 성도들이 성경과 함께 이 책을 옆에 두고 읽으시면 성경에 대한 넓고 깊은 지식과 함께 풍성한 은혜를 받을 것을 믿기에 이 책을 간곡히 추천하는 바입니다.

2007. 11. 17

고신 전 총회장 박치덕 목사

독후감

이병삼 목사 저
「하나님을 그린 예술작품을 보니 II」를 읽고

신재철 목사
〈철학박사(Ph.D), 초원교회 담임〉

성경은 기독교에 생명입니다. 성경이 없다면 기독교도 없는 것입니다. 그러기에 성경에서 벗어나 빗나가는 가톨릭을 보면서 기독교 개혁가들은 "Back to the Bible"를 외쳤습니다. 참된 교회는 성경대로 믿고 성경대로 행하는 교회입니다. 성경을 바로 알고 믿는 것은 너무나도 중요합니다. 성경이 바로 해석될 때에 바르게 믿을 수 있습니다. 성경을 해석함에 있어서 물론 성령의 조명하심이 있어야 함은 당연합니다. 하지만 해석하는 사람의 신학이 대단한 영향을 미친다는 것은 더 이상 말할 나위도 없습니다. 보수적인 바른 신학이 기초한 가운데 성경 해석이 이루어지는 것은 매우 값진 일이 아닐 수 없습니다.

성경을 연구하고 끊임없이 설교에 매달려 있는 목회자들이 어려워하는 부분의 하나가 있다면 성경의 난해한 부분을 어떻게 해석하느냐는 문제일 것입니다. 주석을 살펴보아도 난해한 곳은 건너뛰기가 일쑤일 뿐 아니라 제대로 해석을 한 곳이 별로 없는 상태입니다. 그러므로 어려운 부분을 피해 가고 싶은 심정은 누구나 가질 것입니다. 그런데 목회의 바쁜 일정에도 불구하고 이런 부분을 심도 있게 연구하여 지속적으로

이병삼 목사 저 「하나님을 그린 예술작품을 보니 II」를 읽고

신재철 목사
〈철학박사(Ph.D), 초원교회 담임〉

이병삼 목사는 1977년에 인천 신일교회(예장 고신)을 개척하여 2007년 현재까지 시무하면서 주의 나라 확장에 최선을 다하고 있는 학자형 목회자이다. 그는 한 교회에서 30년 동안 주님의 말씀을 증거 하면서 변함없이 성도들을 사랑하는 전형적인 사랑과 섬김의 목회자로 일관해 왔다. 이병삼 목사는 특별히 새로운 세기인 21세기를 맞이하여 그동안 결코 짧지 않은 시간동안 목회하면서 연구한 실적들을 한권 한권의 책에 담아 출판하여 독자들의 심금을 울리기 시작했다.

그는 2000년 도서출판 영문에서 '한국교회는 개혁되어야 다시 산다' 라는 책을 출간하여 교계를 정확하게 진단하고 대안까지 제시하여 신선한 도전을 안겨 주었다. 이후 이병삼 목사의 영적 시선은 곧바로 성도의 신앙과 생활 그리고 개혁의 표준지표인 성경연구에 몰입했다. 그 결과 그의 풍성한 영안과 영성으로 '그림자를 따라가 보니' 라는 저술을 선보이고 이어서 모세오경을 중심한 난해구절 100개를 명료하게 답하여 독자들로 하여금 새롭고 획기적인 주석서를 접하는 선물을 안겨주었다. 이후 '네 제자가 그린 예수님의 초상화' 등 12권의 성경난해구절 해설시리즈를 출판하여 신학자요, 저술가로서의 은사를 유감없이 보여주었다. 2007년 5월에는 '하나님을 노래한 예술작품을 보니 I' 라는 저서를 13번째로 출간하여 이 분야에 있어 그의 건재를 과시했다. 이목사의 성경을 풀어내는 열정은 지칠 줄 몰랐다. 이는 그가 하나님을 사랑하고 성도들과 특별히 그의 저술을 대하는 목사와 장로, 신학생, 평신도에 이르기까지 다양한 독자들까지도 사랑하는 마음이 남달랐기 때문이다. 이런 그의 저술이었기에 독자들도 혹한 속에서 봄을 기다리듯 그의 저술을 갈망하였다.

금번에 출간한 책의 특징을 몇 가지로 말한다면,

첫째로 종합주석서의 역할을 한다는 것이다. 룻기서를 위시한 8권의 성경난해 해설을 통하여 다른 주석들이 공급하지 못하는 특별한 충족과 영적희열을 주고 있다. 목회자들과 평신도들이 대하는 주석서는 그 수가 적지 않다. 그러나 난해한 부분은 해석하지 않고 넘어가는 경우가 종종 있어 독자들의 영적 갈증을 더하는 경우가 적지 않았다. 그러나 이목사의 저술들은 이런 부분을 간파하여 독자들의 목마름을 시원하게 해소하는 종합주석서로서 성도들이 풍족한 영적 신앙생활을 하는데 있어 가이드 역할을 충분히 해 냈다는 의의가 있다.

둘째로 성도들의 Q.T.에 크게 유익을 주고 있다는 점이다. 성경을 읽다보면 누구나 의문을 가지는 경우가 많다. 이 문제가 명쾌하게 풀리기까지는 불신앙의 상태로 남아있을 여지가 있다. 따라서 반드시 해결되어야 성도들의 신앙성장에 유익을 줄 수 있다. 이런 면에서 저자인 이목사는 풍부한 목회경험을 통해 얻은 신앙과 실력 그리고 그의 인격을 통하여 이런 성도들의 고충을 미리 파악하여 문제를 제기하고 이에 대한 명쾌한 답을 제시함으로 성경을 읽으며 신앙 생활하는 독자들에게 크게 기여하고 있다.

셋째로 저술의 연계성이 있다는 점이다. 보통의 저자들은 한 두 권의 책으로 저술을 마감하는 경우가 적지 않다. 그러나 이목사는 한 교회에서 오랫동안 목회하는 저력을 보여준 것처럼 한 출판사(도서출판 영문)에서 계속하여 저술을 이어가고 있다. 특별히 금번 저술로 창세기부터 시작된 성경난해구절 해설시리즈가 일단 요한계시록까지 다 마무리가 된다는 의의가 있다. 대작을 마치는 저자의 입장에서 볼 때는 아쉬운 부분도 있겠지만 이 책을 완독하면서 이목사와 같이 목회와 신학교 강의를 겸하는 필자로서는 엄청 난 도움과 영적영향을 받아 유익을 챙겼다는 사실을 숨길 수 없다. 이 책을 대하는 독자들은 다 이를 알기에 이병삼 목사의 완간에 축하의 박수를 보낼 것이다.

마지막으로 또 한 가지 특징을 말한다면 이목사의 문장력이다. 그의 글은 정교하고도 선명하고 그의 필치는 단순하면서도 분명하다. 금번에 이 책에서도 그의 문장력이 우리의 관심을 끌고 있다. 처칠의 제2차 세계대전이라는 책이 딱딱한 전쟁사이지만 많은 독자를 가질 수 있었던 것은 그의 문장력 때문이었듯이 이 목사의 책이 사람들에게 관심을 끄는 것은 그의 글이 지니는 독특한 맛 때문이다. 그의 필치는 쉬우면서도 독자들의 가슴을 침투하는 영적매력이 있다.

지금은 어느 때보다도 한국교회가 성경말씀을 통한 영적수준이 향상되어야 함이 요구되는 시기이다. 이때 이병삼 목사의 저술들을 한국교회의 건실한 성도들이 필독한다면 주의 나라 확장에 동참하는 즐거움이 부가 될 것이다.

특별히 금번 「하나님을 그린 예술작품을 보니 II」는 룻기, 전도서, 아가, 에스라, 느헤미야, 에스더, 예레미야애가, 다니엘서를 저자의 특별한 영감으로 성문집으로 분류하여 제목 그대로 하나님을 그린 예술작품으로 한국교계에 선보였다.

룻기서에서는 현숙한 효부 룻 같은 며느리 현대에도 가능한가 불가능한가? 외 7개의 요긴한 질문을, 동일한 방식으로 에스라에서는 제2차 포로귀환을 지도한 율법학자 에스라에 대하여 외에 12개를, 느헤미야에서는 신앙과 행정력을 겸비한 영적, 육적지도자 느헤미야에 대하여 외에 15개를, 에스더에서는 죽으면 죽으리다라는 믿음의 여인 에스더에 대하여 외에 14개를, 전도서에서는 전도서란 어떤 책이며 허무주의인지 복음주의인지 결론은 무엇인가? 외 17개를, 아가에서는 아가서의 본 이름은 무엇이며 면면의 모습은? 외 9개를, 예레미야애가에서는 애가란 성경은 아 어찌하여, 슬프다, 눈문들, 비탄 어느 것이 맞는가? 외 5개를, 다니엘에서는 다니엘은 선지서인가, 성문서인가, 묵시문학인가, 지혜서인가? 외 13개를 다루었다.

이목사는 이런 기술방식으로 문제에 대한 답을 그의 균형 잡히고 정립된 신학과 신앙, 그리고 세련된 문체를 동원하여 일목요연하게 답하여 풀어냄으로 독자들에게 내적심연에 이르게 하고 있다.

이 목사의 신학과 신앙, 수고와 땀이 서려있는 귀한 저작들을 대하는 많은 국내외 독자들이 이를 읽고 감동에 취해 영적 춤을 추는 모습들을 계속하여 보고 느끼고 싶은 심정이다.

이는 이목사의 자산이요, 유산이 될 것이다.

2007. 10. 15
초원교회 서재에서

책을 펴내고 계신 이병삼 목사님을 존경하며 경의를 표합니다.

시가서 중에 하나인 욥기서는 과연 누가 기록하였으며, 욥은 실재 인물인가, 아니면 가상의 인물인가, 욥과 같이 의롭게 살면 하나님께서 정말 복을 주시는가, 불법이 난무하는 이 시대에 편법을 쓰지 아니하면, 다시 말해서 정직하게 살면 도리어 힘들어 어려움을 당하는 일이 비일비재한데 그래도 의롭게 살아야 하나, 의롭게 살 때 성도들에게는 어떤 복이 주어지는가라는 부분을 비롯해서 욥기의 여러 가지를 궁금해 하는 것들을 잘 해석해 줌으로써 성도들에게 좋은 해답이 될 것입니다.

시편에서는 시편의 모든 시들은 언제 어떻게 한 책으로 만들어졌는가라는 질문에서부터 여러 가지 부분들이 알고 싶어지는 곳이기도 합니다. 그런데 이런 부분을 평신도들이 알기 쉽게 정리함으로써 시편을 한눈에 알 수 있게 해설하였다는 것입니다.

예를 들면 요즘에 일반 성도들도 즐겨하고 있는 '묵상'은 과연 다른 종교와 어떻게 다른가라는 것을 한 번 정도는 누구나 생각해 보았을 것입니다. 이 부분에 대해서 타종교(이방종교)와 기독교의 묵상에 대해서 명확하게 설명하여 줌으로써 평신도들이 자신이 하고 있는 묵상의 의미와 자세를 분명히 할 수 있으리라 봅니다. 그 외에도 여러 가지 질문의 난제를 놓고 자세히 해설함으로써 누구나 성경을 좀 더 쉽게 접할 수 있도록 되어 있는 것이 참 좋습니다.

차 례

룻기

에스라

느헤미야

에스더

전도서

아가

예레미야 애가

다니엘

이 책을 읽으시기전 참고하실 점

1. 성경본문을 반드시 2회~3회 이상 반복읽으신 후에 먼저 제목에 대해서 Q.T.한 후에 다음에 문제 제기에 대한 한 문제씩 자신의 답변을 구상한 후에 이 책을 읽으시면 많은 도움이 될 것입니다.(해답을 알면 아는데로 설정하시고 모르시면 모르시는데로 설정하시고 읽으셔야 합니다.)
2. 그간 출간된 열 한 권의 책들을 병행해서 읽으시면 연계성이 있기 때문에 많은 도움이 있으리라고 봅니다.(그간 출간된 책들은 전국 유명 기독서점에 있습니다.)
3. 매일 아침 한 문항씩 읽고 Q.T.하고 기도하고서 하루를 출발하시면 많은 소망과 활기가 넘칠 것입니다. 신앙에 큰 도움이 되고 신령한 눈이 열리게 될 것입니다.(많은 교회에서 구역공과 교재로, 또 수요일 연속 성경공부 교재로도 여러 신학교 교재로도 사용하고 있음)
4. 이 열 한 권에 추려진 문항들은 다른 서적에서는 해답을 얻을 수 없는 것(주석이나 전문서적들이 어렵고 곤란한 문항에서는 슬쩍 넘어가 버리는 경향이 있음) 그러나 이책들은 가능한한 다른책에서 다루지 않은 부분인 어렵고 곤란한 것들만 골라 오직 여기에서만 해답을 얻으리라고 자부한다.
5. 그래도 여러 가지 제약 때문에 다루지 못한 문항이 있으실 경우 연락주시면 (서신, 전화) 성심성의껏 응해드리겠습니다. 또 후에 재판

혹은 증보판으로 인쇄할 예정입니다.

6. 문제 해설을 읽으실 때는 먼저 번호를 확인하시고 문제제기 번호 찾아서 먼저 문제제기를 몇 번이고 반복 읽고난 후 문제 해설 번호 찾아 읽으셔야 합니다.
7. 마지막 결론은 모든해답을 함축해서 묶은 것이기 때문에 제목과 겸해서 읽으시면 많은 도움이 있으리라고 봅니다.
8. 이 책들을 통해 많은 신앙의 증진과 더욱 열심과 뜨거움이 있으시길 바라며 계속 읽으시고 반복하여 읽으실 때마다 많은 은혜와 복이 넘치는 것을 느끼실 것입니다.

2007. 11
저자가 부탁드립니다.

평신도를 위한 성경난해구절해설시리즈

룻기

Ruth

-룻기-

룻이 가로되 내 주여 내가 당신께 은혜 입기를 원하나이다
나는 당신의 시녀의 하나와 같지 못하오나
당신이 이 시녀를 위로하시고
마음을 기쁘게 하는 말씀을 하셨나이다
2:13

성경난해 구절해설 시리즈(성문서 룻기 1-(1)-①)

Q "현숙한 효부 룻 같은 며느리 현대에도 가능한가 불가능한가?"

룻 1:1

A 룻(Ruth)은 '여자친구' 또는 '우정'이라는 뜻을 가진 이름이다. 이 여인은 유대여인도 아니요 사마리아여인도 아닌 이방인 모압 족속의 여인이다(룻1:4)

룻기 첫 장에서 그의 이력서는 엘리멜렉과 나오미의 맏며느리로 남편 이름은 말론이었다. 어인일인지 한 집에 세 남자 엘리멜렉과 말론과 기론이 얼마간의 간격을 두고 세 남자 모두 소천 당하므로 나오미와 룻, 오르바 세 과부만이 처량하게 남게 된다.

가나안땅 흉년을 피해 모압땅까지 왔지만 더 큰 환난과 시련을 경험한 나오미는 이제 하나님의뜻을 깨닫고 귀향하기로 결심한다. 그런데 자부 룻이 끝까지 동행하겠다고 다짐하는데 도리어 나오미는 미안해한다.

가나안땅에 돌아가 보아도 별 소망은 없지만 남편과 두 아들을 잃은 나오미에게 오직 남은 것이라고는 하나님께 대한 신앙뿐이었다. 시어머니 나오미의 권고로 오르바는 친정집으로 돌아가고 룻은 나오미의 극구 만류에도 불구하고 동행할 것을 다짐하므로 두 과부가 돌아온다.

여기서 효부 룻의 고백은 현대같이 고부간의 갈등이 심한 이 현실에 큰 메시지를 전해주고 있다. 결혼을 앞둔 모든 여 청년들은 다 외우고 룻의 고백의 10분의 1이라도 시행해 보겠다는 마음만 있어도 현대의 효부상은 받게 될 것이다.

첫째고백: 룻이 나오미와 동행하기로 결심한다. "나로 어머니를 떠나며 어머니를 따르지말고 돌아가라 강권하지마소서"(16절) 얼마나 위대한 결단 이었나 영원을 좌우한다.

둘째고백: 룻은 함께 기거하기로 결심한다. "어머니께서 가시는 곳에 나도 가고"어머니가 가는 나라는 내 나라건 내 나라가 아니건 어디든지 같이 가서 거기서 같이 살겠다는 결심은 핵가족시대 부모따라 살지 않고 따로 살려는 현대 여성들에 큰 경종을 울린다.

셋째고백: 룻은 한집에 동거를 결심한다. "어머니께서 유숙하시는 곳에 나도 유숙 하겠나이다" 남편 소망도 없지만 한때 사랑하던 남편의 어머는 내 어머니이니 내가 한집에 모시고 생사고락을 같이 하면서 어머니의 뒷바라지를 책임지겠다는 결심인 것이다.

넷째고백: 룻은 어머니의 사람으로 모든 것을 이해하고 내가 희생하겠다는 결심이다. "어머니의 백성이 나의 백성이되고" 어머니의 모든 것은 내가책임지고 어머니가족, 형제, 친척 모든 풍습, 율례는 물론 고통, 기쁨, 남은생애 모두모두 내가 희생, 헌신해서 편안히 모시겠다는 것이다.

다섯째고백: 룻은 종교와 신앙까지도 어머니를 따르겠다는 결심이다. "어머니의 하나님이 나의 하나님이 되시리니" 내 신앙을 다 개종해서 어머니의 신앙의 계대를 이어가겠다는 것이다.

여섯째고백: 룻은 죽음도 같이 하겠다는 결심이다. "어머니께서 죽으시는 곳에서 나도 죽어 거기에 장사될 것이라" 어머니와 생사고락을 같이하여 어머니 가계를 이어 나도 여기서 죽겠노라

일곱째고백: 룻은 매장지는 물론 이별을 죽음으로 맺겠다는 결심이다. "만일 내가 죽는 일 이외에 어머니와 떠나면 여호와께서 내게 벌을 내리시고 더 내리시기를 원하나이다" 우리사이의 이별이란 죽음만이 갈라놓을 수 있지 그 어떤 것도 불가능할 것이란 굳은 결심은 하늘이 내린 효부이다.

여기 룻의 결심을 자세히 살펴보면 인간사 배후에서 당신의 구속사를 이끌어 가시는 하나님의 주권적인 섭리를 깨닫게 된다. 사실 룻이 그 시모를 끝까지 따르고자 결심한데에는 무엇보다 나오미에 대한 인간적인 책임감이다. 인간적 인정이 크게 작용했을 것이 분명하다.

하지만 룻의 결심에는 하나님께 대한 신앙이 또한 주요한 요인으로 작용했음을 간과해서는 안 된다. 즉 룻은 하나님을 공경했던 나오미의 깊은 영향을 받아 하나님을 공경했을 뿐만 아니라 그녀 역시 그 시모처럼 하나님의 언약백성 되기를 희구했던 것이다.(16,17절)

결국 룻의 이러한 신앙은 이방여인이었음에도 불구하고 다윗과 그리스도의 족보에 오르는 영광을 얻게 된다(룻4:18-22, 마1:5-17) 우리는 이러한 사실을 통해 이방인인 우리가 하나님의 백성이 될 수 있는 지를 교훈 받게 된다.

그것은 바로 하나님을 향한 '믿음' 이다(롬1:16-17) 즉 우리가 하나님의 백성이 될 수 있는 근거는 혈통이나 신분 지위에 있는 것이 아니라 룻과 같이 하나님을 자신의 주로 받아들이고 믿는 길 뿐인 것이다(갈3:14)

룻은 시대적으로 사사들이 이스라엘을 치리하던 때의 인물로써 이스

라엘과 모압 간에 잠시 동안 평화가 이루어졌던 때를 배경으로 한다. 사사시대의 이스라엘은 이방인의 침입과 더불어 백성들의 타락으로 말미암아 12지파간의 알력이 극도에 달했던 혼란한 시기였다.

더욱이 그 땅에 기근이 일어 많은 백성들이 어려움을 당하였는데 이때에 엘리멜렉의 가정은 기근을 피하고자 유대 베들레햄을 등지고 이방땅 모압으로 이주하게 된다.

한편 이같이 이스라엘이 타락하였을 때 모압 여인 룻이 이스라엘사람 나오미 아들 말론과 결혼하고(B.C 1160년경)결국 시모인 나오미를 통해 하나님을 영접하여 구원에 이르게 된다는 사실은 하나님의 놀라운 구속사적 은총을 예표한다.

한편 당시 이스라엘에는 아들이 없는 과부가 남편의 형제나 친척과 결혼하는 계대결혼의 풍습이 있었다. 룻이 베들레햄으로 귀향 후 나오미의 친척인 보아스와 결혼함으로써 (B.C1140년경) 그리스도의 족보에 오르는 영광을 얻게 된 것도 이 풍습에 의한 것 이였다. 여기서 우리는 하나님이 당신의 구속사를 전개해 나가시되 그 당시의 시대적 환경을 적절히 사용하심을 발견하게 된다.

효성스런 룻을 통해 우리가 얻어야할 교훈 몇 가지를 적어본다.

첫째로 룻은 남편을 잃은 후에도 효성으로 시어머니를 섬겼고 결국은 자기의 동족과 문화와 신앙과 세상의 안일함 등을 모두 포기한 채 시어머니를 따라 베들레햄까지 왔다. 그래서 이러한 행위로 말미암아 그는 하나님의 사랑과 구원을 힘입게 되었고 결국은 이방인으로써 다윗과 그리스도의 조상이 되는 놀라운 축복을 받게 된 것이다. 이처럼 룻의 변화된 신분은 세상의 즐거움과 안일을 쫓지 않고 오직 그리스도로 말미암아 변화되길 소망하는 교회의 모형을 예표한다. 그러므로 우리는 영광을 얻기까지 희생과 어려움을 견디어내는 신앙의 성공자가 되어야 한다.

둘째로 룻기서를 통해 동서고금을 통해 해결치 못한 고부간의 문제를 해결 받아야한다. 즉 나오미는 자부들을 친딸과 같이 여기고 사랑했는가 하면(12,13절) 며느리들 또한 시모 나오미를 친어머니와 같이 따르고 공경했던 것이다(8-10절)

물론 이와 같이 아름다운 나오미 가정의 모습은 가정을 신앙으로 이끌고자했던 나오미의 자부들에 대한 사랑이 그 결실을 보게 된 것이라고 하겠다. 이처럼 성도들의 가정에서 윗사람이 아랫사람들에게 신앙과 사랑으로 영향을 끼치고 아랫사람들은 윗사람을 신뢰하고 따르며 공경한다면 양자 간의 갈등은 사라지고 오직 사랑의 열매만을 맺을 수 있을 것이다.

셋째로 룻은 무기력한 시어머니 나오미를 끝까지 사랑하였고 이삭을 주우며 생계를 유지하기까지 그를 공경하였다. 이러한 모습은 고부간의 갈등이 심화된 현대사회에 시사 하는바가 크다. 그러므로 성도된 우리는 불신자들이 볼 때에 그 효성을 보고도 주님을 영접할 수 있도록 룻과 같은 현숙한 효부가 되어야하겠다(룻4:5, 엡6:1-3)

넷째로 본래 하나님을 알지 못하던 모압여인 룻은 나오미를 통해 하나님을 영접하게 되었다. 그리고 고향과 고국을 버리고 시모를 따르느냐 아니면 고향에 남아있느냐 하는 위기의 순간에 그녀는 "어미의 하나님이 나의 하나님이라"는 놀라운 신앙고백을 하게 된다(1:16)

이것은 룻이 어려움이 닥쳤을 때 그것을 극복함으로써 신앙이 크게 성숙하였음을 보여준다. 이처럼 우리의 신앙도 더욱 성장하는 모습을 보여야한다. 성도는 어려울수록 더욱 담대하게 극복함으로써 성숙된 그리스도인으로 자라나야 할 것이다(엡3:13, 히5:12)

다섯째로 룻은 남편을 잃고 시모를 따라 낯선 땅에 거하게 된 현실의 암담함 속에서도 낙심치 않았다. 오히려 그는 이방인으로써 받게 될 냉대와 육체적인 어려움등도 감수한 채 시모를 부양하기위하여 이삭줍기

를 자처하는 적극적인 삶의 모습을 보여주었다(2:2)

이처럼 성도는 고난에 처하였을 찌라도 실의에 빠져 낙망하지 말고 적극적으로 삶을 타개해 나가야 하겠다. 실로 하나님께서는 룻에게 보아스를 보내어 위로하였듯이 어려움에 처한 우리에게도 당신의 사랑을 보여 주신다(시91:15, 롬8:37)

여섯째로 나오미에 대한 룻의 효성과 사랑은 지극히 고매했다. 그로 인해 다른 사람들은 그를 "현숙한 여인"이요 "일곱 아들보다 귀한 자부"라고 인정하였다(3:11,4:5) 이는 우리들에게 주님을 믿는 자들의 합당한 성품이 어떤 것인지를 잘 보여주고 있다. 실로 우리는 믿음의 본을 세워 하나님의 아름다운 덕을 선전하는 자가되어야 하겠다(벧전2:9) 효성스런 효부 룻같은 며느리들로 교회마다 가정 가정마다 채워지시길 하나님은 바라고 계신다.

2007. 6. 1.

"성경 속에서 현숙한 효부 룻을 기록한 룻기는 진흙 속에서 진주를 발견한 것 같다. 현대처럼 고부간의 갈등이 극에 달한 시대에 완벽한 해답을 우리에게 시사해주고 있다. 좀처럼 찾아 만나보기 힘든 현숙하고도 효성스런 룻 할머니의 신앙에 머리를 들 수가 없노라.

시모를 따라나서느냐 고향에서 개가하여 일신상의 안위를 누리느냐의 화급한 상황 속에서 룻의 일곱 가지고백은 우리 모든 여성의 교육현장이 되어야하며 부모모시기를 꺼려하는 현대여성을 향한 노도광풍 같은 위대한 설교 문이며 가정행복의 지침서라고 본다.

룻이 시모따라 믿음을 얻게 됨이 신랑 보아스도, 다윗가문도, 예수그리스도의 가문까지 얻게되고 당시 계대결혼법의 풍습도 구속사를 이루려고 하나님이 내셨고 여기 여섯 가지교훈은 우리 성도들의 신앙의 표본이며 하나님의 뜻이다. 뜻이 있으면 길이 있듯이 믿음이 있으면 반드시 축복과 영광이 뒤따른다."

성경난해구절 해설시리즈(성문서 룻기1-(2)-②)

Q "룻기에 대한 자세한 연구와 오늘에 재발견되어야 할 진리들"

룻 1:1

A 히브리어 성경의 제목 '루트'(רוּת)와 헬라어 구약성경인 70인역(LXX)의 '루트'에서 유래한 것으로서 본서의 중심인물인 모압 여인의 이름을 따라 명명하였다.

성경에서 여성의 이름으로 된 책은 에스더와 룻기(Ruth. 路得記) 두 책밖에 없으며 그 가운데서도 에스더는 유대인이나 룻은 이방인이니 이방여인의 이름이 성경책 제목이 되었다는 점에서 룻기는 특이할 만한 책이기도 합니다.

이 책의 저자는 알 수 없습니다. 그러나 탈무드는 사무엘을 본서의 저자로 지목하고 있지만 다윗이 이미 널리 알려진 인물로 언급된 것으로 보아(4:16,22) 사무엘 후대의 저자에 의해 기록된 것으로 보는 것이 타당하다고 본다.

사무엘이 세운 선지학교 출신의 누군가가 저자일 가능성이 매우 높다. 한편 이 책의 수신자는 다윗왕가의 성립이 하나님의 섭리에 의한 것임을 알아야할 필요가 있는 왕정시대에 이스라엘 백성들이 1차 대상이었을 것이다.

기록 년대 또한 알 수 없으나 다윗왕의 치세기간에 다윗왕을 세운 것이 하나님이요 하나님의 예정과 섭리를 강조하기 위함이니 다윗왕의 치세기간인 B.C 1010년으로부터 B.C 970년 어간일 것이다. 헌신적인 모압여인 룻의 희생과 믿음 사랑을 통해 영원히 망각될 위기에 있던 이스라엘 한가문의 구원과 다윗왕조의 영광에까지 이르게 되었다는 실화로 이야기같이 전개해 나간다.

이 짧은 룻기 전편에 약13회 가량 나타나는 '기업 무를 자' 즉 '고엘'(goel)은 형제나 친족의 억울한 죽음에 대한 복수 혹은 후손 없이 죽은 형제의 아내와 혼인하여 대를 잇게 하는 일 또 궁핍하여 형제가 잃은 밭이나 땅 등을 사주도록 한 고대 이스라엘 사회의 한 제도이다.

그런데 이 용어는 그리스도께서 당신의 피로써 죄와 사망아래 팔린 죄인들의 구속을 나타내는 신약의 용어 '구속'(redemption)의 의미와 정확히 일치한다. 따라서 이 제도에 따라 룻과 혼인하며 나오미의 가문을 되살린 보아스는 장차 오셔서 온 인류를 죄에서 구속하실 예수그리스도의 사역을 가장 잘 예표하고 있습니다.

룻기는 먼저 소설적 구조로 되어있다. 문학 장르상 룻기는 단편소설(novella)로 분류할 수 있다. 하지만 간결하고도 정선된 언어선택, 등장인물의 뚜렷한 개성, 내용전개에 따른 균형 잡힌 장면 분배 등은 하나의 극시(劇詩, dramatic poem)로도 분류가 가능하게 한다.

룻기를 가리켜 '사사기와 사무엘서 라는 딱딱한 조개껍질 사이에 끼어 있는 작은 진주' 라고 한 표현은 룻기의 이러한 문학적 특성을 잘 나타내 주고 있다.

즉 룻기는 국가의 정치와 전쟁 등을 다루는 사사기와 사무엘서 사이에 위치해 분량 면으로는 지극히 보잘것없어 보이지만 역사적이고 신학적인 가치에 있어서는 그것들에 결코 뒤떨어지지 않고 오히려 오색 창연한 빛을 발하고 있는 책이다. 분류하면 소설에 가까운 이 책을 역사서 가운데 두었다는 사실자체가 이미 이 책의 무개와 가치를 입증하고 있는 것이다.

이 룻기는 사사들이 치리하던 때를 배경으로 한다. 사사시대는 한마디로 방향감각을 잃어버린 시대(the Age of Disorientation)였다. 종교와 도덕적으로 절대적 진리기준을 잃어버리고 '사람마다 각각 자기의 소견에 옳은 대로 행하던' (삿17:6,21:25)시대였다.

룻기는 바로 이러한 시대에도 신앙을 지켰던 소수의 경건한 사람들의 이야기를 들려준다. 그럼으로써 하나님의 구속사의 손길은 멈추지 않고 계속됨을 보여주는 것이다. 아울러 사사시대와 왕정시대로 넘어가는 과정에서도 하나님께서는 이스라엘을 버리지 않으시고 오히려 의로운 다윗왕의 출생을 준비하고 계셨음을 보여준다. 따라서 룻기는 구약의 성경 속에서 사사기와 사무엘서를 하나님의 섭리라는 관점에서 이어주고 있는 역사적 가교역할을 하고 있는 것이다.

더 나아가 룻기는 하나님의 구속사의 중요한 진리를 계시하고 있다. 본서에서 룻이 '모압 여인' (a Moabitess)이라는 사실을 여러 차례 강조하고 밝히고 있다.(1:22, 2:2.21, 4:5.10) 여기에는 많은 의미가 숨어 있는 것이다.

즉 모압 여인 룻이 시어머니의 하나님을 자기의 하나님으로 받아들임으로써(1:16) 이스라엘 공동체 안으로 들어오고 더 나아가서는 이스라엘에서도 가장 정통 가문이라고 할 수 있는 다윗왕의 조상이 된 것이다. 이는 여리고의 기생 라합이 이스라엘 공동체 안으로 들어오고 다윗왕의 조상이 된 사실과 함께 하나님의 구원은 혈통에 의해 좌우되지 않고 오직 믿음으로 말미암는다는 구속사의 진리를 이미 구약시대에 뚜렷이 증거 한 중요한 실례가 된다.

원래 모압 족속은 하나님의 총회에 영원히 들어오지 못하도록 신명기 23:3에 못 박았으나 하나님은 룻의 믿음과 효성에 감복 되어 하나님의 언약까지 변경시켜 하나님의 총회에 받아들였다.

더욱이 룻이 라합과 마찬가지로 다윗왕가를 뛰어넘어 예수그리스도의 가문의 조상이 되었다는 사실은 장차 모든 이방인들이 믿음으로 말미암아 메시아 가문에 편입될 것이라는 귀중한 구속진리를 예표하고도 남습니다.

히브리 전통에 따르면 룻기는 본래 성문서에 위치해 있으며 오순절(Pentecost)에 읽혀지는 책이었다. 그러던 책이 역사서 세 번째 위치에 오게 된 것은 헬라어 성경이(LXX) 이 책을 역사서의 여호수아서와 사사기 뒤에 갖다 놓았기 때문이다.

이러한 순서를 라틴어 성경 '벌가타' (Vulgata)역시 따르고 있으며 개역성경 역시 이 순서를 따르고 있다. 이렇게 성문서에 위치해 있던 책이 역사서의 세 번째 순서에 위치하게 된 것은 물론 이 책이 사사시대를 배경으로 하고 있기 때문이다. 그러나 룻기가 이렇게 역사서 세 번째 위치에 오게 된 것은 단지 시대적 배경 때문만은 아닌 것이다.

룻기의 가장 큰 문학적 특성 가운데 하나는 단순성과 명료성이다. 그러면서도 이 책의 플롯(plot)은 그 균형미와 극적인 성격을 갖추고 있다. 이것이 독자들을 매료시키는 룻기의 가장 큰 장점가운데 하나이다. 하지만 로버(Rouber)가 말했듯이 룻기는 "그저 앙증맞게 매력적인 책이 아니다"

이 책이 주는 극적인 재미 이외에 우리가 새롭게 발견해내고 주목하지 않으면 안 되는 우리가 깊은 이해력을 가지고 읽지 않으면 안 되는 요소들이 있다. 바로 이러한 것들이 본래 성문서에 위치해 있어야 함직한 이 책을 역사서의 세 번째 위치에 오게 한 근본원인이 된 것이다.

룻기에는 모세가 전해준 율법의 정착단계에 들어서 이스라엘 사회에서 어떻게 적용되고 어떠한 결과를 가져왔는지를 알게 해 주는 요소가 있다. 즉 모세가 명한 수혼법(창38장, 신25:5-10)과 기업 무를 제도(레:25, 민27:1-11)가 가나안정착 단계에서 어떻게 적용 되였는가를 보여주는 일면이 있는 것이다.

분명히 모세가 명한 수혼법 어디에도 동거하는 형제가 아닌 친척으로 이 의무를 이행하도록 한 규정은 없다. 그러나 룻기에 나오는 나오미는 보아스를 기업 무를 자로 규정하면서(2:20)이 법을 근거로 룻과 보아스의 결혼을 성사시키기 위하여 룻에게 지시한다. 또 보아스 역시 룻의 당돌한 요구를 받고 자신이 기업 무를 자의 의무를 다할 것임을 약속한다.(3:12,12)

또 기업 무를 자의 권리를 이양하는 당시의 절차에 따라 이 권리를 보아스보다 더 가까운 사람으로부터 이양 받는다.(4:1-12) 이러한 전체적인 사실은 룻기가 모세의 율법에 상당히 의존해 있다는 것을 보여준다.

동시에 단순히 의존해 있을 뿐만 아니라 모세의 율법이 비록 타락한 사사시대지만 소수의 신실한 사람들에 의해 얼마나 그 정신을 살려 확대해석이 되었는가를 보여준다. 이렇게 율법을 신실히 준용함으로써 룻뿐만 아니라 엘리멜렉 가문을 구원한 보아스 역시 다윗의 조상이 되는 행운을 누렸음이 강조되고 있는 것이다.

이 제도는 이스라엘이 중앙 집권체제인 왕정으로 발전하면서 점차 사라져 버렸다. 하지만 선지자들에 의해 신학적인 의미로 발전하였다. 즉 장차 오실 그리스도께서 자기 핏 값으로 사신 교회와 성도 개개인을 이해하는 중요한 개념이 된 것이다(롬3:24,벧전1:18) 이런 의미에서 룻기는 예수그리스도의 십자가의 죽음을 구약적 맥락에서 이해하는데 없어서는 아니 될 매우 중요한 책이라고 볼 수가 있다.

또 한 가지 재발견할 것은 하나님의 이름에 관한 용례이다. 룻기에는 '하나님' 이라는 이름이 세 번 '전능자' 라는 이름이 두 번 그리고 '여호와' 라는 이름이 모두 18번해서 모두 23회 사용되고 있다. 그런데 그 가운데 룻기 저자가 직접 거명하여 사용한 것은 모두 두 번 밖에 안 된다. 즉 여호와께서 이스라엘을 권고하사 양식을 주신 사실을 보도할 때와 보아스와 결혼한 룻이 잉태하게 된 사실을 보도할 때 외에 모두 하나님의 이름은 이 책에 등장하는 사람들의 입을 통해 사용되고 있는 것이다.

이와 같은 사실이 의도하는 바는 무엇이겠습니까? 이 두 가지 사실외의 룻기에서 일어나는 모든 일에 대한 하나님의 역사하심을 감추는 것이다. 즉 룻이 시어머니 나오미를 따라 돌아와 보아스와 만나서 결혼하기까지의 모든 일은 거의 하나님의 특별한 역사와 기적이 없이 일어난 일이라는 것이다.

이러한 의도는 집약적으로 가장 잘 드러내는 것이 룻과 보아스의 만남을 보도하는 2:3절의 기록이다. 거기에서 저자는 룻과 보아스의 만남이 '우연히' 일어났음을 보도한다. 하지만 여기에서 '우연히' 란 그야말로 우리가 흔히 사용하는 의미에서 우연히는 아니다. 그 만남에 아무런 인간의 조작이 없었다는 의미에서 사용하고 있는 말일 뿐이다.

다시 말해서 인간적인 아무런 주선이나 의도가 없었는데도 결과적으로 보면 운명적인 아름다운 만남을 통해 다윗왕의 조상이 되는 행운과 함께 결과적으로 보면 메시아의 족보에 오르는 결과가 왔다는 것이다.

결국 이와 같은 사실이 말해 주는 것은 무엇인가? 하나님께서 기적적이고 초자연적인 사건 속에서만 역사하시고 일하시는 하나님이 아니시라는 것이다. 다시 말해서 지극히 일상적인 삶 가운데에서도 하나님께서는 당신의 섭리와 인도를 통해 당신이 원하시는 아름다운 일을 이루어 가신다는 것이다. 따라서 룻기를 읽을 때 우리는 가장 일상적인 삶속에서 임하시는 하나님의 아름다운 섭리뿐만 아니라 역사의 위대함과 소중함도 배우게 된다.

룻기는 또 당장 닥친 고난과 흉년을 피하려고 풍족한 가운데서도 (1:21) 하나님이 정해주신 베들레햄을 떠나 이방 땅 모압으로 가게 된다. 견딜 수 없어도 참아야 될 사안들인데 풍족한 가운데 떠났으니(룻 1:21) 배은망덕하다고 본다. 그러니 세 남자가 모두 죽고 철저히 망한 나오미가 쓸쓸히 고향으로 돌아오는 것을 볼 때 하나님께서 성도들에게 주신 사명의 자리를 굳건히 지키는 일은 대단히 어렵고 힘든 길이지만 우리가 마땅히 해야 할 사명과 의무임을 본서는 설교해 주고 있다.

룻기는 사사기 제17장-21장에서 사사시대의 한 시대상을 보여 준다. 첫째는 미가의 신상을 중심한 이스라엘의 신앙타락을 보여주며 (17:~18:) 둘째는 한 레위 가정의 파탄과 그 가정을 대상으로 저지른 기브아 비류들의 악행으로 동족상잔의 비극 상을 잘 보여 준다.

여기에 비해 룻기 역시 사사기 17:~ 21:과 함께한 부록역할을 하지만 또 사무엘서와 연결해 보면 사무엘서의 서론 역할을 한다. 즉 어떻게 해서 다윗과 같은 의로운 왕이 탄생하였는지를 다윗 선조들의 자연스런 이야기를 통해 미리 잘 들려주고 있다고 본다.

2007. 6. 2.

"1-(1)-①에서는 룻 개인에 대한 자세한 연구로 '현숙한 효부 룻같은 며느리 현대에도 가능한가, 불가능한가?"로 현대같이 고부간의 문제해답을 얻을 길 없는 현대교회에 완전무결한 해답을 제시해 주고 있다. 뜻이 있는 곳에 길이 있듯이 믿음의 효성이 있는 곳에 영광이 있으리라

여기에 비해 1-(2)-②에서는 "룻기 책에 대한 자세한 연구와 오늘에 재발견되어야 할 진리들"로 이 책에 대한 모든 것을 샅샅이 밝혀놓았다. 책명, 기자, 년대, 그리스도의 예표, 문학적 구성요소 및 시대적 배경, 성경의 배치, 구속사의 중요한 진리면과 재발견되어야 할 진리도 몇 개 새롭게 조명해 보았다.

크고, 전쟁과 같은 사건만 다루시는 하나님이 아니시고 성도의 일반적 생활 하나까지 다 간섭하심 보여주고 원래 나오미 식구들이 굶어죽는 극한 상황에서 떠난 것이 아니고 풍족한 가운데서 더 잘살아 보겠다고 떠났으며 사사기의 부록으로(삿17:~21:) 두 사건은 부정적이나 룻기는 긍정적이며 사무엘서의 서론이라고 보고한다."

Q "믿음과 덕을 소유한 베들레헴 유지 보아스에 대하여"

룻 2:3-23

A 보아스(영 Boaz.히 '보아즈'(בעז),헬 '보에스'(βοές)로 '민첩', '재빠름', '강함이라는 뜻을 갖었다. 가문은 원래 훌륭하지 못한것 같다. 살몬과 기생 라합 사이에서 낳은 아들이다.(마1:5) 그러나 나오미의 남편인 엘리멜렉의 친척으로(룻2:1) 베들레헴성 밖에 많은 밭을 가지고 있는 부유한 지주였다.(룻2:2-23) 그는 모압 여인 룻과 결혼하여 다윗의 할아버지인 오벳을 낳고 오벳은 이새를 낳게 된다.(4:17,22,마1:5,눅3:32)

시대적 배경으로는 B.C1390-1050년의 사사시대를 배경으로 한다. 당시의 이스라엘은 도덕적으로나 종교적으로 극도로 타락해 있었다. 그리고 이웃을 돌보고 나그네를 대접하는 인정적인 풍습도 거의 사라진 때였다.

이에 대한 단적인 예로서 본래 이스라엘에는 사회 빈민자를 구제하기 위한 이삭줍기의 율법규례가 있었다. 그러나 그 당시 일부 백성들은 이러한 규례를 무시한 채 자기 배를 채우기에 급급하여 가난한자들의 이삭줍기를 금지 하였다.

그러나 이같이 부패한 시대에 믿음과 덕을 소유한 대지주 보아스는 가난한자들을 위한 율법의 규정을 신실히 이행하였을 뿐만 아니라 나오미와 룻과 같이 타국에서 이민 생활하다가 불행을 당해 돌아온 과부들을 힘써 돌보았다. 이처럼 보아스는 타락한 사회 속에서 신실한 자로서 빛과 소금의 역할을 감당한 인물이다.

그의 성품으로는 궁핍함에 처한 룻에게 호의를 베풀었던 동정심과 깊은 배려심을 소유한자이며(룻2:8-16) 또한 자신의 일꾼들에게 하나님의 축복을 기원할 만큼 믿음과 덕을 지닌자로 사료되며(2:4) 또 룻의 청원을 받아들이고 다른 자들의 오해를 받지 않도록 새벽에 룻을 보낼 만큼 사려 깊고 신중한자 같이 보인다.(2:7-14)그리고 기업 무를 자의 의무를 약속한 대로 즉시 수행하는 책임감도 강하며(3:11-13)또한 기업 무를 자의 권리를 양도받기 위해 성문앞 장로들과 증인을 세울 만큼 일처리에 명확하고 분명한 자이다.(4:1-12)

또한 그의 구속사적 지위로는 궁핍가운데 처한 룻과 그의 가정을 구원하였는데 이는 멸망가운데 있는 죄인을 구원하신 예수 그리스도를 예표 하였다고 본다. 그리고 기업 무를 자의 권리를 양도받아 하나님의 축복을 받은 자로 나타난다.(4:11-22) 또 다윗왕의 증조부로서 그 이름이 예수 그리스도의 족보에 오르게 된 자이다.(마1:5) 또한 모세의 율법에 명시된바 사회보장제도를 율법에 따라 신실히 이행한 자로 나타나 보였다.(2:3-16)

그에 대한 평가 및 교훈으로 다음과 같이 적어본다.

1) 보아스는 시어머니를 모시고 힘겨운 생활을 해 나가고 있는 룻에게 사랑과 동정으로 호의를 베풀었다.(2:3-16) 이처럼 이웃을 돕는데 있어서 인색하지 않고 또 생색을 내지 않은 채 더 많은 곡식을 가져갈 수 있도록 배려해 주었던 그의 모습은 이웃에게 사랑을 베풀 때 어떻게 해야 하는가를 잘 보여준다. 실로 우리는 이웃을 내 몸과 같이 사랑하라는 주님의 말씀처럼 곤경에 처한 자에게 신실히 선을 행해야 하겠다.(롬

13:9,10)

2) 보아스는 자신의 일꾼들에게 겸손히 문안하며 하나님의 축복을 기원하였다.(룻2:4) 이러한 모습은 오늘날의 노사 문제에 대해서 시사하는바가 크다. 그러므로 성도된 우리들은 주를 믿는 믿음과 사랑으로써 근로자들을 대하며 결코 이기적 마음으로 회사를 경영해서는 안 되겠다.(고전4:9-13)

3) 보아스는 룻이 부탁한바 나오미 가정의 기업 무를 권리를 대행하고자 일을 정확하고도 성실하게 처리하였다.(4:1-12) 이처럼 친족을 위해 자신의 물질적 정신적 희생을 감수한 보아스의 사랑은 우리를 구원코자 하늘의 영광된 자리를 버리시고 이 땅에 오신 예수 그리스도의 사랑을 예표 한다. 그러므로 우리도 더 큰 일을 위해서는 나의 희생이 요구된다 할지라도 이를 감수할 줄 아는 사랑의 사도가 되어야 하겠다.(고전4:9-13)

4) 보아스는 룻에게 약속한 바를 그대로 이행함으로써 다윗의 증조부가 되고 또 예수 그리스도의 가계에 기록이 되는 큰 영광을 얻게 되었다.(4:11-22) 이처럼 선한 행실은 반드시 하나님께로부터 그에 따른 적절한 보상과 영광을 받게 된다. 그러므로 우리는 선을 행하되 낙심치 말며 기회 있는 대로 모든 이 에게 착한 일을 하되 더욱 믿음의 가정들에게 행하여야 하겠다.(갈6:9,10)

"룻이 가서 베는 자를 따라 밭에서 이삭을 줍는데 우연히 엘리멜렉의 친족 보아스에게 속한 밭에 이르렀더라"(2:3) "보아스가 룻에게 이르되 내 딸아 들으라 이삭을 주우러 다른 밭으로 가지 말며 여기서 떠나지 말고 나의 소녀들과 함께 있으라"(2:8).

"그 이웃 여인들이 그에게 이름을 주되 나오미가 아들을 낳았다하여 그 이름을 오벳이라 하였는데 그는 다윗의 아비인 이새의 아비였더라"(4:17) "이는 내 생명의 회복자며 내 노년의 봉양자라 곧 너를 사랑하

여 일곱 아들보다 귀한 자부가 낳은 자로라" (4:15)

2007. 6. 3.

"보아스는 이름같이 하나님의 복 받는 데는 재빠르고 민첩했다. 가문은 원래 훌륭치 못했으나 선한 성품 탓으로 하나님의 축복으로 베들레헴의 부자로 유지급 지주였다. 시대적으로 매우 타락되고 매정한 사사시대를 배경했으나 그 중에서 빛나는 보석 가정이었다.

이삭줍기조차 율법에 명령을 어기고 규례를 무시한 채 가난한자들을 배제하는 사회풍토 속에서도 보아스는 부자이면서도 다정다감하고 불쌍한 자들을 동정하는 보아스의 덕 있는 실행은 그의 성품상으로도 또한 구속사적 지위로 보아 특별한 인물이었다.

마치 천국을 버리고 이 땅에 오신 예수그리스도의 모형처럼 자기희생정신으로 많은 이에게 은혜를 베풀므로 하나님의 축복 받을 자로 나타난다. 그에 대한 평가 및 교훈으로 적은 4가지와 그에 관련된 성구 4가지는 진정 주옥같고 우리가 꼭 본받고 지켜야할 좌우명이라고 본다."

Q "과연 이삭줍기로 생계를 이어갈 수 있을까?"

룻 2:2-17

A 룻이 시어머니 나오미를 봉양키 위해 이삭줍기에 나섰습니다. 그러나 이삭줍기로 과연 두 사람의 일 년 생계를 꾸려갈 수 있는지? 난제라고 봅니다. 남의 밭을 통째로 다 베어다가 떨어도 생계유지가 힘들 텐데 이삭줍기 가지고는 불가능하다고 본다.

그러나 이스라엘에서는 옛날부터 굶주린 자들이나 가난한자 들을 위한 여러 가지 구제풍습이 존재해 왔다. 본문에 나타난 룻이 보아스 밭에 가서 이삭을 주운 것도 바로 이러한 사회보장제도를 배경으로 한 행동 중 하나라고 본다.

그렇지만 우리 농촌 현실을 볼 때 이삭줍기로 생계유지란 불가능한 것이 현실이라고 보는데 어찌 룻기 성경에는 이삭줍기가 나왔는지? 고대 이스라엘의 이삭줍기에 관한 규정은 어떤 것이며 그 당시 현실은 어떠했는지 살펴보도록 하자.

모세의 율법은 곡물을 추수할 때 밭의 일부는 수확하지 말며 또 수확시에 땅에 떨어진 이삭은 다시 돌이켜 줍지 말 것을 엄명하고 있다.(레 19:9, 신24:19) 이는 곧 가난한 자들의 생계를 보장해 주기 위한 하나님의 명령이었다.

그래서 이스라엘인들은 밭 면적의 60분지 1에 해당하는 지역은 가난한 자들을 위해 수확하지 않았다. 그리하여 가난한 자들도 추수 밭에 나와 그들에게 주어진 범위의 곡식이나 땅에 떨어진 이삭을 주어서 그들의 부족한 식량을 보충할 수가 있었기에 가능했었다.

그러나 주인 밭의 곡식을 낫으로 함부로 절취하거나 상하게 해서는 절대 안 되였다.(신23:25) 포도밭이나 과수원에 들어가서 따먹는 것은 얼마든지 가능하나 자루나 그릇에 따가지고 나오는 것은 불가능한 것으로 된 것이 마치 불문율 같이 되었다.

또한 모세의 율법은 만일 배고픈 사람이 음식을 요구하면 이것도 허락하라고 하였다. 그래서 수확할 때에 밭의 주인들은 이삭 줍는 자들이 일하는 동안 먹을 수 있도록 빵과 구운 밀가루 등의 음식과 물항아리 등을 준비해 두어야 한다.(룻2:9,14)

한편 이스라엘 백성들이 가나안 정착 후 안정된 생활을 하게 되자 일부의 사람들이 본 규례를 어기고 가난한 자들을 위한 이삭줍기를 허용하지 않는 사례가 종종 생겨나게 되었다.

이스라엘도 그 당시 현실은 그런 율법을 무시해 버리는 사례들이 많아졌다. 즉 여호수아 사후 백성들은 가나안땅에 정착하여 점점 번영과 안정을 누리게 되자 오히려 하나님의 율법을 무시하고 자신들의 소견대로 사리사욕을 취하는 사사시대의 타락상을 연출하게 된다.

따라서 룻기 당시에도 가난한 자들은 율법의 혜택을 받지 못한 채 밭 주인의 냉대와 멸시를 받기 일쑤였고 심지어 이삭 줍는 일을 금지 당하기까지 했다. 더군다나 모압 여인 룻(Ruth)으로서는 모압에 대한 이스라엘의 좋지 못한 감정을 고려할 때 결코 이삭줍기가 쉬운 일이 아니었다.

그런데도 룻이 이삭줍기로 나서겠다고 나오미 시어머님께 허락해 달라고 요구하는 것은 이방인으로서 당할지도 모를 온갖 어려움과 냉대를 감수하고 "내가 누군가의 눈에서 호의를 발견 할 수 있다면"(in whose eyes I shall find favor)그를 쫓아 열심히 이삭을 주어 오겠다는 열의를 보인 것이다.

그러므로 이 말 속에는 시어머니에 대한 룻의 지극한 효성이 구체적으로 잘 나타나있다. 이로써 룻은 신실한 신앙을 소유한 여인일 뿐 아니라(11:16,17)홀 시어머니를 극진히 모시는 현숙한 여인으로 하나님의 축복을 받기에 합당한 여인으로 부각되기 시작한다.

후대의 유대 랍비들은 '이삭줍기'에 대해 나름대로 규정을 정했었다. 그중의 일부는 다음과 같다. 즉 '만일 추수하는 자가 보리나 밀 등을 벨 때에 한줄기나 두 줄기를 놓쳐 버리면 그것은 이삭 줍는 자의 몫이 될 수 있었다. 그러나 세 줄기 이상 베지 않았다면 그것은 주인에게 다시금 돌려져야했다.(Pulpit commentary)

여기 룻이 이삭을 줍기 위해 보아스의 밭으로 갔을 때 그녀는 당시 그 밭의 주인에 대해서나 앞으로 일어나게 될 사건에 대해서 전혀 모르는 상태였다. 그래서 이것은 룻의 입장에서 분명코 우연한 일이였지만 하나님의 편에서는 그녀를 위해 미리 준비하신 기회였다.(Gillis Gesleman)

그래서 여기서 "우연히 ... 이르렀더라" 이 말한 저자의 의도는 앞으로 발생되는 일이 인간의 계획과 노력에 의한 것이 아니라 오직 하나님의 섭리에 의한 것임을 가르쳐 주기 위해서 이 말씀을 기록한 것이다.

당시 정한 규례와 실제 가난한 자들을 위한 현실에는 많은 차이가 있는 시대에도 불구하고 보아스는 남달리 율법과 규례를 잘 준수한 신실한 주인이라고 본다. 룻을 소개 받은 보아스는 2:8에는 "내 딸아 들으라 ... 여기서 나의 소녀들과 함께 있으라" 따뜻하고 정감 있는 말을 들을 때 룻은 얼마나 기뻐했을까?

즉 룻을 단순히 값싼 동정심으로 대한 것이 아니라 룻이 수치심이나 굴욕감을 느끼지 않도록 매우 친밀한 말로 이야기를 건넸던 것이다. 여기 '내 딸아' (빗티 בִּתִּי)라고 부르는 관습은 비단 자기의 딸 뿐 아니라 지체 높은 어른이 젊은 여인에게 이야기를 건넬 때나 충고를 할 때도 흔히 쓰는 말인 것이다.

여기 '나의 소녀들' 이란 추수하는 자들의 바로 뒤를 따르면서 그 베어 놓은 줄기를 단으로 묶는 여인네 들을 가리킨다. 그러므로 아마도 보아스는 어떤 특정한 위치를 룻에게 지정해 주면서 그 권리를 인정해 준 것 같은데 바로 단 묶는 여인들 틈에서 마음껏 이삭을 줍도록 했던 것 같다.

이상과 같이 가난한 자들에게도 내년의 식량을 보충하도록 해주는 이삭줍기의 규례에는 인간의 생존을 보장하는 하나님의 긍휼과 사랑의 정신이 담겨져 있다. 또한 가난한 자들에게 있어서도 그들에게 주어진 것 이상의 것은 손대지 못하게 함으로써 추수하기까지 수고한 밭주인의 정당한 대가를 지켜주고 있다.

이러한 규례를 통해서도 우리는 하나님의 사랑과 공의를 깨달을 수가 있다. 한편 오늘날 이스라엘의 사회보장제도가 이 같은 구약의 풍습을 근간으로 하고 있는데 이를 통해 실로 성경의 역사성과 진정성을 진정으로 깨달아 질수가 있다.

2007. 6. 4.

"나오미가 시어머니를 봉양키 위해 이삭줍기에 나선 룻의 효성은 너무나 숭고하고 오늘 날 과는 너무나 거리가 먼 옛날옛날 한 날 이야기 같이 들려지는 대목이다. 그러나 성경의 역사와 지금 이스라엘에 남아있는 율법과 율례 풍습이 이야기를 증명해 주고 있다.

우리나라 농촌 현실로는 불가능한 현실이고 사사시대에 윤리, 도덕, 종교가 타락되어 '자기들의 마음에 좋은 데로' 하는 개인주의 시대에도 보아스는 철저하게 율법과 율례 또 인정에 넘치는 교제는 효성스런 룻을 위해 준해 두신 하나님의 섭리와 경륜에 속한 예정이었다.

뜻이 있으면 길이 있듯이 룻이 시어머님을 섬기겠다는 효성스런 그 뜻위에 하나님이 길을 마련해 주신 것이다. 우리도 올바른 신앙적이고 양심적인 뜻을 세우고 나가면 하나님이 다 길을 예비해 두셨다가 그 길로 걷게 해서 반드시 하나님과 함께 영광의 길로 가게 되리라”

Q "룻이 보아스 곁에 눕는 것은 성적인 관계를 맺는 것을 암시하는가?"

룻3:7-9

A 7절에 보아스가 노적가리 곁에 누울 때와 룻이 그의 발치에 들어가 누울 때 사이는 시간적으로 어느 정도의 차이가 있었음이 틀림없다. 그 근거로는 즉 보아스가 잠자리에 누워 깊이 잠들지 않았다면 아무리 룻이 가만히 발치에 들어와 누웠을지라도 그 사실을 알아차렸을 것이다.

그러나 8절을 주목해 볼 때 보아스가 발치에 이상이 있음을 느꼈던 때는 한밤중에 이르러서였다. 그러므로 수리아역은 이러한 사실을 근거로 '마당에서 상쾌한 잠을 잘 때' 라는 말을 첨가 시켰던 것이다.

수상한 것은 '노적가리 곁에 눕는지라' 의 보아스 곁에 룻이 눕고서 성적인 관계를 가졌을 것이라고 비약하는 상상까지 한다. 그러나 여기 노적가리 곁에 누운 것은 단지 시간이 너무 늦어 다음날 아침 다시 일하기 편하도록 하기위해서 이라고 말하는 이들이(matthew Henry)있으나 이것은 개연성이 많이 떨어진다.

그러나 타작이 끝나고 나면 으레히 곡식 단을 쌓아둔 노적가리를 지키기 위하여 노적가리 곁에 누워 지킴이 특별한 관심에서 비롯된 것이 틀림없다. 그래서 타작이 끝나자 보아스가 그 곳에서 잠잘 것을 나오미가 미리알고 있었다는 점으로 미루어 보아서도 그 당시 이스라엘 사회에서는 주인이 타작마당에서 잠을 자는 관습이 있었던 것으로 추정된다.

8절에 '한밤중에 ... 놀라 몸을 돌이켜 본즉' 우리는 이 본문에서 타작후의 모습이 눈에 선연이 그릴 수 있다. 즉 타작 후 베푼 잔치에서 배불리 먹고 마신 결과 약간의 취기와 더불어 포만감에 젖어 깊이 잠들었던 보아스가 한밤중의 냉기로 인해 약간 몸을 뒤척거렸을 것이고, 그 때 그는 발치에서 이상한 감촉을 느꼈을 것이다.

9절에 '당신의 옷자락으로 시녀를 덮으소서' 이 장면 역시 현대 윤리관으로 보아스와 룻이 성적관계를 맺은 것을 암시한다고 생각들 한다. 그러나 대부분의 주석가 들은 이 표현을 룻이 보아스의 보호를 받기 원하는 것으로 이해한다.

왜냐하면 여호와께서 당신의 백성을 독수리 날개로 보호하심과 같이 룻은 보아스의 날개아래서 보호 받기를 원했기 때문이다. 즉 구체적으로 룻이 보아스의 날개 아래서 보호를 받는 길은 결혼을 통해서만이 가능하다고 보고 마치 청혼하는 의사표시였을 것이다.

후일 이 같은 표현은 하나님께서 이스라엘백성과 언약관계를 맺는 것을 상징적으로 나타날 때에도 사용 되었셨다.(겔16:8) 그런데 결혼도 사람과 사람사이의 언약관계를 의미한다. 이런 견지에서 룻은 구혼에 대한 상징적인 표현으로 이처럼 말한 것뿐이다.

그러나 본문의 룻과 보아스 관계를 성적인 관계로 맺은 것이라고 보는 견해들도 한번 들어 보자. 룻은 보아스가 먹고 마신 후에 잠자기 위해 노적가리에 누웠을 때 조용히 그 발치 이불을 들고 들어가 거기 보아스와 함께 누워 잣다는 것은 룻이 그녀를 구속하도록 그에게 의무를 지우기위해 보아스와 부적절한 관계를 가졌다는 것을 암시한다고 본다.

추수 때는 일반적으로 먹고 마시면서 기뻐하는 것이 상례였다. 그리고 보리 추수는 대개 해가 지기전인 오후 4-5시경까지 계속 되였다. 이 때부터 지중해에서 불어오는 서늘한 바람으로 곡식 단을 둘러치고 거기서 잠을 자기에 안성맞춤이라고 본다.

기분이 좋아진 보아스가 곡식단 곁에 누웠을 때 '룻이 가만히 가서' 그 발치 이불을 들고 거기 누운 것이다. 혹시 이때에 룻은 부도덕한 마음을 먹고 보아스 곁에 누워서 피곤해 잠들어 있는 보아스를 자극시킨 것이라고 주석가들 중에도 말하고 있다. 이 두 사람은 이때 성적관계를 가졌다고 두 주석가는 말하고 있다.(John. F. Wolroord & Roy B. Zuck the Bible knowledge Commentary and Testament (Victos Books.1985. page424)

그러나 보아스는 신뢰할 수 있는 인격자였고 룻은 모든 사람이 알듯이 현숙한 여인이었다.(11절) 그러므로 결코 부적절한 관계나 부도덕하게 볼 사건이 아닌 것이다. 특히 룻이 '가만히 가서' 란 말이 혹시 '은밀' 하게란 말이 아닐까? 하는 의문을 가질 수는 있으나 그 말은 소리가 나지 않게 조용히(가만히)란 뜻이다. 예를 든다면 다윗이 사울의 옷자락을 가만히 베였을 때 쓰인 것과 같은 말이다.(삼상24:4)

또 당신의 옷자락으로 시녀를 덮으소서(9절)란 말을 들어 이들이 부적절한 관계로 보이기 쉬우나 그 말의 뜻은 보호를 상징했으며 결혼과 관계가 있을 뿐이지 부적절한 관계나 성적인 관계를 의미하는 것은 아닌 것이다. 이제 좀 더 구체적으로 여기 룻의 행위가 보아스와 성적인 관계가 아님을 지적해 보기로 한다.

첫째로, 룻은 보아스와 부도덕한 관계를 감추기 위해 밤에 오지 않았다.

오히려 그녀는 보아스가 공적인 검사의 압력을 느끼지 않게 하기 위해서 날일 밝기 이전 새벽 어둑컴컴할 때 갔다.

둘째로, 보아스가 날이 밝으면 기업 무를 자가 나보다 더 가까운 자가 있으니 그에게 사실 여부를 알아보아 그가 기업을 무르겠다면 더 좋으려니와 이행치 않는다면 네 소원대로 기업 무를 책임을 내가 이행 하리이다. 한 점

셋째로 발을 덮지 않았다고 한 말은 룻이 보아스와 성적인 관계를 가졌다는 것의 완곡어법이 아니다. 오히려 복종과 순복을 가리키는 것으로 보아스에게 그녀가 순복하고 기꺼이 그이 아내가 되겠다는 것을 가리킬 뿐이다.

넷째로 밤중에 한 여인이 발치에 누웠으므로 네가 누구냐 하나 나는 룻이오니 당신이 기업을 무를 자가 됩니다. 할 때 보아스는 너희 베푼 인애가 처음보다 나중이 더 훌륭하고 '네가 현숙한 여인' 임을 내 백성이 다 안다고 함을 볼 때 절대로 부적절한 관계나 성적관계로 볼 수가 없는 사안이다.

다섯째로 보아스의 발치 이불을 들고 룻이 누웠다는 말은 성적인 관계를 표현하는 말이 아니다. 그 경우에는 보아스가 그녀와 함께 누웠다고 해야 한다. 그러나 여기서 룻은 누구와 함께 누웠다고 하지 않았다.

여섯째로 성경은 아무리 수치스러운 일도 사실 그대로 기록하는 것이 하나님의 뜻이다. 그래서 다말은 시아버지와 부적절한 관계도(창38:16-18) 두 딸과 아버지와의 부적절한 관계도(창19:35-38) 조금도 숨김없이 리얼하고 논픽션으로 기록했는데 어찌 룻과 보아스관계를 완곡어법이나 상상어법으로 적당히 얼버무릴 이유가 없다.

그러므로 룻이 보아스의 발치 이불을 들고 거기 누었다는 말은 그녀가 보아스와 성적인 관계를 가졌다는 의미가 아니다. 보아스의 발치에 누운 것은 복종의 행위였다. 룻은 그녀 자신을 보아스의 권위아래 두었다. 따라서 당신의 옷자락으로 시녀를 덮으소서란 말(9절)은 보호와 결혼의 안전을 위한 요구이지 부적절한 관계요구가 아닌 것이다.

2007. 6. 5.

"현대도 매우 성도덕의 문란과 타락된 시대라고 본다. 그래서 현대의 눈으로나 현대의 성도덕으로 볼 때 본문의 룻과 보아스의 관계를 아주 부적절한 관계나 더 나아가서 성관계로 이어졌다고 보아도 손색이 없는 주장이라고 볼 수 있는 현실이다.

그러나 보아스의 신뢰할 만한 인격과 룻은 현숙한 여인답게 이때의 사건은 현대인들이 생각하는 아주 부적절한 관계나 성적관계로 보는 것은 위험한 발상이라고 본다. 여기 6가지의 해명성 증거와 이 정도라면 성경에서 굳이 사건 은폐 시킬 아무 이유가 없다.

성경은 이 보다도 더 추악한 성적타락의 모습을 많이 그려왔다. 시아버지와 며느리관계(창38:16-18), 두 딸과 아버지와의 관계(창19:35-38), 레위인의 첩을 기브아 비류들이 밤새 성적관계로 새벽에 죽기까지 한 사건(삿19:22-27), 여기에 비해 룻과 보아스와의 관계도 숨길 이유가 없다. 억지로 풀다 망하지 말아야한다."(벧후3:16, 계22:18)

Q "고엘 제도에 대한 연구와 룻기와 관계"

룻 3:9

A 고엘 제도는 고대 히브리 사회에서 발견할 수 있는 독특한 제도중 하나이다.

이 제도는 원래 친족들을 중심으로 한 혈연공동체(血緣共同體)를 중심으로 사회생활이 영위되던 때에 공동체 사회를 유지 운영하기 위한 방법으로 근동에 널리 알려졌던 제도이다.

성경에서는 이 제도에 대해 구체적으로 직접 언급하고 있지는 않지만 도피성 제도(민35장), 계대 결혼법(신25:5-19), 기업 무를 자(룻 3:9)등이 바로 이 제도에 대해 간접적으로 증명해 주고 있다.

나아가 성경은 땅과 관련된 율법의 독특한 조항인 기업 무르는 법까지도 이 고엘과 연관시킴으로써 고엘 제도의 의미를 한층 더 심화 시킨 것으로 보인다. 뿐만 아니라 히브리 용어 '고엘'(גאל)은 특별히 신학적인 의미에서도 자주 언급되고 있다. 따라서 이 제도에 대해 구체적으로 살펴볼 때 당시 히브리 사회에 대한 이해뿐만 아니라 고엘과 관련하여 성경 전반에 나타나는 신학적 의미에 대해서도 깊게 깨달을 수 있을 것이다.

히브리어 고엘은 한마디로 친족(kinsman)이란 뜻이다. 보다 더 깊게 말하자면 '고엘'은 구속하다 '친족으로써 행동하다' '가장 가까운 친족의 역할을 맡다' 라는 의미의 동사 '가알' (גאל)의 현재능동태 분사형으로써 '구속자' '친척으로서 행동하는 자' 라는 뜻이다.

따라서 고엘 제도라 할 때는 친족들 사이에 지켜야할 권리와 의무에 관한 제도를 가리킨다. 그 구체적인 내용들을 살펴보면 가난한 형제가 빚 때문에 팔려가게 되었을 경우에 가까운 친척이 그 빚을 갚음으로써 그를 종의 굴레에서 해방시켜 주어야 했다.(레25:47-55)

또한 형제가 자신의 토지를 팔았을 경우에 가까운 친척이 일정기간 후에 그 값을 치름으로써 다시 그 토지를 돌려받게 할 수 있었다.(레25:23-28) 그리고 자기 형제가 죄를 지었을 경우에 친족은 그 형제의 죄 값을 무를 의무를 지게 된다.(민5:8)

또 만일 자기 친족 중에 한사람이 누군가에 의해 살해 되었을 경우에는 가까운 친척이 그를 위해 피의 보복을 할 수도 있었다.(민35:19) 또 고엘 제도의 가장 중요한 사항의 하나로 형제가 자식이 없을 경우에는 가까운 형제 순으로 남겨진 미망인과 계대 결혼을 하여 그 가문이 존속되게 하여야 했다.

이처럼 고엘 제도는 한 혈연공동체내에 속한 구성원들이 서로의 생명과 재산 및 가문을 보호해 주기위한 일종의 상보(相保) 제도였다. 한편 이같이 여러각도에서 서로 상보자의 관계에 있던 고엘은 히브리어로는 모두 고엘이라는 즉 단순히 친족이라는 용어가 사용 되였으나 개역성경 각 문맥에서는 그 문맥에서 강조되는 측면에 따라 친족(계대 결혼을 하여준 사람) 기업 무를 자, 보수자 등으로 각각 다르게 번역되었음도 이 기회에 기억해 둘 필요가 있겠다.

먼저 성경에서는 하나님을 이스라엘의 고엘, 즉 친족, 구속자로 소개하고 있다. 즉 하나님은 이스라엘을 모든 환난에서(창48:16) 대적의 손에서(사41:14) 건져주시는 구속자이시다. 그리고 또 하나님은 스스로 이스라엘의 왕이 되시기 위하여(사44:6) 주(主)와 남편이 되시기 위해

(사49:26, 54:5) 고엘로서의 의무와 사랑(사54:5)을 다행하여 보였다.

그리고 또 하나님은 가난한자와 고아의 구속자이시기도 하다.(잠23:11) 그리고 그분은 잃어버린 생명을 다시 얻게 하시되 영생을 얻게 하시는 분으로 소개된다.(욥19:25) 이처럼 이스라엘을 선택하시고 계속 지켜 주신 하나님은 이스라엘과 가장 가까운 친족으로써 고엘의 의무를 다 하신 분으로 비유되어 소개된 것이다.

또한 훗날 그리스도는 더욱 특별한 의미에서 모든 믿는 자들의 고엘이 되셨다. 즉 그분은 직접적으로 자기 생명을 많은 사람의 속량 제물로 내어주심으로써(마20:28) 즉 우리의 영원한 죄 값은 우리의 고엘로서 대신 치루어 주시고 우리를 죄악에서 구원하여 주셨다.(딛2:14)

베드로는 그리스도께서 우리를 속량해 주신 것은 금과 은에 의해서가 아니라 보혈의 피로 속량해 주셨다고 고백했다.(벧전1:18,19) 이것은 그리스도께서 자신의 십자가에 죽음으로써 우리의 죄 값을 대신 치루시고 우리를 구원해 주셨음을 보여주는 것이다.(롬7:24, 갈1:4, 골1:13)

이처럼 고엘제도는 한마디로 혈연 공동체가 사회, 정치의 기본 단위이던 시대에 혈연 공동체에 속한 사람들이 서로 생명과 재산 그리고 가문을 지켜 주기위한 상보제도로써 자연발생한 제도이다.

고엘 제도는 이스라엘이 각 지파를 중심으로한 부족국가의 형태를 벗어나 중앙집권 체제인 왕정국가로 발전하면서 그 기능이 약화 되었다. 그리고 고엘 제도에 의해 이루어졌던 사회의 공의 실현이나 혼란방지 등은 국가에 의해 이루어졌다.

그리고 각 사람의 결혼도 자유롭게 이루어지면서 기업 무르는 자나 계대 결혼도 거의 그 의미를 상실하게 되었다. 물론 고엘 제도의 영향이 완전히 사라졌던 것은 아니며 다윗 통치 때에도 고엘 제도에 의해 기브온 사람들이 사울에 의해 죽임당한 동족들의 죽임을 복수하였다.(삼하21:1-9)

그러나 왕정 시대 후기에는 이 같은 제도 시행의 흔적을 전혀 발견할 수 없다. 대신 고엘의 의미는 선지자들에 의해 신학적인 의미로 발전 되었으며 택한 백성 이스라엘과 신약교회의 하나님과 그리스도를 이해하는데 있어 중요한 개념으로 사용되었다.

룻기 3:9에 "당신은 우리의 기업 무를 자가 됨이니 이다" 하였으나 비록 기업 무를 자가 그 권리와 의무를 지니고 있었긴하나 반드시 의무를 이행해야한다는 강제성은 없었다.(신25:5-10) 즉 이는 본인이 자원할 경우에만 이행되는 제도였다.(룻4:6,7)

더욱이 기업 무를 자가 반드시 죽은 형제의 아내와 결혼해야 한다는 계대 결혼법에 얽메이는 것도 아니다. 따라서 보아스가 룻의 요청을 거절하면 그것으로 그만이다. 그럼에도 불구하고 보아스는 특이하게도 고엘(Goel)제도와 계대 결혼 제도문제가 동시에 걸려 있는 룻의 요청에 대하여 긍정적인 태도를 보인다.(3:10-13절) 이는 실로 하나님의 돌보심과 간섭하심의 결과가 아닐 수 없다고 본다.

2007. 6. 6.

"고엘 제도는 도피성제도, 계대 결혼법 제도라고 하고 수혼 법이라고 한다. 또 기업 무를 자, 빚으로 종으로 팔려 갈 때 친족 중 가까운 자가 해방시켜줄 의무와 토지매매, 형제가 죄 값을 치루어야 할 때도 친족이 무를 의무가 있고 살해 되였을 때도 마찬가지다.

지파 공동체로 다스려질 때 생명 및 재산 가문, 계대를 서로 상보하는 의미로 결성 되였으나 중앙집권 제도였던 왕정 제도 때부터 그 흔적이 사라지고 말았다. 하나님도 그리스도도 우리의 고엘로 모든 환난에서 대적 손에서 왕이 되고, 남편, 구속자가 되시었다.

고엘은 예수 그리스도가 우리의 고엘이 되셔서 직접 그의 생명을 우리 위해 희생하였고 속량물로 직접 십자가 지시고 죽어주심과 부할 하심으로 우리 영원한 죄 값이 다 사해지고 말았다. 룻기에서 고엘은 기업 무를 자 보아스가 스스로 쾌히 응낙해 주어 하나님의 뜻을 고엘로 이루었다."

Q “보아스와 룻 사이의 결혼은 계대 혼인법의 위반 같고 이것은(계대혼인) 근친상간 위반아닌가?”

룻 4:3-8

A 신명기25:5-19은 아이가 없는 과부를 죽은 자기 남편의 형제의 부인이 되어서 그에게서 아들을 낳아 주도록 하는 (생리적으로 가능해서 아이를 낳게 되면 그 아이는 죽은 본 남편의 아들로 합법적인 인정을 받게 된다) 법을 규정하고 있다.

이것은 죽은 남자의 대가 끊기지 않도록 자기 형제가 낳은 아들에 의하여 그의 이름이 이어지도록 하게 하려는 것이다. 그러나 7-8절은 만약 생존한 형제가 그 일을 못하겠다고 고집하면 그 역할을 거절할 수 있게 허락하였다.

그러나 만약 그가 거절하기로 결정하면 그 과부는 권위자들 앞에서 그에 대한 불평을 제기할 수 있으며 그렇게 되면 그는 수치를 당하게 된다. 말하자면 그 과부는 공개적으로 그 형제의 발에서 신을 벗기고 그 얼굴에 침을 뱉으면서 “그 형제의 집 세우기를 즐겨 아니하는 자에게는 이 같이 할 것이라”고 말할 수 있다. 10절은 계속해서 그로부터 그는 “신 벗기운 자의 집”으로 알려질 것이라고 말하고 있다.

우리가 이런 규정과 이 규정이 죽은 자의 기업과 가계의 영속성에 대하여 갖는 관심과 룻기 4:3-8의 보아스와 이름이 밝혀지지 않은 보아스보다 더 가까운 친척사이의 협상을 비교해 볼 때 우리는 다음과 같은 부가적인 특징들을 주목할 수 있다.

1) 만약 직계가족으로써 생존한 형제가 없다면(여기서는 룻의 남편 말론뿐 아니라 기룐도 죽었기 때문이다) 계대 혼인법의 의무는 남편의 형제 그리고 가장 가까운 남자 사촌에게 넘어간다.

2) 죽은 자의 대신으로 남편 역할을 하는 의무와 함께 저당권의 상실로 말미암아 매각되거나 처분될 상태에 있는 사망자의 모든 토지 재산을 사서 되돌려 받아야 하는 의미가 첨가된다.(이 법의 신명기 25장에 있는 대리 남편의 법령에는 언급되지 않았지만 레25:25에는 자세히 이야기 되었다. "만일 너희 형제가 가난하여 그 기업 얼마를 팔았으면 그 근족이 와서 동족의 판 것을 무를 것이요")

3) 모압 여인 룻과 같은 이방사람의 경우에는 그가 이스라엘 사람인 경우보다도 대리 남편의 의무 수행을 거부하는 것이 조금 더 정당화 되었을 것이다. 왜냐하면 그녀는 모압인의 후손이라는 결점이 붙어 있었기 때문이다.

신23:3에는 이렇게 규정했다. "암몬 사람과 모압 사람은 여호와의 총회에 들어오지 못하리니 그들에게 속한 자는 십대 뿐 아니라 영원히 여호와의 총회에 들어오지 못하리라" 이 법칙이 하나님을 믿고 개종한 모압인 남자에게 적용되는 것만큼 히브리인과 결혼한 모압 여인에게도 적용되는지의 여부는 논란의 여지가 있는 문제이다. 그러나 적어도 이 가능성은 합법적인 것으로 보이는 의문을 일으킨다.

4) 이런 이유에서인지 아니면 룻이 참으로 보아스에게 마음을 정한 이후라서 그 친척을(goel) 모욕하고자하는 생각이 없었기 때문에서인지 그 친척은 자기의 신발을 스스로 벗도록 허용 되였으며 그녀가 그의 얼굴에 침을 뱉은 모욕도 피할 수 있었다.

그러면 룻과 보아스의 결혼은 계대 결혼 법에 어긋나는가? 어느 법이든지 시간이 흐르면서 조금씩 변경되어진 것이 사실이고 또 확대 되였음에도 알 수 있다. 여기 보아스가 룻과 계대 결혼을 하게 된 것이 바로 그 예라고 볼 수 있을 것이다. 원래 계대 결혼의 주관심사는 죽은 자의 가계를 지속케 하는 것이었다.

그러나 여기 룻의 경우에는 더 이상 계대 결혼할 대상이 될 나오미의 아들이 없었다. 따라서 이 경우는 형제를 제외한 가장 가까운 친척에게 그 권리가 주어졌다. 나오미의 가족에는 보아스보다 더 가까운 친척이 한사람 있었다. 그러나 그가 그 권리를 포기해 버렸다.

그는 룻과 결혼하고 재산을 되사는 것은 그 자신의 상속에 손해가 될 것을 우려하였다. 그는 자신의 가족에 머물지 않고 그 자신의 자손들에게 속하지 않을 재산에 투자하기를 원하지 않았을 것이다. 그는 그 재산이 자신에게 상속되기를 원하였을 것이다. 따라서 보아스가 가장 가까운 친척이 되었으며 이 도덕적 목적을 법적으로 이루어야할 다음 혈연이었다.

앞의 네 가지 특징과 신명기25장의 계대혼인법에 대한 일반적인 율법과 모순된다고는 생각하기 어렵다. 그 과부에 대한 의무를 공식적으로 거부하는 것과 또한 그 책임을 공개적으로 수락하는 기초적인 법칙들이 이 두 사람에 의해 지켜졌다.

그녀의 기업 무를 자인 보아스 자신에 의해서 계대혼인법의 기초적인 목적이 훨씬 바람직하고도 수락할 만한 방식으로 성취된 사실에 비추어볼 때 다른 친척을 비난하고 창피 주는 일을 적극적으로 수행하지 않는 룻의 행위는 그 의식을 수행할 그녀의 권리를 스스로 포기한 결과인듯하다.

형제의 부인과의 근친상간을 금지하는 법(레18:16)은 자녀가 없는 과부를 자기 집으로 맞아들여서 생존한 형제가 자기형제의 대리자의 역할을 하는 경우에는 적용되지 않는 것이 너무나 명백하다.

만약 그가 이런 경우 이외에 어떤 상황에서라도 자기 형수나 제수와 혼인하려고 시도 한다면(예를 들면 자기 동생 빌립의 아내 헤로디아를 유혹해서 자기와 결혼한 분봉왕 헤롯의 경우) 그것은 사형에 해당하는 근친상간의 경우임이 분명할 것이다.

혹은 만약 룻이 말론의 아들을 낳았다면 그녀는 그의 생존해 있는 어떤 형제나 혹은 어떤 첫 번째 사촌(보아스는 여기에도 해당되지 않았음이 분명하다)의 아내도 될 자격이 없었을 것이다.

다만 신을 벗기는 행위는 상대편에 모욕을 주기 위함이었는데(신 25:9) 여기에는 땅에 대한 소유권을 양도한다는 것을 상징하는 행동이었다. 신은 발이 땅을 밟을 수 있는 매체인데 이것을 벗어서 상대방에게 넘겨준다는 것도 그 땅을 양도 또는 포기한다는 사실을 상징했다.

물론 계대 결혼에서 신발을 벗기우는 것은 힘과 권위를 타인에게 빼앗김으로써 수치를 당하는 것을 의미했다. 그러나 이 두 관계는 직접 연관은 없을찌라도 상징적의미로 연관이 있다고 볼 수 있다.

계대 결혼의 형식과 절차가 똑같지 않음으로 이 사건은 그 과정을 소상히 소개하고 설명해 준다고 볼 수 있다. 룻과 보아스의 결혼은 계대 결혼에 대한 확대요 이 계대 결혼은 근친상간의 위반도 아닌 것이며 후대에 이르러 이 두 가지는 상황과 형편에 맞게 조절한 것이라고 볼 수 있다.

2007. 6. 7.

"보아스와 룻 사이의 결혼은 계대 혼인법을 위반한 것 같고 또 계대 결혼은 근친상간(레18:16의 법) 법에 모순되는 듯하다. 그러나 본 단락에서 자세히 연구하고 보니 계대 혼인 또는 수혼법을 어김도 아니요 근친상간도 어김이 아니다.

여기 수혼법(계대 혼인법) 죽은 남편이 자식이 없이 죽었을 경우 남자의 형제들이 이 형수와 관계로 낳은 아들은 형의 가계를 이어야하고 재산도 완전히 죽은 형 가계로 이어가야 된다. 그런데 본문의 룻과 보아스는 오히려 먼 친척이므로 문제가 된듯하나 가족이니 예외 법으로 적용된 것 같다. 그러나 이 법을 어긴 것은 아닌 것으로 당대에서나 지금도 규정하고 있다.

근친상간은 가까운 혈연사이에서 행해진 성관계를 말한다. 이런 범죄는 사형으로 금지 시켰다.(레18:6-18, 20:11-12,14,17) 만약 아무도 모르게 근친상간이 벌어지면 레20:19-21에 양 당사자에게 '자식이 없게 될 것'이라고 하나님이 선언했으니 참조하시라"

성경난해구절 해설시리즈(성문서 룻기 1-(8)-⑧)

Q "계대 결혼법, 기업 무를 자, 보아스의 구속사적 의미"

룻 4:9-17

A 룻기는 결혼한 형제가 자식이 없이 죽으면 다른 형제가 형수와 결혼하여 아들을 낳아 죽은 형제의 이름을 잇게 하는 계대 결혼(Levirate marriage)이 잘 묘사되고 있다.(1:11-13) 그리고 이와 관련하여 친족의 잃은 기업을 대신사서 돌려주는 기업 무르는 관습이 일종의 복합된 하나의 관습인 것처럼 언급되어있다.(2:20, 3:9-13, 4:9:17)

그러나 엄격한 의미에서 이 둘은 율법에 의해 구분되어 있었다. 이중 후자는 일명 '고엘 제도' 라고 하는데 따로따로 성경적 의미와 구속사적 의미를 논해 보고자 한다.

여기 '계대결혼' (繼代結婚)은 일명 '수혼' (嫂婚)이라고도 하는데 이 결혼 관습은 창세기 38장에 기록된 유다와 다말의 기사에서 최초로 언급되어 있다. 그리고 이와 비슷한 시기에 이미 고대 근동 지방에서도 다소 이질적인 요소이지만 창세기의 계대 결혼과 유사한 결혼법이 있었다.(De Vaux) 그렇지만 어떻게 해서 이 지역에서 이러한 결혼관습이 생겨났는가에 대해서는 분명하게 밝혀져 있지 않다.

한편 이 결혼 관습은 그 다음 모세시대에 이르러 성문화 되어져 율법

조항에 포함되게 되었다. 그런데 이 신명기 율법(신25:5-10)과 창세기 관습은 약간의 차이가 있다. 즉 창세기 에서는 계대 결혼이 의무조항처럼 표현 되였으나 신명기 율법에는 의무조항이 없다.

반면 룻기에서는 계대 결혼의 범위가 형제의 범위를 넘어 친족에게까지 확대 되어 있다.(3:12) 하지만 이러한 차이에도 불구하고 구약의 계대 결혼법은 다음 세 가지 공통된 목적을 갖고 있다.

1) 죽은 형제나 친족을 대신하여 후사를 낳아줌으로써 그 형제의 이름과 기업을 그 가문과 지파 내에서 보존시켜 주기 위함이었다.

2) 이스라엘 여인이 이방남자와 결혼하는 것을 방지하기 위함이었다.

3) 홀로 남아 의지할 때 없는 과부를 제도적으로 보살펴 주기 위함이었다. 따라서 이러한 공통된 목적 배후에는 언약백성간의 사랑이 가장 원초적인 정신으로 전제되어 있음을 알 수 있는 것이다.

사실 무엇보다도 이 계대 결혼법은 철저하게 형제애에 근거하지 않으면 도무지 실행 될 수 없는 성질의 것이었다. 왜냐하면 죽은 형제를 대신해서 형수와 결혼하여 아들을 낳으면 죽은 형제의 이름으로 그의 유산이 그 아들에게 돌아가게 되기 때문이다.

즉 결혼하지 않으면 자연히 자기의 몫으로 돌아올 기업을 형제에게 잃게 되기 때문이다. 실제로 유다의 장자 엘이 아들 없이 죽었을 때 그의 동생 오난은 바로 이러한 사실을 염두에 두고서 땅에 설정(泄精) 한 것이었다.

이로 인하여 오난은 하나님의 징계를 받아 결국 죽음을 맛보게 되었다.(창38:3-11) 이처럼 계대 결혼에는 형제간의 사랑이 매우 강조되어 있음과 아울러 언약백성이 결코 사라져서는 안 된다는 하나님의 사랑의 발로가 구속사적의미를 담고 있는 것이다.

'기업 무를 자' 에 해당하는 '고엘' (גאל)은 '구속자' (redeemer)란 의미이다. '기업 무를 자' 는 자기 형제나 근족이 어려움에 처했을 때 그것을 해결해 주어야 한다는 의미에서 '구속자' 또는 '보호자'라 할 수 있다.

성경에 언급된 이 '기업 무를 자'는 크게 두 가지의 의무를 수행했는데 첫째는 레위기 25:25-28에 따라 형제가 가난하여 상실한 토지를 구속해 주어야 하는 의무이다. 둘째 의무는 레위기 25:47-49에 따라 형제가 가난하여 종이 되었을 때 이를 구속해 주어야하는 것이다.

이중 토지를 구속한다는 것은 언약백성이 약속의 기업을 상실함으로써 언약백성의 반열에서 떨어져 나가는 것을 방지하여 강한 공동체를 형성하도록 하기 위함이다. 그리고 이와 유사하게 종이 된 형제를 구속하는 것도 자유인이 된 언약백성이 다시 영원히 종이 되지 못하게 하기 위함이다.

한편 여기서 우리는 이 '기업 무를 자'의 의무를 율법으로 규정하신 하나님께서 친히 이스라엘의 '구속자'가 되어 주셨던 사실을 간과해서는 안 된다. 하나님께서는 과거 이스라엘 백성을 그들이 종 되었던 땅 애굽으로부터 구속하였으며 아브라함에게 약속하였던 땅 가나안을 그들에게 기업으로 주셨다.(출6:6-8)즉 여호와께서는 친히 이스라엘 백성들의 친족, 그들의 구속자가 되었던 것이다.

그런데 이와 마찬가지로 오늘날 우리 신약성도들에게도 친히 '구속자'가 되어 주신 분이 계신다. 즉 죄에 얽메어 하나님의 축복을 상실한 우리를 원래 상태대로 회복시키기 위하여 땅에 오신 예수 그리스도가 바로 그분이시다.

즉 마치 보아스가 엘리멜렉 가정의 기업을 이어 주듯이(4:9,10) 우리의 고엘이신 예수님께선 악한 사탄의 권세에서 우리를 속량하시고 천국의 기업을 다시 사서 우리에게 주신 것이 구속사적 의미라고 본다.

어떻게 룻기에선 계대 혼인법과 기업 무를 자 동시적으로 적용 되였는지 의문을 품는 자들도 있다. 이러한 의문은 매우 당연한 의문이다.

왜냐하면 본래 율법에는 기업 무르는 조항과 계대 결혼의 조항이 각각 달리 언급되어 있는데 룻기에는 동시에 적용 되였다.

그러나 이러한 의문은 다음과 같이 해결될 수 있다.

본래 율법에서는 기업 무르는 조항(레25:25-28, 47-49)과 계대 결혼의 조항(신25:5-10)이 각각달리 언급 되였으나 세월이 흐르면서 이 두 가지 율법조항은 매우 밀접하게 연관되어 사용 되었던 것이다.

그 이유는 언약사회에 있어서 한 가족과 그 가족이 사유하고 있는 땅은 불가분리의 관계에 놓여 있었기 때문이다. 즉 언약백성은 대(代)가 끊어질 수 없으며 하나님께 받은 약속의 땅도 상실될 수 없다는 사실 때문에 이 두 사안은 한 가족에서 동시에 발생할 수 있기에 동시에 적용할 수 있는 사안이 된 것이다.

이처럼 이스라엘 초기 사회에선 율법의 자구(字句)에 얽메이기 보다는 그 정신에 따라 해석, 적용하는 일에 힘썼다. 그러나 점점 세월이 흐름에 따라 율법은 정신보다 그 조항이나 자구에 얽메어 해석되기 일쑤였다. 그 대표적 예로 예수님 당시 율법해석에 잘못된 해석으로 빠져들었던 바리새인들이 있었다.

이 두 사안을 동시에 이행하게 되면 재산상의 손해가 분명히 초래됨에도 불구하고 그 의무를 수행하려는 보아스의 온전한 희생정신이 잘 묘사되어 있다. 즉 보아스 자신은 몸을 사린 친족과 같이 굳이 이 의무를 떠맡지 않아도 되었다.

그러나 그는 자기 친족을 어려움 가운데서 구하기 위해 자기의 재산을 희생시키려고 했다. 그러므로 이와 같은 보아스의 모습은 곧 죄인을 구원하기 위해 자신의 생명도 아끼지 않은 예수그리스도의 모형이라고 할 수 있다.

보아스의 인물은 아주 인자하고도 인정이 넘치는 베들레헴 성읍에서 유력한 재력가요 유지급 인사였다. 그리고 자신의 것을 희생시키면서까지 불쌍한 사람들을 돕는 인물로 언급되기도 한다.(3:10-13, 4:9,10) 특히 그는 몰락한 형제의 가문을 위해 기업 무를 자와 계대 결혼의 의무를 이행하여 그 형제의 가문을 다시 일으켜 준 자로도 기록 되어 있다.

이것은 일차적으로 보아스가 엘리멜렉 가정을 위한 구속자(고엘)로서의 자격을 지니고 있음을 설명해 주는 것이다. 또한 이는 이차적으로 다윗의 조상으로서의 그의 인격을 부각시켜주고 있는 것이기도 하다.

그런데 무엇보다도 중요한 것은 보아스의 행동이 죄로 인해 멸망하게 된 온 인류를 위해 대신 죽으신 구속자 예수 그리스도의 역할을 예표해 주고 있다는 점이다.

즉 룻기 기자는 기업 무르는 사건을 통해 다윗의 선조 보아스가 지닌 신앙과 인격을 부각시켜 주는데 관심을 두게 한다. 그리고 구속사적인 차원에서 다윗의 후손으로 오실 구속자 예수그리스도의 사역까지 예표해주고 있는 것이다.

한편 보아스는 단순히 율법의 문자적 조항을 지키는 경건한 사람이 아니라 그 이면에 담겨 있는 율법의 정신을 지키는 사람이었다. 만일 그가 율법의 조항만 지키는데 머물렀다면 룻기서 에서처럼 따뜻한 인간미를 나타낼 수 없었을 것이다.

그러나 그는 율법이 지향하는바 하나님께 대한 사랑과 이웃에 대한 사랑을(마22:37-40)온전히 수행함으로써 다윗의 조상이 되었으며 나아가서는 예수그리스도의 조상이 되는 축복을 받았다.

이와 같이 오늘날의 성도들도 믿음으로 구원을 받았다는 차원에 머무르지 않고 적극적으로 믿음에 합당한 사랑을 실천해야한다. 그리할 때 비로소 우리는 그리스도의 제자로서 빛을 발하게 될 것이며 나아가서 하나님께서 예비한 축복 곧 수고한자에게 주시는 축복을 받게 될 것이다.(마10:40-42)

2007. 6. 8.

“계대 결혼법은 다말과 유다의 창세기 사건을 시초로 모세 때 율법화 하므로 창세기 계대 혼인법과 신명기와는 차이가 있었다. 또 룻기 때에는 형제 범위에서 친족에게 까지 확대되어 하나님의 사랑의 속성을 따르지 않고는 이 계대 결혼법은 실행하기가 매우 어려운 현실이다.

‘기업 무를 자’는 ‘고엘 제도’로 ‘구속자’의 의미이다. 형제가 가난해서 상실한 토지나 형제가 가난해서 종이 되었을 때 구속해 주는 자라고 본다. 하나님이 허락한 기업은 영원히 이어 가야되고 또 하나님의 자녀가 되어 죄에서 해방된 자유인은 영원히 자유인 되어야하지 종으로 남아서는 안 된다. 결국 이 사안의 구속자는 예수그리스도가 이 땅에 오셔서 구속해 내신 사안들을 예표로 보여 준 것이다.

여기 보아스는 예수그리스도의 그림자이다. 보아스가 속전을 내어 엘리멜렉 가정을 구속시켰듯이 예수그리스도도 속전으로 자기 몸을 드려 우리를 죄와 사망에서 건저 내신 고엘 제도의 근본이시다. 단순히 율법만 준수한 보아스가 아니라 하나님의 사랑을 실천한 다윗의 조상으로 더욱 빛나게 예수그리스도의 사역을 돕는 자로서 사명을 다 하듯 우리 또한 재림 예수의 사역을 돕는 자로 부상되어야 한다.”

에스라

Ezra

- 에스라-

이스라엘의 하나님은 참 신이시라

너희 중에 무릇 그 백성 된 자는 다 유다 예루살렘으로

올라가서 거기 있는 여호와의 전을 건축하라

너희 하나님이 함께 하시기를 원하노라

1:3

성경난해구절 해설시리즈(성문서 에스라 2-(1)-⑨)

"제2차 포로귀한을 지도한 율법학자 에스라에 대하여"

스 7:1

에스라(Ezra)는 '여호와가 도움'이란 뜻을 가지며 바사 제6대왕 아닥사스다 왕의 총애를 받는 율법학자이며 아론의 16대 손이며 엘르아살의 15대손이며 솔로몬 때부터 대제사장으로 유명한 사독제사장의 5대손으로 대제사장 집안 출신 이였다.(7:1-5)

바사왕 아닥사스다 1세(B.C464-424년) 당시에 바벨론에서 바사로 돌아온 학사겸 율법학자였으며 제2차 포로귀한을(B.C458년) 주도하였을 뿐만 아니라 제3차 포로귀환(B.C444)이후에도 예루살렘에서 유다 백성들의 율법교육과 종교개혁운동의 선구자 역할을 잘 감당한 신앙의 위인이다.

1차포로 귀환(B.C536년)후 약80년이 흐른 후 2차포로 귀환(B.C458년)이 있기 전 스룹바벨 성전완공이 B.C516년에 완공 되였으니 그 후 58년 후에 2차포로 귀환이란 역사적사건의 주역이 에스라였다.

바사제국의 통치자 역시 제4대왕 다리오 왕에서 아하수에로를 거쳐 6대왕 아닥사스다(Artaxerxes)로 바뀐 뒤의 일이였다. 따라서 5대왕 아하수에로때 에스더가 왕후로 간택되고 부림절로 하나님이 유대민족을 돌보심을 경험하게 되었고 결과적으로 그것이 유대 백성들의 제2차 포로귀환의 계기로 작용한 듯하다.

에스라는 아닥사스다왕의 신임을 받는 관직에 있던 인물로서 유다백성들을 지도하기에 충분한 신분과 자격을 구비하고 있었다. 그래서 왕의 허락하에 유다백성들이(약 만명) 4개월에 걸친 1500km의 대장정을 하나님의 도움으로 마치고 무사히 2차 포로귀환 역사를 이루게 된 것이다.

하나님께서는 언제나 아무사람이나 자신의 일꾼으로 사용하시는 것이 아니라 하나님의 말씀으로 충분히 준비된 사람을 불러서 사용하심을 교훈해 주고 있다.(구약시대 모세와 다니엘과 신약시대 사도 바울을 예로 들 수 있다)

에스라가 유다백성들의 제2차 귀환을 주도하고 또한 예루살렘에서 신앙부흥운동을 일으킬 수 있도록 하나님께서 사용하신 것은 단지 그가 대제사장 아론의 후손이라는 신분을 지니고 있었기 때문만이 아니라 율법에 익숙한 학사로서 하나님의 도우심을 입을 만한 준비 자세를 갖추고 있었기 때문이다.

오늘날에 있어서도 하나님께서는 비록 세상 지위가 보잘것없고 학문적 지식도 제대로 갖추지 못했다 할지라도 하나님의 말씀으로 무장하고 경건한 신앙을 지닌자를 택하여 당신의 일꾼으로 사용하신다.(고전 1:26-28, 딤후2:15,21)

또한 바사(수산)로부터 직선거리 900km이지만 실제 여행거리는 무려 1500km에 가까운(4천리) 귀환 길을 유대백성들이 무사히 마칠 수 있었던 것은 "하나님의 선한 손의 도우심"(7:9)을 입었기 때문인 것이다.

이는 마치 애굽을 떠나서 가나안 땅을 향해가던 이스라엘백성 들을 험난한 광야에서 40년 동안 아무 부족함 없이 돌보신(신8:4) 하나님께서는 택한 백성 유대민족 귀환 때 에도 함께하였고 오늘날은 예수를 믿는 성도들을 이와 같이 돌보시는 하나님이시다.

한편 에스라가 예루살렘에 귀환한 것은 바벨론에서보다 더 높은 지위를 차지하거나 안락한 생활을 하기위해서가 아니라 여호와의 율법을 연구하여 준행하며 율례와 규례를 유대백성들에게 잘 가르치기 위해서였다.

바로 이와 같은 에스라의 태도는 무슨 일을 하든지 하나님께 영광을 돌리고 교회에 덕을 세우며 다른 성도들에게 영적인 축복을 가져다주기 위해 최선을 다해야 될 복음사역자들의 사명을 일깨워 주고 있다.(고전 10:31-33)

따라서 우리는 매일매일 자신이 무엇을 위해 일하며 살아가고 있는지 성찰함으로써 하나님께서 우리에게 바라시는 삶의 궤도로부터 결코 이탈하는 일이 없도록 조심해야 할 것이다.

에스라의 귀환시(포로2차 귀환) 아닥사스다왕은 유대 백성들의 귀환 허락조서를 내려 주었다. 만약 이왕의 조서가 없었다면 배타적이던 팔레스타인 지역의 관리들과 이방문화에 동화되어 있던 유대인들을 실질적으로 통치하기는 어려웠을 것이다. 따라서 왕의 조서는(7:11-26)에스라의 개혁 작업에 있어 큰 힘이 되었을 것이다.

한편 이러한 아닥사스다왕의 호의는 단지 에스라에 대한 인간적 신뢰 때문만은 아니고 그 이면에는 유대백성들을 향한 하나님의 의지가 작용했다. 즉 하나님께서는 삼하7:16에 주셨던 다윗언약을 신실히 지키시고자 유대백성들을 귀환시키시며 그들을 거룩한 백성으로 보존시키신 것이다.

또 한편 아닥사스다 왕의 호의적 태도는 스4:17-22에 언급 된바있는 성벽재건과 관련된 '아닥사스다'의 부정적 태도와 크게 비교된다. 따라서 이처럼 상반된 태도를 아닥사스다가 보이게 된 것은 하나님의 강권적 역사로 볼 수 있다.

즉 아닥사스다가 사마리아인들의 허위고소를 전적으로 받아들여 성벽재건을 중지시켰음에도 불구하고 여기서는 파격적으로 에스라와 유대인들에게 유리한 조서를 반포하고 있는 것은 하나님의 도움의 역사 없이는 불가능한 일이라고 본다.

한편 우리는 에스라의 삶을 통해서 하나님의 말씀에 온전히 순종하며 진실되고 의로운 삶을 영위하게 되면 하나님의 사역에 크게 쓰임을 받을 뿐 아니라 불신자들마저 감화시킬 수 있다는 사실을 확인 할 수 있다.

어떤 이들은 경건하게 살아가는 것을 오해하여 마치 세상 사람들과 떨어져서 은둔생활을 하거나 주위 사람들과는 상관없이 외골수로 살아가는 것이라고 여긴다.

하지만 하나님께서 바라시는 성도들의 삶은 불의한 세상 가운데서 빛과 소금의 역할을 감당함으로써 주위 사람들로 하여금 우리의 행실을 보고 하나님께 영광을 돌리게 만드는 것이다(마5:13-16) 우리성도들에게 있어서 세상은 결코 정죄의 대상이 아니라 구원사역의 대상으로서 복음전파의 일터라는 사실을 잊지 말아야 한다.

아닥사스다의 호의적인 배려로 유대백성을 이끌고 예루살렘으로 귀환할 수 있게 된 에스라는 그 모든 일이 하나님의 섭리와 은혜로 말미암은 것이라는 사실을 찬양했다.(7:27,28)

여기에 소개된 에스라의 찬양 속에는 하나님의 주권과 사랑이 함축적으로 표현되어 있는데 비록 짧은 내용이지만 에스라의 역사의식이 분명하게 드러나 있다. 즉 이스라엘의 역사만 아니라 이방인의 역사까지도 하나님께서 주관하신다는 의식이 잘 나타나 있는 것이다.

언제나 어디서나 세상만사는 오로지 여호와 하나님의 뜻에 따라 진행되기에 우리성도들은 무슨 일에든지 찬송과 영광을 주님께 돌려야 한다는 사실을 깨닫게 된다.(롬11:36) 참으로 에스라는 아닥사스다왕의 총애를 받게 된 것보다 하나님의 은혜를 입게 된 것을 기뻐하고 감사할 줄 아는 신앙의 소유자였다.

마찬가지로 오늘날의 성도들 역시 어려울 때 하나님의 도우심을 의지하며 형통할 때 하나님께 감사할 줄 아는 자세를 잊지 않아야 한다.(엡5:20, 살전5:16-18) 이제 에스라의 일생에 대한 평가 및 교훈을 통해 은혜를 받고자 한다.

1) 에스라가 바사왕의 포로이면서도 성실히 왕을 섬기며 율법을 연구하며 율법에 익숙해 질때에 하나님께서는 에스라로 하여금 이스라엘 민족의 귀환을 지도하게 하셨다.(7:6-28)

이처럼 하나님께서는 성실히 준비하며 겸손하게 자신의 직무에 충실한 자에게 큰일을 맡기시겠다고 약속하였다.(마25:21)우리는 나에게 맡겨진 직무를 성실히 수행하고 있다고 생각되는가?

2) 에스라는 모세의 율법에 익숙한 학자로서 백성을 가르쳤을 뿐만 아니라 자신도 하나님앞에 신실한 신앙의 삶을 살았다.(스8:21-23, 9:3-15)이는 예수님이 가장 싫어하신 외식하는 서기관과 바리새인들의 삶과는 반대 되는 가르침과 삶이 일치하는 모습이다.

자칫 우리는 하나님이 원하는 바를 다른 사람에게는 잘 전하면서도 정작 우리 자신은 그대로 행하지 못하는 우를 범할 때가 많이 있다. 우리는 하나님의 말씀을 전할 때에 그 말씀 앞에서 먼저 나부터 돌아보아야 할 것이다.

3) 에스라는 이스라엘 민족을 이끌고 귀환할 때 그의 지식이나 왕의 군사에 의존하지 않았다. 오히려 그는 자신의 부족함을 내어놓고 하나님의 손에 의존하여 금식하며 도우심을 요청했다. 그 때에 하나님께서는 그 간구에 응답하셔서 이스라엘 민족이 어려움 당하지 아니하고 무사히 귀환할 수 있도록 도와 주셨다.(스8:21-34)

그런데 우리는 살아가면서 우리의 명철과 지혜를 의지하고 하나님

없이 우리 자신의 계획대로만 살려고 할 때가 너무나 많다. 그러나 우리의 지혜와 계획이 아무리 뛰어날 찌라도 여호와께서 이루지 아니하시면 모든 것이 허사임을 기억해야 할 것이다.(잠16:1)

4) 에스라는 백성이 하나님앞에 죄악을 저질렀을 때에 마치 자신이 잘못한 것인양 옷을 찢고 금식하며 회개했다. 이는 내 눈의 들보는 보지 못하고 남의 눈에 티는 지적하기 좋아하는 우리에게 부끄럼을 갖게 한다. 우리도 이렇게 이웃의 아픔이 마치 나의 아픔인양 감싸주며 도리어 그들을 위해 기도하는 사람이 되어야겠다.(스2:5,6 마7:1-5)

5)에스라는 이스라엘 민족의 이방인과의 통혼에 대한 소식을 듣고 회개를 독려한 후에 이방여인들을 돌려보내도록 단호한 개혁을 단행했다.(스10:3)이는 그것이 하나님 앞에서 죄임이 명백할 때는 비록 인간적인 정이 얽혀 있을지라도 단호히 배격하는 용기가 필요함을 보여 주고 있다. 때로 우리는 그것이 죄임을 알면서도 순간적인 즐거움과 죄의 달콤함 속에 머물러 있기를 원할 때가 간혹 있게 된다.

2007. 6. 11.

"에스라(하나님의 도움) 그 이름 뜻대로 하나님의 도움으로 하나님의 일을 해낸 우리 신앙의 대선배이다. 집안도 훌륭하거니와 평소 율법과 하나님의 뜻에 대한 학문에 깊은 관심이 있어 Academical한 신앙적이요 지, 정, 의를 겸비한 하나님의 쓰시기에 합당한 일꾼이었다.

아닥사스다 왕의 총애도 받고 이스라엘백성의 존경도 받고 하나님 아버지의 사랑과 도움도 받고 대제사장들(아론으로부터 대대로 내려온 대제사장들이 하늘나라에서)의 기도와 용기도 이어받고 우리후대 성도들의 사모와 부러움을 한 몸에 받았으니 지금 천국에서 영광도 무궁히 받으리라.

그가 우리에게 설교해 주신 그의 생애 전반이 다 설교요 명령이요 은혜이다. 그 중에서도 5가지 그의 평가 및 교훈은 우리성도의 교과서요, 바사나라에서 포로를 이끌고 먼 고국으로 돌아오는 것은 이 세상에서 하나님나라 백성 이끌고 천국까지 인도하고 갈 우리들의 표본이요 선생이다."

성경난해구절 해설시리즈(성문서 에스라 2-(2)-⑩)

Q "바벨론 포로와 귀환 및 그 전반에 대한 이해"

스 1:1-10:47

A 이스라엘은 하나님께서 인류구원을 위해 선택한 민족이었다. 그러므로 그들은 하나님께서 그들을 부르신 목적에 부합하는 삶(life)을 유지해야만 했다. 그러나 그들은 하나님 앞에서 패역하였고 하나님께서 그들을 책망하시기 위해 보내신 선지자들을 거절했다.

이러한 불순종은 하나님의 심판을 자초한 것으로 결국 B.C722년 북국이스라엘이 앗수르에 의해 멸망당했고 남국 유다도 약 136년이 경과한 B.C586년 바벨론에 의해 멸망당했다. 북국 이스라엘은 앗수르에 멸망당했으면서도 바벨론 포로 속에서 이해되는 것은 그들 역시 하나님의 구속역사를 이루어 가도록 부름 받은 하나님나라의 일원이었기 때문이다.

그런데 그들은 구속역사의 근간인 다윗 언약을 저버림으로써 유다의 백성들과는 달리 포로기 동안에도 회개하지도 않고 타락의 길을 걸었다. 하나님의 뜻을 저버리고 자기들 욕심따라 분국 한 10지파들은 포로 후 고국에 돌아온 자들이 극소수에 그친 철저히 망하게 된다.

그러나 이스라엘의 멸망은 단지 역사의 한 시기에 세워졌던 '나라'(country)가 멸망한 것이지 결코 '민족'(nation) 자체가 멸절된 사건은 아니다. 오히려 하나님께서는 나라의 멸망이라는 결정적 심판을 통하여 이스라엘 민족을 각성시키고자 하신 것이다.

말하자면 하나님께서는 이스라엘 백성들을 포로생활동안 연단시키시고 자신들의 죄를 철저하게 회개하여 여호와 하나님께로 돌아오게 하신 것이다. 그러므로 이스라엘의 멸망은 영원한 멸망일 수 없었던 것이다.

그들의 멸망에 이어 하나님께서는 다시 이스라엘 민족을 재건 할수 있는 기회를 또 다시 주셨다. 하나님께서는 당신의 무조건적인 은총을 베푸사 자신이 택하신 구원의 도구를 본토로 귀환하게 하였던 것이다.

먼저 북국 이스라엘의 포로 과정을 살펴보자면 B.C9세기 초반부터 북방의 신흥강대국인 앗수르의 침략을 받기 시작했다. 즉 앗수르왕 살만에셀 3세(B.C858-824년)가 북국 이스라엘의 제 10대왕 예후로부터 조공을 받았던 것이다.

그리고 북국이스라엘은 한동안 앗수르의 지배에서 벗어나게 되었으나 디글랏 빌레셀3세(B.C745-727년)에 의해 다시 앗수르의 지배하에 들어가게 되었다. 더욱이 디글랏 빌레셀3세에 의해 많은 북국이스라엘 백성들이 포로로 잡혀가기도 하였다.(왕하15:9,29)

디글랏 빌레셀3세 사후 북국이스라엘의 마지막왕 호세아는 앗수르의 지배에서 벗어나고자 시도하다가 B.C724-722년까지 살만 에셀5세(B.C727-722년)의 집중적 공격에 의하여 드디어 멸망하게 되었고 이어 사르곤2세(B.C721-705년)에 의해 북국이스라엘백성들은 앗수르의 여러 지역으로 포로 되어가게 되어 종말을 고하게 된다.

여기에 비해 남왕국유다의 포로과정을 살펴보자면 원래 남국유다는 바벨론에 의해 멸망하였지만 그 이전에 앗수르와 애굽의 지배를 번갈아가며 받았다. 남국유다가 앗수르의 지배를 받기 시작한 것은 제12대왕 아하스때 부터이다. 즉 아하스는 아람왕 르신과 북이스라엘왕 베가 연합군의 침공을 대처하기 위하여 디글랏 빌레셀3세에게 원조를 청함으로써 스스로 앗수르의 지배하에 들어가게 된 것이다.

그리고 남국유다에 대한 앗수르 지배는 제13대왕 히스기야때 이르러 완화 되였다가 제14대왕인 므낫세 때에 이르러 다시 강화 되였다.(대하 33:10-13)

이어 요시야 때에 이르러 신흥강대국인 바벨론이 큰 세력으로 등장하면서 앗수르는 쇠퇴하게 되었고 이와중에서 애굽도 다시 세력을 정비하여 앗수르의 잔여세력과 연합하여 바벨론과 맞서게 되었다. 그러나 갈그미스전쟁에서 바벨론이 승리함으로써 남유다는 바벨론왕 느브갓네살의 B.C605년, 597년, 586년 세 차례에 걸친 집중공격으로 인해 결국 멸망하게 되었다.

		연대 (B.C)	이스라엘과 유대왕	정복국의 왕	관련사실	관련성경
북왕국	1차	733 ~ 732년	베가	디글랏빌레셀 3세	포로자의 수나 유배자는 전연 알수 없음	왕하15:29 왕하16:9
	2차	724 ~ 722년	호세아	살만 에셀5세 사르곤2세	남자만 약27,290명이 포로 되어감	왕하17:5,6
남국유대	1차	605년	여호야김	느브갓네살	다니엘과 세 친구를 포함한 왕족과 귀족 계급다수	왕하24:1 단 1:6
	2차	597년	여호야긴	〃	에스겔과 여호야긴왕과 방백들 군사1만명과 많은 기술자들	왕하 24:10–17
	3차	586년	시드시야	〃	시드기야왕과 왕자들, 비천한 백성들을 제외한 모든 백성들 약5만명이 포로로 잡혀가 노예가 됨	왕하25:1–25 렘 25:9–11

이방에 포로되어간 이스라엘자손이 영원히 이방에 머문 것은 아니었다. 후일 예루살렘에 귀환 공동체가 세워지고 선민의 역사가 이어진 것

은 포로 되어간 이들이 포로에서 돌아왔기에 가능했다. 하지만 포로 되어 갔다고 해서 다 돌아온 것은 아니다.

예레미야의 예언에 따른 바사왕 고레스의 귀환칙령에 의해(대하 36::22, 렘33:1-14) 바사제국에 흩어져 있던 유대인들을 중심으로 예루살렘으로 돌아와 귀환 공동체를 세운 것이다.

물론 이때 돌아온 것은 남유다 백성들이 주축이었고 북이스라엘자손 역시 전혀 안돌아온 것은 아니지만 그 수는 극소수에 불과했다.(대상 9:3) 그 만큼 북이스라엘의 10지파는 나라의 멸망과 함께 역사의 무대에서 사라졌다고 말할 수 있는 것이다.

물론 역사의 무대에서 사라졌다고 해서 완전히 사라진 것으로 생각한다면 오해이다. 왜냐하면 예루살렘으로 귀환하지 않은 유다인들과 함께 이들은 이방에 머물면서도 나름대로 공고한 선민 공동체를 세우고 성결함을 유지했기 때문이다. 이들을 가리켜 흔히 '디아스 포라' 라고 하는데 이들은 유대인 귀환 공동체가 세운 예루살렘성전을 주요절기때 방문해 신앙적 민족적 정체성을 확립할 수 있었다.

한편 남유다 백성이 주축이 되어 예루살렘으로 돌아온 이스라엘 자손들은 한 차례에 걸쳐 돌아온 것이 아니라 세 차례에 걸쳐 돌아왔다. 이들은 돌아와 성전을 세우고 성벽을 재건하여 선민 공동체를 세움으로써 유대인의 정신적이고 종교적인 지주 역할을 하게 되었다. 이러한 이들이 바벨론에서 돌아온 과정을 간략하게 살펴보게 도표로 그려본다.

귀환 순서 및 년도	지 도 자	바 사 왕	조 서 내 용	귀 환 자 수	사건 및 업적
1차 B.C 536년	스룹바벨 예수아	고레스	• 포로민 자유귀향 허가 • 성전재건 허용 • 성전기구 반환 • 성전건축을 위해 국고로 지원함	• 일반백성: 42,360명 • 노비:7,337명 • 노래하는 자: 200명 • 합계: 49,897명	• 성전재건 완공 (B.C516년) 재건도중 사마리아의 방해. 약16년간 중단되였다가 재개됨 • 초막절준수 각종 제사드림 (스1:1-6:22)
2차 B.C 458년	에스라	아닥사스다1세	• 포로민 자유귀향 허가 • 국고로 추가지원 • 관리조직허용	• 남 자: 1,496명 • 레위인: 38명 • 수종자: 200명 • 합계: 1,754명	• 신앙개혁운동이 일어남 이로 인해 유대인들의 이방여인들과의 통혼문제를 해결함 (스7:1-10:44)
3차 B.C 444년	느헤미야	〃	• 예루살렘성벽 재건허가 • 건축자료 재정지원	기록이 없음	• 산발랏,도비야등의 방해공작에도 불구하고 52일 만에 성벽을 재건 봉헌함 (느1:1-13:31)

이상에서 살펴본바 바벨론 포로와 귀환의 역사를 통하여 발견하는바 신학적 영적 교훈과 그 의의는 실로 크다고 본다.

1) 다윗언약의 성취면: 바벨론 포로는 결국 삼하7:14-16에 언급된바 이스라엘이 범죄 할 경우에는 징계하실 것이나 다윗의 집과 그의 나라는 여호와 앞에서 영원히 보전하리라 하신 다윗언약의 성취이다.

이는 다윗언약과 연관된 남유다 백성들은 포로 귀환을 통해 회복 되였으나 다윗언약에서 스스로 떠난 북국이스라엘 백성들은 제대로 회복되지 못한 사실에서 분명히 확인된다. 그리고 이는 궁극적으로 다윗의 후손으로 오시는 예수그리스도를 통한 하나님의 구속역사의 성취를 위하여 세계 역사를 주관하시고 섭리하시는 하나님의 주권을 생생하게 보여주는 산 증거라고 하겠다.

2) 선민역사의 연속성면: 바벨론 포로는 결국자기 백성들의 죄에 대해서는 엄히 징계하시나 한번 택한 그 백성은 결단코 버리지 아니하시는 하나님의 크신 은총에 의해 선민의 역사는 결단코 단절되지 아니하고 연속됨을 보여준다.

이는 이스라엘 백성들이 포로생활 중에 있을 때에도 하나님은 계속해서 선지자들을 통하여 회복에 대한 예언을 주시고 결국 그 예언을 성취하시는 등 잠시도 그 백성을 그냥 버려두시지 않는 사실에서 확인 할 수 있다.

3) 영적 교훈면: 이스라엘의 출애굽사건이 성도의 구원을 위한 하나님의 소명(召命)과 중생을 예표하는 것이라면 제2의 출애굽사건이라고 할 수 있는 바벨론 포로귀환은 성도의 계속된 실수와 범죄에도 불구하고 하나님의 은총에 의해 징계, 권면, 연단을 통해 마침내 그리스도의 장성한 분량에까지 이르게 하는(엡4:13-15)성화의 과정을 예표하는 것이라 하겠다.

그리고 바벨론 포로귀환이 이스라엘 백성들의 선행 때문에 된 것이 아니라 하나님의 무조건적인 은총에 의해 된 것이라는 사실은 성도의 구원이 개개인의 선행으로 말미암은 것이 아니라 전적으로 무조건적인 하나님의 은총의 결과임을 교훈해 주고 있다.(엡2:8-9)

2007. 6. 12.

"이스라엘 민족은 선민으로 택하시고 아들로 보고 구원받을 성도들은 구원을 이루어 나갔다. 애굽에서 종노릇(구원, 중생) 광야에서 시련(고난, 시련, 시험) 바벨론포로의 귀환(징계, 권면, 성화) 이 모든 역사적 과정이 우리 성도들이 보고 잘못된 역사는 되풀이하지 말고 구원역사만 창조하라는 것이다.

북국이스라엘은 다윗왕조를 배반한 것이 곧 하나님의 뜻을 저버린 것이 되어 영원히 멸망당하게 됐으나 남국유다는 비록 징계와 연단을 통해 구원을 이뤄나가는 성화와 영화에 도달하는 과정을 보여준 것 같다. 예수 안에서 교회를 섬기며 성경말씀 따라 진리 안에서 살면 징계 후에라도 더 큰 은총을 받게 되리라.

다윗언약과 성취를 보여주며 다윗 집과 하나님나라는 영원함과 같이 성도와 교회는 영원하리라. 선민의 역사는 성도의 견인교리 같아 한번 선택된 하나님의 백성은 어떤 죄악 중에서도 버리시지 않고 돌보아주신다. 출애굽사건 광야40년, 바벨론포로 귀환 모두가 하나님의 뜻과 섭리이며 모두가 다 하나님의 무조건적 은총에 의한 것이다."

Q "고레스왕은 믿는 신자였는지, 고레스 원년은 포로의 마지막 해였는가?"

스 1:1-3

A "바사왕 고레스 원년에 여호와께서 예레미야의 입으로 말씀을 응하게 하시려고 바사왕 고레스의 마음을 감동시키시매 저가 온 나라에 공포도하고 조서도 내려 가로되 바사왕 고레스는 말하노니 하늘의 신 여호와께서 세상 만국으로 내게 주셨고 나를 명하사 유다 예루살렘에 전을 건축하라 하였으니 이스라엘의 하나님은 참 신이시라 너희 중에 무릇 그 백성 된 자는 다 유다 예루살렘에 올라가서 거기 있는 여호와의 전을 건축하라 너희 하나님이 함께 하시기를 원하노라" (스1:1-3)

본문 말씀을 읽다보면 고레스왕은 믿음 좋은 성도로 생각됩니다. 하나님이 그의 마음을 감동시켜 한나라의 역사를 좌우하는 조서도 내리고 하나님이 천하만국도 주셨다고 고백하고 성전 건축하라 명하고 너희 하나님이 함께 하시기를 원한다는 간구는 성도가 아니고서는 이렇치 못할 것이 너무나 분명하다.

또 하나의 문제점은 원래 예레미야는 입으로 예언하길 바벨론에 포로생활 70년을 있게 하리라 했는데 과연 포로생활은 70년간이었는가? 또 언제부터 시작되어 언제까지를 70년이라고 하는지? 고레스 원년은 포로의 마지막 해였는지 난제를 풀어보려고 한다.

고레스는 대고레스로, 고레스2였다. (B.C550-503년) 그는 헬라인의 페르시야 제국을 창건했는데 알렉산더대왕 때까지 이 세기를 지속하였다. 고레스는 주전 537년 10월29일 바벨론에 들어가 자신을 제사장들과 백성들에게 자비로운 해방자와 후원자로 소개하였다.

앗수르와 바벨론의 잔인한 정책을 바꿔 그 곳에 심겨진 백성들이 고국으로 돌아가도록 허용하였다. 유대인들은 귀환만 아니라 그들의 성전도 지을 수 있도록 격려까지 받게 된다.(대하36:22-23, 스1:1-4) 더 나아가 그는 그들에게 느브갓네살이 솔로몬의 성전에서 약탈해왔던 성전 기명들도 되돌려 주었다.(스1:7-11, 6:5)

그리고 재정적으로 제2성전 건축도 도와주었다.(스6:4) 또 스룹바벨과 여호수아의 지도아래(스2:65) 대략 5만 명의 포로 유대인들이 팔레스타인으로 귀환하게 도왔다. 그 뿐만 아니라 그는 하늘의 하나님이 제국을 내게 주셨고 명하여 예루살렘 성전을 건축하라고 하셨고 모든 이스라엘 백성은 예루살렘으로 올라가 여호와의 전을 건축하라고 명령하게 되었다.(스1:2-3)

따라서 이 본문을 읽는 사람은 쉽게 고레스가 참 하나님을 믿는 신자였으리라고 생각하기 쉽다. 그러나 고레스에 관한 한 비석에서는 고레스가 벨(bel), 느보(Nebo) 그리고 말둑(Marduk) 신들을 알았으며 벨과 느보가 그로 하여금 바벨론을 지배하기를 원하였다고 하였다. 그는 말둑에게 가장 위대한 주(主)라고 했고 나는 날마다 그에게 예배하기를 힘쓴다고 하였던 것이다.

이렇게 볼 때 여기 고레스는 훌륭한 정치가요 인정이 많고 유능하고 선한 위정자임이 분명하나 이스라엘의 하나님. 여호와를 믿었다고 보기에는 많은 문제점이 있다.

요세프스(Josephus. Ant. Xi. I)에 의하면 고레스는 이사야 44:28의 예언에 언급된(자기가 태어나기 전 150년 전에 예언된) 고레스라는 그의 이름으로 인해서 그 예언 성취에 열심이었다고 기록하나 여호와 하나님에 대해서 그가 아는 것은 단지 이름에 지나지 않았을 것이라고 한다. 그는 여호와 하나님에 관해서 그가 세계의 군주가 되는데 도움을 준 많은 신들 중에 하나로 인식하였을 뿐이다.

따라서 고레스는 선한 왕이요 또 하나님의 감동으로 유대인을 포로에서 귀환케 하고 성전 재건까지 허락했으나 하나님에 관해서는 다신론(범신론)자였음으로 여호와 하나님도 그 신들 중에 한 분으로 생각하였다. 그러므로 그는 진정한 신자는 아니었다고 본다. 그저 하나님의 선한 도구로 쓰임 받은 것뿐이요. 하나님의 역사에 귀하게 이용당한 이용물에 불과하다.(ex 애굽의 바로와, 바벨론의 느브갓네살, 이들도 하나님이 '내종' 이라고 표현하셨다)

또한 에스라는 유대인들이 포로가 되어 70년을 있게 되리라는 예레미야의 예언의 성취로(렘25:11-12, 29:10) 고레스가 하나님의 명을 받아 유대인들의 본국 귀환을 허용하였다고 에스라 1장을 열자마자 말해주고 있다.

그러면 70년 바벨론포로 생활은 그 년대를 언제서부터 언제까지 보아야하는지 그 시작과 종결의 연대를 언제서부터 언제까지 논하는 것인지 심히 궁금한 것은 여러 학설로 헛갈리기 때문이다.

바사왕 고레스 원년은 주전 537년 10월 바벨론 포로 후 니산월536년에 고레스왕의 취임식이 있었던 것이다. 고레스 I세는 바사제국의 설립자로 가장 위대한 그리스의 왕으로 B.C559년부터 530년까지 다스렸다.

그는 B.C550년에 메데를 정복하고 B.C547-546년에는 리디아와 아나토리아를 정복하고 B.C539년에 바벨론을 포획하였다. 그런데 다니엘1:1에 따르면 여호야김 제3년 B.C605년에 유대인들의 첫 번째 포로로 잡아갔다. 그래서 70년은 B.C536년이 될 것이다.

그러나 정확하게 말해서 유다멸망의 해인 B.C586년을 시발점으로 잡는다면 유대인들이 바벨론 포로생활은 50년 밖에 되지 않는다. 그래서 예레미야의 70년 포로생활에 대한 예언을 의심하는 자들도 많이 있다.

그래서 어떤 학자들은 B.C586년 성전파괴에서 B.C516년 제2성전 스룹바벨 성전이 완공된 때까지 70년을 계산하는 학자들도 있다. 그러나 이것은 에스라의 저자의 의도와는 다르다. 그는 포로의 기간을 언급하고 있으며 고레스의 조서는 성전의 재건을 위한 책임에 관한 것이었다.

어떤 학자들은 여기 70년은 개략적인 수이거나 향년을 의미한다고 주장한다.(P.R. Ackroyd) 그러나 70년은 바벨론의 지배를 가리키며, B.C605년에서 B.C536년을 가리켜야하는데 어떤 분은 B.C612년에서 B.C539년 니느웨의 멸망 때까지를 논하고 있다. 그러므로 어느 경우든지 대략으로 70년이 되는 것은 틀림없다.

그런데 70년을 포로의 정확한 기간으로 보는 입장에서 두 가지 방법으로 그 예언의 성취를 설명할 수 있다.

첫째방법은 유대인들이 처음으로 바벨론에 잡혀갔을 때 주전 605년(단1:1, 왕하24:1)을 포로의 시작연대로 본다. 따라서 그 포로는 유대인들이 예루살렘에 돌아와 제2의 성전 스룹바벨의 성전공사를 시작한 해인 B.C536년으로 잡으면 70년이 정확하다.

두 번째 산출방법으로는 포로70년 계산을 바벨론이 예루살렘성전을 파괴시킨 B.C586년에 시작하여 제2성전 스룹바벨 성전을 시작은 B.C536년에 시작했으나 사마리아인들의 방해공작으로 16년 중단하다 학개 선지자의 독려로다 재건축하여 516년에 완공한 것으로 본다.

어느 해석을 취하든지 예레미야의 예언은 정확하게 70년 동안 포로

생활이 성취 되였다.

따라서 영원하신 하나님은 개인의 운명이나 민족의 운명을 처음부터 끝까지 다 아시는 알파와 오메가 되시며 시작과 끝이며 처음과 나중 되시므로 모든 일을 주권적으로 주관해 나가신다.

2007. 6. 13.

"사람은 다 하나님의 종들이다. 의의 병기로 사용되는 종도 있고 불의의 병기로 사용되는 종들도 있다. 다 믿는 성도만은 아니다. 비록 믿지는 않지만 하나님의 의의 병기로 이용된 사람과 피조물들이 많이 있다.(ex 바로왕, 느브갓네살, 고레스, 나귀, 닭, 기타)

이사야는 150년후에 있을 고레스 사역을 미리 예언했다. 고레스가 이사야의 예언서에 자기이름과 자기할 일에 대해 알고 나서 그대로 실행하려고 애를 썼다고 요세프스가 기록했다. 그의 종교는 범신론자이나 하나님을 범신론중의 한 신으로 알고 하나님의 명령 따라 순종한 선한 도구로 사용된 자이다.

유대백성의 바벨론의 70년 포로 생활을 예언한 예레미야의 예언 성취는 틀림없으나 후대 사가(史家)들이 시점과 종결의 때를 어느 기준으로 삼느냐에 계산법이 달라진다. ①포로 첫해②성전 파괴 ③국가 패망, 어느 해석을 취하는지 예레미야의 예언 연수는 틀림없다. 성경은 완전한 진리이다."

성경난해구절 해설시리즈(성문서 에스라 2-(4)-⑫)

Q "고레스의 조서 내용이 에스라서에서와 고레스 원통형 비문과는 어찌 다른가?"

스 1:1-11

A 바벨론 제국을 정복함으로써 근동의 새로운 강국으로 부상한 파사((persia) 제국의 고레서(Cyrus) 왕은 피정복 민들에 대한 유화정책을 폘쳤다. 즉 그는 앗수르나 바벨론 왕들이 그랬던 것처럼 피정복 민들의 강제 이주를 추진하기보다 오히려 피정복 민들로 하여금 각자 본토에서 거주할 수 있도록 허용하고 특히 자신들의 고유한 종교를 신봉할 수 있도록 관용을 베풀었다.

따라서 이와 같은 고레스의 조서에 의해 B.C605년 제1차 포로로 끌려간 이후 70년 동안 바벨론에서 포로 생활을 하고 있던 유대인들도 팔레스틴으로 귀환할 수 있는 길이 열렸다. 이에 세 차례에 걸친 유대인 귀환이 있었는데 본문은 제1차포로 귀환인 B.C536년에 이루어진 사건을 두고 기록한 장면이라고 본다.

한편 에스라서에 기록된 고레스 조서는 역대하 36:22,23에도 언급된 그대로 또 다시 70년이 지난 후에 에스라에 똑같은 내용을 반복하여 기록된 것은 역대하나 에스라의 역사서 모두가 하나님이 기록했으며 70년 전에나 70년 후에나 조금도 틀림없음은 역사를 주관하시는 분이 하나님이심을 증명해 주고도 남습니다.

이 조서의 내용은 하나님의 명령 따라 첫째 온 유다인 들은 본국으로 돌아가라는 명령과 또 둘째 예루살렘의 하나님성전을 재건하라는 명령과 또 셋째는 70년 전 느브갓네살이 솔로몬 성전에서 가져왔던 성전 성구와 기명들(약5천점)을 다 가지고 가서 원래 위치에 설치하라는 것이다.

확실히 이런 엄청난 변화는 하나님께서 역사하셔서 고레스 마음을 감동시켰고 에스라서에서는 마치 유대인에게만 국한 시켰으나 실제 그 당시 바벨론에 포로 생활한 여러 민족들에게 모두 해당되므로 앗수르 제국이나 바벨론 제국시대 어떤 왕에게도 이런 전례를 찾아보기 힘든 일이므로 이는 하나님의 명령과 하나님의 간섭이 아니고는 불가능하기에 에스라는 다음 몇 구절을 더욱 강조하고 있다.

1절 '여호와께서 예레미야의 입으로 하신 말씀을 응하게 하시려고 바사왕 고레스의 마음을 감동시키매' 2절 '하늘의 신 여호와께서 세상 만국으로 내게 주셨고 나를 명하사 유다 예루살렘전을 건축하라 하셨으니' 3절 '이스라엘의 하나님은 참 신이시라' ... '너희 하나님이 함께하시리라' 6절 '그 사면 사람들이 은그릇과 황금과 기타 물건과 보물로 돕고 그 외에도 예물을 즐거이 드렸더라' 이상의 말씀들은 하나님의 뜻에 따라 고레스는 적극 순종한 것으로 보여진다.

그러나 고레스 원통형 비문(Cyrus Cylinder)이 바벨론성 발굴 작업 도중(1879-1882년) 고고학자 호르무즈드 라삼(Homuzd. Rassam)에 의해 발견 되였다. 그 비문의 내용을 살펴보면 에스라에 기록된 내용과는 전연 다르니 어느 것이 진정 맞은 것인지 아리송하며 무조건 에스라 것만 맞다고만 우길 수도 없는 것이다.

그 비문의 내용을 공개하자면 크게 두 부분으로 나눌 수 있다. 이중 전반부에서 고레스는 자신이 바벨론의 국가신인 말둑(Marduk) 신의 소명을 받아 바벨론을 정복하게 되었다고 기록하고 있다. 즉 말둑 신이 자신을 경배치 않는 바벨론왕 나보니 두스(Nabonidus B.C555-539년)를 징벌하기 위하여 고레스 자신을 온 세상의 통치자로 삼아 바벨론을 징계하도록 하였다는 것이다.

그리고 후반부에서 고레스는 말둑 신의 명령에 의해 바벨론에 있는 모든 포로민을 고국으로 돌려보냈으며 또 자기들의 신전을 건축토록 허가했음을 그리고 과거 포로민의 신전에서 탈취한 모든 재산도 돌려보냄으로써 말둑 신의 명령을 완수했음을 기록하고 있다.

그리고 덧붙여 말둑 신에 대한 경의 표명과 함께 포로민들의 신들에 대해서도 경의를 표하면서 그들이 자기에게 축복하도록 당부하며 기원했다.

이상 에스라서의 내용과 고레스 원통형비문의 내용은 서로 상반된 내용으로 어느 것이 맞는 것인지 우리로서는 증거 해 볼만한 증빙서류나 증거가 매우 부족한 형편이다. 그러나 당시 역사나 하나님을 모르고 자기가 믿던 신의 명령에 따랐다고 주장하는 고레스 신앙은 범신론적 신앙이다.

에스라에서는 마치 고레스가 여호와의 신앙을 소유한 것처럼 "하늘의 신 여호와께서 세상 만국을 내게 주셨고" 또 "나를 명하사 유다 예루살렘전을 건축하라" 하였으니 라고 표현한 것은 그가 진짜 여호와의 신앙을 소유한 것이 아니라 포로민에 대한 회유책에 기인한 표현이었음을 알 수가 있다.

원래 고레스는 범신론적 신앙으로 많은 신을 섬긴 장본인 이다. 특히 벨과 느보, 그리고 말둑 신은 고레스의 주(主)신이었다. 여기에 여호와 하나님을 많은 신중에 하나로 여겼고 그 하나님도 내게 축복내리시기를 바라는 샤머니즘에 기초를 둔 이방 우상종교로 범신론자였다.

그러므로 하나님으로부터 받아 그 뜻대로 순종해 놓고도 자기 민족 자기나라의 국교인 말둑 신의 명령으로 미화했을 가능성이 크고 느브갓네살처럼 다니엘의 해몽으로 잠시 하나님을 경외하는 듯 했으나 그의 본래 신앙에 따라 벨과 느보 신으로 돌아가 버리고 말았다.

이러한 역사적 사실을 표면적으로만 볼 때는 이스라엘의 바벨론 포로 귀환이 피정복 민에 대한 바사왕 고레스의 회유정책의 결과로만 보여 진다. 그러나 우리는 그러한 역사적 정황 이면에 이스라엘을 다시 구속사의 주역으로 회복시킴으로 메시아 출현 배경을 조성하시려는 하나님의 구속사적 섭리가 작용 되였음을 영안이 열려야 보이게 되었다. 그러나 고레스는 영안이 안 열려 하나님의 구속사적 섭리로 보지 못하고 신들의 선행의 일환으로 여겨 그대로 순종함이 자기 미래 신상에 좋을 듯싶어 순종한 것이다.

하나님의 포로민 귀환에는 많은 뜻이 있다. 첫째 예레미야의 70년 포로 생활 후 귀환예언을 응하게 하시기 위함과 둘째로 메시아 오신이 길을 마련하기 위함이며 셋째 다윗의 언약을(삼하7:4-17) 신실히 지키시는 하나님으로 보이기 위함. 넷째로 포로들 중 남은자(Remnant)로써 하나님의 구속사를 이루고저 함이요. 다섯째로 이사야가 150년 후에 나올 고레스 사역예언을 그대로 이루시고자 하신 하나님의 뜻이 숨어 있었던 것이다. 여섯째 메시아를 낼 길을 닦으신 것이다.

따라서 당시 바벨론을 멸망시키시고 대제국 페르샤를 세운 고레스도 역사의 흐름과 자신의 결단으로 포로를 석방했으나 결국 구속사 전개를 위한 하나의 도구로 사용 되였던 것이다. 이처럼 하나님은 이 세상의 창조주이시며 동시에 역사의 주관자가 되사 구속사의 주체로서 당신의 기쁘신 뜻을 역사 가운데 투영하시되 당신의 백성 뿐 아니라 당신에 대하여 전혀 알지 못하는 이방인까지도 사용하셔서 구속의 역사를 이루어 나가신다.

여기서 분명한 것은 고레스의 원통형 비문에서는 에스라서와는 전혀 다르게 기록 되였으나 고레스가 죽고 난 후에라도 자기 나라 신의 지시를 받았다고 해야 매국노가 안 되지 혹시 이방신의(하나님, 여호와, 유대신) 지시를 받았다면 그의 명예에 먹칠이 될까봐 기록을 바꾼 것이 틀림없다.

또 한 가지 분명한 것은 고레스의 포로 귀환허가 조서의 배후에는 궁극적으로 여호와 하나님의 섭리의 손길이 작용한 것이 분명하다(스 1:1-11) 결국 이러한 사실들을 통해서 하나님이 세계역사를 운행하시고 주장하심을 생생하게 실감하게 된다.

2007. 6. 14.

"이방의 왕 고레스가 하나님의 명령을 듣고 그대로 순종하고 순순히 포로들을 귀환시키고 빼앗아 왔던 성전 기명들까지 돌려보내고 많은 은금과 선물을 주어 보내었다는데 많은 의구심을 품는 자들이 있다. 더구나 1880년대 고레스 원통비문이 발견되어 이 의심은 더욱 심화 되가게 되었다.

물론 에스라서와 세상 역사 기록과는 전연 다르게 기록되어 있다. 어느 것이 맞는지 갈등을 가지기에 충분하다. 그러나 성경은 이와 같이 되리라고 200년 전부터 이사야, 예레미야, 역대하 기자까지 또 다른 역사서와 예언서를 볼 때 일이 일어나기 전에 미리 예언한 것과 사건을 축소 확대 기록된 것과 다르다.

자기가 평소 섬기던 많은 신들 가운데 벨과 느보, 그리고 말둑 신이 사자를 보내어서 자기에게 명령한 것처럼 명각에 새겨 두었을 것이다. 자기 업적과 치적을 자랑키 위한 비문에 이방신에 의해 단행했다면 배신자의 낙인이 두려웠을 것이다. 성경은 영감된 것이고 비문은 과장, 거짓이 있을 것이다."

Q "예루살렘에 돌아온 포로 귀환자 숫자가 에스라 2장과 느헤미야 7장과 다른가?"

스 2:3-35

A 에스라2:3-35과 느헤미야 7:8-38에는 바로스의 자손(두 군대 모두에서 2,172명이다)으로 시삭된 서른 세 가족의 목록이 소개되어있다. 그런데 그 세른 세 가족의 숫자 중에서 열네 가족의 숫자가 전연 다르다.

아처(G. S. Archer)는 그 차이를 자세히 소개하고 있다. 1명이 차이가 나는 가족이 둘(아도니감의 자손과 베세 자손) 4명이 차이나는 가족이 하나(로드와 하딧과 오노의 자손 725명과 721명으로 서로 다르다) 6명이 차이나는 가족이 둘(바핫 모압 자손 곧 예수아와 요압자손이 2,812명과 2,818명으로 다르게 기록 되였으며 빈 누이의 자손이 642명과 648명으로 다르게 기록되어 있다.

베들레헴사람 느도바 사람에 있어서는 그 합계가 느7:19(2,067명)보다도 스2:14(2,056명)이 11명이나 적다. 삿두자손의 경우에 있어서는 스945명으로 보고하고 있는데 느7:13에는 845명으로 100명이나 많은 숫자이다. 벧엘과 아이사람 스2:28의 233명 느7:32의 123명 경우도 100명이나 차이가 난다.

아딘 자손의 경우에는(스2:15의 454명은 느7:20의 655명 보다)

201명이나 적으며 하숨자손에 있어서는 에스라 기록이 105명이 적다(스9:29은 223명이고 느7:22은 328명이다) 스니야자손에 대해서는(스2:35에 3,630과 느7:38에 3,930명) 300명이나 적다. 가장 큰 숫자상의 차이는 아스갓자손의 수치에 대한 (스2:12에 1,222명과 느7:17에 2,322명) 기록에는 1,100명의 차이가 난다. 나머지 19가족은 두 기록이 모두 같다.

이것이 사실이라면 우리는 이 14번의 불일치를 어떻게 이해하고 조화시켜야 하는지 난제중 난제이다. 이런 불일치는 에스라와 느헤미야만이 아니다. 예루살렘 귀환자의 총수는 느헤미야 7:66과 에스라서 1서(I Esdras5:4)에서는 42,360명인데 개인적인 항목을 더한 세 가지 다른 총수는 스29,818명이며 느31,089명과 스1서가 30,143명이다. 그러면 서로 차이가 나는 없어진 천여 명은 어디로 간 것인가? 또 서로 총수가 다른 이유가 무엇인가? 이런 차이에 대한 가장 쉬운 대답은 아무래도 필사자의 오류라는 것이다.

그러면 우리는 이 14번의 불일치를 어떻게 설명해야 할 것인가? 현재 공인된 사본 속에 나타난 이런 여러 가지 불일치를 다룸에 있어서 두 가지 중요한 요소가 있다. 그 첫 번째는 제이슨, 퍼셋 그리고 브라운(commentary1:289)이 인용한 사실이다.

이 가족에 속하는 것은 언급된 모든 사람들은 전체의 집결지로 모였거나 아니면 처음에 가겠다는 의사가 있을 때에 등록했을 것이다. 그러나 여행을 위한 준비기간 도중에 어떤 사람들은 죽었고 어떤 사람들은 병이나 극복할 수 없는 장애 때문에 떠날 수 없었기 때문에 결국은 겨우 652명(아라 가족에 한해서 예를 든 숫자)만이 예루살렘에 오게 된다.

뒤에 이 동일한 저자는 다음과 같이 관찰한다. 이 두 번의 등록이 실시된 환경이 다르다는 사실로부터 이 불일치는 충분히 설명된다. 에스라의 기록은 바벨론에서 실시 되였지만 느헤미야의 기록은 예루살렘 성벽이 완성된 후인 20년간의 세월차이가 지난 후 예루살렘에서 실시 되었다. 그렇게 여러 해의 차이가 있기 때문에 우리는 질병 혹은 다른 어떤 원인으로 말미암아 이 목록에 그만한 자이가 생길 수 있으리라고 충분히 예상할 수 있다.

느헤미야가 이 목록을 작성한 연대(B.C약445년경)에 관계없이 과거 536년에 스룹바벨과 예수아의 영도 하에 예루살렘에 실제로 도착했던 사람들의 정확한 숫자를 제시하는 것이 느헤미야의 명백한 목표였음이 분명하다.(느7:7)

이와 같이 에스라도(B.C약450년대였을 것이다) 그들의 숫자를 (2:1-2) 기록하였다. 그러므로 에스라는 정착지로 돌아가는 캬라반에 합세하겠다는 의사를 처음에 바벨론에서 표시한 사람들의 초기 목록을 사용했을 것이고 반면에 느혜미아의 목록은 메소포타미아로부터 오랜 여행을 마치고 실제로 유대에 도착한 사람들의 숫자를 제시하고 있을 것이다.

어떤 가족들은 처음에는 남은 자와 함께 떠나기로 작정하고 실제로 스룹바벨의 인도 하에 그들이 정렬하고 있던 들판(델아비가 되었는지 아니면 바벨론의 어떤 곳이 되었든지)을 떠나서 그 지역의 경계에 까지 왔다가 마침내는 어떤 새로운 요인이 그들의 마음을 변하게 해서 다시 돌아간 경우도 있었을 것이다.

그들은 그들 모두가 처음무리와 함께 동시에 가는 일의 유익성에 대하여 의견이 일치하지 않았을 수도 있다. 또 다른 사람들은 사업상의 이유 때문에 그들의 출발을 후일로 연기했을 수도 있다. 위에서 인용된 글 속에서 제이슨이 제안한 바와 같이 질병이나 죽음 때문에 오지 못한 경우도 있을 것이다.

또한 처음에는 바벨론에 남기로 작정했다가 마지막 순간에 지원한 사람들도 있을 것이다. 아마 그들은 이주민들이 정렬해 있는 들판에서의 공식적인 인원점검이 끝난 뒤에 고향으로 돌아가는 운동의 열기에 사로잡혀서 이주민 집단에 합세했을 경우도 있을 것이다.

그럼에도 불구하고 그들은 무사히 예루살렘(혹은 각지파별로 조상의 마을에)에 귀환해서 여행이 끝난 뒤에 작성된 최후의 목록에 계수 되었을 것이다.

숫자가 줄어든 가문이나 지방사람 들은 네 개에 불과 했다.(아라자손, 삿두자손 벧엘과 아이사람들 그리고 로드, 하딧, 오노자손) 마지막 순간에 지원한 사람이 속한 가족은 1명(아도니감 자손과 베세 자손의 경우)부터 1,100명(아스갓 자손의 경우)까지 다양하였다.

이 사람들로 하여금 마지막 순간에 결단을 내리게 만든 특별한 요인, 감정적 요인 혹은 경제적 요인이 무엇인지를 알면 매우 흥미진진할 것이다. 어쨌든 이 두 번의 인원 점검에서 나타나는 합계상의 차이는 전혀 놀라움을 일으킬만한 일이 못된다. 인류역사의 모든 거대한 이민 사건에서는 언제나 이런 종류의 증가와 감소가 나타나기 마련이었다.

두 번째 요인으로는 사본과 복사본 사이에 있어서 숫자를 완전히 정확하게 옮긴다는 것이 매우 어려운 일이라는 사실이다. 숫자는 확인하기 매우 어렵다. 게다가 만약 사본이 어떤 일로 말미암아 해졌거나, 흐려졌거나, 좀이 먹었으면(예를 들면 대부분의 쿰란 사본들처럼) 흐릿한 손가락 모양의 글자하나가 복사자의 산만한 마음에 의해서 잘못된 숫자를 만들어 내기가 얼마나 쉬운가를 우리는 쉽게 알 수 있다(이와 유사한 문제가 희귀하거나 낯선 이름들 –특히 이것들이 이스라엘이 아닌 외국어 이름일 경우에– 의 복사 과정에서도 발생한다).

서로 비교해 보기 위해서 우리가 보관하고 있는 여러 가지 이교의 기록들 속에서도 복사자의 이런 형태의 실수를 강력하게 확증하는 증거가 발견된다. 예를 들면 다리우스 1세가 세운 베히스툰바위(Behistun Rock) 비문 속에서 우리는 #38이 프라다(Frada)의 군인 중에서 죽은 사람이 55,243명이고 포로자 6,572명이라고 밝히고 있는 것을 본다.

(이 숫자는 바벨론의 기둥의 기록에 의한 것이다. 그런데 바벨론에서 이 비문을 복사한 것이 발견 되었는데 거기서는 포로의 숫자가 6,973명이다. 그러나 애굽의 엘레판틴에서 발견된 이 비문의 아람어 번역에서는 포로의 숫자가 6,927명에 불과 했다.)

이것은 에스라 2장과 느헤미야7장에서 우리가 발견하는 것과 똑같은 불일치이다. 이와 유사하게 동일한 비문의 #31에서는 바벨론 기둥은 프라왈 티쉬의 반란군 중에서 죽임을 당한 사람이 2,045명 포로가 1,558명이라고 기록하고 있는 반면에 아람어 복사본은 1,575명 이상을 포로의 숫자로 제시하고 있다(ibid p45)

2007. 6. 15.

"유대인이 바벨론포로에서 돌아온 숫자를 밝힌 에스라 2장과 느헤미야 7장에서는 어찌된 일인지 많은 차이점이 발견된다. 성경의 영감성을 부인하는 진보주의자들은 하나님의 말씀이 아니고 사람의 말이기에 이렇게 많은 허점과 잘못이 나올 수 있다고 주장하고 있으나 어불성설이다.

1명 차이 2가족, 4명 차이 1가족, 6명차이가 2가족 11명 차이 1가정, 100명 차이 2가정, 105명 차이 1가정, 201명 차이 1가정, 300명 차이 1가정, 1,100명 차이 1가정, 9명 차이 1가정이 14번의 불일치와 19번의 동일 합계 33회이나 14회 불일치가 문제가 되는 것이다.

제이슨, 퍼셋, 브라운의 주석에 증거로 세 가지 ①집결지와 집결지에 모이기 전 숫자들 ②바벨론과 예루살렘 성전 완공 후 20년 세월차이 때문 ③여행 도중에서 도중 탈락하기 때문에 온 사건 이 여러 사건과 동시에 사본과 복사본의 차이를 인정하지 않을 수 없다. 사본상의 훼손 때문에 정확치 않을 때도 적당히 선택 되었을 것이다."

성경난해구절 해설시리즈(성문서 에스라2-(6)-⑭)

Q "두 번째 성전 건축 연대에 대한 난제와 성전 재건이 지연된 참된 이유는 무엇인가?"

스 3:8- 5:17

A 두 번째 성전 건축에 관하여 에스라3:8-13, 5:13-17은 고레스왕 통치때 그 해 제7월에 성전의 기초가 놓여 진 것만을 말하고 있다. 이 때 바벨론 포로에서 돌아온 오만 명의 귀향자들이 솔로몬 성전자리에서 제물을 드리며 성전 기공예배를 드린 것이다. 이때가 B.C536년이거나 535년경 이었을 것이다.

그러나 에스라 4:24에는 그 건축이 다리오왕 15세 때까지 지연 되였다고 하며 4:4에는 사마리아 인들과 이웃의 다른 나라 사람들이 제국의 수도에 있는 고레스의 궁정에 영향력을 행사해서 유대인들에 대한 성전 건축허가를 지연시키게 했던 것이다.

이런 반대 때문에 성전 건축은 중단했으므로 그 작업이 B.C520년 혹은 519년경까지 다리우스 대왕 제2년까지 지연 되였음을 가르쳐 주고 있다. 학개 선지자도 학개서 2:15에서 이건축 작업이 약 16년간 지연되므로 영안들이 어두워져서 대게 부유한 자들은 성전보다 자기들을 위한 판벽한 집짓기에 바빠서 성전 짓기를 게을리 하므로 학개 선지자로부터 호된 책망을 듣게 된다.(학개1:1-4)

스룹바벨과 포로에서 귀환자들은 B.C536년에 돌아오자마자 그해 7

월 21일에 솔로몬 성전 터에 제2성전 기공식을 거행했으나 실제 공사가 시작된 것은 535년 2월에 일의 시작이 되자 곧바로 유프라데강 서쪽의 총독 닷드내와 스달 보스내의 방해공작으로 인해 공사가 중단되어 16년 동안 B.C520년경 까지 공사가 중단된 것을 학개 선지자의 책망을 듣고서 다시 재건축하기 시작한다.

책망하던 학개 선지자는 그들에게 첫 번째 성전의 영광을 능가하는 두 번째 성전에 관한 격려의 예언도 전해주었다(1:9) 그로부터 두 달 후(1:10) 학개 선지자는 16년전(즉 "여호와의 전 지대를 쌓던 날")(18절) 그들이 성전 건축을 계속하지 않던 그날부터 지금까지 그들의 농업 활동이 폭풍과 곰팡이와 우박으로 시달린 사건을 환기 시켰다.

영안이 열리기 시작된 유대인들은 유프라데 서안의 총독 닷드내와 스달 보스내와 그 동료들의 방해에도 불구하고 B.C537년의 고레스왕의 원래 칙령을 조사해 보도록 상소하므로 다리우스왕이 명령으로 조사케 된다.

악메다에서 그것이 발견되자 다리우스왕은 예루살렘 성전이 주변국가의 방해를 받지 않고 완성되도록 하는 조서를 내리게 된 때는 '다리오왕 제6년 아달월 3일' (15절)에 4년 몇 개월 만에 제2성전이 완성 됐으니 이때가 곧 B.C516년 아달월 3일 이었다.(스6:3-12)

학개 선지자는 2:15에 "이제 청컨대 너희는 오늘부터 이전 곧 여호와의 전에 돌이 돌 위에 첩 놓이지 않았던 때를 추억하라" 흉년에 기근에 폭풍, 곰팡이, 우박으로 하나님의 침을 받았다. 곡식종자가 없고 포도나무, 석류나무, 감람나무가 맺지 못하나 이제부터는 내가 너희에게 복을 내린다고 축복하였다(학2:15-19)

성전 건축공사 기간은 4년 6개월이 소요 되였는데 솔로몬이 모든 인력과 재료와 장비를 다 갖춘 상태에서 7년 반이 걸린 것을 생각할 때(왕상6:37-38) 매우 부지런하고 순조로운 진행 이였다고 볼 수가 있다. 솔로몬의 성전이 불타버렸으나 돌들은 그 땅에 남아 있으므로(왕하25:9) 주로 필요한 작업은 불에 탄 곳에 나무기둥을 갈아세우는 작업부터 시작되다보니 공기가 많이 단축 되었다고 본다.(학1:8)

이렇게 볼 때 솔로몬 성전보다 공사기간이 많이 단축 되어진 것은 너무나 당연한 처사였다. 더구나 옛날 성전을 보고 그 성전에서 예배를 드렸던 노인들은 제2성전이 첫 솔로몬성전만 못한 것보고 감격하면서도 못내 아쉬워한 사실이 그것을 뒷받침해 준다. 그러나 다른 해석과 설명도 있다.

에스라 3:9-10에서 성전의 본당과 부속 건물주(the Lord)의 바잇(bayit)사이에 구분을 한다. 물론 이 해석을 지지하기는 어렵다. 다만 이 경우에 학개의 경우는 성전의 부속건물을 지은 시기를 설명한 것으로 생각해 볼 수 있을 것이다. 어느 것을 택하든지 성경자체는 모순이 없다는 사실이며 여기서 저자는 성전 건축 활동에 관해 어떤 자세한 정보를 주려고한 대신에 백성들의 경험에서 나타난 전환점을 기록하려고 하였다.

그러나 에스라 4장의 사건의 순서에 대한 많은 오해가 있어왔다. 학개가 주전 520년에 건축 캠페인을 벌린 때는 르훔과 심새는 있지도 않았다. 그들의 편지의 년대가 B.C464년 이후였다는 사실에 주목해야만 한다.

왜냐하면 이 편지는 아닥사스다에게(B.C464년 -424년)에게 보내진 것이었기때문이다.(1대 고레스, 2대 다리오, 3대 아하수에로, 4대 아닥사스다)(에스라 귀환이 458년이니 에스라 4장의 편지는 B.C458년 이후 449년 사이일 것이다)

그렇다면 본문의 서신 사건은 스룹바벨 성전 기공식 이후 사마리아인들의 성전 재건 방해사건이 있었던(4:1-5절) 그 시점에서부터 약50년 후의 일이다. 그리고 스룹바벨 성전이 완공된(B.C516년) 때로부터 약 30여년 후의 사건이다.

그러므로 사마리아 사람들이 이스라엘 귀환 공동체를 아하수에로 왕에게 고소한 내용은 성전 재건과는 무관한 성벽재건에 관한 것이기 때문에 전연 다른 사안이다.

이처럼 본서 기자가 고레스왕이 다스리던 B.C536년의 사마리아인들의 성전재건 방해사건 이야기를 하다가 갑자기 50년 이상의 세월을 뛰어 넘어 아하수에로왕이 즉위하던 B.C458년의 사마리아인들의 예루살렘 성벽재건 이야기를 하는 것은 선민국가 재건에 대한 대적들의 방해라는 공통점과 더불어 사마리아인들이 얼마나 오랜 세월동안 집요하게 포로귀환 공동체를 괴롭혔는지를 강조하기 위해서였던 것이다.

즉 사단은 하나님의 명령을 받고 신정국가 재건하려는 이스라엘 자손을 좌절 시키기 위하여 사마리아 사람들을 하수인으로 내세워 기나긴 세월동안 집요하게 괴롭히며 방해하였던 것이다. 그러나 사단의 세력은 역사의 주관자이신 하나님의 섭리를 결코 좌절 시킬 수 없었다.

에스라 4장의 왕에 대한 그들의 편지나 그 편지에 대한 답장은 성전 자체에 대해서는 아무런 언급이 없으며 오직 성벽과 외부방벽을 재건하는 문제에 대해서만 언급하고 있다. 성전은 이미 과거 주전516년(스 6:15)에 완성 되였던 것이다. 분명 에스라 4:6-22의 내용은 성전 재건 이야기 도중 성벽재건 방해에도 사마리아인들 악행을 삽입했다.

에스라는 종교개혁 신앙, 원상회복, 절기, 제사, 성전 관리 모든 문제 개혁을 주도 하면서도 성벽에도 많은 관심이 있었던 것은 사실이나 그러나 성경에는 기록되지 않았으나 어떤 이유인지 알 수 없으나 에스라 때는 성벽문제는 좌절되고 14년 후(B.C444년) 느헤미야가 완공했다.

2007. 6. 16.

"연대에 대한 분명한 것은 제1차 포로귀환한 해가 B.C536년 정월이며 그해 7월21일에 성전 준공식 하였으나 실제공사 시작은 B.C535년 2월(스

3:8)이었다. 사마리아와 유프라데강 서안 총독들의 방해로 약 16년간 공사 중단되어 다리오왕 2년까지(B.C520년) 공사 중단되었다 516년 12월 3일에 완공 되었다.

다리오 2년 6월1일 학개가 하나님의 영감을 받아 책임자들을 책망했다.(학1:1) 다리오 2년(B.C520년) 6월24일에 공사를 재개하니 7월21일에 학개 선지자의 칭찬과 장래 축복에 대해 선언하였다.(학2:1) 4년6개월의 공사가 계속되다 다리오 6년(B.C516년) 12월3일에 완공되였다.(스6:13-15)

이 성전이 완공되기까지는 고레스왕 다리오왕의 공로를 하나님이 기억해 주셨을 것이요, 스룹바벨과 예수아 제사장의 노고도 잊을 수 없으나 포로에서 돌아온 5만 명의 이스라엘 백성들이 한결같은 협조도 귀한 충성이었다. 여기에 비해 사마리아들의 집요한 방해는 성전재건은 물론 50년 후 성벽재건도 여전하므로 스4장에 삽입해둘 정도로 그들의 악행을 하나님이 기억하고 갚아 주신 것이다."

성경난해구절 해설시리즈(성문서 에스라 2-(7)-⑮)

Q “에스라 4장은 3장과 5장의 내용과 100년 후 사건이 왜 갑자기 나왔을까?”

스 4:7-23

A 에스라 3장은 B.C536년에서 B.C516년 까지 20년 여간에 예루살렘 성전재건 공사 개시와 세단 축조와 초막절 준수 등을 기록하고 있으며 에스라 5장은 예루살렘성전공사 재 개시 유프라데강 서부지역 관활 총독들의 상소 내용이 자세히 나오고 있다.

그런데 그 사이인 에스라 제4장에는 사마리아인들의 방해공작으로 예루살렘 성곽공사 중단된 사건, 느헤미야시대요, 르훔과 심새가 나오며 아닥사스다왕(B.C464-424)이 나오는 것을 볼 때 100년 후 성벽사건이 어찌 여기 사이에 등장되어야 하는지 난제 중 난제이다.

더 자세히 살펴본다면 4:1-5까지는 1차 포로귀환 후 유대인들이 성전 재건 공사에 대해 사마리아인들의 방해하였음을 자세히 기록하고 있다. 그런데 4:6-23에는 성전완공 이후에 있었던 성벽 재건에 대한 사마리아인들의 방해 사건이 나옴은 100년 후의 사건이다.

그러나 이런 사건들은 시기상으로는 많은 차이가 있으나 유대인의 선민역사 회복 선민국가 재건에 대한 사마리아인의 방해라는 측면에서 일관성을 갖기 때문에 연이어 보도하고 있다고 본다. 그러나 역사적 사실을 자세히 알지 못하고서는 이해하기가 아주 곤란한 사안이다.

본장은 아하수에로왕 당시의 사마리아인들이 성전 재건 때문에 유대인들을 고소한 사건(6절) 그 후 100년후 아닥사스다왕때 성벽재건(느헤미야 추축) 사건 때 유대인들을 고소한 사마리아인들이 행위가 성전재건방해 때는(1-5절) 호의를 가장한 방해였다면 여기 성벽재건 방해는 노골적인 적대감 표출로 생각된다.

내용인즉 사마리아인들은 유대인들이 예루살렘 성벽을 수축하고 있는데 만일 이를 방치하면 바사에 대한 반역을 도모할 것이라는 허위 사실을 날조하고 고소했다. 특히 그들은 자신들의 고소장에 신빙성을 부여하기위해서 사마리아 지방에 파견되어있는 바사제국의 관리들을 매수하여 서명까지 받았다.

본장은 사마리아인들의 의뢰에 의해 사마리아지방에 파견 나온 바사방백 르훔과 심새가 유대인들의 성벽공사 중단을 요구하는 조서를 바사왕 아닥사스다왕(B.C464-424)에게 보낸 사실과 그 조서로 인하여 아닥사스다왕이 유대인의 성벽재건 공사를 중단케 한 사실(23절)이 기록되어 있다.

그런데 느2:1-10을 보면 느헤미야가 바사왕 아닥사스다의 허가로 예루살렘으로 귀환하여 성벽공사를 실시한 것으로 소개되고 있다. 그렇다면 동일하게 바사왕 아닥사스다 시대에 그 왕이 한번은 성벽건축 중단을 또 다른 한번은 성벽건축 허가를 한 셈이 되는데 이것이 어찌된 일인지 난제이며 3장과 5장, 6장 성전건축 중에 성벽건축 중단이 나옴이 난제이다. 예루살렘 성벽건축은 약 100년 후의 일이니 여기에서 나오게 된 것이 어찌된 일인지 궁금하다.

느1:1-3을 보면 아닥사스다 제20년 즉 B.C444년에 느헤미야의 동생 하나니가 예루살렘성과 성문의 훼파소식을 느헤미야에게 보고한 사실이 나온다. 그런데 이 보고의 내용이 B.C586년 느브갓네살에의한 예루살렘성 함락 당시의 상황에 대해 설명한 것이라고 말하는 학자도 있으나 대부분의 학자들은 르훔과 심새 당시의 상황에 관한 보고일 것으로 본다.

그렇다면 이것은 느헤미야가 예루살렘에 귀환하기 이전 시기, 즉 바사왕 아닥사스다의 재위 20년 이전인 B.C464-444년 사이에 이미 예루살렘성벽 재건시도가 유대인들에 의해 있었음을 말하는 것이 된다.

그리고 이 추측이 가능한 것이 느헤미야가 귀환하기 이전에 이미 두 차례에 걸친 포로 귀환에 의해 예루살렘에 거주하는 유대인들의 수가 상당히 많이 불어났고 또 이미 성전건축 당시와 마찬가지로 사마리아인들의 대대적인 방해 공작이 있었고 르훔과 심새는 사마리아 인들의 의뢰에 의해 아닥사스다왕에게 고소장을 보냄으로써 유대인들의 성벽건축을 방해 했던 것이다.

따라서 아닥사스다왕이 느헤미야에게 성벽 재건을 허가한 때는 르훔과 심새의 고소장으로 인해 일단 성벽 건축 중단 명령을 내린 이후인 것이다.

이상의 사실을 통하여 우리는 두 차례에 걸친 바벨론 포로귀환 이후에 유대인들이 성전건축과 함께 이스라엘을 국가로서 재건하기 위한 시도를 계속해 왔다는 사실을 발견한다.

또 르훔과 심새의 고소장에 의해 유대인들의 성벽공사가 좌절 되었었지만 결국 하나님은 바사왕궁의 술 관원으로 있던 느헤미야를 통하여 성벽공사를 곧 재개하고 또 단52일만에 그 공사를 완공되도록(느6:15) 하였다. 여기서 우리는 하나님의 섭리의 오묘함과 또 자기 백성들을 향한 지극한 사랑을 다시한번 깨닫게 된다.

우리는 하나님의 나라의 사역을 방해하고 성도들을 모함하기 위한 사단의 술책이 얼마나 끈질긴지 깨닫게 된다.(욥1:6-2:10) 즉 사단은 하나님 나라가 확장됨으로 인해 자신의 영역이 축소되는 것을 막기 위해 자기의 하수인을 동원하여 이 일을 방해한다. 그럴수록 성도들은 믿

음 가운데서 인내하며 더욱 하나님의 도우심을 바라보는 자세를 견지해야 된다.(마10:22)

또 한 가지 생각해 볼 사안은 이러한 아닥사스다왕으로 하여금 성벽재건 중지 명령으로 중지되게 되지만 이 중단사건으로 인해 아마도 느헤미야가 제3차 포로귀환을 주도하여(B.C445년) 성벽재건을 추진하게 된 배경의 기초가 된 것이다.(느1:1-3)

여기서 한 가지 덧붙여 생각할 것은 성전재건이 중단된 이유를 사마리아인들의 방해와 같은 외부적인 원인 때문이라고 서술하고 있는 본 에스라의 내용과는 달리 학개 선지자는 보다 근본적인 원인이 유다백성들의 나태해진 신앙 때문이라고 질책하고 있다.(학1:1-11)

이처럼 학개 선지자는 비록 사마리아인들의 방해 공작이 성공하여 성전재건이 중단되기는 하였을 지라도 유다백성들이 바사의 왕에게 적극적으로 탄원하거나 여타의 시도를 하지도 않은 채 최소한 16년 이상을 판벽한 집에서(학1:14) 허송세월을 하고 있었던 것을 성전재건 지연의 근본원인으로 보았던 것이다.

이에 우리는 자신이 처해있는 상황과 여건이 하나님께서 기뻐하시는 삶을 영위하고 하나님나라의 사명에 충성하기가 어렵다고해서 자포자기하거나 허송세월만 하고 있어서는 안 된다는 사실을 깨달을 수 있다. 역경 속에서 오히려 더 큰 믿음의 능력을 발휘하는 것이 성도들의 저력인 것이다.

2007. 6. 17.

"성경은 역사의 사건을 통하여 하나님의 백성을 하나님의 뜻대로 인도하시기 위한 영의 책이지 역사책(歷史册)이 아니다. 역사의 순서 따라 역사를 가르치기 위한 책이 아니다. 그러므로 에스라 3장과 5장, 6장 사이에 4장은 100년 후 전연 다른 사건이 삽입된 장이다.

4:1-5까지는 사마리아인들의 방해공작으로 인해 중단된 스룹바벨 성전 중단사태를 기록하고 4:6-23까지는 사마리아인들의 방해 공작으로 인해

중단된 성벽재건 사건의 중단된 사실을 100년 후이지만 사마리아인들의 악행에 포인트를 두고서 기록하므로 좀 당황했으나 역시 성경은 마귀들의 공작에 대해서도 알려 주신다.

스룹바벨성전 재건이 사마리아인들의 방해 공작으로 인해 중단된 줄로 만 알고 왔으나 또 하나 우리가 기억해야 할 것은 유대인 자신들이 나태한 채 16년간이나 허송세월하면서 판벽한 자기 집 짓고 안일주의, 편리주의에 빠진 것을 실랄 하게 비판했다."

성경난해구절 해설시리즈(성문서 에스라 2-(8)-⑯)

Q “포로귀환시대 성전재건, 에스라의 신앙 개혁으로 이스라엘회복과 선민역사 연속성에 대하여”

스 5:1-5, 6:1-12

A 구약3대 역사서인 사무엘, 열왕기, 역대기서는 다루는 범위나 기록의 관점은 상호 구별되지만 모두 이스라엘 왕국시대를 기록하고 있다는 공통점을 지니고 있다. 특히 열왕기서와 역대기서는 선민의 자손으로서 하나님의 언약의 정통성을 지니고 남유다가 바벨론에 의해 멸망하고 그 백성들이 바벨론에 포로로 잡혀감으로써 왕국으로써의 이스라엘이 종말을 고한 사실로 마무리되고 있다.

이제 그에 이어지는 세 권의 역사서 곧 에스라, 느헤미야, 에스더는 B.C539년 에서 B.C331년까지의 포로귀환시대중 B.C539에서 400년경까지의 이스라엘의 역사에 대하여 다루고 있다.

이중 에스라서는 역대기서와 동일한 저자인 에스라에 의해 기록된 책으로서 B.C536년 이스라엘백성들이 제1차 포로귀환으로부터 B.C444년 제3차 포로귀환 직전까지의 이스라엘의 역사 곧 제2예루살렘 성전건축과 에스라의 신앙개혁을 중심으로 한 선민 이스라엘의 회복과 재건 과정에 대하여 기록했다.

그리고 느헤미야서는 제3차 포로귀환을 주도한 느헤미야에의해 기록된 책으로서 B.C444년 제3차 바벨론 포로귀환으로부터 B.C400년까지의 이스라엘의 역사 곧 예루살렘 성벽재건과 개혁을 중심으로 한 이스라엘 공동체의 회복과 재건과정을 하나님의 섭리 가운데 영감을 통하여 기록된 것이다.

이와 같이 에스라와 느헤미야서는 다 같이 이스라엘의 재건과정을 다루고 있다. 그리고 이를 통하여 일차적으로는 비록 세속 왕국으로서의 이스라엘은 멸망하였지만 민족으로서의 이스라엘은 망하지 않고 보존된다는 선민 역사의 연속성을 그리고 궁극적으로는 택한 백성에 대한 하나님의 구원역사의 연속성을 강조하는 특징을 지니고 있다.

사실 에스라와 느헤미야서는 저자가 다르지만 히브리 원전에서는 한 권의 책으로 묶어져 있는데 이 두 책이 거의 같은 시대적 배경에서 내용상 연대기적으로 이어지는 것은 물론 구조와 패턴주제와 관심사에 있어서 놀라운 통일성을 보여주고 있기 때문이다.

한편 포로귀환 시대의 역사를 다루는 세 권의 역사서 가운데 마지막 책인 에스더서는 제1차 포로귀환과 제2차 포로귀환 사이인 페르시아 제4대왕 아하수에로 곧 크세르 크세스(Xerxes) 시대에 수산에서 발생한 한 에피소드 곧 부림절(The purim Feast)의 기원이 된 사건을 기록한 것이다.

여기서 부림절이란 이스라엘 민족이 아말렉 자손인 하만의 멸절음모로부터 구원받은 사건을 기념하는 절기이다. 이러한 에스더서는 그 공간적 배경의 중심이 팔레스틴이 아닌 페르시아 일 뿐만 아니라 그 내용에 있어서도 이스라엘 공동체의 회복과 재건이 아닌 매우 짧은 기간에 있었던 한 에피소드를 다룬 다는 점에서 같은 포로귀환시대의 사건을 다루는 에스라서와 느헤미야서와는 구분된다.

그러나 에스더서 역시 하나님의 사랑과 언약에 근거한 선민의 보존이라는 주제를 다룬다는 점에서 선민역사의 연속성을 강조하는 앞의 두 책과 일관성을 지니고 있다. 말하자면 포로귀환 시대를 배경으로 기록된 세 권의 역사서는 모두 선민역사의 영속성을 다룬다는 통일성을 지니고 있는 것이다.

B.C722년 북이스라엘을 정복한 앗수르 제국의 식민정책은 식민지 국가의 정치력을 완전히 공백화하고 식민지 백성들을 제국내의 다른 지역으로 강제 이주시켜 다른 민족과 혼합되게 함으로써 그 식민지 국가의 민족성 및 존재자체를 말살하는 정책이었다.

그리고 이런 식민지 정책은 앗수르를 무너뜨리고 근동의 새로운 패자가된 바벨론에 의해서도 그대로 유지 되었다. 그리하여 남유다의 백성들은 B.C605년 처음 바벨론의 침공을 당하여 제1차로 포로로 잡혀간 이래로 B.C586년 예루살렘이 함락되어 완전히 멸망하기까지 전 3차에 걸쳐 바벨론에 포로로 잡혀갔다.

그러나 바벨론에 이어 근동지역에 새로운 패자로 등장한 바사 곧 페르시아 제국의 식민정책은 앗수르나 바벨론과는 완전히 달랐다. 즉 페르시아 제국은 식민 국가들에 대하여 강제 이주와 같은 억압정책 대신에 일정한 범위 내에서 정치적 종교적 자유와 자치를 허용하는 관용정책을 펴나갔다.

우선 페르시아제국은 제국 내에 거주하는 모든 식민지 백성들로 하여금 본국으로 돌아갈 수 있도록 허용하는가 하면 각 민족이 섬기는 신의 신전도 건립할 수 있도록 하였고 신전건립에도 적극적인 협조를 아끼지 않았다. 그리고 정치적으로는 식민지 국가 출신의 왕족이나 귀족으로 그 지역의 총독이나 통치자를 삼았으며 제국에 충성하는 조건으로 그들 나름의 자치도 허용하였다.

그리하여 바벨론에 포로로 잡혀간 이스라엘 자손들은 바벨론에 포로로 잡혀갈 때와 마찬가지로 전3차에 걸쳐 이스라엘 땅으로 귀환하게 된다. 제1차포로 귀환은 페르시아제국의 건설자인 고레스(Cyrus)의 칙령이 내려진 때로부터 약1년이 지난 B.C536년에 이루어졌다. 이때 귀환자들의 영도자는 세스바살과 스룹바벨로서 유다왕족 이었다. 이때 포로 귀환자들은 노비와 노래하는 자까지 포함하여 모두 49,897명 이었다.

이들은 귀환 제2년째 B.C536년 성전재건 공사를 시작하였는데 사마리아인들의 방해로 말미암아 겨우 성전시대를 놓은 상태에서 16년간이나 공사를 중단하였다가 학개와 스가랴 선지자의 독려로 다시 B.C520년 공사를 재개하여 공사재개 4년만인 B.C516년에 제2성전인 스룹바벨 성전을 준공하게 된다.(스1:-6:)

제2차 포로귀환은 제1차 포로귀환이 이루어진 때로부터 약80년 지난 B.C458년에 학사겸 제사장이었던 에스라에 주도하에 이루어졌다. 이때 귀환자 수는 대략 1,775명이며, 에스라의 귀환으로 말미암아 이스라엘에서는 신앙개혁운동이 일어나게 되었다. 당시 이스라엘은 이방인과의 통혼이라는 심각한 문제에 직면하여 있었다.

이방인과의 통혼은 당시 이스라엘 자손들이 신앙적으로 매우 타락한 상태에 있었음을 반증하여 준다. 왜냐하면 이방인과의 통혼은 율법이 금하는 일로써 이는 곧 여호와 신앙의 순수성을 훼손하는 일이었기 때문이다. 이에 에스라는 신앙개혁 운동을 일으켜 이스라엘 자손들의 이방인과의 통혼 문제를 해결한 것이다.(스7:-10:)

한편 제3차 포로귀환은 제2차포로 귀환으로부터 14년이 지난 B.C444년 느헤미야의 주도로 이루어졌다. 이때 얼마나 되는 사람이 귀환하였는지는 분명하지 않다. 느헤미야는 예루살렘 성벽재건이라는 사명을 띠고 귀환하였다. 느헤미야는 귀환할 당시까지 페르시아 제국 제5대왕인 아닥사스다의 술 맡은 관원으로 봉직하고 있었다.

고대 근동사회에서 왕의 술 맡은 관원은 왕의 측근중의 측근이다. 그는 아닥사스다 제20년에 예루살렘에서 온 동생 하나니와 그의 동행들로부터 예루살렘 성곽이 훼파 되였다는 소식을 듣게 된다. 이는 물론 B.C586년에 있었던 바벨론에 의한 예루살렘 파괴를 의미하지 않는다.

느헤미야가 들은 예루살렘 성곽의 훼파는 제1차포로 귀환이 이루어진 이후에 발생된 것들이다.

에스라서의 기록 의하면 우여곡절 끝에 착공 20년 만에 예루살렘 성전을 재건한 포로귀환자들은 자신들을 외부의 대적으로부터 보호하고 이스라엘의 국가적 위상을 확립하기위하여 곧 다시 예루살렘성 재건을 시도 하였던 것 같다.

특히 당시는 페르시아의 패권주의가 크게 약화되어 애굽과 헬라가 독립하여 페르시아를 위협하는 큰 세력으로 부상하였을 뿐만 아니라 제국 내 곳곳에서 반란이 빈번하게 발생하고 있었는바 이스라엘 공동체는 자신들의 안위를 위해서도 예루살렘의 재건이 절실하였을 것이다.

그러나 이러한 이유에서 시작된 예루살렘성의 재건사역은 이스라엘 대적들의 강한 방해에 직면하였고 결국 제국 내의 반역을 매우 경계하였던 아닥사스다가 예루살렘성의 건축이 페르시아를 반역하기 위함이라는 대적들의 고소를 듣고 공사 중단을 지시함으로써 중단 된다. (스 4:6-23) 그리고 완공단계에 있던 예루살렘성벽은 왕의 지시에 의한 것인지 아니면 대적들에 의한 것인지 알 수 없지만 다시금 훼파되고 만다. 느헤미야가 들은 예루살렘 훼파소식은 바로 이에 대한 것이다.

느헤미야는 이 소식을 접하고 통곡하며 하나님께 기도하고 아닥사스다에게 호소하여 예루살렘 성벽재건 허락을 받아 귀환하여 대적들의 온갖 방해를 극복하고 단52일이라는 아주 짧은 기간 동안에 성벽을 재건한 것이다.(느1:-7:)

아닥사스다가 느헤미야의 요청을 기꺼이 수락하여 예루살렘 성벽을 재건하게 한 것은 이스라엘 공동체의 온전한 회복을 바라는 하나님섭리의 결과였다. 다만 여기에는 자기가 신임하는 느헤미야를 통하여 당시 매우 불안정하였던 팔레스틴 지역을 안정시키려한 아닥사스다의 의중이 반영 되였을 것이다.

한편 성벽을 재건한 느헤미야는 그것으로 자기의 사명을 다한 것으로 여기지 않았다. 그는 곧 제2차포로 귀환을 주도한 학사 겸 제사장 에스라와 더불어 이스라엘로 하나님과 언약을 갱신하게하고 성전 제사제도를 확립함으로써 이스라엘이 정치적으로나 종교적으로 회복되게 하고 또한 신앙개혁을 통해 영적으로도 하나님의 선민으로 온전히 회복될 수 있는 발판을 마련하는데 일조 했다고 본다.

2007. 6. 18.

"남국유다에 바벨론이 침공하여 제1차로 (B.C606년경) 다니엘과 그 세 친구와 왕족 다수를 포로로 잡아갔고 제2차로(B.C597년) 에스겔을 위시한 약 일만 명을 잡아갔으며 제3차로(B.C586년)에 완전 멸망시키고 5만 명을 끌고 감으로 도합 약6만 명이 끌려갔다.

바사제국의 초 대왕 고레스 원년에 포로귀환 령이 내려졌다. 제1차 귀환(B.C536년) 스룹바벨을 위시한 약 5만 명이 돌아왔고 제2차 귀환(B.C458년) 학사 겸 제사장인 에스라의 인도로 약18,000명이 돌아왔고 제3차 귀환(B.C444년) 느헤미야가 성곽재건을 위해 귀환했다.

포로 잡혀 가도록 하신 분도 하나님이시지만 기적같이 다시 돌아오도록 하신 분도 역시 하나님이다. 그러므로 성전재건, 성곽재건, 에스라의 신앙개혁 운동으로 유월절 준수, 이방인들과 통혼문제 많은 신앙적 회복으로 이스라엘 선민 역사의 연속성은 하나님의 특별한 섭리와 뜻에 의해 이루어 가는 역사의 주장자가 하나님이시다."

성경난해구절 해설시리즈(성문서 에스라 2-(9)-⑰)

Q "바사왕 다리우스를 앗수르왕 이라고 함은 큰 실수 아닌가?"

스 6:22

A "즐거우므로 칠일동안 무교절을 지켰으니 이는 여호와께서 저희로 즐겁게 하시고 또 앗수르왕의 마음을 저희에게로 돌이켜 이스라엘의 하나님이신 하나님의 전 역사하는 손을 힘있게 하도록 하셨음이 었느니라"(스6:22)

여기서 에스라는 그 당시 이미 사라진지 오래전에 있었던 앗수르왕으로 언급되는 것은 이 구절을 필사하던 필사 자가 큰 실수를 저질렀다고 본다. 성경에 다리오왕은 두 분이 나온다. 1)메대사람 다리오왕과 2)바사사람 고레스 2세의 아들 캄비세스2세의 계승자다.

1) 메대 사람다리오: 이 다리오는 오직 다니엘서에서만 언급되어 있다. 그는 신 바벨론 왕국의 마지막 통지자로 부친 나보니 더스와 함께 제국을 치리하였던 벨사살왕이 죽임을 당하고 바벨론이 함락된 이후에 바벨론을 통치한 것으로 기록되어 있다.(단5:30-31)

다니엘을 사자굴 속에 던져 넣었던 왕으로 바벨론이 멸망하고 메데왕으로 최소한 1년 이상을 통치하였다.(단9:1, 11:1) 단6:28에 '다니엘이 다리오왕의 시대와 바사사람 고레스왕의 시대에' 라는 구절에서 접속사 '와' 를 '즉' 으로 해석하여 이 다리오를 B.C539년에 바벨론을 정복한 대왕 고레스 2세와 동일시하기도 한다.

2) 바사 사람 다리오: 바사왕 다리오(단10:1, 대하36:22,23 스1:1,2, 3:7)으로 메대사람 다리오와는 구분되며 그는 고레스 2세하에서 바벨론을 통치하도록 임명 받은 왕으로 간주되고 있다.(단9:1)

여기 다리오왕은 (휘스더스 페스 B.C521-486년) 대왕 고레스 2세의 아들 캄비세스2세의 계승자이다. 다리오왕은 바사의 영토를 확장시키며 보존하며 또한 제국 내에서 발생한 반란들을 진압시키기 위한 전투에 많은 통치력을 소모하였다.

그의 업적에 대해 현재 이란의 하마단 부근에 있는 '바시툰(Bisitun) 암벽에 새겨진 세 언어로 된 '베히스툰 비문'에 기록되어 있다. 그러나 그의 출정이 모두 트라스 마게도냐 그리고 인더스 계곡의 정복과 같이 성공한 것은 아니었다.

고레스 대왕의 정책을 이어 받은 다리오는 제국의 여러 민족들 사이에서 종교의 자유를 인정하였을 뿐 아니라 지원하기 까지 하였다. 다리오왕은 그의 즉위 제2년(B.C520년)에 귀환한 이스라엘 백성들이 예루살렘 성전 재개를 희망한다는 소식을 듣고(스4:5,24 5:1-17)고레스의 칙령을 조사해 본 후 이스라엘 백성들의 노력을 지원하기 위해 왕실 수입을 제공하기도 했다.

그 결과 B.C516년에 성전이 완성 되였다.(6:1-15) 느12:22에 언급된 '바사왕 다리오' 도 바로 이 바사사람 왕 다리오라고 봅니다. 두 사람 중 본문은 2번에 속한 다리오 왕임을 의심할 필요가 없다.

본문은 역사상 맥락에서는 바사왕 다리오왕인데 앗수르왕이라고 단정했을까? 이런 오류가 70인 역에서부터 뚜렷하게 나타난 것이 시초인 것 같다. 그러나 그것은 그의 제국이 처음에 바벨론이었다가 페르시아가 되었으나 그의 정책들이 지금은 극적으로 전환된 전통적인 압제자에 대한 기억을 일깨우려는 의도였을 것이다.

그런데 문제가 되는 것은 여기 앗수르왕 이란말이 히브리어 본문에는 없다. 게다가 이 문맥에 의하면 그 왕은 분명 다리우스를 의미했을 것이다.(스6:5, 12. 14-15) 그런데 왜 그를 (다리우스왕을) 앗수르왕이라고 불렀을까?

첫째, 느헤미야 9:32에 앗수르왕들의 호칭이 앗수르 바벨론 그리고 페르시아 왕들을 포함하여 사용 되었다. 페르시아 사람들이 앞선 앗수르땅을 다스렸기 때문에 다리우스를 앗수르의 왕으로 말할 수 있었는데 이것은 고레스가 바벨론 왕의 호칭을 요구한 것과 같았다.

둘째, 페르시아 왕들은 앗수르 그리고 그 뒤를 이은 바벨론 왕들의 후계자임을 스스로 자처하고 있었으며 셋째, 실제로 다리오왕은 앗수르 옛 땅을 자신의 나라로 삼아 다스리고 있기때문 이었다.

넷째, 바사왕 다리오를 앗수르왕 이라고 한 것은 히브리 원어에는 앗수르라는 말이 없는 것은 분명 필사자가 잘못하므로 오류가 발생하게 되었다는 것이다.

다섯째 본서의 저자가 바사를 앗수르로 칭하게 된 것은 바사 역시 앗수르와 같은 패역한 부류의 나라에(시83:1-8) 속함을 은근히 암시하고자 한 것이다.

그러나 다리오왕을 앗수르왕이라고 한 가장 중요한 이유는 하나님께서 역사 속의 모든 제왕들을 장중에 넣고 친히 주권적으로 다스리고 계심을 보여 주려는 의도가 깔려있다. 즉 저자는 예전에는 하나님께서 '앗수르' 왕을 이스라엘을 징계하는 몽둥이로 사용하심으로써 그들이 이스라엘 백성들에게 공포의 대상이 되었으나(느9:32) 이제는 '다리오' 라는 '앗수르' 왕을 성전재건을 위한 선한 도구로 사용함으로써 그가 이스라엘 백성에게 호의를 베풀게 되었음을 보여주려고 한 것이다.

결국 이 말씀의 의도는 넷째의견만 잘못된 것 같고 나머지 첫째, 둘째, 셋째, 다섯째는 일리가 있는 주장들이다. 결론적으로 이 말씀은 하나님께서는 역사의 주인이시며 역사의 운행자이심을 웅변적으로 우리에게 설교해 주고 있는 것이다.

2007. 6. 19.

"인명사전에 나온 다리오왕은 1)메데사람 다리오왕은 다니엘서가 증명하고 있고 2)바사사람 다리오왕은 다니엘서 역대하, 에스라가 증명해 주고 있다. 그런데 본문에서 등장된 왕을 '앗수르' 왕이라고 기록한 것은 큰 실수를 저질렀다고 볼 수밖에 없었다.

또 문제가 되는 것은 여기 '앗수르왕' 이라는 말이 히브리 원어 성경에는 전연 없는 말이다. 그런데 B.C200년경에 번역된 70인 역에서 최초로 '앗수르왕' 이 등장하게 된다. 앗수르가 다스렸던 지역일 바벨론이 또다시 메데 파사가 또다시 파사가 다스리던 시대도 전통적으로 앗수르라고도 했다.

첫째 페르시아가 앗수르를 다스렸기에, 둘째 파사왕들은 앗수르 바벨론 왕들의 후계자로 알고 있고, 셋째 또 나리오는 옛 앗수르띵을 다스리기 때문이요, 다섯째는 바사 역시 앗수르 같이 패역한 부류에 속하기 때문이다. 그러나 넷째의 필사자의 실수는 잘못 된 것이다. 하나님은 역사의 주관자요 운행자이시다."

Q "솔로몬 성전이 더 위대한가, 스룹바벨 성전이 더 위대한 것일까?"

스 6:1-22

A 이스라엘 역사상 성전은 세 번 건축 되였다. 그 첫 번째가 솔로몬 성전(B.C959년 왕상6:1-38) 그리고 두 번째가 여기 본문의 스룹바벨 성전(B.C516년, 스6:15-18) 세 번째가 신약시대의 헤롯성전(B.C20-A.D63년)이다.

이 세 성전들은 결국 다 훼파되고 말았다. 그리고 하나님의 임재의 상징이었던 이 성전들이 각각 훼파될 때마다 이스라엘은 큰 충격을 받기에 이르렀다. 솔로몬 성전과 스룹바벨 성전의 비교는 더 논할 것 없이 솔로몬성전이 더 위대하다고 판단하게 될 것이다.

하나님께서는 바벨론 사람들을 도구로 삼아(사10:5) 솔로몬 성전을 파괴함으로써 하나님과 이스라엘 백성사이의 언약이 파기 되였음을 암시 하였다. 그래서 성전이 파괴됨과 동시에 백성들이 포로로 끌려감으로써 하나님과 이스라엘사이의 교제는 더 이상 이루어질 수 없었다.

하지만 하나님께서는 이스라엘 백성들이 드리는 회개의 기도를 들으시고(렘50:4) 그들을 다시 팔레스타인으로 인도하여 교제를 갖기를 원하셨다. 따라서 성전은 필연적으로 다시 재건될 수밖에 없었다.(스1:1,

사44:28)

그리고 이와 더불어 또 다른 성전(스룹바벨)이 재건되어야 할 까닭은 그때는 그리스도가 오시기 전의 구약시대이기 때문이었다. 즉 온전한 실체(요2:21) 로서의 그리스도가 오시기 전까지는 백성들을 하나님께 나아가게 하는 하나의 통로가 필요했기 때문이다.

그렇다면 스룹바벨 성전은 솔로몬 성전보다 훨씬 함량 미달이라고 보아야 할 것인가? 물론 성전의 외양만을 따진다면 스룹바벨 성전은 분명 열등하다고 생각할 수가 있다. 그러나 영적으로는 그와는 정반대로 더 발전적이라고 볼 수 있다.

이같이 볼 수 있는 이유는 실체이신 그리스도의 초림이 가까워 오므로 그리스도의 임재를 그림자로 보여 주던 언약궤는 더 이상 필요치 않게 되었으며(렘3:16-18) 그 같이 불필요하게 될 언약궤가 없다는 것은 하나님의 경륜에 비추어 볼 때 구속사적인 시점에서 더 앞섰기 때문이다. 바로 이 같은 관점에서 스룹바벨 성전이 솔로몬 성전보다 영적으로 더 우월성을 지니고 있음을 확신했다.

이 스룹바벨 성전은 포로귀환 직후 유대인들의 신앙과 밀접한 연관을 가진 것으로 성경 에스라, 느헤미야, 학개, 스가랴와는 직접적인 관련을 가지며 말라기서와는 간접적으로 스룹바벨 성전 재건 이후 느헤미야 시대의 유대인들의 종교생활과 깊은 관련을 가진다.

그리고 성전과 연관된 이스라엘의 순수한 신앙은 스룹바벨 성전의 소멸이후 거의 완전히 사라지게 된다. 이는 이스라엘로 하여금 외형적인 건물로서의 성전에 의존하지 않게 하고 성전의 실체되시는 메시아를 대망케 하였다는 측면에서 이 성전이 이스라엘 역사에 끼친 영향과 그것이 갖는 종교적, 영적의의는 솔로몬 성전 보다는 훨씬 월등함을 재천명한다.

스룹바벨 성전과 관련된 최초의 역사기록은 새 성전 완공 후 백성들이 그 곳에서 유월절을 지켰다는 것이다.(스6:19) 그리고 제2차포로 귀환(B.C458년)이 있기 이전까지 약 58년 동안 성전과 관련된 기록은 없다.

제2, 3차포로 귀환의 지도자였던 에스라와 느헤미야와 관련하여 스룹바벨 성전의 역사가 다시 언급된다. 에스라는 포로 귀환 후 성전 제사의 활성화 및 백성들에 대한 율법교육 그리고 이방인과의 통혼 문제를 해결하였다.(스7:-10:)

느헤미야는 일차적으로는 예루살렘성벽을 재건한 후(느6:15) 에스라와 더불어 종교개혁을 대대적으로 일으키고 성직자들의 직무활성화를 위한 여러 가지 조치를 취하였다. 심지어 B.C432년 느헤미야가 바사왕궁을 다녀온 후 암몬지방 총독 도비야가 성전 뜰의 방 하나를 차지하고 있는 것을 보고 분개하여 그를 축출하고 십일조와 안식일에 관한 개혁을 시도하였는데(느13장) 이 모두가 성전제사 활성화를 위한 것이었다.

우리가 가진 성경에는 이 시기 곧 소위 중간사 시대에 관한 기록이 거의 없다. 다만 다니엘서의 예언이 이 시기와 밀접한 연관을 가지고 있을 뿐이다. 그런데 외경인 '벤시락의 지혜서' 또는 '집회서'라 불리우는 책을 보면 오니아스(히브리 명으로는 요하난)의 아들인 대제사장 시몬2세 (B.C220-180년경)가 이 스룹바벨 성전을 보수하고 또한 이 성전을 외적으로부터 보호하기위해 성전 주변에 큰 성벽을 건축했음이 나타난다.

또 외경인 마카비서를 보면 B.C170년에 시리아의 셀류크스 왕조의 왕인 안티오쿠스 에피파네스가 성전을 크게 모독한 사실을 기록하고 있다. 그는 유다 사회를 헬라화하기 위해 여호와 종교 말살정책을 폈으며 거기에 반대하는 유다인들을 무참히 학살하였다.

B.C168년경 약 2만 명의 군대를 끌고 예루살렘에 쳐들어와서 안식

을 지키던 유대인들을 대량 학살하고 성전을 파괴한 후에 청소한 후에 제우스 신상을 세웠으며 유다인들로 하여금 돼지를 잡아 그 신상 앞에서 제사를 드리게 하였다. 이러한 성전 모독사건으로 인하여 유다인들은 크게 분개하였으며 하스몬 가문에 속한 제사장 맛다리아와 그의 다섯째 아들 마카비가 셀류크스 왕조에 대해 전쟁을 일으켰다. 이것이 소위 마카비 혁명이다.

그리고 이와 같은 역사적인 사건들은 이미 다니엘서에 예언된바(단 11:20-45)의 성취이다. 그리고 다니엘의 종말에 관한 예언의 소위 '다니엘의 70이래와 대 환난 예언' (단9:20-27)에서 언급된바 적그리스도의 예표가 바로 이 성전을 모독한 안티오쿠스 에피파네스이다.

한편 혁명에 성공하여 B.C142년 로마로부터 정치적으로 독립하게 된 마키비 혁명군은 안티오쿠스 에피파네스에 의해 파괴된 성전을 수리하여 그 제단을 성결케 한 후에 그날을 명절로 정하였는데 그것이 소위 유대인의 '하누카' (Hanukkah) 명절이다.

마카비혁명 성공 후 유다는 정치적으로 완전한 독립시대를 맞이하게 되었다.(B.C142-67년) 이때가 소위 하스몬 왕조시대이다. 여기서 하스몬은 마카비 가문의 칭호인데 마카비의 둘째 동생 힐카누스1세(B.C134-104년)가 대제사장직 뿐만 아니라 실질적인 왕으로서 유다를 통치하였기 때문에 이 시대를 '하스몬 왕조시대' 라 칭하는 것이다. 이 시기에 성전은 유다의 종교적 중심지일 뿐만 아니라 정치적 중심지였기 때문에 여러 정치적 문제로 인해 성전이 훼손되거나 혹은 보수 되는 일이 자주일어 났다.

한편 B.C63년에는 로마장군 폼페이가 다시 예루살렘을 점령하고 성전을 모독하는 사건이 발생했다. 그리고 로마원로원에 의해 유대왕으로 즉위한 헤롯은 유대인들의 환심을 사기위하여 스룹바벨성전이 너무 작고 초라하다는 이유로 그것을 헐어 없애고 헤롯성전을 재건하기 시작했다. 예수님 당시 짓고 있는 성전이 바로 이 헤롯성전이다. 제3성전이라고도 한다.

포로귀환 이후 소위 중간 시대의(B.C444-63년) 이스라엘 역사와 이스라엘 백성들의 신앙과 밀접한 연관이 있는 스룹바벨성전을 통하여 우리가 발견하는 많은 교훈과 특히 하나님의 임재와 간섭, 섭리와 경륜이 건물의 성전으로는 스룹바벨성전으로 끝을 맺게 된다.

그 후로는 가견적 건물로서의 성전의 중요성이 현격히 약화 되였다. 그 이유는 일차적으로 과거 솔로몬의 성전에 비해 그 규모나 화려함에 있어 훨씬 미치지 못했다는 것(스4:13) 그리고 성전 안에 언약궤가 없으며 대제사장은 우림과 둠밈을 소유하지 못했다는 것(스2:63)성전이 이방인들에 의해 여러차례 모독 받았다는 것 등이다.

이로써 이스라엘 백성들은 이제 더 이상 하나님의 임재의 상징에 불과한 건물로서의 성전에 의존하지 않게 되었으며 오히려 성전의 실체로서 메시아가 도래할 것을 대망하게 되었다. 스룹바벨 성전시대, 소위 중간사 시대에 메시아 사상이 크게 대두 되게 된 것도 이와 맥을 같이 한다고 볼 수 있다.

하나님의 무조건적인 은총에 의한 이스라엘의 포로회복의 일차적인 증거이다. 흔히 이스라엘의 포로기간 70년을 솔로몬 성전 훼파(B.C 516년)까지로 본다. 곧 스룹바벨 성전 건축자체가 하나님의 임재의 상징인 성전을 중심으로 선민 이스라엘이 포로에서 회복 되였음을 보여주는 증거인 것이다.

그러나 스룹바벨 성전이 외적으로 매우 초라했을 뿐만 아니라 내적으로도 언약궤가 없고 대제사장에게 우림과 둠밈이 없었다는 사실은 곧 선민 이스라엘의 완전한 회복은 오직 성전의 실체대신 예수그리스도를 통해서만 이루어짐을 강하게 상징하는 것이라 하겠다. 솔로몬 성전 보다 우월하며, 우리 영적성전보다는 못한 스룹바벨성전은 하나님의 큰 교훈을 주고 있다.

2007. 6. 20.

"세 성전중에서는 스룹바벨성전이 영적으로 더 우월함을 다시 한 번 천명하노라. 외모로는 부족하고 하나님의 법궤도 없고 대제사장이 지니는 우림과 둠밈이 없을 지라도, 실체되신 예수그리스도의 그림자가 가까이 보이므로 허상인 성전건물과 법궤 등이 필요 없으므로 구속사적으로 발전 지향적 이었다.

하나님의 임재가 건물에 임재치 않고 말씀으로 영으로 임재하시고 성전보다 메시아 대망사상이 더욱 강하게 대두되게 되었다. 그래도 B.C516년에 완공되어 B.C63년경에 헤롯왕에 의해 파괴될 때까지 453년 동안 이스라엘의 정치, 종교, 사상의 중심 측으로 애환을 함께 했던 제2성전 역사도 파란 만장했다.

종교개혁이나 혁명에 의해서 신앙이 바로 될 때 성전도 영광을 받았으나 신앙타락으로 인해 유대나라에 하나님의 징계가 내려질 때는 가장 먼저 성전이 수난을 당했고 중간시대의 역사가 성경에 기록되진 않았으나 외경이나 이스라엘 역사책에 의하면 무수한 수난사와 영욕이 교차 되였으니 하나님의 섭리는 오묘하다."

Q "디아스포라 유대인들의 예물헌납과 이방인들의 예물 헌납에 대하여"

스 7:16

A 본문은 아닥사스다왕(B.C464-424년)이 이스라엘의 제 2차포로 귀환을 허가하고 아울러 이에 대한 원조를 명령하는 조서의 일부분이다. 그런데 여기에 당시 바벨론에 거주하던 유대인들이 예루살렘으로 예물을 보냈던 관습이 언급되고 있는 것이다. 이에 본 단락에서는 팔레스틴 밖에 거주하던 유대인들의 헌납과 또 아울러 이방인들까지 성전, 성곽 재건을 위해 예물을 헌납했던 사건을 통해 하나님의 일은 하나님이 다하심을 믿고 우리는 그저 순종할 뿐이다.

먼저 디아스포라(Diaspora)란 바벨론에 의해 출애굽이후에 살아오던 약속의 땅에서 쫓겨나 세계 각처에 흩어져 살게 된 유대인들을 뜻한다. 본문에 나타난 유대인들도 바벨론에 의해 바벨론 땅에 사로잡혀 간 자들인데 이들은 비록 팔레스틴 밖에 거주할지라도 조상의 나라요 열왕의 도성인 예루살렘을 결코 잊지 않았다.

그래서 그들은 분산되어 사는 나라에서도 일정한 단위 지역으로 모여 회당(synagogue)을 만들어 거기서 예배를 드렸고 이 때 바쳐진 예물만큼은 예루살렘으로 보냈던 것이다. 또한 성전이 존속하는 한 바쳤던 반 세겔의 성전세도 예루살렘성전으로 헌납했다.

본문에서 에스라의 제2차포로 귀환과 함께 바벨론 전 지역에 흩어져 있던 유대인들 즉, 디아스포라의 예물헌납도 이런 사실을 잘 반영해 주고 있는 것이다.

이처럼 팔레스틴이 아닌 여러 곳에 흩어져 살면서도 유대인들은 예루살렘을 중심으로 유대민족의 통일성을 유지해 왔다. 한편 이런 풍습은 유대와 로마전쟁(A.D66-70년) 때까지 계속 되었다.

그러나 로마의 승리로 말미암아 이 풍습은 쥬피터 신전에 예물을 바치도록 강요됨에 따라 변질되고 말았다. 한편 디아스포라의 유대민들은 예루살렘으로 예물을 헌납하는 것 외에 매년 세 차례씩 그들의 민족적 축제일(유월절, 칠칠절, 수장절) 팔레스틴을 순례하기도 했다.

하나님은 이방인들이 예물을 바치도록 역사하셨다. 스7:15에 밝힌 왕과 모사들이 드린 예물 이외에도 에스라가 예루살렘으로 올라가면서 하나님의 전을 위해 가져갈 예물들이 또 있었다는 사실과 더불어 그것들의 출처를 밝히는 내용이 본 절에서 나온다.

본문에서 언급 하듯이 에스라는 바벨론을 출발하기 이전에 하나님의 성전을 위해 드릴 은,금을 비롯한 갖가지 예물을 얻을 수 있었다. 이러한 예물들은 주로 바벨론 땅에 남아 있으면서 성전을 위해 예물을 드리고자하는 이스라엘 자손들이 드린 것이었을 것이다.

이러한 사실은 8:25에 나오는 "그 곳에 있는 이스라엘 무리가 우리 하나님의 전을 위하여 드린 은과 금과 기명들"이란 표현을 보아서도 알 수 있다. 한글 개역성경에서는 비록 번역되지 않았지만 원문에는 '아낌없이' 로 번역 될 수 있는 '히트낫다 부트' 란 단어가 나와 있다.

이 단어의 원형 '네다브' (נדב)는 13절에서 설명하였듯이 '어떤 일을 자진하여 하라' 란 의미를 지닌다. 즉 원문으로 보면 백성과 제사장들이 얼마나 즐거운 마음으로 아낌없이 예물을 바쳤는지가 잘 드러나고 있는 것이다.

그러나 본문에서 볼 수 있듯이 이는 바벨론에 산재해있는 이스라엘 자손에게서만 거두어진 것이 아니었다. 한글 개역성경에서도 잘 번역되어 있듯이 에스라가 하나님의 전에 드리기 위한 예물은 이스라엘 자손들만 아니라 이방인들로 부터도 거둘 수 있었던 것이다.

이는 한글개역성경에서 '및' 으로 번역된 '임' 이 서로 다른 대상을 병렬적으로 연결하여 '~와 함께(KJV. with)라는 의미를 나타내주는 전치사라는 점에서 분명해지고 있다.

즉 본절 후반절에 나오는 백성과 제사장들이 드릴 예물이 이스라엘 자손들로부터 예물을 거둘 수 있었음을 보여주는 것이라면 본 절 서두에 나오는 '바벨론 온도에서 얻을 모든 은금' 은 이스라엘 자손들이 아닌 이방인들로부터 모을 수 있었음을 보여주는 표현이라고 할 수 있다. 이러한 내용은 당시 바벨론땅의 이방인들도 에스라 및 이스라엘 자손의 귀환과 성전제사에 대해 호의적 반응을 보였다는 사실을 반영해 준다.

한편 이러한 내용은 과거 제1차포로 귀환 때 포로 생활하던 지역의 원주민들이 이스라엘자손들에게 예물을 제공한 것이다.(1:4) 이스라엘이 애굽에서 나올 때 애굽 사람들이 '은금패물과 의복' 을 이스라엘 백성들에게 주었던 사실과 맥을 같이 한다.

당시 애굽 사람들이 이스라엘 백성들에게 주었던 물품들은 결국 성막을 건축하는데 사용되였으며 제1차포로 귀환민이 받은 예물도 성전재건에 사용 되였을 것이다. 이와 마찬가지로 본문에서 이방인들이 제공한 은금은 다시 재건된 하나님의 전을 위해 여러 가지 용도로 사용되였다.

결국 포로귀환이 출애굽사건과 모종의 일치를 이루고 있음을 보여주는 이 같은 내용들은 스룹바벨이나 에스라를 중심한 포로귀환 사건이 하나님의 백성 이스라엘성립의 시발이 되는 출애굽 사건과 관련해 선민 이스라엘이 하나님의 백성으로 재출발하는 계기가 된다는 구속사적 의미를 지니고 있음을 부각시켜 주는 것이라 할 수 있다. 그리고 이는 더 나아가 하나님은 당신의 택한 백성뿐만 아니라 이 세상의 모든 사람위에서 역사하시며 그들의 소유까지도 당신의 일을 위하여 유용하게 사용하신다는 사실을 알게 한다.

이상 에스라 귀환 당시 바사 제국 전 지역에 흩어져 살았던 디아스포라의 유대인들의 예물헌납과 이방인들까지 하나님이 역사하셔서 예물헌납토록 하셨던 것과 여기 관련된 풍습을 살펴보았다.

이러한 사실에서 우리는 유대인들이 그렇게 오랜 시절동안 포로민으로 흩어져 살았으면서도 어떻게 민족의 동질성을 잃지 않았는가 하는 사실을 깨닫게 됩니다.

또한 본문에서 일찍이 하나님의 징계로 포로 중에 있을지라도 그 마음을 돌이키고 회개하면 흩어진 그 모든 백성 중에서 모으시리라 하신 약속의 말씀(신30:1-3)이 어떻게 하나님의 섭리가운데 성취 되였는가 하는 사실을 엿보게 된다.

'바벨론 ... 은금을' 에서 카일(keil)은 이 구절을 해석하기를 '에스라가 이스라엘인이 아닌 바벨론에 거주하는 사람들에게서 징수할 권한을 가진 것' 이라고 하였다. 그러나 이는 귀환민들이 본토인들에게서 받은 단회적으로 실시된 일종의 변상금으로 보는 것이 자연스러울 듯하다고 카일은 말하고 있다. (스1:4)

이처럼 아닥사스다왕이 그의 최고위급 모사나 그의 백성들 그리고 귀환당사자들에 이르기까지 성전제사 예물을 바치도록 조서를 내린 것은 왕이 느끼든 못 느끼든 간에 택한 백성을 보호하기 위한 하나님의 도구로 사용 되였으며 이 세상의 모든 것은 하나님의 소유임을 나타낼 것이라 할 수 있다. 또한 이것은 이사야 선지자의 예언이 성취된 것이기도

하다.(사60:5)

2007. 6. 21.

"이스라엘 백성들이 애굽에서 나올 때 모세의 명에 따라 "애굽사람에게 은금, 패물과 의복을 구하매 여호와께서 애굽 사람으로 백성에게 은혜를 입히게 하사 그들이 구하는 데로 주게 하시므로 그들이 애굽 사람의 물품을 취하였더라"(출12:35-36) 풍족하게 가지고 나왔다.

이 모든 은금패물과 의복은 광야에서 성막 짓는데 쓰고 남도록 하나님이 주신 것이다. 바벨론 포로당시에도 이스라엘 백성들이 포로생활은 했지만 하나님의 도우심으로 아닥사스다의 명령에 의해 하나님의 전을 재건에 필요한 재원을 마련해 가지고 갔으며 제물로 제사드릴 것까지 풍족히 가지고 떠났다.

디아스포라 유대인들이 평소에 성전 세(1년 1인 반 세겔씩) 바치는 것을 모아 두었고 매 인식일마다 드리는 제사 때 드리는 예물들을 모아 두었으며 또 이방인들에게 까지 은금패물과 기타 많은 예물을 드리도록 하나님이 간섭하고 섭리 하셨으며 결국 하나님의 일은 하나님이 다 하신 것이니 교만해선 안 된다."

성경난해구절 해설시리즈(성문서 에스라 2-(12)-⑳)

Q "이방여인과 그의 자녀들을 내보내고 이혼한 행위는 올바른 것인가"

스 10:1-4

A 어느 형편에서든지 이혼은 불행한 것이다. 신24장에서는 아내를 내어보낼 수 있는 예외적인 말씀이 있기는 하나 그것이 하나의 정해진 법으로서의 시행 되였던 것은 아닌 것이다. 정당한 결혼은 어떤 이유에서든지 이혼은 불가한 것이 하나님의 뜻이다.

그런데 본문의 에스라 개혁운동의 주된 관심사는 오직 포로 귀환한 이스라엘 백성들이 이방여인들과의 통혼한 것을 해결하는 것이 가장 큰 문제요 난관이었다. 이런 난제를 앞에 두고 에스라는 하나님의 전 앞에 엎드려 울며 기도하며 자복하였다고(스10:1) 기록이 나온다.

애통해 하는 에스라를 보고서 에스라의 소집에 의해 모인 이스라엘 총회에서 엘람자손인 스가냐가 에스라에게 이르되 지도자들을 중심으로 온 백성들이 자신들의 이방여인들과 그 자녀들을 다 내어 보내기로 결의한 사실을 보고 하면서 이스라엘의 소망을 자화자탄 했다.

그런데 이런 가혹한 처사를 어찌 하나님의 백성이 시행할 수 있는가? 비판하면서 이것은 지나친 배타주의적 유대민족주의적 산물이라고 말하기도 한다. 그러나 또 다른 이들은 이 본문에 기록된 이런 사안이 모든 시대에 적용되어야하는 보편적 진리라고 주장하기도 한다.

그렇다면 우리는 이러한 견해들을 어떻게 이해해야 할 것인가? 그리고 성경에서 이방인과의 혼인을 절대 금지하고 있는 규례(출34:12-16, 신7:3,4)와 이방인을 아내로 맞이하는 것을 허용하는 듯 하는 규례(신7:10-13)를 어떻게 조화시켜야 하는가?

성경은 근본적으로 이방인과의 통혼을 금하고 있는 성경구절이 많다.(출34:12-16, 신7:3,4. 20:16, 창21:14, 스10:30, 느13:23, 신17:17) 그런데 성경에서 이렇게 이방인과의 통혼을 금하고 있는 것은 단지 구약 이스라엘 백성들의 순수한 혈통을 보존하기 위해서 이거나 배타적인 민족주의적 근성만을 고수하도록 하기 위한 것이 아니다.

단지 이방신들을 섬기는 자들과 통혼함으로써 빚어질 곧 유혹받아 하나님을 떠나 우상을 섬기는 것을 막기 위해서이다. 이런 이유가 아닌 경우에는 성경에서도 이방인과의 결혼을 그렇게 부정적인 것만으로 여기지 않는 사안도 있다.

예들 든다면 모세도 구스여자를 아내로 맞아드린 사건도 있다.(민12:1) 그리고 기생 라합이나 모압여인 룻의 경우도 이방여인으로서 히브리인들과 결혼하여서 구속사역에 이용당한 위대한 인물로 기록되고 요셉의 아내 아스낫이나 유다의 아내는 가나안 사람 수아의 딸에게서 엘과 오난, 셀라까지 세 아들을 낳았으며 이들 모두다 예수그리스도의 선조들이다.

에스라가 포로에서 돌아왔을 때는 참 하나님만 섬기고 율법을 지키며 절기를 준수하며 참된 제사생활만을 원했다. 저들이 포로되였던 기억이 하나님을 떠난 우상숭배의 죄가 얼마나 큰지 기억해야겠다. 그리고 그들이 우상숭배에 빠지게 된 것은 이방여인들을 아내로 맞이하므로 그들이 믿던 종교에 빠지게 된 것이다.(예: 솔로몬 왕) 우상숭배의 근원이 이방여인들과 혼인에서부터 시작 된 것이다.

그런데 주전 458년 아닥사스다 7년에 에스라와 함께 제2차 유대인

포로들이 바벨론에서 예루살렘으로 돌아왔을 때 스룹바벨과 함께 돌아온 제1차포로 귀환자들이 78년 동안 옛 유다 및 이스라엘 땅에서 살게 될 때 제사장과 레위인들 그리고 다른 백성들이 그 땅에서 살던 이방여인들과 혼합결혼을 하고 말았다.

이들은 80여년의 세월 속에 많은 자녀들까지 두고 어린 손자 손녀들까지 장성한 청년들이 됐으니 에스라가 이 문제를 해결하려고 회개기도와 하나님 전 앞에 엎드려 자복할 때 많은 백성들도 함께 통곡하며 어찌할 바 몰라 해메였다. 그러나 하나님의 인도로 대종교 개혁적 사건이 되고 만다.

이들이 이방여인과 여기서 낳은 자녀들까지 다 내어 보내기로 결정한 것을 엘람 자손 중 여히엘의 아들 스가냐가 보고하면서 도리어 소망이 있다고 보고하였다. 이때 에스라 10상에 나온 명부에 따르면 그들 중에 단지 113명만 이방인 여인을 아내로 취하였다. 제사장17명과 레위인들 6명 그리고 노래하는자1명, 문지기3명 그리고 평민이 86명이었다.

이 때 이스라엘 가족의 전체 인원수는 약 290,000명가량이었으니 113명이 어겼으니 10,000명 중에 14명꼴인 0.04%에 불과 했다. 그러나 하나님과 그 백성간의 결혼 계약에서 그 백성은 계약 밖의 사람들과 결혼이 금지 되었다.

에스라의 개혁운동 당시 이방여인과 통혼한 백성들이 이방인 아내와 자식들을 내어 보낸것은 당시의 시대적 특수성에 의해 이해되어야 한다.

즉 이 당시 이스라엘 백성들은 오랜 포로생활로 말미암아 여러 면에서 잃어 버렸던 선민의 면모를 회복해야하는 중차대한 문제에 직면해 있었다. 따라서 선민으로서의 정통성을 회복하기 위해서 순수한 여호와 신앙을 소유한 자들을 찾는 일이 무엇보다 중요했다.

따라서 이방인 아내와의 이혼은 이와 같은 중차대한 종교적, 민족적 문제를 해결하기 위한 방편으로 행해진 것이다. 더욱이 이 당시 이방인과 결혼한 자들은 대부분 제1차포로 귀환자들로서 스룹바벨의 주도하에 예루살렘 성전재건 사업에 참여했던 자들이었다.(B.C516년)

그러나 성전재건 이후 곧 신앙적으로 나태해져서 앗수르의 식민지 이주 정책에 의해 대부분 이방인으로 구성된 사마리아인들과 약 80여년 섞여 살면서 이방종교에 상당히 물들어 있었다. 민족성을 상실하지 않기 위해서는 사마리아인들을 비롯한 이방인과의 관계 단절이 무엇보다 시급하고 너무 중차대한 일이었던 것이다.

"믿지 않는 자와 멍에를 같이 하지 말라"(고후6:14)는 교훈은 신구약 모든 시대에 적용 될 수 있는 말씀이다(신7:2-4) 그러나 포로 귀환시대에 이스라엘 백성들이 이미 결혼한 아내와 그 많은 자녀들까지 이방인이라 하여 내어 보낸 사실은 당시의 특수적 시대상 때문에 어찌할 수 없는 조치로서 시행했으나 오늘날 현실 교회에서 적용하기는 많은 무리가 뒤따를 것이다.

오히려 혹 피치 못할 사정으로 불신자와 결혼하게 되었을 경우 믿지 않는 남편을 또는 아내를 위해 더욱 기도하며 신앙으로 본을 보임으로써 그가 여호와 신앙을 갖도록 유도하는 것이 더욱 바람직한 일일 것이다.

그러나 의도적으로 불신자와 생각과 삶의 목표를 같이하여 멍에를 같이하게 될 때 그것은 곧 본인 스스로 신앙을 버리고 우상숭배의 죄에 빠질 우려가 크다. 그러므로 여호와 신앙을 잃지 않도록 항상 자신을 경성하여 돌아 보아야할 것이다.

한편 이방인과의 이혼에 관한 본문의 기록을 통하여 우리는 한번 죄에 물들게 될 때 그 죄를 청산하기 위해서는 얼마나 큰 아픔을 치루어야 하는가 하는 사실을 보게 된다. 또 죄를 청산하기 위해서라면 어떠한 아픔도 감수하는 인내와 과감하게 죄를 떨쳐버리는 단호함이 모든 성도들에게 항상 요청됨을 깨달아야 할 것이다.

결국 이방여인들을 쫓아내는 일과 특히 거기서 낳은 자녀들까지 함께 쫓아내는 것은 불행하기는 했으나 암이 온몸에 퍼져 치명적이 될 것을 안 의사가 우리 몸속에서 그 암세포를 제거하기 위해 우리 지체 중에 한 부분을 절단시키는 수술을 한 것과도 같은 결단이며 용단이었다.

2007. 6. 22.

"1차포로에서 돌아온 때는 B.C536년 스룹바벨과 함께 약 5만 명이 돌아왔다. 2차포로는 B.C458년에 에스라와 약 2천명이 돌아왔다. 약 80년이란 세월이 흐르는 동안 많은 이스라엘 사람들이 이방여인들과 결혼하여 많은 자녀들까지 낳고 살면서 하나님의 법을 거슬렀다.

2차포로 귀환 당시 이스라엘에 전 인구가 약29만 명중에서 단지 113명이 하나님의 법을 어겼다. 그 중 제사장17명, 레위인6명, 노래하는 자 1명, 문지기3명 그리고 평민이 86명이나 되었다. 이들은 29만 명중 113명은 0.04%에 불과했으나 단 한 사람의 범죄도 연대책임으로 보시는 하나님 앞에 큰 죄이다.

불신자, 이방인들과 결혼은 삼가는 것이 하나님의 명령이요 하나님의 뜻이라고 본다. 고대 이스라엘은 아브라함의 아들들, 롯의 자녀들, 에서와 이스마엘 자손들과는 이방결혼해도 무방할 수 있으나 가나안 7족처럼 하나님도 모르고 이방신에 빠져있는 자들과는 결혼하지 말아야 하며 한번 결혼하면 이혼은 불가능하다."

성경난해구절 해설시리즈(성문서 에스라 2-(13)-㉑)

Q "스가냐가 이스라엘 총회결정을 에스라에게 보고한 구절은 성경적 근거로 어디를 제시하는가?"

스 10:3

A "곧 내주의 교훈을 좇으며 우리 하나님의 명령을 떨며 준행하는 자의 의논을 좇아 이 모든 아내와 그 소생을 다 내어 보내기로 우리 하나님과 언약을 세우고 율법대로 행할 것이라"(스10:3)

여기서 스가냐가 에스라에게 이방인 여자와 결혼한 백성들은 그의 아내와 자녀를 다 내어 보내게 하라고 제의하면서 제시한 성경적 근거는 어디를 두고 제시한 것일까요?

스가냐는 그 일을 주의 교훈과 하나님의 명령 그리고 율법대로 행할 것이라고 하였다. 그러면 그 율법은 성경에 어디에 나오는 법을 가리키는 지 난제라고 볼 수 있다.

본 절에서 스가냐는 아내로 얻은 이방여인과 그 소생을 다 내어 보내겠다는 다짐을 하면서 '내 주의 교훈'과 '우리 하나님의 명령' 두 가지를 그 기준으로 제시하고 있다.

당시 에스라는 이스라엘 포로 귀환민들이 저지른 범죄 사실을 전해 듣고 율법의 가르침에 근거해 회개 중보기도를 올린바 있다. 따라서 스가냐가 언급하는 첫 번째 기준은 에스라의 교훈이기는 하지만 사실상 그의 개인 가르침이 아니라 학사이며 제사장으로서 그가 전하는 율법의 교훈을 의미하고 있다.

그리고 두 번째 기준으로 제시하고 있는 '우리 하나님의 명령' 에서 '명령' 은 여러 영어 번역 성경에서 대개 '계명들' (ASV. KJV. RSV. commandment) 이란 의미로 번역하고 있다. 그러므로 '내 주의 교훈' 과 '우리 하나님의 명령' 이 두 가지는 사실상 서로 다른 것이 아니라 같은 것이다. 그럼에도 스가냐가 반복적으로 이를 언급한 것은 그 만큼 하나님의 뜻을 단호하고 구체적으로 실천하여 개혁을 이루겠다는 의지를 천명하기 위함이다.

여기서 아내와 그 소생들을 다 보내기로 결정한 것은 그 결혼이 하나님의 율법과 상치(相馳)되는 원인 무효의 법적상태였다는 점에서 볼 때 타당한 행동이라고 볼 수 있다.

한편 '소생' 즉 그 아내에게서 '태어난 자녀들' 을 보내는 행동은 현대인의 관점으로 볼 때는 잔인하게 보이고 하나님의 사랑의 법도에서 어긋난 것 같습니다. 그러나 여기에 의미를 살펴보자

1) 자녀들은 어머니의 종교적 영향을 크게 받는 관계로 틀림없이 이방의 풍습이나 종교사상에 젖어있을 것이기에 같이 내어 좇는 것은 너무나 타당한 조치라고 본다.

2) 이스라엘은 주변의 허다한 다신 종교로부터 여호와 신앙의 순수성을 지켜야 한다는 절대명제를 갖고 있다는 점 등으로 볼 때 그것은 반드시 필요한 결정이며 행동이었다.(펜샴, 그로 솨이드)

여기 또한 '하나님과 언약을 세우고' 이스라엘 백성들의 범죄로 파괴되었던 언약을 (렘31:32) 스룹바벨과 함께 제1차로 귀환한 사람들이 다시 갱신 했듯이(6:16,17) 최근의 범죄(9:1,2)로 인하여 또 다시 파괴된 언약(9:10,15)를 다시 에스라와 함께 온 제2차 귀환한 사람들이 주측이 되어 먼저 온 사람들을 일깨워 다시 갱신하는 것을 가리킨다. 이 상황에서 백성들에게서 가장중요하게 요구되는 것은 자신들이 저지른

이방 통혼의 죄를 제거하는 일이었다.

여기 또한 '하나님과 언약을 세우고'는 '하나님과 서약을 했다'(Let us pledge ourselves to our God)는 표현이 더 어울리라고 본다.(NEB) 왜냐하면 구약성경에서는 하나님과의 언약은 대개 경우에 있어서 하나님 자신이 세우시며 다만 인간은 단순히 그 언약을 지키는 자이기 때문이다. 그것이 개인이든 국가이든 다윗과의 언약이든 마찬가지이다.

그러나 종종 인간들이 여호와 앞에서 언약을 세운다고 표현하는 적이 있는데 이 경우에 있어서는 대부분 이미 존재하는 언약을 회복하고 갱신하는 차원에서의 언약이다.(왕하23:3, 대하29:19) 따라서 이 언약은 '서약' 혹은 '맹세'라는 의미에 더 가깝다고 볼 수 있다. 그러므로 여기서 '하나님과 언약을 세우다'는 말은 하나님의 언약백성으로서 개혁의 의지를 표명한 것이라고 할 수 있는 것이다.

성경어디에서 이방여인과 결혼한 사람은 그의 아내와 그의 소생을 내어 보내라고 했는가? 여기서 주의 교훈을 성경 곳곳에서 발췌하여 보여 드리려고 한다.

시33:11 "여호와의 도모(圖謀)는 영영히 서고 그 심사는 대대에 이르리로다"

잠19:21 "사람의 마음에는 많은 계획이 있어도 오직 여호와의 뜻이 완전히 서리라"

사19:17 "소안의 방백은 지극히 어리석었고 바로의 가장 지혜로운 모사의 모략은 우둔하여졌으니 너희가 어떻게 바로에게 이르기를 나는 지혜로운 자들의 자손이라 나는 옛 왕들의 후예라 할 수 있으랴"

렘49:20 "그러므로 에돔에 대한 나 여호와의 도모와 데만거민에 대하여 경영한 나 여호와의 뜻을 들으라 양떼의 어린 것들을 그들이 반드시 끌어가고 그 처소로 황무하리니"

렘50:45 "그런즉 바벨론에 대한 나 여호와의 도모와 갈대아인의 땅에 대하여 경영한 나 여호와의 뜻을 들으라 양떼의 어린것들을 그들이 반드시 끌어가고 그 처소로 황무케하리니"

이 여러 성경을 들어 뒷받침 할 수 있다고 보나 그러나 많은 사람들은 스가냐는 분명히 신명기24:1-4에 기초해서 이혼을 제안했다고 생각들 한다. 그래서 신24:1-4를 적습니다.

"사람이 아내를 취하여 데려온 후에 수치 되는 일이 그에게 있음을 발견하고 그를 기뻐하지 아니하거든 이혼증서를 써서 그 손에 주고 그를 자기 집에서 내어 보낼 것이요 그 여자는 그 집에서 나가서 다른 사람의 아내가 되려니와 그 후부도 그를 미워하여 이혼증서를 써서 그 손에 주고 그를 자기 집에서 내어 보낸 전부가 그를 다시 아내로 취하지 말지니 이일은 여화와 앞에 가증한 것이라 네 하나님 여호와께서 네게 기업으로 주시는 땅으로 너는 범죄케 하지 말지니라"

이 결론에 대해 두 가지 주요한 반대를 적어 봅니다.

첫째로 '내보내다' '버리다' 라는 말(yatzah)은 이혼을 위한 통상적인 말이 아니다. 따라서 스가냐는 아마도 기술적 의미에 이혼이 아닌 취소나 별거와 같은 어떤 것을 생각하였고 그대로 시행시켰으리라고 본다.

둘째로 신명기 24:1-4은 직접적으로 이혼에 대한 문제를 언급하지 않는다. 이 본문이 단지 재혼의 특별한 경우를 금지 했는지는 의문이다. 신명기 24:1-4는 이혼을 위한 성경적 기초를 예비하지 않고 또 어떤 이혼절차를 인가하지도 않는다. 회복된 공동체가 직면한 문제는 종교적으로 혼합된 결혼에 대한 문제였다.

그리고 이 문제에 대한 언급은 신명기7:1-4이다. 이 법은 자주 종교적인 혼합 결혼에서부터 결과되는 믿지 않는 사람의 잡혼의 금지와 우상숭배에 대해 경고한다. 그러므로 여기 더 자세히 살펴보기 위해 신명기 7:1-4을 적어 봅니다.

"네 하나님 여호와께서 너를 인도하사 네가 가서 얻을 땅으로 들이시고 네 앞에서 여러민족 헷족속과 기르가스족속과 아모리족속과 가나안족속과 브리스족속과 히위족속과 여부스족속 곧 너 보다 많고 힘이 있는 일곱 족속을 쫓아내실 때에 네 하나님 여호와께서 그들을 네게 붙여 너로 치게하시리니 그 때에 너는 그들을 진멸할 것이라 그들과 무슨 언약도 말 것이요 그들을 불쌍히 여기지도 말것이며 또 그들과 혼인하지말지니 네 딸을 그 아들에게 주지 말 것이요 그 딸로 네 며느리를 삼지 말 것은 그가 네 아들을 유혹하여 그로 여호와를 떠나고 다른신들을 섬기게 하므로 여호와께서 너희에게 진노하사 갑자기 너희를 멸하실 것이라"

그러므로 여기 스가냐가 에스라에게 이방여인들과 그 소생들과 함께 내보내도록 제안하면서 근거로 참고한 성경은 하나님의 율법 중에서 신 24:1-4의 중심을 근거한 것보다는 신7:1-4의 중심을 근거로 하였다고 주장하는 바입니다.

2007. 6. 23.

"스가냐가 이스라엘 총회결정을 에스라에게 보고한 구절은 성경적 근거가 어디인지 2천5백년이 흐른 지금에 와서 정확한 해답은 불가능하리라고 본다. 여기서 '내 주의 교훈'과 '우리 하나님의 명령' 이 두 가지는 사실상 서로 다른 것이 아니라 같은 것이다. 하나님의 단호한 의지를 확인 할 수 있다.

이방여인과 그 소생들은 다 내어보내는 것은 사랑의 종교 기독교에서는 좀 너무한 것 같다. 그러나 그 여인과 자녀들은 이미 이방종교사상에 젖었기에 내어보내야만 하며 특히 유일신 하나님 여호와 종교의 순수성을 꼭 지켜야하기 때문에 기독교 다원주의나 범신론적 다신론은 반드시 배격되어야 한다.

여기 스가냐의 인용성구가 신24:1-4로 보는 사람들이 많으나 이혼을 위한 구절이 아니거니와 그렇다고 재혼을 위한 성경구절도 아니다. 여기서는 아마도 신7:1-4에 더욱 근거를 두었다고 확신한다. 결혼에서부터 이방여인과 혼인불가와 우상숭배에 대한 철저한 배격이 증명된다."

느헤미야

Nehemiah

\- 느헤미야 -

주여 구하오니 귀를 기울이사 종의 기도와 주의 이름을
경외하기를 기뻐하는 종들의 기도를 들으시고
오늘날 종으로 형통하여 이 사람 앞에서
은혜를 입게 하옵소서 하였나니
그때에 내가 왕의 술 관원이 되었었느니라
1:11

성경난해 구절 해설시리즈(성문서 느헤미야 3-(1)-㉒)

Q “신앙과 행정력을 겸비한 영적, 육적지도자 느헤미야에 대하여”

느 1:1-11

A 느헤미야(영 'Nehemiah'. 히 '네헤므야 נחמיה')는 “여호와께서 위로하셨다”는 뜻을 가진 이름으로 B.C445년에 바벨론 포로에서 제3차로 돌아온 이스라엘의 영적, 육적의 지도자였다.

그는 하가랴의 아들(느1:1)로 포로에서 돌아온 후 부터는 예루살렘 총독이었으며 그의 공적인 활동은 느헤미야서에 자세히 기록이 나온다. 느헤미야는 페르시아 아닥사스다 1세 롱기마누스(B.C464-424년)왕의 술 맡은 관원이었는데 아닥사스다 왕 제20년 B.C445년 왕에게 간청하여 예루살렘으로 보냄을 받게 된다.(느2:1)

왕은 그를 유다총독으로 임명했으며 유프라데강 서쪽지역의 총독들에게 느헤미야의 귀환길을 안전하게 보호해주라는 조서와 예루살렘성벽 재건을 위한 재료들을 공급해 주라는 명령까지 하달하였다.(느2:7 이하)

느헤미야는 호론 사람 산발랏과 암몬사람 도비야의 끈질긴 반대에도 불구화고 페르시아 장교들과 기마병의 호위를 받으며 예루살렘에 도착하였다.(2:10,19) 도착하자마자 그는 밤에 몰래 성벽을 조사하였다.

이스라엘의 대적들로부터 끊임없는 방해를 받았음에도 불구하고 그는 자기계획을 꾸준히 실천하여 시작한지 52일 만에 성벽재건을 완공하는 세밀하고 추진력이 강한 행정력을 갖춘자 이다.(느6:15) 예루살렘의 세력을 강화시키기 위하여 느헤미야는 백성의 십분의 일을 예루살렘으로 이주시키는 치밀함도 보였다.(느11:1-2)

성벽완공으로 증명된 행정적인 능력뿐 만아니라 백성들의 복지에 영향을 미치는 경제사회적인 문제들까지도 느헤미야는 너무도 훌륭하게 처리하였던 것이다.(느5장) 특히 포로귀환 이후 이스라엘 공동체의 신앙생활에 대한 느헤미야의 관심은 에스라를 통한 율법교육과(느7:73-8:12) 초막절을 다시 성대히 지키도록 만든 일과(느8:13-18)또 금식일을 선포한 것에서(느9장) 잘 나타나 있다고 본다.

또 느헤미야 일생에서 꼭 빼놓을 수 없는 것은 성전 재건과 수리 그리고 여려가지 신앙적인 개혁을 위해 작성한 언약서에서 발기인의 우두머리가 되었다.(느9:38,10:1)

느헤미야는 B.C433년에 다시 페르시아의 수산성으로 돌아왔는데(느13:6,7) 아마도 예루살렘성은 그의 동생인 하나니에게 맡겼던 것 같다.(느7:2)

그러나 몇 년이 못 되어서(B.C432년) 유대 안에 신앙적으로나 사회적으로 많은 악습들이 다시 만연하게 되자 느헤미야는 1년 남짓 후에 예루살렘으로 다시 돌아왔으니 그때가 아닥사스다 왕32년(B.C432년)이였다.

느헤미야가 실행한 제2차 신앙개혁의 내용은 암몬사람 도비야를 성전에 딸린 방에서 내쫓는 일과 레위인들의 생계를 보장해 주는 일, 안식일 준수를 위한 규례제정 그리고 이방인과의 통혼을 폐지한 일등 엄청난 일들을 차곡차곡해 나갔다.

느헤미야는 제3차 귀국하여 신앙개혁을 주도하여 대 성공을 거둔 후 얼마동안을 체류했는지 성경에도 역사적으로도 자세히 나타나지 않으므로 정확히는 알 수 없으나 예루살렘에서 공무를 집행하던 도중에 소천하신 것으로 전해지고 있습니다.(몇 살이며, 몇 년도인지는 알 수 없다.)

느헤미야의 사역은 언약백성들의 사역에 매우 중대한 영향을 미쳤었다. 그는 바벨론 포로에서 귀환한 이후 연약한 유대인 공동체에 정치적인 면에서도 또한 사회적인 면에서도 지대한 공헌을 남겼으나 무엇보다 신앙적인 면에서 획기적 공헌을 남겼다고 봅니다.

느헤미야의 생애 평가 및 교훈을 적어 보려고 한다.

1) 느헤미야는 궁궐의 안락한 생활 중에 있으면서도 곤경에 처한 동포를 돌아보았고 고국에 대한 소식을 듣고는 슬픔으로 기도하며 금식하였다.(느1:2-11) 이는 그가 언약백성으로서의 책임을 깨닫고 동포애와 애국심을 지니고 있었음을 보여준다. 이와 같이 우리도 하나님의 나라의 백성으로써 연대의식을 가지고 형제들의 곤경과 어려움에 마음아파하면서 그들을 돌아보아야 할 것이다.(벧전3:8)

2) 느헤미야는 하나님의 말씀과 언약에 근거하여 주의 도우심을 간구하였다.(느1:8-11)그렇다면 우리가 하나님께 구하는 기도의 내용은 어떠한가? 느헤미야처럼 하나님의 뜻이 우리를 통해 이뤄지기를 바라는 기도를 드리고 있는가?

3) 느헤미야는 성벽공사를 와해시키려는 계속적인 타 민족의 음모와 조롱 방해공작 속에서도 흔들림이 없이 하나님의 도우심을 굳건히 믿고 역사를 진행시킴으로써 그 큰 성벽공사를 52일간이라는 짧은 기간 동안에 완공하는 기적을 이뤘다.(느4:~6:)

이는 우리의 대적 마귀가 우는 사자같이 삼킬 자를 찾으며 우리를 넘어뜨리려는 이때에도 흔들림 없이 하나님의 역사에 더욱 힘써야 할 우리가 어떻게 그들의 공격을 대처해야 할지를 교훈해 준다. 실로 우리도 느헤미야 같이 흔들리지 아니하는 믿음으로 반석위에 굳건히 서서 마귀의 궤계를 능히 물리칠 수 있어야 하겠다.(벧전5:8,9)

4) 느헤미야는 확실히 모든 일에 앞서 먼저 기도하는 기도의 사람이었다. 그러나 그는 기도와 아울러 인간의 해야 할 바에 최선을 다했던 사람이다.(느4:7-23) 우리는 하나님께 기도했다고 모든 일이 저절로 잘 되리라고 오해하고 있지는 않는가? 모든 일에 앞서 먼저 기도로 하나님의 뜻을 구하되 우리가 해야 할 바엔 최선을 다하는 삶의 모습을 갖추어야 하겠다.(눅19:17)

5) 느헤미야는 에스라로 하여금 하나님의 율법을 선포하여 말씀의 권위를 회복하고 이 말씀에 입각하여 개혁을 단행함으로써 이스라엘을 회개하고 신앙을 부흥시킬 수 있었던 것이다.(느8:~10:)

참으로 진정한 개혁은 오직 말씀을 통해서 이루어지는 것이다. 그런데 우리는 성도의 생활을 온전케 하기에 부족함이 없는 성경을 가지고 있으면서도 엉뚱하게도 성경말씀이 아닌 다른 방법으로써 신앙을 개혁하고자 애쓰지는 않는가? 오직 주의 말씀이 내 발의 등이며 내 길에 빛이 됨을 기억해야 한다.(시119:105)

아직도 그의 성품 면에서 애국심이 강한 면이나 왕의 총애를 한 몸에 받고 살았던 것과 대외적으로 원수들의 방해와 대내적으로 유대인들의 불만을 잘 극복한면 귀인과 민장까지도 단호히 책망한 것으로 보아 하나님의 공의에 대한 뜨거운 열정이 있고(느5:1-13) 이자를 면제해야 될 귀인과 민장들이 고율로 빈민백성을 괴롭게 한 일등 아직도 많은 부분이 미비하다고 본다.

그의 구속사적 지위로는 제3차 포로귀환주도, 예루살렘 성벽 재건 이스라엘 독립성 회복과 학자 에스라와 율법낭독으로 신앙개혁을 주도하여 신정국가 면모를 갖추었다는 점도 위대하나 무엇보다 이스라엘이 신정국가 면모를 회복케 한 자로써 장차 자기백성들을 영원한 평화와 영생이 있는 메시아 왕국으로 인도할 수 있는 예수그리스도를 예표한 위대한 하나님의 종으로 사명을 다 했다고 본다.

2007. 7. 1.

"느헤미야가 조국을 늘 위해기도하고 염려하고 소식을 기다리던 중 성벽파괴로 예루살렘 성전까지 황폐화됨이 너무 가슴 아파 회개하며 금식 기도할 때 하나님이 아닥사스다왕의 마음을 움직여서 느헤미야로 하여금 하나님의 귀한 일을 할 수 있도록 모든 여건을 마련해 주신 것이다.

이스라엘의 대적들로부터 끊임없는 방해공작에도 불구하고 또 어려움에 처한 유대백성들의 불평과 불만 속에서도 하나님의 나라를 위해서 이 난관을 넘어서 탱크처럼 밀고 추진해 나갔으므로 52일이란 짧은 기간 동안 거대한 공사를 마무리한 것 같은 추진력을 배워야한다.

정치적으로 신정국가의 위신을 대, 내외적으로 과시할 수 있었으며 경제 사회적인 어려운 문제들도 지혜롭게 극복했고 신앙적인 개혁운동의 성공은 누구보다 하나님이 제일 기뻐하였으리라고 봅니다. 나로 하여금 하나님 나라의 일비지역을 담당하는 작은 주춧돌이 되어야할 텐데 ... 힘주옵소서."

성경난해 구절 해설시리즈(성문서 느헤미야 3-(2)-㉓)

Q “아닥사스다왕의 술 맡은 관원으로서 느헤미야의 책무는 무엇이었는가?”

느 1:1-11

A 느헤미야 1:11에는 느헤미야가 아닥사스다왕의 술 관원이었고 그에게 두터운 신임을 받고 있었음을 보게 된다. 이는 당시 술관원이 궁정관리로서 중요한 위치를 차지한 직책임을 시사한다. 이 말은 오늘날 우리에게 아주 생소하게 들린다.

도대체 왕에게 왜 술 맡은 관원이 필요했는가? 그러나 옛날에는 왕을 모살하려는 역도들이 많았고 그들은 왕이 마시는 술에 독약을 넣어 그 목적을 성취하는 경우가 더러 있었다. 그래서 왕의 술 맡은 관원의 직책은 매우 중요하였다.

고대근동의 왕궁에서는 왕이 식사할 때 주류를 시중드는 술관원이 반드시 있었다. 그런데 궁중 안에서는 왕에 대한 음모와 책략이 항상 도사리고 있기가 일수였기 때문에 왕의 술시중을 드는 술관원을 세우는데 매우 신중을 기했다.

헤로도투스(Herdotus)의 역사에는 (iii34) 켐비쎄스(Cambyses)왕이 그가 좋아하는 친구중 한 사람의 아들을 술 맡은 관원으로 임명하였다고 언급하고 있다. 또 토빗(Tobit)에서는 엘살핫돈의 술 맡은 자는 그 나라에서 제2인자였다.(Tobit1:22)고 하였다.(Myer)

따라서 술 맡은 관원은 왕이 절대로 신뢰할 수 있는 사람이었으며 그의 역할은 술을 선택하고 그 안에 독이 없음을 보여주기 위해 맛을 보고 그 술을 왕에게 드리는 사람이었다. 따라서 왕 앞에 가까이 갈 수 있었으므로 자연히 영향력도 컸던 것이다.

그래서 일단 왕에 의해 간택된 술 관원은 왕이 드는 술잔에 독이 있는지 살펴보아야만 했고 때로는 술을 왕에게 드리기 전에 먼저 조금 마셔보아야만 했다. 따라서 왕의 생명을 보호하고 위험을 감수하는 술 관원은 그가 관원으로 있는 동안 왕의 신임을 한 몸에 받게 되고 또 항상 상당한 권력이 부여 되었던 것이 역사적 사실이다.

한편 대부분의 성경신학자들은 술 관원이 공통적으로 중요한 신분이었다고 주장한다. 페르시아시대의 한 부조(浮彫)도 술 관원이 정부의 고위직이었다는 학자들의 주장을 넉넉히 뒷받침해 주고 있다. 또한 애굽에서 발견된 고분 벽화 하나도 학자들의 견해가 타당함을 증명해 준다. 이와 같이 술 관원은 대체적으로 왕과 가까이 할 수 있는 중요한 직분이었던 것이 틀림없다.

이처럼 술 관원이 정부의 중요한 직책이 될 수밖에 없었던 까닭은 그가 왕을 가장 가깝게 모셨을 뿐만 아니라 왕이 상음하는 술을 바치고 왕의 여흥을 책임지기 때문이다. 심지어 술 관원은 왕비 및 후궁에의 거처에 출입까지 허용 되였으며 따라서 왕궁이란 속성 때문에 내시 였을 것이라는 주장도 어느 정도 설득력이 있다.

한 예를 들어 창세기 40장에 나오는 애굽의 술 맡은 관원장도 애굽의 상당한 고위층 이였다. 그렇기 때문에 요셉은 자신의 누명을 벗겨주기를 그에게 신신당부했던 것이다. 또 앗수르왕 산헤립의 부하 랍사게(왕하18:17)도 사실상 술 맡은 관원 장이었다. 그것은 '랍사게' 라는 말이 앗수르어로 '술 맡은 관원장' 을 가리키는 직함인 사실에서 알 수 있다.

그래서 고대의 술 맡은 관원은 오늘날의 청와대의 경호업무와 비서업무 및 식사업무까지 총괄하는 청와대 비서실장의 위치라고 보면 어느 정도 근접할 수 있겠다고 할 수 있다.

그렇다면 일개 이방인이었던 느헤미야가 그 같은 직분을 맡을 수 있었다는 사실은 실로 놀라운 것일 수밖에 없습니다. 물론 페르시아 정부는 개방적으로 인재를 등용하였던 것이다. 또한 느헤미야는 실로 능력 있는 인물이었던 것도 분명한 사실이었다.

그러나 피정복민의 자손인 느헤미야가 술 관원이라는 고위직에 오를 수 있었던 것은 하나님의 크나큰 섭리에 따른 것으로 볼 수밖에 없다. 즉 하나님께서는 그를 정복국의 고위직에 오르게 하심으로써 예루살렘 성벽 재건이 이루어질 수 있도록 하신 것이다.

그러면 아닥사스다 왕의 술 맡은 관원으로서 느헤미야의 역할은 무엇이었는가? 아래와 같은 다양한 해답이 제시 되고 있다.

1) 그는 왕궁의 예절로 잘 훈련된 인물이었을 것이다.(단1:4-5)

2) 그는 아마도 인물역시 잘 생긴 사람이었을 것이다.(단1:4,13,15)

3) 그는 확실히 어떻게 포도주를 골라 왕 앞에 마련하는지를 알았을 것이다. 바벨론의 탈무드에 한 격언이 있는데(Baba Qamma926) '포도주는 주인에게 속했으나 그 공은 그의 술 맡은 자에게 돌린다' 말이 있습니다.

4) 그는 왕이 주연상대가 되어 항상 기쁨을 선사하는 자였을 것이다.

5) 그는 왕에게 가장 가까이 갈 수 있는 자중에 하나여서 누가 그를 만나고 어떤 내용으로 만나는지에 대해서도 어느 정도 결정권을 가지고 있다고 보아야한다.

6) 무엇보다도 느헤미야는 왕의 전적인 신뢰를 받는 자 중에 하나였을 것이다.

7) 그러나 역시 느헤미야는 술 맡은 자로서 내시였을 견해도 있다.(Rudolph)

아닥사스다(Artaxerxes) I세의 아버지 크세르크세스(Xerxes)는 그의 침실 맡은 대신(大臣) 알타바너스(Artabanus)에 의해 살해 되었다. 따라서 우리는 느헤미야는 아닥사스다왕의 전적인 신뢰를 받는 술 맡은 관원으로 페르시아 왕궁에서 중요한 책임을 지고 큰 영향력을 행사할 수 있었던 인물임에는 틀림없습니다.

이상에서 술 관원이었던 느헤미야가 어떻게 바사 왕으로부터 그렇게 두터운 신임을 받았으며 또 그가 고국으로 돌아가 예루살렘 성벽을 재건축하고자 했을 때 선뜻 허락을 받았을 뿐만 아니라 많은 원조까지 받을 수 있었는지에 대해 이해할 수 있게 되었다.

그리고 하나님께서 당신의 백성들을 회복하시기 위하여 바사왕궁의 술 관원으로 있던 느헤미야를 사용하신 사실에서 다시 한 번 하나님의 오묘한 섭리를 깨닫게 된다.

2007. 7. 2.

"성경에는 술 맡은 관원에 대한 이야기가 심심찮게 나온다(창40:9,느1:11, 왕상10:5, 대하9:4) 중동고대 중근동국가에서 '술 맡은 관원'은 매우 보편적으로 있는 직책이지만 오늘날은 이런 직책이란 신기한 말로 들려지게 된다.

왕 주위에서 왕을 가장 가까이서 항상 보필하게 되므로 왕의 말벗이 되고 자문도 하다 보니 막강한 권세까지 부여 되었다. 오늘날의 청와대의 경호업무와 비서업무까지 총괄하는 청와대 비서실장의 위치라고 보아야 할 것이며 왕의 특사로 일 해결에도 앞장섰다.

물론 느헤미야에게도 그만한 실력이 겸전 되었으리라고 보나 피정복민의 자손인 느헤미야가 술 관원이라는 고위층에 오를 수 있음은 전적으로 하나님의 섭리와 경륜에 의한 것이라 본다. 제3차 포로귀환을 느헤미야가 주도했고 예루살렘 성벽 재건, 신앙개혁을 주도해서 성공한 인물이다."

성경난해구절 해설시리즈 (성문서 느헤미야 3-(3)-㉔)

Q "포로 귀환시대 팔레스틴의 정치적 상황에 대하여"

느 1:1

A 여기서 '포로귀환시대'란 곧 세계사적으로 페르시아 제국시대(BC.539-331년)와 일치하는기간의 이스라엘 역사를 가리킨다. 이 시기의 팔레스틴의 정치적상황은 곧 이시기의 이스라엘의 정치적상황과 밀접한 연관성을 가지는바 이를 자세히 살펴보는 것은 매우 큰 의의를 지닌다 하였다.

더욱이 이 시기의 팔레스틴의 정치적 상황이 곧 성경 에스라, 느헤미야, 에스더 및 다니엘, 학개 스가랴서등의 배경이 되므로 더욱 큰 의의를 지닌다고 보겠다.

한편 이시기의 팔레스틴지역의 정치적 배경을 이해하기위해서는 일차적으로 페르시아 제국의 식민정책에 대해 살펴보아야 할 것이다. 그리고 페르시아제국의 행정 편제상으로 볼 때 팔레스틴이 차지하는 위치 및 예루살렘을 중심으로 하는 팔레스틴 지역국가들의 상호관계를 이해해야 할 것이다. 이에 대해 더욱 상세히 논하고자 한다.

페르시아제국의 식민정책으로는 BC.722년 북이스라엘을 정복한 앗수르의 식민정책과는 달랐다. 앗수르의 식민정책은 식민지 국가의 정치력을 완전히 공백화하고 백성들을 강제 이주하여 다른 민족들과 혼합함으로써 그 국가의 존재자체를 완전히 말살하는 매우 잔인하며 가혹한 것이었다.

그리고 BC.586년 남유다를 정복한 바벨론의 식민정책도 앗수르의 그것과 별반 다른게 없었다. 다만 바벨론은 식민지국가의 유능한 자들을 양육하여 자국의 이익을 도모했다는 차원에서만 앗수르 보다는 좀 더 고차원적인 식민정책을 썼다고 볼 수 있다.(단1:4)

그러나 바벨론을 정복한 페르시아제국의 식민정책은 이전의 앗수르나 바벨론의 식민지정책과는 완전히 달랐다. 페르시아 제국은 식민 국가들을 철저히 억압하는 방법으로 굴복시키지 아니하고 관대한 회유정책으로 자발적으로 페르시아제국에 충성하도록 하는 역사상 그 이전까지는 찾아볼 수 없었던 매우 세련된 식민정책을 폈던 것이다.

그러한 정책의 일환으로 페르시아 제국은 모든 식민지 백성들을 각자 고국으로 귀환토록 허용하고 또 그들의 신전도 건립토록 했다. 그리고 정치적으로도 어느 정도 독자성을 허용하여 될 수 있는 데로 식민지국가 출신의 왕족으로 그 지역의 총독이 되게 하였다. 이스라엘이 포로귀환 할 수 있었던 것. 또 유대인인 세스바살, 스룹바벨, 느헤미야와 같은 인물들이 총독이 될 수 있었던 것도 바로 이러한 페르시아 제국의 식민정책 때문이었다. 대신 식민지 백성들은 페르시아 제국에게 세금을 바쳐야했으며 그것은 일종의 조공의 성격을 띤 것이었다. 또한 식민 국가들은 신들께 페르시아 제국의 번영과 왕실의 번영을 특별히 기원해야 할 의무를 가졌다.

페르시아 행정편제상 팔레스틴의 위치로 보면 페르시아 제국은 식민국가 들의 정치적 독자성을 어느 정도 허용하면서도 행정 편제에 있어서는 페르시아 제국전체를 하나로 하는 행정편제 속에 그 국가 들은 모두 포함시켰다.(바사제국은 20총독관할 하 127도로 나누었다.)

페르시아 제국은 다리오1세(Darius. I. BC.521-486년)때에 행정조직을 완전히 정비하게 되었다. 즉 인도로부터 구스까지 제국전체를 127

도를 크게 20개의 총독관구로 나누었다.(에8:9) 그중에 시리아- 팔레스틴 및 애굽을 포함한 유브라데 서부지역이 제5총독관구로 분할되었으며 성경에서 '강 서편총독' (스5:6) 이라고 언급이 된 총독이 이 지역을 관할하였다. 이 20개의 총독관구는 페르시아제국 내에 있는 식민지국가들로부터 세금을 용이하게 거두어들이기 위하여 만든 것이다.(스5:8)

그리고 1개 총독관구는 다시 여러 지방으로 분할 되였으며 각 지방마다 다시 지방총독인 페르시아 관료들이 세워졌다. 여기서 한 지방은 대개 이전의 일개 국가에 해당하며 지방총독은 그 식민국가 출신인 경우가 대부분이었다. 유브라데강 서부지역 안에는 애굽, 시리아, 사마리아, 유대, 암몬, 모압, 아스돗(블레셋)지방총독이 있었으며 이들은 모두 강 서편 총독의 관할 하에 있었다.

한편 다리오 1세에 의해 행정개편이 이루어지기 이전에 예루살렘을 비롯한 남유다 성읍들은 거주민이 극소수인데다가 대부분 시골의 농민들이어서 이 지역에는 따로 총독이 없었다. 아마 사마리아 총독이 이 지역을 상당히 간섭했을 것으로 추측된다.

그러다가 제1차 포로귀환시(B.C536년)에 세스바살이 이 지역의 초대총독으로 부임하게 되였고 이어 B.C520년경 다리오 대왕에 의해 페르시아 제국 전체의 행정개편당시 스룹바벨이 숙부 세스바살에 이어 제2대 총독이 되었다. 그리고 학자들의 주장에 따르면 페르시아제국이 멸망당할 당시 (B.C331년)까지 유대지역에는 약8명의 총독이 거쳐 갔다고 한다.

성경에 나타난 유브라데 서부지역 지방총독들을 살펴보면 성경에 나타난 지방총독들로는 사마리아총독 산발랏과 암몬총독 도비야(느2:19, 4:1-3)뿐이다. 그리고 강 서편지역 곧 유브라데강 서부지역을 총괄하는 총독 닷드네가 나타난다.(스5:6)

그리고 느헤미야 귀환직전에 르훔이라는 사마리아 방백이 있었는데 그가 총독이었는지 아니면 단순한 관료였는지는 분명히 알 수 없다. 이외의 다른 지역의 총독들에 관해서는 잘 알 수 없으며 또 그들이 포로귀환시대 이스라엘역사에 직접적인 영향을 미치지 않았기 때문에 여기서 특별히 논할 필요가 없다.

산발랏, 도비야는 느헤미야에 의한 제3차 포로귀환과 예루살렘성벽이 재건될 당시 그 지역의 총독들이다. (B.C444년) 그들은 느헤미야가 유다총독으로 부임하자 이지역의 주도권을 장악고저 산발랏과 도비야가 연합하여 느헤미야의 성벽공사를 방해하고자 했다.

더욱이 산발랏과 도비야는 이스라엘인 이거나 여호와의 종교를 믿는 자들이었을 것으로 추측된다. 왜냐하면 도비야의 이름이 히브리식이고 또 산발랏의 아들들 이름도 들라야(Delaiah) 셀레먀(Shelemiah)로서 히브리식 이름이기 때문이다.

이들은 이런 이유로 유대인들과 가까워지려했고 또 유대 지역까지도 통치하려했음이 분명하다. 이는 도비야는 느헤미야가 예루살렘을 떠나 있을 때에 대제사장 엘리야 집과 친분관계를 맺고 성전뜰 방하나를 차지하고 있었던 사실이 증거 해 준다.

이러한 사실을 통하여 우리는 유브라데강 서부지역의 지방총독들 간에는 이 지역에 대한 주도권 장악을 위한 알력들이 존재했었다는 사실을 짐작케 한다. 그리고 또 서로가 서로의 관할영역에 대해서는 독립된 권한을 가지고 있었기 때문에 함부로 상대영역에 대하여 간섭할 수도 없었던 것 같다.

다만 각 지역의 분쟁문제가 생길경우에는 강 서편총독의 중재를 받았는데 스5:6에서 강 서편총독 닷드네가 유대인의 성전건축에 관한 보고서를 바사왕에게 보낸 것도 유대인들과 사마리아인들 간의 분쟁을 해결하기 위한 그의 행정적 조치였던 것으로 보인다.

이상에서 살펴본바 포로귀환시대의 팔레스틴의 정치적 배경을 통하여 발견하는바 구속사적 의의는 실로 크다. 즉 유대인의 포로귀환이 페르시아의 관대한 식민정책으로 인해 이루어짐으로써 결국 하나님이 여러 선지자를 통해 예언하신바 70년 만에 포로 귀환케 하시겠다하신 약속이 성취 되었다.(스1:1-4, 사44:21-28, 렘29:10-14)이는 결국 전 세계의 역사를 주장하시고 섭리하시는 하나님의 주권에 대한 분명한 증거가 된다.

또 유대인들이 포로 귀환하여 예루살렘과 유다 여러 성읍에 정착할 당시 주변국가 들의 적대시하는 눈길이 팽배하였고 유대는 상대적으로 매우 미약했음에도 불구하고 성전재건과 성벽재건을 통하여 다시금 신정국가 재건의 기틀을 다질 수 있게 된 것도 하나님의 특별한 은총의 결과리고 이니할 수 없을 것이다.

바사제국의 20총독 관할구역 지도

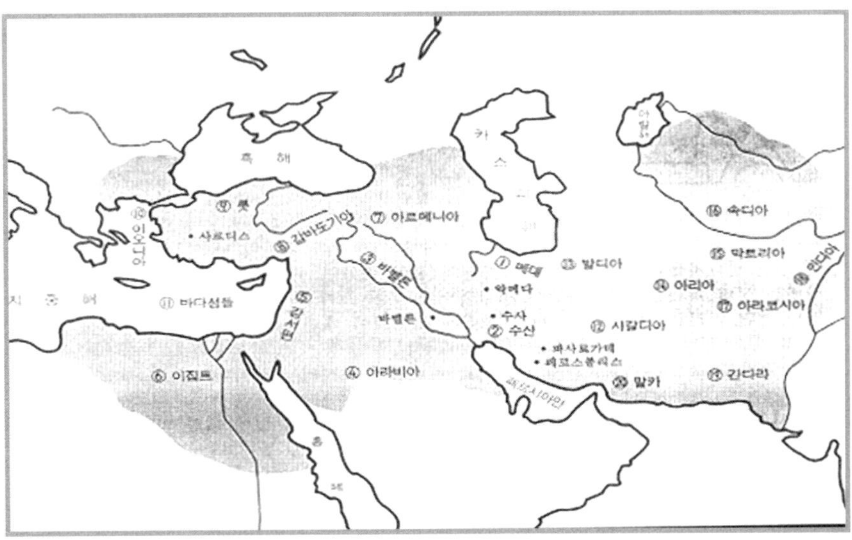

2007. 7. 3.

"포로시대부터 포로귀환시대를 살펴보는 의미는 성경의 에스라 느헤미야 에스더 및 다니엘, 학개, 스가랴 등의 배경이 되기 때문이요. 이런 것을 미리 예언한 이사야, 예레미야, 에스겔 및 12소선지에도 직간접적인 관계가 있기에 이처럼 포로귀환시대 상황을 자세히 살펴보았다.

앗수르 제국의 식민정책은 국가의 존재 자체를 완전히 말살하는 매우 잔인하며 가혹했다. 또한 바벨론 제국의 식민정책도 앗수르와 별다른게 없으나 앗수르 보다 좀 더 고차원적인 식민정책을 썼다. 여기에 비해 페르시아 제국의 식민정책은 관대한 회유정책으로 자발적 충성하도록 세련된 식민정책 이였다.

페르시아 제국은 총20개 총독관할구역에다 127도로 세분했으며 그 가운데 유브라데 서안을 제5총독관구로 시리아, 팔레스틴 및 애굽을 포함한 애돔과 모압까지 속한 거대한 전 지역을 총괄하는 총독이 '닷드내' 가있었다. 이 모든 역사가 그냥된 것이 아니라 여러 선지자들의 예언케 했던 하나님의 예정과 섭리대로 하나도 틀림없이 되어 진 것이니 온 세상 역사를 주관하는 하나님 앞에 굴복되어야 한다."

성경난해 구절해설시리즈(성문서 느헤미야 3-(4)-㉕)

Q "아닥사스다왕은 성벽중건을 중단시킨 왕인가. 성벽중건을 허가한 왕인가?"

느 2:8

A 에스라 4:17 "왕이 방백 르훔과 서기관 심새"에게 18절 "너희의 올린 글을 내 앞에서 낭독 시키고" 21절 "이제 너희는 명을 전하여 그 사람들로 역사를 그치게 하여 그 성을 건축치 못하게 하고" 23절 "... 저희가 예루살렘으로 급히 가서 유다사람들을 보고 권력으로 억제하여 그 역사를 그치게 하니" 여기에 반해 느헤미야2:8에는 다르다.

느헤미야2:8 "또 왕의 삼림감독 아삽에게 조서를 내리사 저로 전에 속한 영문의 문과 성곽과 나의 거할 집을 위하여 들보재목을 주옵소서 하매 내 하나님의 선한 손이 나를 도우심으로 왕이 허락하고"라고 언급한다.

에스라 4장에서는 아닥사스다왕이 사마리아의 총독 르훔과 서기관 심새의 두 차례에 걸친 상소문을 읽고 판단하길 과거 유대백성들이 앗수르나 바벨론 제국에 항거한 전례가 있는 것과 또한 다윗과 솔로몬시대의 강성함을 염두에 두고 그 같은 번영을 누리지 못하게 하기 위해서 예루살렘 성전과 성곽중건 공사를 분명히 중단 명령을 하달하였다.

느헤미야 2:8에서는 느헤미야가 4개월 동안 기도하고 아닥사스다왕 앞에 나가 예루살렘 성곽 중건을 위해 삼림(재목)을 요구하니 하나님의 선한 손이 도우심으로 왕이 허락하고 삼림장관에 명령한 것은 이 모든 일이 결코 우연히 아니고 하나님의 뜻이기에 가능했다고 믿었다.

과연 에스라4장처럼 아닥사스다왕은 예루살렘 성벽재건을 중단시킨 왕인지 아니면 느헤미야 2:8처럼 예루살렘 성벽재건공사를 허락한 왕인지? 한 왕이 이랬다저랬다 할 리가 없고 중단이 맞는 것인지? 허락이 맞는 것인지? 난제인데 은혜로 풀어 보아야 한다.

마치 에스라 4장에서 왕은 성벽중건을 다시 느헤미야시대 성벽재건을 허락한 것은 공사 중단을 선언한 자가 공사 재개를 허락하는 것은 쉽게 납득이가지 않는다. 그렇다면 아닥사스다 왕의 마음이 이와 같이 변한데는 무슨 이유가 있는가에 대해 자세히 알아보려고 한다.

느2:8에 언급된 왕은 에스더에서 '아하수에로' 왕에 해당하는 '크세르크세스(Xerxes BC.485-464년)의 아들이었던 '아닥사스다 1세' (Artaxerxes I. BC.464-424년)이다.

그의 통치기간동안 제국 내에서는 크고 작은 반란들이 일어났다. 따라서 그는 이러한 반란을 진압하는데 온 정력을 쏟아야만 했다. 그의 통치기간 중에 일어난 반역 중 가장 큰 반역은 애굽의 반역이었다.

그는 그 반역을 진압하기위해 BC.460년부터 454년까지 6년간의 전쟁을 치루어야만 했다. 또한 그는 제국 내에서 일어난 반란도 진압하는데 이러한 일들에 전투력을 소모하는 동안 결국 제국의 동부지역 일부를 상실하는 쓰라림을 겪어야만 했다.

한편 그리스와의 관계는 '칼리아스 협정' (BC.449년)을 통해 겨우 평화를 유지하고 있었는데 이것은 마치 '전쟁전의 고요함' 과 같은 상태에서 불안함을 떨쳐 버릴 수 없는 매우 위험한 상황이었다.

바로 이러한 때에 사마리아 총독이 앞장서서 성전공사와 성벽공사 중단을 요구하는 상소문을 올렸다. 상소문은 그들은 유다로 귀환한 포

로가 성곽을 쌓아 페르시아로부터 독립하고자 한다고 모함하게 된다.(스4:13)

실제로 유다인들에 성전재건에 대한 허락은 있어서도 예루살렘에 대한 성곽재건공사는 허락이 내려지지 않았던 것이다. 더구나 페르시아의 궁중도서관에서 발견된 기록도 사마리아인들의 고소장과 거의 일치 했다.(스4:19)

그러므로 크고 작은 여러 반역에 시달리고 있었던 아닥사스다왕은 유대인들이 성곽을 쌓은 후에는 페르시아를 반역하여 반기를 들지도 모를 위험을 미연에 방지하고자 드디어 예루살렘성 재건공사를 중지시킨 명령을 내리게 된 것이다..(스4:21)

예루살렘성 재건을 중지시킨 아닥사스다왕이 또 다시 예루살렘성읍의 건축을 재건하도록 재가한데는 그만하고 특별한 이유가 있었다. 즉 느헤미야가 아닥사스다왕에게 성읍재건에 대한 탄원할 때에는 주변정세가 많이 변해있었던 것이다.

BC.458년 곧 아닥사스다왕 제17년에 '아바르나하라' (Abar-Nahara) 강 서편지구의 총독인 '메가 비주스(Megabyzus)의 반란이 있었다. 본래 '메가 비주스' 는 아닥사스다왕이 즉위한 후 10년경에 있었던 애굽의 반란에 앞장서서 진압한 장군이었다.

그러던 그가 이제 그 왕을 반역했던 것이다. (BC.449년) 그런데 그 때에 그를 따라 바사를 반역했던 또 다른 부류가 있었으니 그들이 곧 유다인을 고소했던 사마리아 총독 르훔과 서기관 심새였던 것이다.

이것은 아닥사스다왕에게 커다란 충격이었으며 간접적으로는 그들의 충성을 가장한 상소문이 얼마나 가증한 것이었는지 깨닫게 한 계기였다. 그리고 이러한 깨달음은 자연히 아닥사스다왕이 유대인을 돕는 것으로 귀결이 지어지게 되었다.

아울러 그는 예루살렘의 성곽을 견고히 하는 것이 오히려 페르시아

제국의 방어를 위하여 도움이 된다고 판단하기에 이른다. 바로 이러한 때 자연히 총애하는 느헤미야의 탄원이 있었고 따라서 그는 한때 자신이 중단시켰던 예루살렘의 성벽재건축 공사를 재개시키는 명령을 내리게 됩니다.

아닥사스다 왕이 예루살렘의 성벽을 재건하고자하는 유다인들의 노력을 중단시켰다가 재개시킨 것은 당시에 그럴만한 근동의 정세들이 영향을 주었기 때문이었다.

그러나 그것이 사실이라 할지라도 궁극적으로는 느헤미야서가 강조하듯 그 모든 환경과 왕의 마음을 주장하시고 섭리하시는 하나님의 역사 때문이었다. 느헤미야는 이것을 분명히 믿고 있었고 때문에 그는 역사의 위대한 인물로 설 수 있었던 것이다.

여기 에스라서의 성벽재건 중단 명령할 때는 BC.460년경이었고 느헤미야가 대적들의 집요한 방해를 극복하면서 52일 만에 성벽중건 완성하도록 아닥사스다왕이 명령하는 BC.444년경이니 중단명령은 16년 전이고 허락 명령은 16년 후의 일인 것이다. 그래서 아닥사스다왕은 성벽재건 중지도 명령했고 16년 후엔 성벽재건 허락도 명령한 왕이 된 것이니 에스라서도 맞고 느헤미야서도 맞는 것이다. 성경은 절대로 오류가 있을 수 없다.

2007. 7. 4.

"어찌 아닥사스다왕은 에스라서를 볼 때는 성벽재건에 중지 명령을 내린 왕인데 느헤미야서를 볼 때는 다시 예루살렘 성벽재건을 허락 명령한 왕으로 부각된다. 두 성경에는 분명 어느 한 성경이 모순이 있는 듯이 보인다. 그러나 그것은 16년이란 공간을 사이에 두고 상황에 따라 명령하게 된 것이다.

에스라때 공사중지 명령은 전국127도에서 많은 반란이 일어났으며 애굽과는 6년간이 긴 전쟁을 하고 파사 동부지역은 이때 잃어 버렸다. 이럴 때 사마리아 총독 르훔의 예루살렘 성벽재건 후 배반에 대한 모함성 상소에 그만 성벽중단 명령을 내리지 않을 수 없으나 느헤미야 때는 역전되어 공사 명령을 했다.

여러 지역의 반란과 거짓 충성스런 사마리아 총독 르훔의 반역은 유다국가 지원에 큰 기폭제가 되었고 도리어 예루살렘성을 견고히 쌓아야 파사제국유지에 큰 도움이 될 것을 깨닫고 느헤미야의 탄원을 받아 들였다. 이 모든 것이 하나님이 섭리하시고 주장하시고 역사를 다스렸기 때문이다. 그래서 아닥사스다 왕은 두 가지 명령을 내린 왕이다."

성경난해 구절 해설시리즈 (성문서 느헤미야 3-(5)-㉖)

Q "포로 귀환시대의 대제사장의 사회적 역할에 대하여"

느 3:1

A "때에 대제사장 엘리아십이 그 형제 제사장들과 함께 일어나 양문을 건축하여 성별하고 문짝을 달고 또 성벽을 건축하여 함메아 망대에서부터 하나넬 망대까지 성별하였고"(느3:1)

신정국가인 이스라엘에서는 '대제사장'이 종교지도자로서 뿐만 아니라 사회적, 국가적 지도자로서도 막대한 영향력과 중요한 위치를 차지했다.

그런데 사회적, 국가적 측면에서 볼 때 대제사장의 지위는 왕정시대와 그 이전시대보다 포로귀환시대 이후에 훨씬 더 격상 되였음을 성경을 보면 알 수가 있다.

그 이유는 왕정시대에는 왕이 국가의 최고 통수권자였기 때문에 대제사장은 상대적으로 왕의 자문역할이나 성전과 연관된 국가행사에서만 그 역할을 수행하기 마련이었다. 물론 왕정시대에 있어서도 국가의 비상시에는 대제사장이 중요한 역할을 수행하기도 했다.

예를 들면 아도니야의 반란과 솔로몬 즉위 초기 제사장들의 세력형성이나(왕상1:7, 2:27-35) 분열왕국시대 남방왕 요아스 즉위 직전 곧 악녀 아달랴를 몰아내고 요아스로 다윗왕권을 계승케 한 대제사장 여호

야다의 활약 등을 들 수 있다.(왕하11장)

반면에 포로귀환시대 이후에는 왕이 따로 없었기 때문에 대제사장의 역할은 한층 더 중요하게 여겨졌다. 왜냐하면 포로귀환시대 이후 외형적으로는 어느 정도 국가의 형태를 회복하기는 했지만 그래도 여전히 강대국의 속국에 불과했던 이스라엘은 거의 예루살렘 성전을 중심으로 한 종교적 생활에만 전념하였기 때문이다.

이에 포로귀환시대 이후부터 예수그리스도의 시대까지 대제사장의 사회적 역할을 이해하는데 있어 중요한 이해의 전거가(前據)될 포로귀환 시대의 대제사장의 역할에 대해 자세히 살펴보고자 한다.

포로귀환이 시작될 무렵부터 대제사장의 사회적 역할은 두드러지게 나타난다. 즉 제1차 포로귀환 당시(BC.536년) 스룹바벨과 함께 대제사장 예수아가 백성들의 최고 지도자로서 그 역할을 수행했다.(스2:1, 느7:6)

또한 스룹바벨 성전재건 당시의 역사를 기록한 학개서를 보면 BC.520년경에 대제사장 여호수아(예수아)의 역할이 얼마나 컸던가를 능히 짐작할 수가 있다.(학1:1, 12, 14, 2:2, 4)

그리고 제2차 포로귀환 당시(BC.458년)의 지도자였던 에스라도 역시 대제사장이었다. 그는 1차포로 귀환 때에 예루살렘으로 돌아온 백성들의 이방인과의 통혼문제등 기타 많은 문제의 개혁과 율법교육을 통한 백성들의 신앙교육 즉 하나님의 선민으로서 마땅히 가져야할 마음자세 및 생활교육에 주도적 역할을 수행하였다. 이러한 에스라의 역할로 인하여 여호와 종교의 부흥을 가져올 수 있었다.

그런데 제3차포로 귀환당시에는 (BC.444) 느헤미야가 유대총독으로서 그의 강력한 지도력을 발휘하였기 때문에 대제사장의 역할은 다소 적어진듯하다. 그러나 그것은 예루살렘 성벽재건 이라는 국가적 사업으로 인해 그렇게 된 것이며 대제사장의 사회적 지위 자체가 격하된 것은 아니었다.

느헤미야 당시의 대제사장은 엘리아십이었다.(3:1) 그는 성벽 재건 당시 백성들의 모범이되어 선봉에서 그 역할을 잘 수행하였다. 그러나 그는 느헤미야가 약 1년 동안 예루살렘을 떠나 있는 동안 암몬지방 총독 도비야와 친분을 맺고 그에게 성전 뜰의 한 방을 내어주는 실책을 범하기도 했다.

하지만 긍정적인 측면에서 그것도 결국은 암몬지방 총독 도비야와 제휴함으로써 예루살렘 거민의 안정을 도모코자 했던 국가 최고 지도자로서의 온전한 역할 수행을 위한 것이었다고 볼 수도 있는 것이다.(느13:4)

한편 엘리아십은 스룹바벨과 동역했던 예수아의 손자요 여호아김의 아들로써 당시 유력한 인물이었다.(느12:10) 그리고 그가 최고의 지도자적인 위치에 있는 그가 이렇게 솔선하여 성벽재건 사역에 앞장서서 협력함으로 인하여 모든 사람들에게 선한 감동과 동기 부여를 주었던 것이다.

이런 자세는 우리에게도 매우 중요한 섬김의 교훈을 가르쳐준다. 즉 먼저 섬기는 자가 하나님 앞에서 진정한 큰 자이며(막10:43,44) 또한 하나님의 일에 충성된 자가 타인으로부터도 인정받는 자가 된다는 것이다.(고전4:2)

한편 본문의 대제사장 엘리아십이 13:4에 나오는 원수 도비아와 타협한 엘리아십이 이대제사장 엘리아십인지 아니면 동명이인 인지 정확히는 알 수 없다. 그러나 그는 증손자 중의 하나가 산발랏의 사위가 되는 것을 묵인함으로써 제사장의 직분을 더럽히는 어리석음을 범하고 말았다.(느13:28)

한편 느헤미야의 성벽 재건공사 책임구간에서 맨 먼저 양문에서부터 옛 문 앞까지의 성벽을 건축한 자들이 소개된다. 바로 이 공사 구간은 예루살렘 성벽의 북쪽에 해당 되였으므로 적들의 공격에 가장 큰 위험을 느끼는 곳이었다.

그럼에도 불구하고 대제사장(엘리아십) 가문을 중심으로 한 이들이 기꺼이 이곳의 건축을 담당하는 모범을 보였다. 이처럼 성전과 가장 근접해 있는 북쪽성벽의 공사를 대제사장 가문이 주도적으로 담당한 것은 바로 그 곳에 위치하고 있는 양문의 중요성 때문인 듯하다.

곧 이곳을 통하여 희생 제물로 사용되는 짐승들이 들어 올 수 있도록 만들었던 것이다. 이러한 사실은 1절에 '성별하였고'란 말이 거듭 사용된 데서도 확인된다. 한편 5절에 보면 드고아 사람들은 지도자들이 참여치 않음에도 불구하고 오히려 대제사장 가문은 그 위험한 공사에 참여하는 자발적인 신앙을 보여 주고 있다.

이처럼 본문은 대제사장 가문이 성벽재건에 솔선 했듯이 어떤 일을 수행함에 있어 지도자 역할이 중요함을 보여준다. 동시에 다른 일면으로 5절의 경우처럼 비록 지도자가 그 일 을 잘 감당하지 못한다 할지라도 모든 사람은 각자 믿음의 분량대로 하나님의 일에 충성해야함도 배워야 할 것이다.

이상의 사실들에서 우리는 포로귀환 시대 대제사장이 사회의 최고 지도자로서 때로는 백성들의 모범자로서 그 역할이 지대하였음을 능히 짐작할 수 있다.

신정국가인 이스라엘 있어서 대제사장의 사회적 역할은 어느 시대에 있어서나 매우 중요했다. 특히 포로 귀환시대 이후 왕이 없었던 이스라엘에 있어서 대제사장은 국가 최고 지도자로서의 역할까지 수행하게 되었다.

그리고 이러한 대제사장의 사회적 역할은 중간시대와 신약시대에 이르기까지 그 중요성이 계속해서 많아지게 되었다. 그 이유는 이 시기에 이스라엘이 소위 마카비시대(BC.166-67)를 제외하고는 거의 독립국가로서의 주권을 가져 본 적이 없으며 바사, 헬라, 로마의 속국으로서 지배를 받았기 때문이다.

신약성경에서 대제사장이 매우 강한 정치적 성향을 띠고 등장하는 것도 바로 앞에서 살펴본바와 같은 이유에서 이해 될 수 있다.

2007. 7. 5.

"왕정시대 대제사장의 위치는 왕의 자문기관으로 역할이었고 성전과 관계된 신앙적인 국가행사엔 최고책임자답게 그 역할을 수행하게 되었다. 그러나 포로귀환시대 부터는 왕이 없었기 때문에 대제사장은 행정면에서도 최고 통수권자와 같은 위치에서 책임 있게 일했다.

제1차포로 귀환시 스룹바벨과 함께 대제사장 여호수아는 백성의 영육의 지도자였다. 제2차포로 귀환당시는 에스라 역시 대제사장으로 1차 귀환자들에게 생긴 문제들까지 개혁해냈다. 제3차포로 귀한당시는 느헤미야가 성벽재건 공사를 지휘할 때 대제사장 엘리아십 가문도 책임량을 감당했다.

대제사장은 백성들의 모범이 되어 성벽 북쪽 근방을 가장 튼튼하게 건축해야하는데도 온 가족이 합심하여 책임구간인 양문에서 부터 옛 문 앞까지의 성벽을 훌륭하게 재건해냈던 것이다. 이것은 오실메시아인 예수그리스도의 모형으로 하나님이 맡기신 그 일을 다 감당하신 모습을 예표해 주신 것이다."

Q “산발랏과 도비야에 관한 두 고고학적 자료에서 얻은 교훈?”

느 4:1-3

A 고유명사 산발랏(סנבלט 느2:10,19)은 바벨론어의 '신우발리트' (sin-uballit)또는 '산우발리트' (san-uballit)에 해당하는 것으로 학자들은 추정하고 있다.(랑게, 슈라델)

여기서 '신' (sin)은 '달' (moon)을 '산' (san)은 '태양' 을 각각 의미하며 '우발리트' 는 '생명을 주었다' (gave life)라는 뜻으로서 그 전체적인 의미는 '달 또는 태양이 생명을 부여했다' 가 된다.

산발랏의 이 같은 의미는 그를 포함하여 그의 조상들이 대대로 월신숭배와 태양신 숭배에 밀접히 관련되어 있었음을 보여준다 하겠다.

그리고 '도비야' (טוביה)는 '선한' (수21:45, 대상16:34) 또는 '좋은' (삿9:11, 삼상14:36)을 뜻하는 히브리어 '토브' (טוב)에 '여호와' 의 압축형 '야' (יה)가 결합되어 '여호와의 선하심' 이라는 의미를 지닌 히브리식 이름이다.

한편 이러한 도비야와 산발랏의 역사적 존재는 두 고고학적 자료에 의해서 그 실체가 입증된 바 있다. 여기 두 사람의 이름중 자신의 이름의 의미대로 여호와를 배척한 산발랏의 태도는 어느 정도 이해가 가지만 도비야의 경우는 다르다. 물론 그가 살아 남기위해 원래 암몬족속이지만 이스라엘 종이 되어 개명했을 수도 있다.(스2:59,60, 느2:10) 하지만 그의 화려한 유대식 이름과 여호와를 배척한 그의 삶 간에는 분명 모순이 존재하는 것이다.

느헤미야의 성벽 방해꾼으로써 이 두 사람이 우두머리처럼 나온다. 그런데 산발랏과 도비야의 이름이 다음의 두 고고학 자료에 나타나고 있어 그들이 역사적으로 실재했던 인물임을 성경은 물론 증명하고 있으나 성경이외 다른 고고학 자료에서 확인하게 된 것은 그 의의가 크다.

첫째: 도비야의 비문에서

이 비문이 발견된 곳은 여리고 동쪽 약28km 암만(Amman) 서쪽 16km 지점에 위치한 '와디실' (Wadi sir)의 서쪽 언덕인 아락엘 에밀 (Arag-el-Emir) 이라는 지역이다.

이곳에서 암몬사람 도비야의 집터와 사당, 그리고 아람어로 '도비야' 라 씌어진 무덤의 비문이 발견된 것이다. 고고학자들은 이 비문의 문체를 감정해본 결과 BC.6세기초 또는 5세기 초의 것으로 확인하게 되었다.

그리고 한 팔레스틴 관리가 애굽지역의 로마 총독인 톨레미 (P.tolemy) 에게 보낸 공공문서인 제노파피리(Zeao Papyri)에 '두비아 (Tubias)가 톨레미 왕에게 문안합니다.' 라는 문구가 나온다. 이에 대해서도 학자들은 두비야가 도비야의 후손일 것으로 추측하고 있다.

둘째: 엘레판틴 파피루스에서

이 문서는 나일강에 있는 한 섬 엘레판틴(Elephantin) 곧 현재 애굽인들에게는 '엡' (Yeb)으로 알려진 곳에서 발견 되었다. 이 문서는 BC.5세기 이전에 애굽에 거주했던 유대인 집단과 관계된 문서인데 아마 바벨론왕 느브갓네살에 의해 예루살렘이 함락된 후 친 애굽파였던

유대인들이 이곳에 거주했던 것으로 추측이 된다.(렘42:18-22)

이 문서들 중에는 엘레판틴에 있던 유대인들이 사마리아 총독 산발랏에게 보낸 편지가 있었다. 그 편지의 내용은 엘레판틴에서 성전을 건축하게 해달라고 요청하는 것이었다. 그리고 만일 성전 건축을 허락할 경우 성전만 건축하고 대신 희생제물은 드리지 않기로 약속하는 내용도 들어 있었다.

이것은 예루살렘 성전 이외의 다른 곳에서는 희생제물을 드리는 일을 금하고 있은 모세오경의 규례에 따른 것으로써 엘레판틴의 유대인들이 율법에 익숙한 자들이었음을 보여준다. 그리고 이들이 건축한 것은 아마 디아스포라(Diaspora) 지역에서 유대인 공동체가 세운 회당에 해당할 것으로 추측된다.

그리고 이 편지에는 5명의 유대인들 싸인이 날인되어 있었고 편지 끝부분에는 산발랏의 두 아들인 '들라야'(Delaiah)와 '셀레미야'(Shelemiah)라는 이름도 나타난다.

이 편지을 통해서 우리는 산발랏이 당시 사마리아의 총독으로서 예루살렘을 포함한 팔레스틴 지역 전체를 관장하고 있었던 인물이었음을 능히 추측할 수 있다.

위의 두 고고학 자료의 발견은 성경연구에 지대한 공헌을 하게 되었다. 왜냐하면 이스라엘 왕정시대에 비해 상대적으로 포로 귀환시대에 관한 고고학 자료가 부족하다. 그런데 이러한 자료들이 발견됨으로써 에스라, 느헤미야 당시의 팔레스틴의 역사적 상황에 대해 많은 정보를 얻을 수 있기 때문이다.

참으로 성경의 기록 어느 하나도 비역사적인 것은 없다. 이러한 고고학 자료들의 발견을 통하여 우리는 성경역사의 신빙성을 다 시 한번 확인하게 될 뿐만 아니라 성경기록을 대할 때 보다 생동감 있는 역사성을 느끼게 된다.

산발랏과 도비야 그들은 역사적으로 실존했던 이들이다. 신발랏은 이름의 뜻대로 '달 또는 태양이 생명을 부여했다.' 여호와를 배척한 인물이다. 그러나 도비야는 '여호와의 선하심' 이란 이름을 가졌으나 행동은 전연 다른 인물이 되고야 말았다.

여기서 우리는 때로 이름과 외모가 한 개인의 신앙을 대변해 주지 못한다는 사실을 배우게 되며 동시에 우리 신자들에겐 그리스도인이라는 명칭에 걸 맞는 삶이 요청된다하겠다. 적어도 표면적 유대인보다는 이면적 유대인(롬2:28. 29)에 상응하는 그리스도인이 되어야한다.

비록 우리가 죽고 없어져도 기록이 남아있는 것도 있지만 오랜 세월 후에 고고학적 자료로 우리 이름이 나왔을 때 과연 이름과 명성답게 살았는지 그 당시 평가가 진정한 인생평가서가 될 것이다. 산발랏과 도비야 우리에겐 별것 아닌 인생들이나 두 고고학 자료에서 얻어지는 교훈은 우린 그리스도인답게 살아야 영원한 명성이 뒤따르리라고 본다.

2007. 7. 6.

"유대인들의 포로후 귀환하고 나서 사마리아 지방의 총독이었던 산발랏과 암몬지역 총독 도비야는 유대인들의 성전 재건공사나 성벽재건 공사에 방해꾼으로 에스라, 느헤미야에서 이들 이름이 여러번 거명되나 역사책에서 확인할 길이 없었다.

그런데 두 고고학 자료에서 이 두 사람이 역사적 실존 인물이었음이 드러나게 된다. ①도비야의 비문에서 ②엘레판틴 파피루스에서 도비야와 산발랏이 나타난다. 이것은 성경이외의 자료에서 얻게 된 역사적 인물임을 증명할 수 있는 유일한 증거이기에 소중한 것이다.

이들의 고고학 자료는 에스라, 느헤미야시대 유대포로 귀환 후 있었던 역사적 사실들을 규명하는데 많은 도움이 되었으며 지금부터 2천500년 전 일이나 현실에서 만난 것 같다. 이 역사적 사실을 고고학이 있다고 믿는 것이 아니라 성경에 기록 되였기에 우리는 믿는 것이다. 성경은 일점일획의 허점과, 과장, 잘못 된 것이 전연 없는 완전무결한 역사적 사실임을 믿노라"

성경난해구절 해설시리즈 (성문서 느헤미야 3-(7)-㉘)

Q "느헤미야의 봉사정신과 당시 히브리인들의 식용에 관련된 가축들에 대하여"

느 5:17,18

A "또 내상에는 유다 사람들과 민장들 일백 오십 인이 있고 그 외에도 우리 사면 이방인 중에서 우리에게 나아온 자들이 있었는데 매일 나를 위하여 소 하나와 살진 양 여섯을 준비하며 닭도 많이 준비하며 열흘에 한 번씩은 각종 포도주를 갖추었나니 비록 이같이 하였을지라도 내가 총독의 녹을 요구하지 않았음은 백성의 부역이 중하였음 이니라" (느5:17,18)

느헤미야는 유대총독 12년 동안 재임 중에도 그의 모범적 행위는 우리가 본받아야하며 그의 의로움과 봉사정신 또한 민장 150명을 대접하므로 공동체 정신을 불러 일으켰다고 본다.

첫째로 그는 총독으로서 정당하게 받을 수 있는 녹을 전혀 취하지 않았다. 당시의 관리들은 자기 관할지의 주민들로부터 세금을 거두어 그 일부를 자신의 몫으로 취했으나 느헤미야는 동족들에게 경제적인 부담을 주지 않기 위해서 총독의 녹을 포기한 것이다.

둘째로 그는 백성들을 착취하고 학대한 이전의 총독들과는 달리 하나님을 경외하는 자세로 그와 같은 불의를 결코 범치 않았으며 도리어 자신이 소유한 재물을 아낌없이 나누어 주기를 힘쓰고 즐겁게 실행했다.

셋째로 그는 예루살렘 성벽을 중건하기 위하여 온갖 수고를 아끼지 않았는데 자기 휘하의 사람들을 총동원하여 건축공사에 전심전력했다.

한편 느헤미야가 이런 내용을 말한 것은 자기 스스로 얼마나 관대한 총독이었는지 자랑하기 위해서가 아니라 부자들의 착취행위를 엄히 책망한 바 있는 자신이 먼저 생활의 모범을 보였다는 사실을 구체적으로 강조하기 위해서인 것이다.

결국 이러한 느헤미야의 삶으로 인해서 당시의 지도급 인사들을 백성들로부터 받기로 되어있던 고리(高利)를 포기함과 아울러 채무의 일부마저 탕감해 줄 수밖에 없어 탕감해 주는 선례를 남기게 된 것이다.

따라서 우리 모두는 서로서로를 용서하고 예수그리스도의 사랑 가운데서 이웃의 고통을 함께 나누어야한다. 강한 자가 마땅히 연약한자의 약점을 담당하고 자기를 기쁘게 하기보다 이웃을 기쁘게 함으로써 선을 이루고 덕을 세우는 것이 성도들에게 요구되는 삶의 자세이다.

느헤미야의 백성에 대한 사랑과 헌신은 유대인 민장들 150인의 매 식사를 접대함에서도 들어 난다. 총독의 녹이 없이도 이 정도의 경비를 조달할 수 있었던 것은 바사왕궁에서의 술관원 직책이 그대로 유지되어 정해진 급료를 받고 있었거나 그의 경제적 능력이 매우 컸었기 때문인지 잘 알 수는 없으나 찬사를 돌릴 일이라고 본다.

그가 민장들을 늘 한 식탁에서 대한 것은 이스라엘 공동체의 회복을 위해 효과적으로 지도력을 행사하고 민심을 규합하기 위함이었을 것이다. 그는 이 식탁에서 민장들과 함께 대소사간 민족의 회복과 소망을 위해 많은 논의를 하였을 것임이 틀림없는 사안이다.

아낌없는 헌신 늘 개방된 마음 하나님에 대한 진실한 태도는 민장들에게는 물론이려니와 꿈과 소망을 잃고 사는 유대인들에게 믿음의 기둥같이 의지하고 큰 도움이 되었을 것이다.

물론 솔로몬의 영화로운 식탁에 비하면(왕상4:22) 초라하기 그지없지마는 솔로몬이 백성들의 가중한 세금으로 마련한 식탁보다는 훨 씬 가치가 있었다. 한 개인이 12년 동안 이렇게 과도한 봉사의 사역을 감당할 수 있었다는 것은 오늘날도 영적 양식을 널리 나누어 주어야할 우리 모두에게 곧 귀감이 되고도 남는다.

"내가 총독의 녹을 요구하지 아니하였음은 백성의 부역이 중함이라" 하나님의 사랑이 이웃사랑으로 구체화 되었다고 본다.(요일4:21) 그가 총독의 녹을 거절한 가장 중요한 이유는 백성들이 감당한 성벽재건을 위한 부역의 무거움 이였다.

느헤미야의 부임초기 당시 유대백성의 고통은 ①흉년 ②채권자들의 이자 ③성벽 재건공사 ④바사제국에 바치는 세금이었다. 그러나 그의 개혁과 공사의 완성으로 인해 세금만 남았을 때도 그는 백성들을 위해 자기의 권리를 계속적으로 포기하여 세금마저 경감시켰던 것이다.

이와 같이 우리들도 하나님의 일꾼 된 자로서 그리스도의 사랑을 가지고 자신의 권리만을 주장하는 자세를 갖지 말고 서로 돌아보며 무거운 짐을 서로 나누어지며 서로 도와야 한다(갈6:2)

이제 느헤미야가 스스로 유대사람들과 민장 150인 기타 많은 이방인들을 위하여 매일 준비하던 음식을 18절에 자세히 소개해준다. 이번 기회에 히브리인들의 식용에 관련된 가축들에 대해서와 그 용도 식용에 관련된 가축사육에 대해서 살펴보기로 합시다.

1) 양: 히브리인들이 식용으로 기른 '가축가운데 가장 흔한 것은 양이었다. 양을 통해 고기와 젖을 얻었을 뿐만 아니라 양털로 장막의 재료와 옷을 만들어 입기도 하였다. 또한 유월절 축제에서 필수적인 것이 1년생 양고기였다.

2) 염소: 양과 마찬가지고 염소는 수 세기 동안 이스라엘에서 경제의 근원이 되어 왔으며 실제로 양보다 숫자적으로 더 큰 부분을 차지하였다. 비록 점차로 양의 선호경향으로 그 수가 감소하긴 했지만 히브리인들은 염소로부터 음식과 털을 이용한 외투, 천막, 카페트 같은 유용한 상품을 얻어 왔으며 또한 염소 가죽은 물이나 포도주를 저장하는 부대로도 사용하였다.

3) 소: 소는 히브리인들에 있어서 우유나 고기를 위해서가 아니라 주로 일하는 동물로서 사육 되였다. 그 이유는 소의 값이 워낙 비쌌기 때문이다. 그러나 식용으로도 빼놓을 수 없는 것이 바로 소인데 일반인들은 그 값이 엄청 비싸기 때문에 생각 할 수도 없었으나 부유한 자들은 쇠고기를 즐겨 먹었다.(눅15:23)

그래서 솔로몬의 하루식용 육류 가운데 소가 10-20마리였다는 사실은(왕상4:22,23) 그의 부요함의 정도가 어떠했는가를 능히 짐작케 한다.

4) 말: 이스라엘의 대부분의 말들은 농사적인 목적보다 군사적 목적으로 사육 되였으며 왕이나 나라가 소유하고 있었다(대하1장) 또한 유대인들에게는 말고기를 먹는 것이 금지되었기 때문에(레11:4) 식용으로 사용되지 않았다.

5) 낙타: 낙타는 사막생활에 맞는 신체 구조를 가지고 있기 때문에 유목민들 에게는 중요했지만 농부들에게는 큰 역할을 하지 못했다. 그러나 우유, 연료, 가죽 등 여러 유익을 제공하는 동물이므로 사육 되었다.

6) 가금: 히브리인들은 식용을 위하여 가금을 길렀다. 즉 닭, 오리, 거

위, 메추라기, 비둘기 등이 그것이며 야생 닭, 파충류 등에서는 알을 얻었다.(신14:20,22:6)

이상에서 우리는 성경기록의 배경이 되는 히브리인들의 육류음식과 관련된 가축들에 대하여 살펴보았다. 느헤미야가 많은 나그네, 민장150명, 이방인들에 이르기 까지 12년 동안 매 끼니마다 대접하는 중에 나왔을 식용으로 나온 가축들에 대해 성경에 기록된 것은 물론 이려니와(느5:18, 소, 양, 닭) 그 외 히브리인들이 주로 음식으로 사용한 육류음식과 관련된 가축들까지 생각하므로 성경에서 자주 언급된 히브리인들의 육류음식과 관련된 가축에 대해 친숙해 지리라고 생각되어 매우 흐뭇합니다.

2007. 7. 7.

"느헤미야의 봉사정신 그리고 그의 믿음은 우리의 거울이 되어야할 것이다. 총독의 녹을 전혀 취하지 않은 점과 백성들을 학대하고 착취하지 않고 도리어 자신의 소유물을 나누어 주었다는 점, 성벽 중건공사 완공을 위해 힘썼으며 세금까지 감면해 줌은 하나님 중심, 백성중심으로 산 생애였다.

에스라와 함께 신앙개혁운동에도 힘썼으며 부자들의 고리 착취를 엄히 꾸짖었으며 유대인 나그네는 물론 민장 150인 이방인들을 포함한 많은 사람들을 위해 매 식사를 대접한다는 것은 우리 같은 보통사람으론 불가능한 일이다. 그러나 공동체 정신 회복, 하나님의 사랑실천에 우리 귀감이 되고 남는다.

본문은 그가 매 식사 때마다 제공한 육류(소, 양, 닭) 음식과 관련된 가축들에 대해서도 생각했으나 히브리인들의 가축에 관해서도(염소, 낙타, 말, 가금류, 기타)기록해 둠으로 앞으로 성경에서 가축이나 히브리인들의 육류음식에 대해서도 친숙하게 된 것 역시 큰 수확이라고 본다."

Q "예루살렘 성벽공사가 단 52일 만에 재건이 가능하다고 보는가?"

느 6:15

A BC.586년 바벨론왕 느브갓네살에 의해 예루살렘 성벽이 완파된 이후 예루살렘은 제1차포로 귀환이 이루어지기 직전까지 황폐한 채로 버려져 있었다.

그러다가 스룹바벨 성전을 재건한 제1차포로 귀환들과 에스라의 인도를 받은 제2차포로 귀환자들이 제3차포로 귀환(BC.444년)이 이루어지기 직전 시기에 즉 바사왕 아닥사스다 1세(Artaxerxes I.BC.464-424년) 재위 원년에서 20년 사이에(느1:1) 예루살렘성벽 재건을 일차로 시도했었다. 그러나 그것은 사마리아인들의 끈질긴 방해공작과 방백르훔과 심새의 고소장 때문에(스4:7-23, 느1:2,3)실패하고 말았다.

그러다가 느헤미야의 탁월한 지도력과 이스라엘 백성들의 놀라운 추진력으로 단 52일 만에 재건 된 사실이 본문에 자세히 소개하고 있다. 그런데 진보성향의 신학자들에 의해 그 거대한 성벽 재건공사가 어떻게 단52일 만에 완료될 수 있느냐 하면서 반문을 제기하고 있다.

더욱이 이방인들의 방해공작이 계속되고 있는 상황에서 그렇게 짧은 기간에 공사를 완료했다는 것은 불가능하다고 말하고 있다. 이에 혹자는 52일은 마무리 공사 기간이며 실제로는 2년 4개월이 소요된 것이라고 요세푸스의 견해를 그대로 따른다. 그러나 우리 보수주의 계통은 성경에 기록된 대로 52일 만에 완공 된 것을 믿고 있다.

여기 요세푸스의 주장은 서사자의 실수였을 것을 전체하면서 니산 달력을 계산해 볼 때 엘룰 25일(6월)은 주전 445년 10월 27일이었을 것이다. 그러므로 느헤미야가 돌아올 때를 주전 440년으로 보며 성벽 건축이 끝난 때를 437년 12월로 보아 그 공사 기간을 2년 4개월로 보았다.

알브라이트와 브라이트(Bright)는 성벽 재건에 대한 긴 기간을 선호한다. 그러나 케논(Kenyon)의 고고학적 조사는 성경적 본문처럼 52일의 단 기간을 주장하고 있다. 왜냐면 그 성벽은 두께가 2.75m로 견고했으나 끝마무리는 거칠어서 그 공사가 아주 급하게 실시 되였음을 예상하게 한다고 하였다.(Kenyon Jerusalem p111)

그러나 우리는 다음 몇 가지 이유에 의해 이 공사는 52일 만에 완료됐음을 증거하고 있다.

1) 이방인들의 위협은 공사를 지연시키기 보다는 오히려 위기감을 조성하여 이스라엘 백성들로 하여금 공사를 쉬지 않고 밤낮으로 계속하게 일하게 하는 계기가 되었다.(느4:22)

2) 예루살렘 거민들뿐만 아니라 여리고, 드로아, 기브온, 미스바 등 인접지역의 많은 사람들이 힘을 합해 작업했기 때문에 빨리 공사는 마칠 수 있었다.(느3:1-32)

3) 작업량 그 자체면 에서도 전체성벽을 다 짓는 것이 아니라 동쪽벽을 제외하고는 파괴된 부분만을 보수하고 금이 간 부분만을 메 꾸는 것이었으므로(1:3, 2:13, 6:1) 그리 어려운 일이 아니었다고 본다.

4) 건축자재 면에서도 돌을 폐허더미에서 꺼내어 쓰면 되었기 때문에 준비기간이 걸리지 않았고 다른 재료들도 미리 모아서 준비해 놓았기 때문에 자재를 준비하느라 시간을 허비하는 일이 별로 없었다.

5) 당시 건축한 예루살렘 성곽은 현재 성벽과 같은 길이가 아니라 더 짧고 그 규모가 작은 성벽이었다.

6) 그 성벽은 급하게 쌓은 흔적이 보인다. 그들은 주변의 위험을 알았기 때문에 가능한 한 빨리 그 일을 해냈다. 비스커(Vischer)는 아데네의 주변 성벽을 건설하는 데는 단지 한 달이 소요 되였다고 언급하고 있다.(Thacyclides I. 93)

7) 예루살렘은 일반적으로 인식하고 있는 것 보다 훨씬 작았다. 케논의 계산에 의하면 성벽주위는 아마도 2,600m였을 것이라고 한다. 그러나 서쪽 언덕에서 북쪽 끝까지를 다 포함시켜도 대략 4,150m였을 것이라고 주장하고 있다.

8) 동쪽언덕에 대한 발굴은 그 성벽이 대강적이며 손쉽게 쌓은 흔적을 엿볼 수가 있다.

그리고 단 신속하게 시행 되였음을 보여준다.

이상의 증거자료를 종합하여 볼 때 성벽재건공사가 그렇게 단기간인 52일 만에 끝났다는 것은 그리 이상한 일이 아니다. 더욱이 이 공사에는 백성들의 자발적이고 헌신적인 노력이 뒷받침 되였고 아울러 느헤미야의 조직적인 지도력도 가미되어 더 쉽게 공사를 진행할 수 있었다.

그러나 우리가 이러한 표면적인 이유들 이외에 알아야할 가장 중요한 이유는 이 모든 역사 뒤에서 주관 하시고 섭리하시는 하나님의 도우심이 없었다면 이러한 일은 불가능했으리라고 볼 수밖에 없다. 이런 일이 가능하지 못했을 것이 사실이라고 보인다.(느6:16)

한편 이렇듯 성경은 인간의 판단으로 보기에는 의구심이 생기는 부분도 없지 않으나 하나님의 말씀은 일점일획도 그릇됨이 없다는 믿음과(마5:18) 아울러 의문점을 해결하려는 인간적인 노력이 뒷받침 된다면 능히 극복할 수 있을 것이다. 느헤미야의 그의 고백이 더욱 우리 마음을 울려준다. "이는 이 역사를 하나님이 이루신 것을 앎이니라"(느6:16)

2007. 7. 8.

"성벽재건공사는 여러 차례 시도 했으나 방해공작의 벽을 넘지 못하고 번번히 좌절 되었었다. 그러나 느헤미야는 생사를 내건 열심에다 우리 하나님이 이 역사를 주관하시고 도우심으로 많은 사람들이 불가능하다고 생각되는 난공사를 불과 52일 만에 거뜬히 해 낼 수 있음은 기적이었다.

성경 역사가 요세푸스의 주장인 서사자의 실수였을 추측과 공사기간은 2년4개월 걸렸으며 52일은 마무리 공사만 소요한 날짜로 보며 이성과 지성으로는 불가능하다는 것이다. 브라이트(Baight)와 케논(Kenyon)은 52일의 단기간 공사일자를 주장하고 있다.

어느 사람의 증거나 고고학적 발견보다도 성경에 기록 된 것이 가장 견고한 증거요 또 여기 8가지 증거들의 주장역시 성경과 고고학을 뒷받침 해주고 있는 너무나 확고한 진리이다. 그러나 무엇보다 "이는 이 역사를 우리 하나님이 이루신 것을 앎이니라"는 말씀보다 더 확고한 증거가 없다."

성경난해구절 해설시리즈 (성문서 느헤미야3-(9)-㉚)

Q "느헤미야서와 에스라서에 기록된 제1차 예루살렘 귀환자 명단이 왜 차이가 있는가?"

느 7:5-73

A 느헤미야 7:5-73에는 에스라 2:1-70에 언급된 제 1차포로 귀환명단과 인원이 반복되어 기록 되있다. 이와 같은 동일한 명단이 반복해서 제시되고 있는 것은 70년 성상의 세월을 넘는 바벨론 포로생활에도 불구하고 유다백성들이 여호와의 선민으로서의 민족적, 종교적, 정체성을 상실하지 않고 있었음을 강조하기 위해서이다.

그래서 본문에 소개되고 있는 귀환자 명단과 인원은 가급적 가계와 출신 거주지로 자세히 분류해 놓았다. 다시 말해 북이스라엘이 멸망한 이후 북국10지파는 거의 민족적 정체를 상실했으므로 지파별 분류는 거의 의미가 없어지고 만 것이다.

그리하여 이제 이 시대에는 나라가 망해 포로 생활하면서도 자신의 가문과 출신 거주지를 기억했다는 것이야말로 선민의식의 계승과 신념의 결정적 기준일 수 있었던 것이다.

귀환자 명단을 비교 분석해 보려고 한다. ( )안의 앞자리 숫자는 느헤미야 5장에 기록된 숫자이고 뒤의 기록은 에스라 2장에 기록된 숫자이다.

1. 가계별 일반회중: ①바로스 자손(2,172:2,172명) ②스바다 자손(372:372) ③아라자손(652:775) ④바핫 모합자손(2,818:2,812명) ⑤엘람자손(1,254:1,254) ⑥삿두자손(845:945) ⑦삭개자손(760:760) ⑧빈누이자손(648:642) ⑨브배자손(628:623) ⑩아스갓 자손(2,322:1,222) ⑪아도니감 자손(667:666) ⑫비그왜자손(2,067:2,056) ⑬아딘자손(655:454) ⑭아델(히스기야)자손(98:98) ⑮하숨자손(328:223) ⑯베새자손(324:323) ⑰하림자손(122:122)

2. 지역별 일반회중: ①기브온사람(95:95) ②베들레헴 느도바인(188:179) ③아나돗사람(128:128) ④벧아스마웻 사람(42:42) ⑤기럇여아림 사람(743:743) ⑥라마,가바사람(621:621) ⑦믹바스사람(122:122) ⑧벧엘,아이사람(123:123) ⑨느보사람(52:52) ⑩엘람자손(1,254:1,254) ⑪하림자손(320:320) ⑫여리고 자손(345:345) ⑬로드.하딧. 오노자손(721:725) ⑭스나아 자손(3,930:3,630)

3. 제사장: ①여디야 자손(973:973) ②임멜자손(1,052:1,052) ③바스훌자손(1,247:1,017) ④하림자손(1,017:1,017)

4. 레위인: ①호드야 자손(74:74)

5. 성가대, 문지기: ①아삽자손(148:128) ②살룸, 아델자손(138:139)

6. 수종자: ①느디딤 사람과 솔로몬의 심복(392:392)

7. 결보 불명: ①들라야자손(642:652) ②호바야 자손(? : ?)

소계 (31,089:29,562) 온 회중의 합계(42,360:42,360)

그러나 에스라 2장에서 제1차포로 귀환자 명단을 크게 분류하면 다음과 같다.

지도자(11명), 평민들(가계별 8,635명, 지역별 15,509명), 제사장들(가계별 4,289명) 레위인(가계별341명), 노비7,337명, 노래하는 남여 200명, 기타(느디님사람과 솔로몬의 신복자손 392명), (종족과 계보가 불분명한자들 652명), (계수에 포함되지 않은자들 12,531명) 합계 49,897명이다.

1차포로 귀환년도(BC.536년): 인도자(스룹바벨, 예수아), 바사왕(고레스) 조서내용(성전건축 허가 및 건축 재료지원, 성전 기구 반환), 귀환자 수(49,089명), 관련사건(성전건축 및 유월절 준수), 관련성경(스1:1,6, 4:24-6:22)

2차포로 귀환 년도(BC.458년): 인도자(에스라), 바사왕(아닥사스다 1세) 조서내용(성전재건, 재정지원 및 성직자 세금면제, 관리조직 허용), 귀환자수(1,754명 여자와 어린이 제외)

관련사건(에스라의 이방인과의 통혼금지 개혁), 관련성경(스7:1,10:44)

3차포로 귀환년도(BC.444년): 인도자(느헤미야), 바사왕(아닥사스다1세), 조서내용(예루살렘 성벽재건 허가 및 건축 재료지원), 귀환자수(통계자료 없음), 관련사건(성벽재건 및 에스라의 율법선포로 인한 신앙회복), 관련성경(느1:1-13:31)

앞 통계자료에서 보듯 느헤미야와 에스라의 귀환자 명단 숫자는 총 41종류 분류에서 똑같게 나온 숫자가 22종류요 숫자가 다르게나온 종류가 18종류요 1종류는 알 수 없는 종류이다.

느7:5-73과 스2:1-70의 명단을 비교해 볼 경우 온 회중의 합계는 42,360명으로 일치하지만 그 소계에는(느31,089명과 스29,562명) 5,527명의 차이를 보이고 있다. 그 이유는

1) 에스라 기록 년대는 BC.444년 느헤미야 총독부 임직 후 기록했고, 느헤미야 기록년대는 느헤미야 말년인 421-400년에 기록된 것이므로 에스라와 느헤미야는 20년-40년이 간격이 있다. 그러므로 130년 전에 돌아온 1차포로자 명단과 숫자조사에 어려움이 많고 18자손의 차이가 1,527명의 차이를 보였다고 본다.

2) 여기 18자손과 가문의 숫자가 일치하지 않는데 적게는 한 명에서 많게는 약 천명에 이른다. 이와 같은 불일치를 필사자의 착오로 간주하는 견해가 있으나 오히려 에스라와 느헤미야가 각각 귀환자의 명단과 숫자의 일부를 그 세부적 사항을 서술하면서는 생략한 것으로 보는 것이 타당하다.

3) 에스라와 느헤미야가 이러한 명단을 통해 강조하려고 하는 것이 귀환자들의 정확한 수가 아니라 하나님의 약속에 따라 그동안의 모든 생활 기반을 버리고 예루살렘으로 되돌와서 성전재건과 언약갱신에 동참하게 된 자들의 믿음과 헌신에 다 두었지 숫자파악에 더 중점을 두지 않았다고 본다.

원래 1차포로 귀환자는 49,697명이나 에스라서나 느헤미야서의 1차포로 귀환자 명수는 42,360명으로 7,537명의 숫자 차이가 난다. 이것은 에스라서나 느헤미야서의 42,360명 온 회중의 합계이며 49,697명은 노비7,337명과 노래하는 남녀200명을 포함 7,537명을 더한 숫자이다. 일반회중(지도자, 평민, 제사장, 레위인, 기타로 구별되고)만 다루었을 때와 노비와 노래하는 남녀숫자를 더한 숫자와는 차이를 나타낸 것이다.(스2:64-65, 느7:66-67)

여기서 특별한 것은 온 회중의 42,360명중 제사장의 숫자가 4,289명으로 10분1이나 된다. 이것은 제사장들이 예루살렘으로 돌아와 성전 재건에 가장 적극 동참했으며 많은 유대인들중 이스라엘 귀환 희망자 모집에서 제사장 우선 특혜를 주었다고 볼 수 있다. 그리고 70년 포로 생활가운데서도 제사장들은 늘 하나님의 백성으로 민족적, 종교적, 정통성을 상실하지 않고 보전하는 일에 크게 기여했다고 본다.

여기서 우리는 또 하나 감동된 것은 기타(느디딤사람, 솔로몬의 신복, 종족 계보자, 불명확자들, 계수에 포함되지 않은 자들)가 13,575명이나 되고 레위인은 341명밖에 안 되는 것은 혈통적으로 결코 이스라엘 백성이 아니었으며 더구나 노예와 유사한 신분을 지니고 있던 그들이 오히려 더 적극적으로 귀환했다는 것은 이미 여호와 공동체에서 성전봉사자와 하나님 섬기는 자로 은혜 생활하던 자들이다.

비록 세상적인 신분과 지위가 비천할지라도 여호와의 백성이라는 기쁨이 그들에게 있었고 또 하나님의 성전을 사모하는 열심히 그들에게 넘치고 있었기 때문에 다른 곳에서의 천 날보다 주의 궁정에서 한날을 보내기를 원했고 악인의 장막에 거함보다 하나님의 집의 문지기로 있게 되기를 좋아했던 것이다.(시84:1-10)

2007. 7. 9.

"느7장과 스2장의 1차포로 귀환자의 온 회중의 합계는 함께 42,360명이나 18가족의 적게 1명에서 많게는 몇 천 명까지 차이를 보이고 있다. 진보성향 학자들은 성경 필사 자들의 오류를 주장하고 있으나 우리는 그렇게만 보아서는 안 된다. 그 이유를 세 가지로 밝힌다.

에스라서와 느헤미야서 기록연대는 20-40년의 차이가 있었다. 이 두성경의 숫자 기록목적은 정확한 수였다. 귀환해서 성전재건과 언약갱신에 동참하려는 자들의 중심을 높이 산 것이다.

여기에서 부가로 얻어진 두 가지 49,697명에서 노예와 노래하는 자 포함7,537명을 제외42,360명을 밝힌 것과 온 회중 숫자중 제사장들이 10의 1이 되는 이유와 기타에 속한 가족들은 혈통적으론 이스라엘 사람들이 아니었으나 하나님 공동체에 들어와서 은혜생활하려고 예루살렘으로 돌아온 중심을 하나님은 복주시리라 본다."

성경난해구절 해설시리즈(성문서3-(10)-㉛)

Q “초막절의 유래 및 목적과 17절의 여호수아 때부터 느헤미야 시대까지 잊혀졌는가?”

느 8:13-18

A 초막절은 1년 동안 수고하여 가을에 모든 곡식을 무사히 거두는 것을 기념하여 큰 기쁨으로 지키던 이스라엘의 농경역법에 따른 중요한 세 절기중의 하나이다. 성경에서는 이 절기를 장막절 또는 수장절로 표현하기도 하는 초막절인데 우리나라에선 추수감사절에 해당된다고 본다.

한편 본문에서 유대인들이 학사 에스라가 읽어준 율법 책에 적힌 대로 초막절을 준수하고 있는 모습을 볼 수 있다. 그런데 이렇듯 이들이 율법의 다른 어떤 절기보다 초막절을 먼저 그리고 제대로 격식을 갖춰 지켰던 것은 당시의 시대적 상황과 연관해서 매우 중요한 의의를 갖는다 하겠다.

이에 초막절에 대해 간략히 살펴봄으로써 에스라, 느헤미야시대의 이 초막절 준수가 어떤 의의를 가지고 있는지 알아 보았으면 하면서 17절에 언급된 것처럼 여호수아 때부터 느헤미야시대까지 초막절 지키는 것이 완전히 잊혀 졌었는가도 함께 살펴보고자 한다.

초막절은 40년간의 광야 방랑생활 중 이스라엘을 인도하시고 보호해 주신 하나님의 은혜를 기억하고 감사하기위해 지켜진 절기이다. 그런데 이 절기가 가나안의 농경축제와 밀접한 연관이 있기 때문에 혹자는 초막절이 가나안 원주민의 농경축제를 본 딴 것이라고 주장한다.

즉 가난안 사람들은 올리브열매 수확의 달(9월)이 되면 밤마다 가지와 넝쿨로 만든 초막에서 올리브 과수원을 감시하곤 했고 또 올리브나 포도원 수확이 끝난 후에 축제를 벌렸는데 이스라엘이 이것을 본 따서 가나안 정착 후에 초막절을 지키게 되었다는 것이다.

그러나 레23:43에서 초막절은 분명히 출애굽과 광야시대에 초막에 거한 사실에서 유래하였음을 분명히 밝히고 있다. 그리고 신31:9-13에서는 초막절에 특별히 온 회중 앞에서 율법을 낭독할 것을 규정하고 있어 이스라엘의 초막절이 가나안의 농경축제와는 다른 여호와의 절기임을 보여주고 있다.

초막절은 유대력에서 1년의 마지막달인(티쉬리)의 15일부터 7일간 계속 되였으며 8일째 되는 날은 안식의 날로써 장엄한 성회로 모였다. 초막절 참석하는 모든 사람은 먼저 7일 동안 기거할 초막을 준비해야했다. 초막을 짓기 위하여 예루살렘 주위에서 버드나무, 종려나무의 잔가지들을 모으는 장면이 본문에도 언급되어 있다.

한편 이 절기동안 매일 행해지는 세 가지 의식이 있었다. 그중 첫 번째로 아침에 가장 먼저 드려지는 것은 헌수의식(獻水儀式)으로서 제사장들이 실로암 못에 가서 일주일 동안쓰기에 충분한 물을 길어오는 것이었다.

두 번째는 밤에 4개의 커다란 '일곱 가지의 촉대' 밑에서 춤을 추고 노래를 부르며 축제의 즐거움을 만끽하는 의식이었다. 마지막으로 새벽에는 제사장들에 의해 장엄한 제사의식이 거행 되였다. 이러한 7일 동안의 의식이 끝나고 8일째 날에는 절기를 마감하는 장엄한 대 성회로 모여서 초막절의 의미를 다시 마음에 새기며 축제의 막을 내린다.

그러므로 우리는 본문에서 다음과 같은 큰 교훈을 발견하게 된다.

1) 성도들은 하나님의 말씀을 더 자세히 알고 싶은 열망을 지녀야 한다. 유대백성들이 율법의 말씀을 '밝히 알고자 하여' 학사 에스라에게로 찾아 왔듯이(13절) 우리 성도들은 하나님의 말씀을 사모하는 열정에 사로잡혀 밤낮으로 성경을 읽고 묵상해야 된다.(시1:1)

참으로 사슴이 시냇물을 찾기에 갈급하듯이 우리의 영혼이 하나님의 말씀을 갈망하여(시42:1)언제, 어느 곳에서나 주의 말씀을 묵상해야 되는 것이다.(시119:73. 74. 147, 148)

2) 하나님의 말씀대로 준행하는 삶은 우리에게 큰 기쁨을 가져다준다. 율법책에 기록된 규례대로 초막절을 준수했을 때 유대백성들은 크게 즐거워 할 수 있었다.(17절) 세상 사람들이 보기에는 하나님의 말씀대로 준행하며 살아가는 성도들의 삶이 너무나 답답하고 재미없게 여겨질지라도 실제로 우리가 하나님의 말씀을 인생의 등불로 삼아 생활하게 되면(시119:105) 너무나 큰 기쁨과 만족을 누릴 수 있다.(시119:111) 물론 이러한 기쁨과 만족은 세상이 우리에게 주는 것과는 전혀 다르기 때문에 불신자들이 이해하지 못하는 것은 당연하다.(요14:27)

17절에서 초막절은 눈의 아들 여호수아 이래로 지켜지지 않았다고 한다. 그러나 에스라3:4는 그들이 포로에서 돌아온 후에 스룹바벨과 이스라엘이 초막절을 지켰다고 언급하고 있다.

17절의 말씀대로 여호수아 이래로 이스라엘 자손들이 초막절을 이렇게 행한 적이 없다는 말이 맞는 것인지 에스라 3:4같이 이스라엘이 초막절을 지켜 번제를 매일 일정수대로 날마다 드리고"가 맞는 것인지 난제이다.

그러면 어느 구절이 맞는 것일까? 여호수아 이후에 초막절을 지키지 않았다는 것은 이미 에스라3:4에서 잘못임이 밝혀졌다. 그러면 이 말의 진정한 의미는 무엇인가? 왜 여기서는 여호수아 때로부터 그날까지 이스라엘 자손이 이같이 행함이 없음으로 이에 크게 즐거워했다고 하였는가?

여기서 가르치고 있는 것은 여호수아 때처럼 그렇게 그와 같이 그와 같은 방법으로 지키지 않았다는 말이다. 여호수아 시대 이래로 열심 있고 하나님을 존귀케 하는 방법으로 지키지는 않았다는 말인 것이다.

다른 말로하면 그날을 지킨 정신을 가리킨 것이다. 옛날처럼 같은 정신으로 이 절기를 지키지 않았던 것이다. 이스라엘 저자들 중에 몇 사람들은 어떤 축복에 대해 그것을 그들 자신의 것과 비교함으로 해서 역사 속으로 되돌아가기를 좋아했다.

그 절기 7일중에서 매일 에스라는 신명기의 교훈과 역시 레위기의 교훈을 자세하게 따랐다. 그것은 율법에 따라서 행해졌다. 따라서 여기 에스라 때에 와서 율법을 따라서 과거처럼 초막절을 바로 지켰다는 것이다.

이처럼 느헤미야의 축하는 여러 면에 유일했다.

첫째로 그것은 회중에 의해 기념 되였다.(느8:17)

둘째로 그것은 회중에 의해 지켜졌다.(느8:17)

셋째로 한 주간 동안 계속하여 성경을 읽었다. 다시 말해서 성경으로 축사 되었다.

넷째로 그들은 회복된 제사장직과 성전과 더불어 모세가 명한대로 정확하게 지켰다.(느8:18, 참고 느12:1)

따라서 다시 말씀드린다면 느헤미야 8:17은 이렇게 초막절을 지킨 것은 여호수아때 이래로 처음이었다는 말인 것이다. 그때에 와서야 진정으로 초막절 절기의 회복이 있었다는 말씀인 것이다. 출애굽해서 가나안 땅을 정복하고 여호수아가 지켰던 초막절을 70년 포로 생활 후 에스라 느헤미야가 제2의 출애굽한 심령으로 감사의 초막절을 여호수아 때처럼 드렸다는 말입니다. 그간도 해마다 이런 심령이 아닌 감화 감동 감사가 없이 형식적으로 매년 초막절을 지켜왔던 것이다.

초막절의 원천적이고도 중요한 의의는 출애굽 당시 선조들의 광야 초막 생활을 기억하며 기념하기 위한 것이다. 그런데 에스라와 느헤미야가 본문에서처럼 초막절을 지킨 의의도 이와 관련해 찾아 볼 수 있다. 즉 제2의 출애굽이라고도 불리는 바벨론 포로 귀환 이후의 유대인들이 과거 출애굽 때와 마찬가지로 포로생활 동안 지켜주신 하나님의 은혜에 감사하며 이 절기를 큰 기쁨으로 지켰을 것이다.

2007. 7. 10.

"초막절은 400년 동안 애굽에서 40년 동안 광야에서 이스라엘을 인도해 주시고 지켜주심에 감사해서 그 은혜를 기억하여 드리는 이스라엘의 3대절기중 하나로 이 초막절은 장막절, 수장절이라고 하고 고난과 어려웠던 때를 기억하여 뜰에 초막을 짓고 15일부터 7일 동안 지키고 8일째 장엄한 성회로 모였다.

이 절기동안 매일 행해지는 세 가지의식이 있었으니 첫째는 헌수의식(獻水儀式)으로서 제사장들이 실로암 못에 가서 일주일 쓰기에 충분한 물을 길어 온다. 둘째는 큰 4개의 '일곱 가지 촉대' 밑에서 축제를 만끽하는 것이며 셋째는 새벽에 제사장들에 의해 장엄한 제사의식이 거행되는 것이다.

17절은 마치 여호수아 때부터 초막절이 중단 되었던 뉘앙스를 보이는데 에스라 3:4에는 초막절을 지켜 매일 번제를 정수대로 날마다 드리고" 밝히므로 어느 한 구절은 모순이 될 수 밖 에 없다. 그러나 이 말은 계속 초막절을 지켰지만 여호수아시대 초막절 같은 심령으로 드린 것이 느헤미야때도 그렇게 드렸다는 기쁜 보고이다."

성경난해구절 해설시리즈(성문서 느헤미야3-(11)-㉜)

Q "언약의 형식과 언약 갱신 그리고 본문은 시내산 언약의 재판인가?"

느 9:1-10:39

A 본문은 예루살렘 성벽공사 완료 후에 학사 에스라의 율법 교육을 받은 이스라엘 백성들이 대대적인 회개운동을 전개하고 또 하나님 앞에서 언약을 갱신한 사실을 기록하고 있다.

이러한 갱신은 포로 귀환 후 예루살렘 성벽을 완공하고 이제 하나님 앞에서 새로운 삶을 시작한다는 의미에서 시행된 것이다. 이는 이스라엘 백성과 여호수아가 가나안 정복과 기업분배 이후에 하나님 앞에서 언약을 체결한 사실(수24장)과 유사하다.

한편 본문에 기록된바 언약 갱신의 절차와 그 내용을 자세히 살펴보면 고대 근동 국가의 조약(treaty) 형식과 매우 유사한 구조를 가지고 있음을 알 수 있다. 이러한 언약의 정의 및 성경의 언약과 고대 근동국가의 조약간의 유사점과 차이점을 이미 대상 17장에서 논했다. 여기서는 근동국가의 조약 형식을 통해 성경 언약의 형식과 구조에 대해 그리고 언약의 특성에 따른 그 종류에 대해 살펴보도록 하겠다.

1. 언약의 형식에 대해서

성경 신학(Biblical theology)을 연구하는 많은 학자들은 성경에 나타난 언약의 형식 혹은 구조를 설명함에 있어 고대근동국가 특히 힛타이트의 종주권조약(宗主權條約) 형식을 모델로 사용한다. 왜냐하면 성경 언약의 형식이 그 조약형식과 매우 유사하기 때문이다.

이에 여기서도 그 같은 방식을 좇아 성경에 나타난 많은 언약의 형식을 살펴보기로 하자.

1) 전문(前文): 언약의 반포자를 밝히고 있는 부분 예를 들면 십계명의 서문에서 "나는 ... 너희 하나님 여호와로라"(출20:2)를 들 수 있다. 그리고 본문에서는 느9:6절이 이에 해당된다고 본다.

2) 역사적 서언(序言): 언약을 맺기 이전에 당사자 간의 과거의 역사적 관계를 밝히고 있는 부분이다. 출20:2에서 "너는 애굽땅 종이 되었던 집에서 인도하여 낸" 이란 구절이 이에 해당된다.

그리고 본문에서는 느9:7-37까지 아브라함 시대로부터 바벨론 포로 귀환 이후까지의 역사를 기록한 부분이다. 이러한 역사적 서문은 언약을 맺은 백성들로 하여금 하나님의 은혜에 감사하게하고 자발적으로 언약의 규례를 준수 할 것을 맹세토록하기 위해 요긴하다.

3) 조항(條項)들: 언약 당사자 간의 상호책임을 밝히고 있는 부분이다. 십계명 중에서 제1,2계명이 이에 해당된다.(출20:3-6) 그리고 본문의 느9:38절도 이에 해당되는데 여기서 구체적인 규례는 율법. 즉 모세 오경으로 대신하고 있다.

그런데 이 부분의 특징은 종주(宗主)가 그 언약 대상에게 자신 이외에 다른 어떤 사람도 주인으로 삼아 섬기지 말라고 요구하는 것에서 그 규례를 시작한다는 것이다. 십계명에서 "나외에는 다른 신들을 네게 있게 말지니라"(출20:3)는 제1계명에서 이런 특징이 잘 나타난다.

4) 문서보관 및 낭독규례: 언약 내용을 기록한 문서보관과 그 문서를 정기적으로 낭독함으로써 그 언약내용을 계속해서 숙지하도록 하기 위한 것이다. 신31:10.11 부분이 이에 해당되며 성경에서 율법. 곧 하나님의 말씀을 숙지하도록 요구하는 많은 부분이 이에 해당된다.(신6:20-25, 수4:6,7)

5) 증인, 또는 증거물 기록: 성경에는 이런 내용이 잘 나타나지 않으나 여호와께서 스스로 언약의 증인으로 나타나고 있는 부분은 더러있다.(수24:22, 사1:2, 미6:1,2) 그리고 때로 돌을 그 증거물로 비석처럼 세우기도 했다(창31:47, 수24:27)

6) 맹세: 언약의 규례에 대해 준수할 것을 쌍방 간에 맹세하는 부분이다. 창15:17에서 아브라함 언약 체결시에 하나님의 임재의 상징인 횃불이 쪼갠 고기사이로 지나간 것은 하나님이 당신의 의무를 반드시 수행하실 것을 맹세하는 것이었다.

그리고 본문에서는 이스라엘백성을 모두가 인(印)을 치는 장면으로 나타난다. 그리고 '소금언약' (민18:19) '여호와의 모든 말씀을 우리가 준행 하리이다' (출24:5,8)등도 이런 맹세 행위를 묘사한 것이다.

7) 축복과 저주: 언약의 준수 여부에 따른 축복과 저주의 내용을 기록한 부분이다. 성경 전반에 걸쳐 이런 내용이 많이 나오나 신명기 27,28장에 가장 뚜렷하게 명시되어 있다.

2. 언약의 종류

이상에서 우리는 언약의 형식에 관한 세부사항들을 살펴보았다. 그런데 언약에는 언약을 맺는 쌍방 간의 관계가 어떠한지에 따라 다음과 같은 종류들로 구분된다.

1) **종주권언약(宗主權言約):** 이는 주종(主從)관계에서 맺는 언약으로 강대국과 약소국 사이에 주로 이런 언약이 체결된다.(겔17:13) 그리고 성경에서 하나님과 그의 백성간의 언약적 관계를 묘사함에 있어서도 이 형식을 거의 따르고 있으며 이는 이미 위에서 설명한 '언약의 형식' 에서 자세히 설명한바 있다.

한편 이 언약의 특징은 주로 종신이 종주에 대해 지켜야할 규례와 충성심이 많이 강조된다는 것이다. 그러나 종주도 어느 정도 이 언약의 규례에 의해 속박된다. 예를 들면 기브온 거민과 종주권 언약을 맺은 이스라엘이 기브온 거민이 위기에 처할 때 그들을 구원해 주어야했던 사실을 들 수 있다.(수10장)

한편 이러한 종주권 언약 중에서도 왕이 충성스런 신하에게 보상으로 땅이나 또 다른 어떤 은총을 베풀어 양자 간의 관계를 묶는 봉건언약(封建言約) 또는 보호언약(保護言約)이 있다.

이 언약의 특징은 왕에 대한 신하의 법적인 의무가 전혀 부과 되지 않으며 또 그 신하 후손들도 왕께 순종과 봉사를 다 하기만하면 그 혜택이 영구히 지속된다는 것이다.

성경에서 행위언약인 선악과 언약을 제외한 모든 언약을 은혜언약(Covenant of Grace) 이라고 하는 것도 이 같은 봉건언약(Covenant of Royal Grant)의 특징을 그대로 지니고 있기 때문이다. 성경에 나타난 여러 언약들의 내용과 그 의의는 출애굽기에서 '성경의 주요 언약들' 이란 글을 읽으시면 잘 아시게 될 것입니다.

2) **동등언약(同等言約):** 이는 쌍방이 동등한 입장에서 의무 규례를 제시하거나 또는 의무부과는 없이 서로에 대해 신의를 지켜 평화를 보존

코저 맺은 언약이다. 이 언약의 특징은 양자를 우정관계 혹은 형제의 관계로 결속하며 상대를 존경하며 이해(interest)를 보호해 줌으로써 보다 성숙된 관계로 발전케 한다는 것이다.

그러나 이런 언약은 인간의 악한 본성 때문에 또는 상황의 변화에 따라 종종 쉽게 파기 될 수도 있는 단점을 가지고 있다.(렘34:8-11) 예를 들면 야곱과 라반간의 언약(창31:44-50) 아브라함과 그랄왕 아비멜렉간의 언약(창21:25-32) 이삭과 아비멜렉간의 언약(창26:27-31)등(왕상5:12, 암1:9)이 동등언약이다.

느헤미야 9장과 10장은 시내산 언약의 재판을 보는듯한 시내산 언약은 하나님과 이스라엘 선민 간에 맺은 종주권 언약(宗主權言約)의 내용을 마치 그대로 옮겨 놓은 재판같이 보인다. 하나님과 아담과 맺은 언약, 하나님과 선민과 맺은 언약이 오늘 우리까지 유효하게 내려오고 있다.

10장의 전반부는 언약을 준수하기로 맹세한 자들의 명단이 나온다. ①제사장족들 ②레위인들 ③백성의 두목들 이들이 인(印)을 쳤다. 그래서 순종하기로 결심하게 됩니다. 다른 사람을 지도하는 위치에서 솔선수범을 보였고 '거룩한 무리' 란 이름엔 책임도 뒤따른다.

10장의 후반부는 남은 자들의 맹세가 나온다. ①이방인과의 혼인금지 ②안식일, 성일, 안식년 준수 ③성전세 납부와 번제용 화목의 조달 ④첫 열매와 십일조 헌납을 맹세하였다. 백성의 지도자들의 솔선수범은 지도자의 최상의 비결이며 오직 성도들의 믿음과 삶의 표준은 하나님의 말씀이다. 하나님과의 교제가 우리의 생활에 있어서 가장 핵심적인 비중을 차지해야만 성도다운 삶을 영위할 수 있다.

2007. 7. 11.

"언약의 형식은 전문과 역사적인 그리고 조항 문서보관 및 낭독, 규례, 증인 또는 증거물 기록 또한 맹세, 마지막으로 축복과 저주 모두 7가지입니다. 시내산에서 십계명이 이 형식을 따랐으며 느9:~10장은 마치 시내산의 십계명과 비슷한 언약을 따랐기에 시내산 언약의 재판이라고 부른다.

언약의 종류엔 종주권언약과 동등언약이 있는데 하나님과 성도간의 언약은 대부분 종주권 언약에 속한다. 하나님과 우리는 부자지간, 사제지간, 형제지간처럼 엄하기도 하시고 다정다감하신 것을 부각시켜 사랑의 하나님, 은혜의 하나님임을 실감케 한다. 그래서 모든 언약은 은혜언약이라고 부른다.

10장 전반부에 맹세자들이 나온다. 제사장 족속들, 레위인들, 백성의 두목들이 인을 쳤다. 이 분들의 솔선수범으로 '거룩한 무리'란 칭찬도 듣지만 여기에 따른 책임도저야 될 줄 안다. 10장 후반부에 맹세 조항은 이방인과 혼인금지, 성일준수, 성전세 납부, 십일조 헌납 등을 맹세하는 것이 믿음이다."

Q "성경에 나타난 여려 결혼형태와 통혼금지의 목적에 대하여"

느 10:30

A 성경에는 포로귀환 이후의 백성들이 이방인과 통혼하지 않기로 맹세한 사실이 기록되어있다. 이는 당시 포로 귀환 백성들 가운데 이방인과의 통혼으로 인하여 신앙적으로 또는 신정국가 재건이라는 당면과제를 우선적으로 해결함에 있어서 상당한 진통을 겪게 되었음을 반영하는 것이다.

이방인과의 통혼과 관련된 에스라의 개혁조치(스9장,10장)에도 불구하고 당시 이스라엘 사회에서는 그 같은 악습이 완전히 근절되지는 못했던 것 같다. 물론 에스라의 개혁으로 통혼문제는 얼마동안 거의 사라졌을지도 모른다.

그러나 에스라가 페르시아 궁전으로 소환되어 오랜 기간 그곳에 있었고(8:1) 느헤미야도 에스라가 다시 돌아오기 직전에 온 터라 이방인들과의 통혼 악습은 되살아났음이 분명한 것이다.(느13:23)

여기서 이방인 통혼금지와 안식일을 온전히 지키기로 결단한 것은 자신의 조상들이 이 두가지 악습 때문에 바벨론에 끌려가도록 하나님이 징계하셨다는 것을 깨닫게 된 것이다. 사실 이스라엘이 바벨론에 포로로 끌려가기까지 하나님의 징벌을 받은 것은 이방인과 통혼이 가져다준

부작용인 우상숭배(렘10:1-10)때문 이였다. (우상숭배, 안식일을 지키지 않음. 감사치 않음이 이스라엘 패망의 원인인 것이다)

한편 이처럼 이방인과 결혼하는 것을 가리켜 족외혼(族外婚) 이라고 한다. 성경에는 이런 족외혼 이외에도 여러 종류의 결혼형태가 나타나는바 이를 살펴보자.

1) 가부장적 결혼(家父長的結婚)

고대 이스라엘 사회의 가장 근본이 되는 것으로 가정의 권위가 아버지에게 부여된 결혼을 말한다. 이 결혼의 특징은 남편의 권위가 결혼의 제반사항에 영향을 미치고 아내는 남편의 권위 안에서만 권리와 자유를 지녔다.(민30:10-14)

또한 자손이 모두 아버지의 권한 아래 있게 되고 계보에도 남자의 이름만이 기록 되었다. 단지 아들들을 구분하기 위해서는 아내들의 이름이 나오기도 합니다.(대상1:~9:)

2) 가모장적 결혼(家母長的 結婚)

이는 어머니에게 가정의 권한이 부여된 것으로서 사다카(Sadiga)혼이라고도 부른다. 여기에는 남편이 영구적으로 아내의 집에 거하는 것과(대릴 사위제도) 남편이 때때로 아내의 집을 방문하는 비나(beena)혼과 모타(mota)혼의 두 종류가 있다. 사다카 결혼에 대해서는 사사기 15장에서 자세히 밝힌바 있다.

3) 일부다처제(一夫多妻制 Polygamy)

족장시대로부터 왕정시대에 이르기까지 고대 이스라엘에서는 한 명 이상의 아내를 소유하는 관습이 널리 성행 되였다. 물론 사회적인 지위가 낮거나 경제적 능력이 없는 남자들은 여러 부인을 부양할 수 없었으나 자녀욕심과 노동력의 확보차원에서 때때로 외교정책의 수단으로 일부다처제가 성행 되었다.

4) 일부일처제(一夫一妻制 Monogamy)

일부일처제는 분명히 성경적인 결혼관이다.(창2:21-24) 이는 구약시대에도 나타나긴 하지만 신약시대에 와서 더욱 명확하게 실행된 결혼 형태이다.

5) 족외혼(族外婚)

족외혼이란 제한된 친족집단 밖의 사람들과 결혼하는 형태이다. 그 예로 모세와 요셉이 이방여인과 결혼하였다.(창41:45, 출2:21), 기드온(삿8:31), 삼손(삿14:2)등도 이방여인을 아내로 취했다.

이렇듯 족외혼이 성립된 이유는 가나안 정복 후 이스라엘 민족과 이방민족 사이에 교류가 많았기 때문으로 보인다.

6) 동족 혼(同族婚)

히브리인들은 특수한 경우를 제외하고는 다른 민족 사람과 결혼하는 것을 금하고 자기민족 내에서만 결혼하도록 규제했는데 이것이 동족 혼이다. 그 예로 아브라함은 그의 친족가운데서 며느리를 구하였고(창24:4,10) 삼손은 부모로부터 이스라엘 여인과 결혼할 것을 강요받았다.(삿14:3)

이렇듯 이스라엘인들이 족외혼을 금하고 동족 혼을 주장한 것은 어떤 민족적 배타성 때문이라기보다는 그들이 이방인들과 접촉하게 됨으로써 이방민족의 우상을 숭배하게 될 것을 방지하기 위한 종교적 이유에서였다.(출34:16)

7) 수혼(嫂婚)

수혼은 이스라엘 여인이 이방인들과 결혼하는 것을 방지하고 죽은 남편의 이름을 이스라엘에서 사라지지 않도록 하려는 것에서 나타난 결혼의 형태이다. 형이 자녀가 없이 죽으면 그 동생이 형수와 교제를 맺고 자녀를 낳으면 형의 가문에 이름을 올려 가문을 이어 가도록 하는 '계대결혼법' 이라고도 합니다.

잡혼금지는 에스라 및 느헤미야 저자가 공통적으로 심각하게 다루는 문제 중에 하나이다.(스9:~10:, 느13:13-28) 두 성경 저자가 이처럼 잡혼금지를 강조했던 이유는 유대 자손의 순수성과 거룩성을 지키기 위해서였다.(출34:16, 신7:3, 스7:12,14)

즉 이는 단순한 혈통적 순수성을 보전키 위한 목적이 아니라 이방인과의 잡혼을 통해 자연스럽게 유입 되였던 이방우상들의 도입을(왕상11:1-13) 사전에 예방하기 위한 조처로 주어진 하나님의 법령에 대한 순종적 고백이다.

이상과 같이 고대 이스라엘에서는 사회적, 문화적 발전과 함께 여러 가지 결혼형태가 있었다. 성경에 나타난 여러 결혼형태는 모두 이 같은 당시의 관습을 배경으로 기록된 것이다. 결국 이런 사실은 성경의 역사성을 증거 해 준다.

2007. 7. 12.

"에스라와 느헤미야는 이스라엘백성들에게 잡혼금지, 안식일 성일 준수, 성전제, 십일조, 납부 등을 고백하고 시행하도록 맹세시킨다. 그리고 에스라가 페르시아 궁전으로 소환되어 여러 해 그 곳에 있는 동안 이방인들과 통혼들이 고개 들기 시작했었다. 이때 에스라와 느헤미야가 단호히 대응했다.

성경에 나타난 여러 결혼제도는 가부장적 결혼, 가모장적 결혼, 일부다처제, 일부일처제, 족외혼, 동족혼, 수혼 등 7가지가 있다. 이중에서 가장 신앙적인 것대로 차례로 적는다면 일부일처제가 첫째요, 둘째는 동족혼이 바람직하다고 본다. 제도야 어떠하든 하나님 안에 하나님이 시키는 결혼을 하라.

잡혼금지의 이유는 하나님의 명령이니 우리는 다 그대로 순종할 따름이지 우리생각대로 결혼을 해서는 안 된다. 특히 성결유지 차원에서와 우상숭배 및 이방 풍습방지 차원에서도 그렇고 바벨론에 의해 망할 때도 이방통혼을 막지 못했고 통혼으로 우상숭배가 들어와 망했던 역사가 있다."

성경난해구절 해설시리즈 (성문서 느헤미야 3-(13)-㉞)

Q “성전 사역을 위한 성전세가 율법은 반 세겔 포로 후는 삼분의 일 세겔 어느 것이 맞는가?”

느 10:32

A 출애굽기 30:11-16에 보면 모세의 율법은 이스라엘 백성 중 이십 세 이상 된 성년 남자는 성전 사역을 지원하기 위하여 매년 반 세겔씩 성전세로 내는 것을 의무화 했던 것이다.

인구조사 시 대상자는 생명의 속전으로 드려야 온역을 없게 하겠다.(다윗 인구조사로 온역으로 7만 명이나 죽었다) 또 부자라고 더 내고 가난하다고 덜 내지 말라, 이건 회막 봉사에 쓰라는 것이다.

그런데 느헤미야10:32은 “우리가 또 스스로 규례를 정하기를 해마다 각기 세겔의 삼분지 일을 수납하여 하나님의 전을 위하여 쓰게 하되” 여기서는 반 세겔이 아니고 삼분지 일 세겔이니 반 세겔 내는 것이 맞는 것인지, 삼분지 일 세겔이 맞는 것인지? 난감하고 느헤미야시대 아마 율법 내용을 잘 모르고 시행됐다면 율법소원(헌법소원)을 낸 다면 율법재판소(헌법 재판소)는 어떻게 결정해 주실지 흥미 있는 이야기가 될 것이다.

여기 삼분의 일 세겔은 대략 팔분의 일 온스에 해당된다. 그 당시 반 세겔은 20게라이다. 따라서 모세의 율법에서 전해진 이십 세 이상의 성년남자들이 매년 드리던 반 세겔의 성전세에 비한다면 그 액수가 적은 액수인 것이다.

그러나 신약시대(예수님께서도 마17:24)에도 성전 세는 반 세겔을 드렸다. 브로킹턴(Brockington)은 비록 고레스 다리우스 그리고 아닥사스다의 조세는 예배의 비용을 위하여 공금에서 정규적으로 보조금을 주도록 허가 하고 있으나(스6:8-10) 이런 공금의 지급이 차별 없이 지속 되였다고 기대할 수는 없으며 또 그런 외국의 찬조금에 의존하는 것이 유대주의 신앙을 위해 건전한 것이 아니라고 지적하였다.

"우리 스스로 규례를 정하기를" 이런 결정은 그 당시의 독특한 상황에 따른 불가피한 일이었다. 즉 이스라엘 독립국가로 있을 때는 막대한 왕의 수입 중 일부가 성전재정을 위해 보태졌으나 페르시아의 피정복 상태 하에 있던 그 당시의 상황에서는 재정난으로 성전의 효과적 운영이 심히 어려웠다.

"해마다 각기 세겔의 삼분의 일을 수납하여" 구약 출애굽기 30:11-16에는 이십세 이상된 장정들은 생명의 속전으로 반 세겔씩 바쳤고 이 돈은 성막 기물을 제작하는 비용으로 또 성막의 봉사에 쓰라고 했다. 그러나 그것은 인구조사가 있었을 때에 특별한 목적으로 드려진 것이어서 정기적인 성전세의 개념으로 보기에는 힘들다는 것이다. 아마 후대에 가서는 매년 정기적으로 성전세 명목으로 일정한 액수가 납세 되였던 것 같으며 예수님 당시의 성전세는 매년 반 세겔씩 드려진 기록이 마태복음 17장24절에 나온다.

그런데 바사왕 고레스, 다리오 및 아닥사스다등의 조서에는 예루살렘의 성전 예배를 위해 공적기금이 사용되도록 허락 되었지만(스6:8-10) 그러한 기금은 언제 중단될지 몰랐고 더욱이 성전이 불신의 이방 재원에 의존된다는 것은 바람직스럽지 못한 것이 되어 계속 받아 쓸 수도 없는 상황이었다.

따라서 비록 백성들의 생활 형편은 어려웠고 매우 가난하고 힘들었음에도 불구하고 매년 성전세를 삼분지 일 세겔씩 납부키로 자원하여 이 결단을 내린 것 이었다.

그럼 왜 반 세겔이 아니고 삼분지 일 세겔이었는가? 몇 가지 가능 점을 찾아본다.

첫째로 출애굽기의 반 세겔(30:16, 38:35-28)은 성막 건축을 위해서 한 번 드린 헌금을 의미한다. 그러므로 느헤미야 10:32에서의 헌금은 그 경우와는 다르다는 견해이다.

반론: 단회성의 헌금이면 어찌 예수님도 기꺼이 반 세겔을 내셨다면 예수님이 모르고 냈는가?

둘째로, 성전세는 원래 반 세겔씩인데 당시 포로 후에 빈곤한 생활들 때문에 삼분지 일 세겔로 줄어들었다는 견해이다. 반론: 출30:15에 성전세를 낼 때 부자라고 반 세겔에서 더 내지 말고 가난한자라고 덜 내지 말지며 라고 함을 본다면 빈곤하고 어렵다고 성전세를 줄일 수 없는 불문율같이 정해져 버린 것이다.

셋째로 후대의 세겔은 더 무거운 표준에 근거하였으므로 삼분지 일 세겔은 앞선 세겔에서 반 세겔과 같았다. 예를 들어 전대의 페니키아 세겔은 14그람(grams)이었는데 반해 후대 바벨론-페르시아 세겔은 21grams이었다. 그러므로 돈의(세겔) 가치가 평가절상이 되었는지 인프레이션에 의해 평가절하가 되었는지 알 수는 없으나 포로 후기 삼분지 일 세겔은 21grams의 1/3이니 7grams인 것 같이 모세시대 한 세겔이 14grams이니 반 세겔은 7grams 으로 똑같았다고 본다.

반론: 돈의 평가절상, 평가절하로 반 세겔이 삼분지 일이든지, 삼분지 이든지 아예 오분지 삼 세겔 이든지로 변동금화로 썼다는 근거가 없고 오백년 후인 예수님 당시도 의례히 당연히 반 세겔을 드리는 것으로 알고 계신 것 보니 타당성이 희박하다고 본다.

넷째로, 왕정시대 이스라엘은 성전을 위해서는 왕궁재정으로 우선적으로 배정이 됐으나 모세시대나 광야시대엔 반 세겔씩 성전세로 성막과 봉사자들까지 비용으로 쓰게 됐으나 바벨론 시대는 불가능했으나 바사 시대부터 가능하게 되어 문제가 없었다. 그것은 국가재정으로 성전을 돕도록 하였으므로 큰돈이 필요 없으니 삼분지 일 세겔을 자진해서 냈었다.

반론: 역사적 근거가 희박하고 고레스, 다리오, 아닥사스다왕의 도움이 풍부함으로 삼분지 일 세겔씩 납부하면 충분하다는 생각은 전연 근거나 역사적 고증이 없는 가설일 뿐이다. 내 성전, 내 교회는 우리 힘으로 섬기고, 단장하고 바쳐야 하나님이 기뻐하신다.

다섯째, 어떤 주석가는 삼분지 일 세겔은 모세율법이 요구한 반 세겔에다 더해서 드려진 액수라고 주장한다. 반론: 성경기록과 역사에 반 세겔에다 삼분지 일 세겔을 합한 것이라고 해석하기는 아주 무리라고 본다.

이상에서 가장 무리가 없는 견해는 둘째와 셋째 견해라고 본다. 포로에서 귀향한 백성들은 경제적으로 매우 어려웠던 것은 너무나 당연한 처사였다.(느5:1-5) 그러므로 성전세를 형편에 맞게 조정했다고 보며 모세시대 한 세겔이 14그람이 포로 후 시대 한 세겔이 21그람이니 반 세겔 7그람이나 21그람의 1/3인 7그람이 같다는 것이 상당히 개연성이 있다고 본다.

물론 첫째, 넷째, 다섯째도 전연 근거가 없는 것은 아니다. 그러나 성경역사나 교회역사, 성경원리상 개연성이 없어 보임으로 가설해 본 것으로 끝내게 된다.

2007. 7. 13.

"성전세가 출30:11-16에는 분명히 반 세겔인데 포로 후기인 느헤미야는 10:32에는 삼분지 일 세겔로 축소된 것인지 어느 것이 맞는지 난제였다. 하나님의 뜻을 정확히 알수만 있다면 우리는 영생을 선물로 받게 된다(요

17:3) 영생선물 받기 위해서 더 하나님을 알아야 한다.

여기 다섯 가지 견해를 밝혔다. 둘째와 셋째 견해가 개연성이 있어 보이고 나머지 견해들도 어느 정도 타당성은 있으나 하나님의 뜻이란 증거가 없으므로 개연성이 없다. 언제나 구하고 찾고 두드려서 솔로몬 같은 지혜를 다니엘 같은 이상과 몽조로 하나님의 뜻대로 살길 소원합니다.

출애굽시대, 광야시대, 왕정시대 때는 성전세가 반 세겔이었으나 포로 후기인 느헤미야 시대엔 포로에서 돌아온 이스라엘 백성들의 경제적 빈곤을 감안해서 세겔의 삼분지 일로 줄여준 것이라고 본다. 아니면 돈의 가치가 똑같다는 것도 역사적 뒷받침은 미약하나 상당한 개연성이 있다."

성경난해구절 해설시리즈 (성문서 느헤미야 3-(14)-㉟)

Q "에스라와 느헤미야 활동시대에 대한 자유주의와 보수주의의 주장들"

느 11:1-36

A 성경에 따르면 에스라와 느헤미야는 다 같이 바사왕 아닥사스다 1세(Artaxerxes I BC.464-424년) 시대에 활동한 인물들이다. 즉 에스라는 아닥사스다 재위 제7년인 BC.458년에 예루살렘에 귀환하였고 느헤미야는 아닥사스다왕 제20년인 BC.444년에 귀환하였다. 그러니까 느헤미야는 에스라보다도 14년 늦게 예루살렘으로 귀환한 셈이 된다.

그러나 일부학자들(자유주의 학자들)은 느헤미야의 귀환연대에 대해서는 이견을 보이지 않으나 에스라의 귀환은 아닥사스다 2세(BC.404-359년) 재위 7년 되는 해인 BC.398년이라고 보고 에스라가 느헤미야보다 46년 뒤늦게 귀환하여 활동하게 된 인물이라고 주장하고 있다.

이에 에스라를 느헤미야 보다 후대의 인물로 보는 자유주의 신학자들의 견해에 대해서 먼저 살펴보고 또 이에 대한 보수주의 신학자들의 견해도 들어보며 이 종의 견해도 몇 가지 제시하여 보고자 한다.

첫째 자유주의 신학자들의 견해

자유주의 신학자들은 에스라가 아닥사스다 2세 치하에서(BC.404-

359년)활동하다 그가 귀국한 것은 1세 때 7년인 458년이 아니고 2세 때 7년인 BC.398년으로 약 60년이나 후대인으로 보는 그 근거를 다음과 같은 견해를 제시한다.

1) 스7:12의 아닥사스다 왕의 조서는 실제로 아닥사스다 1세의 것이 아니라 아닥사스다 2세의 것으로 보는 견해이다.

2) 느헤미야 당시에는 예루살렘에 거주한 백성들의 수가 적었다고 기록된 반면에(느7:4) 에스라 시대에는 많은 백성들이 그곳에 모였다고 기록 되었다. (스10:1)

3) 스9:9에 "유다와 예루살렘에서 우리들에게 '울'을 주셨나이다"라는 구절이 이미 에스라 당시에 느헤미야에 의해 예루살렘성벽이 재건되어 있음을 암시하고 있다는 견해이다.

4) 스10:6에 느헤미야 때의 제사장이었던 엘리아십의 아들 여호하난이 에스라와 동시대 사람으로 묘사되어 있다는 견해다.

둘째, 보수주의 신학자들의 견해

먼저 위에 제시한 자유주의 신학자들의 견해에 대해 보수주의 신학자들의 견해도 들어 보기로 하자. 먼저 위의 네 가지를 반박형식으로 견해를 제시한다.

1) 스7:12의 조서가 아닥사스다 2세의 것이라는 주장은 에스라를 느헤미야의 후대인물이라고 전제한 후에 나온 결론으로써 결국 순환 논법의 오류에 빠지고 말았다.

2) 스10:1에서 에스라 시대에 예루살렘에 많은 백성들일 모인 것은 예루살렘 거민뿐만 아니라 주위 다른 성읍들의 백성들까지 포함한 것이었기에 많이 모인 것이다.

3) 스9:9의 '울'이 정확히 느헤미야가 재건한 성벽을 가리킨다고 단정 지을 수 없으며 오히려 유다와 예루살렘이 어느 정도 국가적 독립

상태를 얻게 되었음을 추상적으로 표현한 것이라는 견해를 제시하고 있다.

4) 스10:6에서 에스라가 제사장 엘리아십의 아들 여호하난을 방문했다고 해서 여호하난이 당시 제사장직을 수행하고 있었다고는 말할 수 없다는 것이다. 오히려 여호하난은 그때 막 제사장이 될 나이가 가까워 오고 있었던 것으로 이해함이 좋을 듯한 견해이다.

셋째 저자의 견해

저자는 앞의 자유주의와 보수주의 신학자들의 성경구절을 놓고 제시한 견해를 옹호, 반박형식으로 증명치않고 성경원본(Text)을 통해서 몇 가지만 제시하고자 한다. 물론 에스라가 14년 먼저 귀환했고 느헤미야가 늦게 귀환하여 동시대 같이 사역했다고 본다.

1) 에스라가 느헤미야보다 앞선 시대활동한 인물이라는 증거는 고고학을 통해 증거하고자 한다. 즉BC.407년경에 작성된 것으로 보이는 '엘레판틴파피루스' 서신을 보면 '사마리아이 총독 산발랏이 아들 들라야(Delaiah)와샐레마이야(Shelemaiah)에게' 라는 문구가 나온다.

산발랏은 느헤미야 당시 사마리아 총독으로 느헤미야의 가장 큰 대적이었다. 그런데 동일한 서신에 엘리아십의 손자 요하난이 당시 즉 느헤미야시대에 예루살렘의 대제사장임을 언급하고 있다.

스10:6의 에스라 시대 엘리아십의 아들 여호하난의 방으로 들어갔었다. 에스라시대는 엘리아십의 아들 여호하난의 방으로 들어간 것을 볼 수 있고 느헤미야시대는 엘리아십의 손자 요하난이 대제사장이었으니 에스라가 더 앞선 시대 인물임이 드러난다.

2) 자유주의 신학자들이 밝힌 대로라면 에스라는 아닥사스다 2세 7년인 BC.398년에 귀환했다고 주장하는데 느8:1-4에 보면 느헤미야가 성벽을 재건하고 1차포로 귀환자들을 계수하여 42,360명에 대한 것을

기록하고서 학사 에스라를 모셔서 수문앞 광장에 일제히 모여 율법책을 낭독할 때 온 백성들이 아멘 아멘으로 응답하고 8:6에는 총독 느헤미야와 제사장겸 학사 에스라와 함께 7월 초막절기를 지켰다고 함은 이미 에스라가 성벽재건공사가 끝난 시기에 와 있었다는 증거이다.

느헤미야 444년에 귀환하여 52일만에 성벽공사를 끝내고 에스라와 함께 대 부흥성회와 초막절을 지켰다는데 BC.398년 후에 에스라가 46년에 왔다면 전연 앞뒤가 맞지 않는 결과를 자져오고야 만다.

3)느12:27-43은 예루살렘성벽 낙성식이 거행되는 장면이 나온다. 예루살렘성벽완공 낙성식이 즉시 시행하려고 했으나 예루살렘거민이 너무 적어 많은 사람들을 예루살렘에 이주케 하고서 바로 낙성식을 거행하게 된다. 성벽 위를 걷도록 하기 위해 무리들을 두 편으로 갈라 성벽 위를 두 떼로 한편은 오른쪽으로 한편 왼쪽으로 걷도록 해서 만나게 되었다.

즉 에스라를 선두로 한 우편으로 향해 성벽 위를 걷는 무리와 느헤미야를 선두로 하여 왼편으로 성벽 위를 걷는 무리로 구분했다. 두 무리가 만나게 되자 하나님을 찬양하고 성전으로 가서 큰 제사를 드리고 심히 즐거워했다. 성벽재건공사 총책으로서 느헤미야는 할 일을 다 했고 제사와 낙성식 행사 주도는 에스라 제사장 주도하에 거행했다. 여기 낙성식을 주도한 제사장이 에스라이다 그런데 어찌 46년 후에 에스라가 왔다고 성경을 뒤집어서야 되는가?

19세기 중반 자유주의 신학자들의 활동이 활발했던 당시에는 그들의 주장이 옳은 것만 같았다. 그러나 최근의 많은 신학자들의 연구결과 전통적인 보수주의 신학자들의 견해가 옳았음을 널리 인정되고 있다. 여기서 저자가 밝힌 고고학 증명하나에다 성경 느8:1-4과 12:27-43에 성벽낙성식에 에스라가 주도한 것을 성경이 증명하니 더 이상 무엇을 요구하리요. 1차 귀환은 스룹바벨이 2차는 에스라 3차는 느헤미야가 주도

했다.

이러한 사실에서 우리는 하나님의 감동으로 기록된 성경에 대한 신뢰감(딤후3:16)을 더욱 공고히 하게 된다. 그리고 성경에 관한 이러한 신뢰도가 전통적으로 계속유지 되 왔다는 사실에서 당신의 백성들을 진리 가운데로 인도하시는 하나님의 섭리의 손길을 진하게 느끼게 된다.

2007. 7. 14.

"에스라시대를 아닥사스다 1세를 2세로 BC.458년 귀국을 BC.398년으로 조정하니 60년이나 뒤로 물리어 모든 것이 엉망이 되고 만다. 느헤미야 시대는 갑자기 큰 성벽을 완성 하고보니 사람이 적어 보이고 에스라시대 회개하고 은혜를 충만케 역사할 때 에스라와 함께 자복하는 무리가 많다는 의미이다.

스9:9의 '울'은 가델(גדר)은 포도원의 울타리인데 울타리를 성벽으로 보는 자도 있다. 더 나아가 예루살렘 성벽으로 보는데 이 성벽은 BC.444년 느헤미야가 재건하기 까지는 무너진 상태이니 이 해석은 무리이다. 오히려 바사왕들이 유대인들을 보호했기 때문에 유다와 적들 사이에 있는 '울타리'라고 볼 수 있다. 실제는 주님이 울타리이다.

보수주의 신학자들이 진보주의 신학자들의 견해를 일일이 반박하고 증명한 것은 너무나 훌륭하다.그러나 저자가 성경을 근거로 보인 세 가지 증거는 하나님이 지혜를 주셔서 예전엔 몰랐던 것을 알게 해 주시고 책으로 쓰게 하였다."

성경난해 구절 해설시리즈(성문서 느헤미야 3-(15)-㊱)

Q "세스바살과 스룹바벨은 동일 인물인가 다른 인물인가 그 관계는?"

느 12:1

A 본문에는 제1차 포로귀환 당시의 지도자로서 제사장 예수아와 나란히 스알디알의 아들 스룹바벨을 소개하고 있다. 그런데 학자들 간에는 이 스룹바벨이 스1:8,11에 언급된 유다 목백세스바살과 동일 인물인지 아니면 다른 인물인지에 대하여 많은 논란이 제기된다.

이에 세스바살과 스룹바벨의 관계에 대한 학자들 간에 상반된 두 견해에 대해서 자세히 알아보고 두 분 사이는 어떤 관계였는지 그 관계에 대해서 까지 자세하게 논하는것이 본서의 목적이다.

첫째 동일 인물로 보는 견해

스1:8,11을 보면 제1차포로 귀환당시 바사왕 고레스로부터 성전 기명을 받아 예루살렘으로 가지고 온 유다 목백(총독)이 세스바살로 나온다.

그런데 본문과 스2:2을 보면 제1차포로 귀환자의 지도자 명단 속에는 세스바살은 없고 스룹바벨만 언급되어 있다. 따라서 바사왕이 동시에 두 사람을 유다 총독으로 임명하지는 않았을 것이기 때문에 세스바

살과 스룹바벨은 동일 인물로 보아야 한다는 것이다.(Keil, Kidner, Graetz)

뿐만 아니라 스5:16을 보면 세스바살이 전 지대를 놓았다고 기록하고 있는데 반해 전 지대 공사에 관한 직접적인 기록인 스3:8-13에는 세스바살이 아닌 스알디알의 아들 스룹바벨이 나타난다. 이런 사실에서 세스바살과 스룹바벨을 동일 인물로 보지 않으면 안된다고 말한다.

또한 이 둘을 동일인물로 보는 학자들의 또 다른 주장하는 '세스바살' 을 스룹바벨의 다른 이름이라고 말한다. 즉 '세스바살' 은 '태양의 신이여 아들을 지키소서' 라는 뜻의 바벨론식 이름으로서 스룹바벨이 바사 궁정에서 지낼 때 사용한 이름이라는 것이다.(Keil)

둘째, 다른 인물로 보는 견해

세스바살은 바사왕 고레스에게서 성전 기명을 받아 예루살렘으로 옮겨온 일과 관련해서만 나타나고 성전 재건 사업에 관한 기록들 속에는 한 번도 언급되지 않는다는 점에서 스룹바벨과는 다른 인물이라는 견해이다.

즉 세스바살은 단지 성전시대 공사와 관련해서 단 한번 언급되었는데(스5:16)이는 강서편(바벨론, 메소포타미아 서편지역) 총독 닷드네가 바사왕에게 보낸 보고서에서 언급된 것이다.

그러므로 세스바살이 전 지대공사에 직접 관여 했다 기보다는 단지 포로 귀환자의 대표자로서 언급 되였음이 분명하다는 것이다. 또 만일 세스바살을 스룹바벨의 숙부로 본다면 공식적인 서류에 그를 대표자로 기록할 수도 있는 것이다.(Willamson Meyer, Graetz)

또한 스룹바벨이란 이름이 에스라, 학개, 스가랴에서 나오는데 세스바살과 동일 인물로 암시하고 있는 곳은 한 군데도 없다는 것이다.

셋째, 세스바살은 누구인가?

그렇다면 세스바살은 누구인가? 이에 대하여 두 가지 견해가 있다.

1) 스룹바벨 이전의 유다총독으로 보는 견해

BC.538년 바사왕 고레스 칙령반포 이후 제1차로 성전 기명을 가지고 예루살렘으로 귀환한 유다 목백(총독)이라는 것이다.

이 견해에 따른다면 스룹바벨의 귀환은 BC.537년이 아닌 그 이후 시대가 될 것이고 가장 가능성 있는 것은 사마리아 사람들의 방해공작으로 인해 성전재건 사업이 중단되었다가 다시 재건 사업을 개시한 시기인 BC.520년 바사왕 다리오1세(BC.522-485년) 통치시기에 귀환했다고 보는 것이다.

반론: 그렇다면 결국 또 한 차례 포로귀환이 이루어진 셈이 되는데 이에 관한 확실한 근거가 없다는 점. 뿐만 아니라 전 지대공사 기록에서 이미 스룹바벨이 언급되고 있기 때문에 스룹바벨은 전 지대공사 훨씬 이전에 귀환했음이 분명하다.

2) 스룹바벨의 숙부라고 보는 견해

세스바살은 스룹바벨의 아버지 스알디알의 동생 세낫살로 보는 견해이다.(대상3:18,19)

즉 세스바살은 스룹바벨의 숙부로써 제1차포로 귀환 시 예루살렘으로 스룹바벨과 함께 귀환한 유다목백(총독)이라는 것이다.

반론: ①이렇게 볼 때 문제점은 어떻게 동시에 총독이 둘일 수 있는가 하는 점이다.

그러나 당시 세스바살은 고령으로 원로총독이었고 스룹바벨이 실제로 총독의 업무를 관장했다고 본다면 그것은 별 문제가 되지 않는다.

반론: ②성경에 스룹바벨을 총독으로 언급하고 있는 곳이 성경(학개

서 제외) 어디에도 없다는 사실과 ③성전재건 공사 중단 이후 그 공사를 다시 개시할 때도 세스바살이 여전히 총독으로 언급된 사실(스5:16)에서 그 증거를 발견하게 된다.

그러나 BC.520년 성벽재건 공사 중단 이후 다시 개시하게 된 시기부터는 스룹바벨 정식 총독으로써의 역할을 수행 했을 것이다.

결론적으로 말씀드린다면 세스바살과 스룹바벨이 동일인 인지 타인인지 두 가지 견해 중 어느 한 견해가 옳다고 단정 지어 말하기가 매우 어렵다.

그러나 대상3:18,19의 스룹바벨의 족보와 제1차포로 귀환자의 명단 등에서 볼 때 세스바살과 스룹바벨이 서로 다른 인물이라고 보는 견해가 더 타당하고 옳다고 보여 진다.

그리고 세스바살의 인물연구에서 두 견해 중에서도 세스바살은 스룹바벨의 숙부로서 원로 총독이었으며 실제로 총독의 업무를 관장한 것은 스룹바벨이었다고 보는 견해가 더 타당한 듯합니다.

한편 세스바살과 스룹바벨('바벨론의 씨'라는 뜻)이 똑같이 바벨론식 이름이라는 점에서 포로 귀환당시 히브리인들이 바벨론의 풍습에 얼마나 젖어 있었는지도 엿볼 수 있는 한 단면이라고 볼 수 있습니다.

2007. 7. 15.

"세스바살과 스룹바벨 동일인도 같고 아니 타인 같기도 하다. 동일인으로 보는 견해로는 두 분을 똑같이 총독으로 임명할리 없으니 동일인으로 보며 스룹바벨 성전지대를 놓을 때는 세스바살이 전 지대공사에 직접관리할 때는 스룹바벨로 나오니 두 인물은 동일인으로 본다는 것이다.

그러나 다른 인물로 보는 견해 역시 세스바살은 성전기명 받아 예루살렘으로 옮겨온 일에만 나오고 단 성전 지대놓을 때 한번 나오는데 이것은 강 서편 총독이 바사왕 고레스에게 보낸 보고서에 언급된 것일 뿐 대표성으로 기록이지 실제로 성전공사에 관여치 않았다는 견해이니 두 사람은 다른 사람이라는 것이다.

세스바살 인물론도 스룹바벨 이전의 유다총독으로 보는 견해는 문제점이 있고 스룹바벨의 숙부로 보는 견해가 더 타당성이 있다. 여기에도 반론이 3가지나 있어도 스룹바벨의 숙부가 개연성이 많다. 결론적으로 단언하면 두 인물은 동일인이 아닌 타인이며 스룹바벨의 숙부로 보는 것이 옳은 성경 관으로 본다."

성경난해구절 해설시리즈(성문서 느헤미야3-(16)-㊲)

Q "느헤미야의 신앙개혁운동중 안식일 준수 개혁과 사상에 대하여"

느 13:15-22

A 느헤미야서의 후반부에 기록된 느헤미야 신앙개혁운동은 개혁주의 교회들의 귀감이 된다고 본다. 본문은 그중에서 안식일 준수개혁 사상으로 안식일 준수뿐만 아니라 각종 문제들과 연관되어 있기에 신앙개혁 전반과도 같다고 본다.

안식일 문제는 에스라서와 느헤미야서 가운데 유일하게 느헤미야서에서만 이 문제를 노출시켜 다루고 있는데 이 안식일 문제를 살펴봄으로 당시의 시대상황과 포로 귀환자들의 종교적, 사회적 생활 상황과 밀접하게 연관되어 나타나고 있다.

따라서 당시 포로 귀환자들의 안식일 문제의 구체적인 진상들을 살펴보고 그것에 대한개혁과 그 의의에 대해 자세히 살펴보기로 하자.

안식일에 관한 규례는 제4계명에 잘 나타나 있다.(출20:8-11, 신5:12-15) 이 날에는 노동이 절대 금지 되였으며 여호와 앞에서 성일로 지키도록 규정되어 있다. 한편 안식일의 전반적인 역사와 규례 그리고 안식일 준수 목적 등 안식일과 관련된 기본적인 사실들에 관해서는 성경의 여러 곳에 자주자주 언급된 것은 그 중요성을 알 수 있다.

안식일의 문제 대두에 대한 역사적으로 고찰해 보자.

1) 왕정시대 이전의 안식일 사상

이 시기의 안식일 문제에 관한 기록을 거의 발견할 수 없다. 다만 모세오경에서 안식일을 범한 자에 대해 처벌을 내린 사실이 두 곳에서 언급되고 있을 뿐이다.(출16:27,28, 민15:32-36)

2) 왕정시대 말기와 포로시대의 안식일 사상

안식일 문제가 본격적으로 대두되기 시작한 때는 왕정시대 말기에서 포로시대이며 이사야, 예레미야, 에스겔 선지자에 의해 이 문제가 강하게 대두되었다.

여기서 선지자들이 안식일을 메시지의 중심테마로 언급했던 이유는 안식일 준수 강조가 여호와 신앙 및 예배에 대한 강조와 밀접한 연관이 있었기 때문이다.(렘17:21,22)

더욱이 당시 팔레스틴 지역을 중심으로 근동지역 전체가 열강들의 세력다툼의 소용돌이에 휘말려 있었기 때문에 안식일 준수강조는 이스라엘 백성들로 하여금 하나님의 언약백성이요 선민으로써의 주체성을 고취시키는 역할을 했다.(사56:4,6, 58:13,14)

또한 포로시대의 에스겔 선지자의 안식일에 관한 메시지도 이스라엘 민족의 자긍심 고취를 위한 것으로 에스겔선지는 안식일의 거룩 성 문제를 자주 거론 하였던 것이다.(겔22:8,26, 23:38)

3) 포로귀환 시대의 안식일 사상

느헤미야가 이 시기에 안식일 문제를 제기한 것도 이사야, 예레미야, 에스겔 선지자의 취지와 동일하지만 당시 이스라엘 백성들이 오랜 포로생활동안 이방인의 풍습에 젖어있던 상태에서 그 문제의 심각성은 훨씬 컸다고 본다.

즉, 이스라엘 백성들은 바벨론 포로 생활동안 안식일에 노동하는 일이나 장사하는 일에 대해서 아무렇지도 않게 생각하였다. 더욱이 이방인과의 통혼으로 이방풍습을 그대로 받아들인 자들이 많아 안식일 준수는커녕 여호와 신앙조차도 상실해가는 형편이었던 것이다.

이런 때 느헤미야의 안식일 개혁운동 사상이 빛이 난다. 포로 귀환이후 하나님의 선민으로서 이스라엘 면모를 회복하기 위한 종교개혁 운동은 BC.458년 제2차 포로귀환 이후 학사 에스라에 의해 시작 되였다고 볼 수 있다.

그 후 약 25년 후인 BC.433년에 실시된 느헤미야의 안식일 개혁운동도 에스라의 종교개혁운동의 연장선상에서 이해 할 수 있다.

느헤미야의 안식일 개혁운동은 제4계명에서 규정하고 있는 안식일 규례를 철저히 준수하자는 차원에서 이루어졌다. 즉 규례와는 달리 당시 안식일에 행해졌던 노동의 금지 매매활동금지 조치 및 안식일을 성일로써 거룩히 지킬 것을 명했다.

물론 안식일 준수는 외식적 이어서는 안 되며 그 마음의 진실에서 비롯되어야 한다. 그러나 이 당시 느헤미야는 일차적으로 외적인 규례조치를 매우 강화했다.

그 이유는 먼저 외적으로라도 이스라엘 선민과 이방인과의 구별을 가시화함으로써 선민 이스라엘 백성들의 신앙자세를 한시 바삐 회복코자 하기 위함이었다.

그래서 이 당시는 다른 어떤 시대보다 혈통적 이방인에 대해 배타적이었다. 에스라시대에 이방인과 결혼한 자들로 하여금 강제로 이혼하게 한 것도 이러한 시대적 특수성에 따른 것이다.

본문에는 바사제국에서 돌아온 느헤미야의 신앙개혁운동 중 안식일 준수개혁 역사이다.

안식일을 범하는 자는 가차 없이 사형에 처하도록 규정되어 있는 율법(출20:8-11, 31:12-17)에도 불구하고 당시의 유대백성들은 안식일에 아무거리낌 없이 노동을 하거나 상거래를 해 왔던 것이다.

이러한 일들은 백성들의 율법 준수의식이 약화되어 있었기 때문임과 동시에 당시 주변에 살던 이방인들의 관습을 수용했기 때문에 발생했다. 따라서 느헤미야는 먼저 백성들의 우두머리들을 불러서 이러한 이방종교와의 혼합주의적 행태에 대해 엄히 책망한 다음에 안식일이 시작되기 직전에 예루살렘 성문을 닫고 안식일이 끝난 후에라야 열게 함으로서 장사꾼들의 출입을 금지 시켰다.

한편 선민들의 의무적인 규례로 주어진 안식일의 개념을 규정한 본문은 주일을 지키고 있는 오늘날의 기독교인들에게 있어서 여러 가지 교훈을 일깨워준다.

1) 노동의 양과 삶의 질이 반드시 정비례하는 것은 아니다. 다시 말해서 우리가 새벽부터 밤늦게까지 땀 흘려 일하고 일 년 내내 단 하루의 휴식도 없이 수고할 지라도 그 자체가 우리의 삶을 윤택케 만드는 것은 아니다.

물론 우리가 게으르지 말고 열심히 일해야 되는 것은 성경의 교훈이기도 하지만 우리의 수고와 땀을 하나님께서 축복해 주실 때 비로써 윤택한 삶을 누릴 수 있는 법이다.(시127:2) 따라서 하나님께서 축복해 주시는 삶이되기 위해서는 그 분이 제시하는 삶의 원칙을 우리가 준수해야만 된다.

2) 비록 그리스도인이란 이름을 지녔지만 세상적인 욕심에 이끌리는 자는 도무지 예수그리스도 안에서 참된 안식과 만족을 누릴 수 없다. 하나님께서 복 주시는 안식일 임에도 불구하고(출20:11) 노동과 상거래를 그치지 않았던 백성들이 바로 그런 자들의 표본이다.

참으로 구약시대의 안식일은 성도들이 예수 그리스도 안에서 누리게 될 영원한 안식과 만족을 상징하는 제도였다.(마12:8) 그런데 오늘날의 우리 주변에는 그리스도인의 이름을 가졌지만 주님 안에 거하지 않는 자들이 있는데 결국 그런 자들을 유혹의 욕심을 따라 썩어져가는 구습을 좇는 옛사람을 벗어 버리지 못하고 마침내 아무 열매 맺지 못하는 포도나무 가지처럼 심판을 당하게 될 것이다.(요15:4-6)

그래서 안식일의 개혁에 대한 느헤미야의 본래의 의도와는 달리 느헤미야 이후 유대인들은 외적 안식일 규례 준수에 지나치게 집착하였다. 심지어 성경에 기록된 안식일 규례이외에 다른 부수적인 규례들을 많이 만들어 내어 백성들로 하여금 그것을 지키도록 강요하기에 이른다.

이와 같은 율법의 외적인 준수와 함께 배타적인 유대민족주의의 고수 자들에 의해 오늘날의 유대교가 탄생하게 된 것이다. 그런데 이 같은 유대주의자들은 그 외적인 행위로 인하여 예수그리스도로부터 많은 비난과 책망을 들었다.(눅6:6-10)

결론적으로 포로귀환 시대의 느헤미야의 안식일 개혁은 당시의 시대적 특수성 때문에 불가피 하게 외적인 규례준수가 강조 되였다. 그러나 안식일 준수의 궁극적인 목적은 하나님과의 관계를 더욱 발전시키고 여호와의 신앙을 더욱 고취하는 것인바 의식적이 아닌 진실한 마음에서 이루어져야할 것이다.(롬14:5-6)

2007. 7. 16.

"에스라 느헤미야서의 신앙 개혁운동 사상은 오늘날 개혁주의 교회에 개혁신앙의 전감이 되고 있다. 에스라의 이방혼인 문제개혁, 절기 준수사상 개혁과 느헤미야의 안식일 사상 개혁과 성벽재건 완성 후 율법 교육 강화 개혁은 오늘 우리교회가 그대로 본받아야 될 귀감들이다.

안식일 문제 대두 역사로 왕정시대 이전과 왕정시대 말기와 포로시대 그리고 포로 귀환시대의 안식일 타락 문제상은 오늘날이 그 어느 때보다 더욱 심각하다는데 문제가 있는 것이다. 주일성수치 못하여 노동일하고(근무) 물품을 사고팔고 특히 교회 안에서 조차 상거래가 형성되는 것은 개혁대상 제1호이다.

아무리 1년 365일 하루도 쉬지 않고 노동일을 한다고 잘 사는 것이 아니고(프랑스도 한 때 9일 일하고 1일 쉬는 정책 시행했으나 경제정책 실책을 깨닫고 다시 6일 일하고 1일 쉬는 제도로 바뀌었다.) 누구든지 오늘날 신앙여부는 주일 성수 여부와 십일조 감사생활에 진실한 성도 여부가 달려 있다고 본다. 개혁주의 교회들은 에스라 느헤미야서를 읽고 날마다 개혁해서 하나님의 뜻에서 벗어나지 말아야 개혁교회이다."

에스더

- 에스더 -
저의 삼촌의 딸 하닷사 곧 에스더는 부모가 없고
용모가 곱고 아리따운 처녀라 그 부모가 죽은 후에
모르드개가 자기 딸같이 양육하더라
2:7

성경난해구절 해설시리즈(성문서 에스더 4-(1)-㊳)

Q "죽으면 죽으리다 라는 믿음의 여인 에스더에 대하여"

에스더 1:1-22

A 에스더(Esther)는 '별'을 뜻하는 바벨론식이름이고 히브리식이름은 '하닷사'(에2:7)이나 잘 알려져 있지 않고 그는 바벨론에 포로 잡혀온 베냐민지파 '아비하일'의 딸로서 어떤 연유인지 알 수 없으나 부모가 다 일찍 죽은 후에 이종사촌 오빠인 '모르드개' 밑에서 외롭게 자란 곱고 아릿다운 처녀였습니다.

그가 바벨론시대를 지나 바사시대의 아하수에로의 왕비(2:17)가 되는 데는 그저 우연히된 것이 아니고 하나님의 구원사에서 꼭 있어어야 할 구원적 인물로 쓰시기 위함이었다. 또한 바사왕 아하수에로는 (BC.485-464년Xerxes) 20년 동안 바사제국을 다스린 제3대왕이었다.

이 당시로는 BC.586년 바벨론왕 느부갓네살에 의해 예루살렘이 함락 된지 약100년이 지난 때이며 BC.536년 스룹바벨에 의해 제1차 바벨론포로 귀환이 있는지 약 50여년이 지난 때이다.

바사제국은 아하수에로의 통치하에 지중해 지역에서 경제적, 정치적으로 극도의 번영을 누리고 있었다. 이러한 번영된 바사 제국 하에서 많은 이스라엘 포로들은 고국으로 돌아갈 것을 희망하기는커녕, 하나님의 선민으로서의 의식도 거의 상실한체 일신상의 안일만을 도모하며 안주하고 있었다.

이러한 때에 하만에 의해 온 유다백성들이 멸절 위기에 직면하게 되었고 이에 왕후로 있던 에스더의 활약으로 그 위기에서 구출되는 위대한 구원사건을 체험하게 된다. 이를 계기로 유대백성들은 자신들이 하나님의 선민임을 새삼 인식하게 되었고 또 하나님이 이방지역에서도 당신의 백성들을 보호 인도하시고 계심을 체험하게 되었다.

그의 성품으로는 자기를 양육시켜준 모르드개를 공경하고 왕후가 된 후에도 변함없이 이종사촌 오빠에게 적극 순종한 것을 볼 때 겸손하고 은혜에 감사할 줄 아는 아주 전형적인 신앙인의 모습을 지닌 자였다.(에 2:20, 4:10-17)

또 모든 사람들에게 사랑을 받은 것을 볼 때 용모도 아름답고 성품이 온순한 자인 것 같고(2:15) 유대백성을 구하기 위해 자신의 목숨을 걸고 왕 앞에 나아갈 정도로 용기도 있고 민족노 사랑하는 애국자요 동족애가 아주 강하고 풍부한 자로도 보인다.(4:16)

그리고 왕 앞에 나아가 그 백성들을 위해 진언하기 전에 온 백성들에게 3일간의 금식을 선포하고 자신도 그렇게 금식하면서 하나님께 매달려 기도한 것으로 보아 하나님을 전적으로 의지하는 믿음이 좋은 믿음의 딸이 되어 오늘날 여성도 들의 귀감이 된다.(4:15,16)

지략도 너무 훌륭하여 두 번의 연회를 통해 하만의 음모를 왕 앞에서 폭로케 하고 유대백성들을 구할 지략과 지혜를 보아 매우 치밀하고 지혜로운 여인이었음이 틀림없고 용기와 결단력을 하나님이 구속사를 이뤄나가시려고 주셨다고 본다.(7:3-6, 8:3-8)

그의 구속사적 지위로 포로출신의 연약한 처녀의 몸이었으나 하나님의 위대한 구원도구로 사용되었으며(4:14) 한 제국의 왕후라는 지위조차도 하나님의 신앙과 자기 민족의 구원을 위해 초개같이 버릴 만큼 신앙인으로서 참된 삶의 모범을 보인 자였다.(4:13-16)

그러나 비천한 포로 출신임에도 불구하고 하나님의 섭리 가운데 대제국 바사의 왕후라는 지위에 오름으로써 궁극적으로 모든 시대의 성도들이 예수그리스도로 말미암아 하나님 앞에서 얻게 될 영광을 예표 적으로 보여준 하나님의 구원사적으로 위대한 인물인 것이다.

그의 평가 및 교훈을 통해 많은 은혜를 받고 후에도 부끄럽지 않도록 하자.

1) 에스더는 자신을 양육한 모르드개에게 왕후가 된 이후에도 변함없이 순종하였고 또 동족애에 대한 사랑과 충성을 저 버리지 않았다.(2:20, 4:10-17) 이는 환경과 여건이 좋아졌을 때 그동안 받은바 은혜를 쉽게 망각하고 더 나은 생활만을 추구하려드는 우리 모두에게 좋은 귀감이 된다. 그렇다면 이 시간 지금 내게 주어진 부와 명예로 인해 지난날 하나님과 사람에게 받아왔던 은혜에 대해 소홀히 해온 부분은 없는 가 돌이켜 보자.

2) 에스더는 유대백성을 구해야하는 막중한 사명을 띠고 목숨 건 진언을 하기 이전에 금식하며 하나님께 매달렸다. 참으로 두려움이 그녀를 감쌀 때 전적으로 하나님 앞에 메어 달렸던 기도의 여성이다.(4:15,16) 그렇다면 우리는 감당하기 힘든 크고 두려운 일을 앞두고 어떠한 행동을 하였는가? 인간의 생각대로 머리를 짜기 이전에 하나님을 의뢰하는 믿음이 필요한 것이다.(잠16:1-3)

3) 에스더는 왕후라는 부와 권력을 지닌 자리에서도 자신의 안일만을 꾀하지 않고 위급함을 당한 민족을 생각하여 목숨을 아끼지 않는 사랑을 표현하였다.(4:15-5:4) 이는 사리사욕을 위해 국가와 민족을 배신하는 풍조가 만연된 오늘날에 큰 귀감이 된다. 우리도 삶의 작은 부분에서부터 나만을 생각하는 이기적인 모습보다 나라와 민족을 생각하는 삶이 모습이 되어야 한다.

4) 동족이 전멸될 위기 속에서 목숨을 건 에스더 한 사람의 용기는 온 동족을 죽음으로부터 구원했다.(8:9-14) 이는 옳바른 일을 위해서는

죽음까지도 불사하는 참다운 용기를 보여 주는 것이다. 우리는 어떤 때에 참다운 용기를 가지고 행동해야 하겠는가? 죄를 척결하고 하나님의 뜻을 행하는 그때에 바로 이러한 용기가 필요하지 않겠는가?

5) 전멸의 위기에 처한 유대백성은 믿음이 있는 한 사람 에스더로 인하여 구원 받을 수 있었다. 소돔성에 의인 열 명만 있으면 내가 그 성을 멸하지 않으시겠다던 그 하나님께서 오늘날도 믿음이 있는 의인 열 명을 우리 가운데서 찾으신다. 그러므로 우리는 죄악으로 패역한 사회를 보며 한탄할 것이 아니라 나 하나라도 믿음이 있는 의인이 되기 위하여 믿음의 모습을 지켜나가도록 힘써야 하겠다.(창18:22)

6) 민족을 위해 금식하며 기도하였던 에스더의 모습은 오늘 우리에게도 나라와 민족을 위해 눈물 흘리며 기도해야할 필요성을 제시해 준다. 남북의 분단이 고착화되고 갈수록 죄악이 만연된 이 상황에서도 우리는 끝까지 구국의 기도를 쉬지 말아야 하겠다.(삼상7:8,9)

7) 일면 에스더는 동일한 포로시대의 인물인 에스라, 느헤미야, 다니엘, 하나냐, 미사엘, 아사랴 그리고 스룹바벨과 예수아와 같은 인물들에(스8:21, 단1:8-16, 3:13-18, 6:10)비해 신앙적인 절개를 그렇게 굳건히 지킨 인물이라고 단정 지을 수 없다.

왜냐하면 그녀는 이방인 왕과 혼인함으로써 결과적으로 피치 못할 이유로 자신의 신분을 밝혀야 하기 까지는 유대민족이라는 사실과 또 여호와 하나님을 믿은 신앙을 갖은자라는 사실을 감추며 살았기 때문이다.(2:20)

그러나 그럼에도 불구하고 이렇게 부족한 에스더를 하나님께서 당신의 도구로 삼으신 사실을 돌이켜 볼 때 우리들 자신도 여러 가지로 부족한 점이 많으나 그 분의 크신 은총으로 주의 일에 동참케 된 사실과 아울러 다시 한 번 그 은혜에 감격하지 않을 수 없을 것이다. 오늘의 에스더를 하나님이 찾고 계신데 나는 아니라고 부인만하고 있을 것인가?

2007. 7. 17.

"성경을 수십 번 읽었어도 에스더의 본 이름이 '하닷사' 인줄도 몰랐고 그의 아버지가 '아비하일' 인줄도 몰랐고 모르드개가 그의 삼촌인줄 알았지 그의 이종사촌 오빠인줄도 몰랐다. 얼마나 성경읽기가 뜻과 중심을 사모하기 보다는 눈으로 읽는데 치중했는지 읽으면 읽을수록 모르는 것이 더 많은 것을 알게 된다.

과연 포로귀환 명령이 고레스왕에 의해 하달되었는데 이스라엘로 돌아오지 않고 모든 것이 풍부한 바사왕궁에서 극도의 번영 누린 것이 잘 한 일인가? 그 믿음 좋기로 유명한 다니엘, 하나냐, 미사엘, 아사랴는 왜 이스라엘로 돌아오지 않았는지 모르드개나 에스더도 하나님 앞에 최선이었는지? 의문이 많으나 다 하나님의·뜻에 의한 것으로 보아야 한다.

아무튼 에스더와 모르드개는 확실히 믿음의 사람이요 우리가 본 받아야 할 인물들이다. 그의 성품도 그의 구속사적 지위도 우리에게 준 교훈과 영적진리(7가지)도 우리 모두가 지금 그대로 따라야할 사안들이다. 비록 귀국치 않은 유대백성이지만 하나님은 끝까지 사랑하심을 (구원의 하나님)보이려고 이 분들을 남겨둔 남은 자(Remnant)라고 보고 오직 하나님의 뜻대로 산 위대한 인물들로 보아야 할 것이다."

Q "아하수에로왕 인물됨됨과 왕의 연회의 역사적 배경에 대하여"

에 1:1-8

A '아하수에로' 라는 이름은 '힘센 눈' 혹은 '힘센 사람' 이란 뜻이다. 그런데 성경에는 이같은 이름의 소유자가 2명 나온다. 에스더에 나오는 아하수에로 또 다른 사람은 메데왕 다리오의 아버지 이다.(단9:1)

그러면 여기에 나오는 '아하수에로' 는 어떤 사람이었는가? 이 '아하수에로' 1세(BC.485-464년)에 대한 정보는 주로 그가 건설했던 종교적 수도 '페르 세폴리스' (Persepolis)에서 고고학적 발굴 작업을 통해서 발견 된 한 비문에서 얻을 수 있다. 그리고 고대 헬라의 역사가 헤로도투스도 그에 관한 적잖은 정보를 제공해 준다.

그에게 있어 특이할 만 한 점은 그가 군사적 행동을 많이 했다는 사실일 것이다. 물론 그는 BC.480-479(혹은 478년)에 헬라와 벌인 사라미스(Salamis) 플라테(Plataea), 마칼레(Mycale) 전투 등에서 완패하였다.

그러나 그는 헬라와의 전투에서 패배한 후로는 거의 방탕한 생활을 말년까지 지속한 듯 하다. 즉 그는 전투에서 패배감을 여색(女色)을 탐닉함으로써 상쇄하려고 하였던 것이다. 그가 에스더를 왕후로 맞이한 것도 헬라와의 전투에서 패배한 직후였다.

어쨌든 그는 방탕한 생활을 계속하다가 BC.464년 자신의 침실에 침입한 암살자에 의해 살해됨으로써 자신의 생을 마감하였다. 한편 성경상의 이왕에 대한 언급은 에스더와의 관계말고도 사마리아 사람들로부터 예루살렘 성벽재건 중단을 노린 최초의 고소를 받은 인물이다.

페르시아의 아하수에로왕(BC.485-464년)이 즉위 3년에 도성 수산성에서는 180일 동안의 긴 잔치가 열렸다. 인도에서 구스까지 127개도나 되는 거대한 제국의 왕이 각 도의 방백과 신복을 위해 베푼 이 잔치의 화려함과 풍요로움은 본문을 보더라도 잘 나타나 있다.

그런데 왕은 어떤 연유로 이러한 장기간의 잔치를 베풀었을까? 단지 본문에서처럼 나라의 부함과 위엄의 혁혁함을 나타내고자 함인가? 그러나 놀랍게도 이러한 본문의 배경에는 세계사에서 가장 유명한 전쟁 중의 하나인 페르시아 전쟁의 역사가 숨겨져 있다.

먼저 아하수에로왕의 부왕(父王)이었던 다리우스왕 통치때인 BC.6세기말에 페르시아는 희랍의 해안도시들, 섬들과 함께 소아시아까지 정복하며 세력을 동쪽으로 확장시키고 있었다.

이 과정에서 정복지에서 반란이 일어났고 이는 곧 진압 되었다.

그러나 이때 아테네와 에레트리아가 반란 성읍들을 원조했다하여 다리우스왕은 크게 진노하였다. 이에 그는 희랍지역 원정에 나서게 되었고 이로써 4차에 걸친 페르시아 전쟁 즉 페르시아와 그리스 간에 전쟁이 시작된 것이다.

BC.492년의 제1차 전쟁을 승리로 이끈 다리우스왕은 곧이어 BC.490년에 6만명의 모병과 기병을 태운 거대한 함대를 이끌고 제2차로 아테네를 공략하려고 했다. 그러나 페르시아의 월등한 수적 우세에도 불구하고 마라톤이란 조그마한 평원에서 밀티아데스라는 아테네 장군에게 패하고 말았다.

이후 다리우스가 아테네 재침략을 위한 전쟁준비를 하다가 사망하였고 곧이어 그의 아들 아하수에로(BC.485-464년)가 왕위에 올랐다. 이 아하수에로는 즉위 2년 동안 철저하게 아테네 침략계획을 세워 차츰차츰 준비하고 있었다.

그리고 이제 그는 전쟁을 위한 마지막 정검과 함께 지도자들의 사기를 북돋워주기 위하여 대대적인 잔치를 베풀었는데 본문은 바로 이 시기의 역사를 배경으로 하고 있는 것이다.

한편 페르시아가 이렇듯 만족할만한 준비를 하고 있는 동안 아테네도 나름대로의 전쟁 대비책을 세워 두고 있었다. 그 결과로 페르시아는 3차(480년), 4차(479년) 원정에서 각각 살라미스(Salamis)와 플라타이아이(Plataiai) 미칼레(Mykale)싸움에서 아테네 군대에게 패배하고 말았다. 그 후에 아하수에로 왕은 암살자에 의해 살해되고 말았다.

약17년 동안 지속된 페르시아 전쟁에서의 아테네의 승리는 아테네와 페르시아에 지대한 영향을 끼쳤다. 우선 승리국인 아테네는 이 전쟁을 기점으로 하여 해상 진출의 기틀을 확고히함과 아울러 그리스의 중심도시국가로 떠올랐으며 문화적으로 찬란한 고전 문명을 그리고 국가적으로는 민주정치를 이룩하게 되었다.

한편 페르시아는 정치적으로는 여전히 그리스에 간섭하였으나 문화적으로는 오히려 그리스의 문명을 수용하는 상황이 되었다.

본문의 단순하고도 간략한 기사 속에 이렇듯 세계사에서 중요한 위치를 차지하는 페르시아 전쟁에 대해 살펴 볼 수 있음에 우리는 놀라움을 금할 수가 없다. 그러나 이보다 더 놀라운 사실은 바로 이러한 잔치로 인해 유대인 처녀 에스더가 왕비로 간택되어 멸절위기에 놓인 동족 유대인을 구원하신 하나님의 놀라운 섭리인 것이다.

본문을 다른 각도에서 본다면 남북왕국의 멸망 이후 제1차포로 귀환(BC.536년)이 이루어진 뒤 제2차포로 귀환(BC.458년)이 아직 이루어지지 않았을 즈음에 바사의 수산궁에서 발생한 일을 기록한 역사서인 것이다.

그중 본장은 주인공 에스더가 바사제국의 왕후로 간택되는 배경을 소개하고 있다. 당시의 바사왕 아하수에로 왕(XerxesBC.485-464년)는 다리오 1세의 아들로서 동쪽의 인더스 강에서부터 서쪽으론 지중해까지 그리고 남쪽으로 에디오피아까지 그리고 북쪽으로 흑해까지 이르는 광대한 영토를 통치하고 있었다.

그런데 그의 통치기간 중에 그리스 연합군과 페르시아군 사이에 살라미스(Salamia) 전투가 벌어졌는데 본장의 아하수에로 왕의 잔치는 BC.480년에 시작된 그리스 원정을 준비하기 위한 사기 진작의 의미와 작전회의와 같은 성격을 지니고 있었던 것으로 추정된다.

무려 6개월 동안 계속된 이 잔치는 당시의 강대국 바사가 얼마나 큰 부귀와 영화를 누리고 있었는지 보여주기에 충분하다. 그리고 이러한 바사제국의 위용은 바사에 남아 있는 유대민족으로 하여금 옛 다윗 왕국의 영화를 그리워하게 했을 것이다.

아하수에로왕은 바사제국의 엄청난 부와 권세를 과시하기위해 180일 동안이나 잔치를 열었으나 결국 살라미스 전투에서 그리스 연합국에게 패배당하고 말았다. 누구든지 세상 재물이나 권세를 의지하고 자랑하는 것은 지극히 어리석고 허탄한 처사이다.(약4:16) 따라서 우리 성도들은 세상의 헛된 것이 아닌 예수그리스도의 십자가로 말미암아 하나님 나라의 백성 됨을 자랑해야 된다.(갈6:14)

아하수에로왕이 베푼 잔치는 바사제국의 백성이라면 아무나 참석할 수 있었지만(5절) 예수그리스도께서 성도들을 위해 베풀어주시는 하나님 나라의 잔치는 오직 "예복"을 입은 자만이 참여할 수 있다.(마22:11-14) 따라서 성도들을 위해 하나님 나라에서 예비될 어린 양의 혼인잔치에 참여하기 위해 우리는 거룩한 믿음과 의로운 행실의 소유자

들이 되어야 한다.(계19:6-10)

2007. 7. 18.

"바사제국의 제3대왕, 아하수에로왕은 재위 20년 동안에 17년 동안을 페르시아 전쟁에 매달렸으니 동쪽은 인도, 남쪽은 구스 및 에디오피아 서쪽은 지중해 북쪽은 흑해 그 얼마나 방대한 영토와 나라를 정복한 127도를 가지고도 모자라서 전쟁만 벌렸으니 인간의 욕심은 한이 없다.

재위 3년 되던 해 180일(6개월)동안 벌린 왕궁잔치가 얼마나 무용한 것인지 어리석었다. 그러나 거기 있던 이스라엘 백성에겐 옛 다윗왕국의 영화를 그리워하도록 한 하나님의 섭리와 더 나아가 영원한 하늘나라 잔치를 예표한 섭리였으며 무엇보다 에스더를 왕후로 간택코자 한 하나님의 원대한 섭리와 경륜이 숨어 있었다.

바사제국의 부귀와 영화가 아무리 극에 달했어도 하나님의 도움 없이는 아무것도 할 수 없다. 앗수르 제국도 하나님이 강성케 했다가 하나님이 망하게 했다. 바벨론 제국도 메데 바사제국도 페르시아 제국도 하나님이 강성케도하고 망하게도 한다. 그리스 전쟁에 만반준비와 180일 잔치와 단합대회도 하나님의 섭리가 망하게 되어었다."

성경난해구절 해설시리즈(성문서 에스더 4-(3)-㊵)

Q "왜 왕후 와스디는 왕명을 거부하고 연회석에 나타나지 않았을까?"

에 1:11-12

A "왕후 와스디를 청하여 왕후의 면류관을 정제하고 왕의 앞으로 나오게 하여 그 아리따움을 뭇 백성과 방백들에게 보이게 하라하니 이는 왕후의 용모가 보기에 좋음이라 그러나 왕후 와스디가 내시의 전하는 왕명을 좇아오기를 싫어하니 왕이 진노하여 중심이 불붙는 듯하더라"(에1:11-12)

메데 파사의 왕 아하수에로왕을 그의 왕자들과 신하들 그리고 백성들과 함께 180일 동안(6개월) 잔치를 한 후에 수산의 시민들을 위해 7일간의 연회를 베풀었다.

그 잔치의 절정에 이르러 왕은 왕후 와스디를 나오게 하여 그 아름다움을 모든 축하객들에게 나타내 자랑하고 싶었다. 그러나 왕후 와스디는 내시가 전하는 왕의 명령을 거절 하였다. 무슨 일인지 알 수 없다. 왕후로서 왕의 명령을 거절한다는 것이 이해가 안 된다. 그리고 그 결과 왕후의 위가 폐위까지 되는 비극을 자초하게 된 셈이 된다.

그러면 왜 왕후 와스디는 왕명을 거부했을까? 일반적으로 여인이라고 하면 그의 아름다움을 과시하고 싶은 욕망이 있지 않을까? 그리고 왕의 이 명령은 바로 왕후 자신이 모든 사람들에게 아름다움을 자랑할 수 있는 절호의 기회가 아닌가? 더구나 왕후쯤 된 자가 왕의 명령을 거역하면 그 결과가 어떤 것이 온다는 것은 너무나 잘 알고 있을 텐데도 왕명을 서슴없이 거부한데는 그 만한 이유가 있었으리라고 본다. 그 이유가 무엇일까? 궁금하다.

왕의 말은 그 나라의 향방과 흥망성쇠를 좌우할 수도 있는 매우 중요한 것이었다. 따라서 왕은 일반인과는 달리 말을 함에 있어 특히 명령을 내림에 있어서 신중해야 했다. 그러나 본문에 언급된 아하수에로 왕의 명령은 신중하며 분별된 것이 아니라 술에 취한 상태에서 자기 아내의 미모를 과시하려는 개인적인 욕망에서 비롯된 천박한 것이었다.

한편 와스디가 아하수에로의 명령을 거절한 이유에 대하여는 다음 다섯가지 견해가 있다.

첫째 견해: 와스디는 다음 황제가 될 아닥사스다를 잉태한 임신 중이었기 때문이다. 임신한 상태에서 이미 배가 불러왔고 몸이 망가진 상태에서 여러 사람들 앞에 나서서 몸매와 미모를 과시한다는 것이 임신여로서는 부담이 갔다는 것이다.

반론: 당시 와스디 왕후가 아닥사스다 왕자를 잉태한 상태에 있었기 때문에 남자들 앞에 나아갈 수 없었다는 견해는 상상에 불과하다 확실한 역사적 고증이나 증거가 없으며 앞서 그녀 자신이 여자들을 위한 연회를 베풀었다는 점에서 이 견해는 개연성이 없다고 본다.

둘째견해: 페르시아의 관습상 일반적으로 여자는 남자들의 술자리에 동석하는 것이 금기시 되어 있다고 보는 견해이다. 요세푸스의 문헌에 보면 일반적으로 여자는 술 취한 남자들 앞에 나타나지 않는 것이 미덕으로 돼 있다고 페르시아 관습을 소개한다.

반론: 페르시아 관습이 반드시 여자는 남자들의 술 자석에 동석이나 모습을 나타내서는 안 된다는 성문법이나 구전법이 존재치 않는 다는데 문제가 있다. 그러면 에스더서 에서도 두 번이나 에스더가 왕의(남자 하

만 동석)연회 술 자석에 동참한 것이 나온다.(5:1-8,7:1-4) 금기 사항이었다면 이러한 자리 마련이 잘못 된 것이 된다.

셋째견해: 구약 성경의 유대인 주석서인 미드라쉬(Midrash)와 아람어 역본인 탈쿰역(Targum)의 견해이다. 당시 아하수에로 왕이 와스디 왕후에게 온 몸을 벌거벗은 채로 머리에 면류관만 쓰고 남자들이 많은 연회석으로 나오라고 명령했기 때문에 왕후로서 체면을 지키기위해 단호히 거절했다는 견해이다.

반론: 왕후의 나체를 그 신하들에게나 많은 백성들 앞에 보이려는 시도는 역사상 그 어떤 군왕에게서도 없었던 사실이며 왕궁의 법도와 일반인의 상식을 벗어나는 이런 일은 지나친 상상에 불과하다고 본다.

넷째견해: 유대랍비들의 견해로 왕후에게는 몸에 흉터가 있어서 대중들 앞에 나타나기를 꺼려하였다고 한다. 자신의 외모에 큰 흠집이 있었다고 보는 견해이다.

반론: 만약 와스디 왕후의 외모에나 몸에 큰 흠이 될 만한 요소가 있다면 왕이 부를 리가 없다는 주장이다. 왕이 모른다는 것도 앞뒤가 안맞고 알고도 불렀다는 것은 문제 있고 왕이 왕후의 외모와 미모에 자신이 있었다고 보아야하기에 이 견해도 개연성이 없다고 본다.

다섯째견해: 술 취한 방백들과 백성들 앞에서 자신을 내놓는다는 것은 왕후로서의 위엄을 손상할까봐 염려가 되어 왕의 명령을 거절 했다는 견해이다.(케일, 라빈슨, 슐추)그도 그럴 것이 장장 180일 간이나 여흥과 술로 문란해진 연회문화에다 고대 페르시아인 들은 보통 술주정이 심했다고 하는 Herodotus의 주장은 이를 뒷받침 해주고 있다.

술주정이 어느 나라보다 심하고 흥겨운 주흥이 오랜 세월이 계속 되였기에 이성을 잃고 왕후에 미모에 그만 야유와 절제 못하므로 나타날 돌발 상황에 왕후엄위에 먹칠하게 될 것이며 왕후자신이 술주정뱅이들의 눈요기 감으로 그런 불미스런 장소에 나간다는 것이 자존심이 허락지 않았다. 그래서 여기 다섯 가지 견해 중에서는 다섯 번째 견해가 가장 개연성이 있다고 본다.

그리스의 역사가 Herodotus의 기록에 의하면 루디아 왕 칸타울레스는 자기 아내의 아름다움을 과시하려고 신하들 중의 한 사람을 불러들인 다음 그녀를 벌거벗게 만들었다. 그 후 왕후는 자신의 벌거벗은 육체를 본 그 신하와 다시 결혼을 했고 칸타울레스는 그들에 의해 살해되고 말았다. 결국 칸타울레스는 분별없는 욕망으로 인하여 마침내 자신의 왕관과 생명까지도 잃어버리는 비참한 결과를 맞이하고 말았다.

물론 여기서 아하수에로 왕이 칸타울레스와 동일한 명령을 내린 것은 아니지만 이 명령을 내리는 그 동기는 칸타울레스와 별반 다를 게 없는 천박하기 그지없는 행동이었다. 그러나 하나님은 어떤 사건을 통해서든지 하나님의 일을 해나가신다. 도리어 역전승 시키고자 새 역사를 창조하신다.

결론의 말씀을 드리고자 한다. 재미있는 사실이 있다. 후에 에스더는 왕의 명령이 가까이 하지말라. 금홀을 내밀기 전에는 내전은 물론 외전(바깥뜰)까지도 나타나지 말라고 했으나 에스더는 왕명을 거부하고서 왕궁안뜰 어전 맞은편까지 진입했으나 왕이 보자마자 감동이 되어 금홀을 내밀고 맞이했으나 와스디의 불순종은 왕이 대노하게 되었다.

이 두 왕후들의 사건은 왕이 전연 다른 반응을 일으키게 했다. 에스더는 왕의 인정을 확인하여 맞이하게 되나 여기에 비해 와스디는 왕의 분노를 일으키는 계기가 되었다. 이 결과는 3일 금식하며 하나님께 기도하고 나갔기 때문이다. 기도자와 기도 없는 자의 결과는 두 말할 필요를 느끼지 않는다. 즉 이런 결과는 하나님의 역사로 밖에 설명이 안 된다.

하나님이 이스라엘의 구속사를 이어 가시기 위해 반드시 하만의 멸살정책에 대안으로 하나님이 모르드개와 에스더를 예비하시고 그 역사를 진행하시기 때문에 와스디가 왕의 명령을불 순종한 것도 하나님의 역사로 보아야하고 에스더의 용기도 하나님의 역사로 보아야 하듯 오늘 우리들의 그 어느 한 가지도 하나님의 역사의 한축인줄 믿고 불순 된 생활로 하나님의 구원역사에 그르치는 일이 없도록 해야 하겠다."

2007. 7. 19.

"와스디가 왕의 명령을 거역하면 오게 될 결과를 모를리 없다. 그런데 왕명을 거절했다는 다섯 견해들 역시 어쩐지 마음이 무겁기만 하다. 다섯 번째 견해를 개연성이 있다고 하나 그 정도 문제라면 어느 정도 해결할 수 있을 텐데도 결과는 너무 무섭게 장식됨을 느끼게 된다.

에스더서에는 하나님이란 말이 없고 하나하나 사건들을 볼 때 이해할 수 없는 부문이 많다. 와스디의 왕의 명령 불순종이나 에스더가 왕 앞에 도저히 나갈 수 없는 상황 이런 와중에도 하나님은 구원역사를 이뤄 나가시는 손길이 너무나 정교하고 하나님의 능력이 아니고서는 이런 일들이 불가능하다.

요세푸스나 헤로투스 유대랍비인들, 케일, 라빈슨. 슐추 이들이 아무리 많은 증거를 내놓고 그럴듯한 해답을 내놓는다 해도 저자의 판단에는 미치지 못하리라 "하나님이 당신의 백성을 구원 코저 한 사람 한사람 주관하시고 역사해내신 것이다." 즉"모든 일은 하나님이 다 하였으니 하나님께 굴복하라"

Q "에스더가 아하수로에 왕의 새 왕후가 된 사건에서 풀리지 않는 난제들"

에 2:8-17

(문제제기)

1. 왜 에스더가 새 왕후가 되는 미인 대회에 참가했는가?
2. 에스더가 유대인 출신인 것을 감춘 것은 잘못 아닌가?
3. 에스더는 왕과 결혼하기 전에 왕과 동침했을까?
4. 에스더는 미인 대회에서 뽑혀 왕의 부인이 되었는가?

(문제설명)

'에스더' 서에 나온 모든 사건들이 역사적 사실인바 세상 역사서에서도 나와서 객 관적 검증받을 자료가 없다. 에스더서만 읽어서는 많은 의문점을 해소할 수가 없 다. 새 왕후가 되기까지의 여러 사건 사건들이 풀리지 않은 난제들을 이상과 몽 조를 통해서라도 속 시원한 해답을 주시리라 믿는다.

A (문제해설)

1. 왜 에스더가 새 왕후가 되는 미인 대회에 참가했는가?

에스더가 특정한 때에 이스라엘백성을 구하기 위해 하나님의 택한 도구였음에 대해서는 의심의 여지가 없다. 다만 하나님이 선택한 에스더가 왜 이방인들의 미인대회에 참여해서 왕비로 뽑혀야 했는가? 왜 에스더와 같은 경건한 신자가 그런 미인대회에 참여했으며 또 이방 왕의 아내가 되려고 한 일이 신앙상 잘한 일이라고 볼 수 있는가?

여기 왕의 명령에 의해 도성 수산에 모인 많은 처녀들의 수에 대해서는 해답이 구구하지만 요세푸스는 거기 400명의 처녀들이 참여했다고 한다. 플루다크((Plutarch)에 따르면 페르시아 아닥사스는 360명의 첩이 있었으며 모두 최고의 미인들이었다고 주장하였다.

이렇게 본다면 여기 미인 대회란 것이 신앙적이 아니었을 것이 분명하며 경건한 유대인이 거기 참여했다면 큰 모순이 아닌가? 그 해답으로 여기 8절에 나오는 말씀에서 분명한 것은 에스더는 이 대회에 자발적으로 참여하지 않았다는 것이다.

다만 7절 말씀대로 용모가 곱고 아리따운 처녀여서 왕의 관리에게 주목을 받게 되었다. 우리 말 성경8절에서 에스더는 왕궁으로 이끌려가게 되였다. 그러므로 에스더는 자원해서 미인 대회에 참여한 것이 아니다. 에스더는 이 일에 선택의 여지가 없었다.

물론 여기서 에스더 역시 잡혔다. 혹은 걸려들었다고 번역하나 에스더가 수산궁에 간 것은 어떤 강제나 심지어는 주저함도 없었을 것이다. 왜냐하면 그 동사가 여기서 어떤 싫은 기색도 탐지 하지 않기 때문이다. 같은 동사를 저자는 15절에 가서 모르드개의 에스더 입양에서도 쓰고 있다.

그러나 그럼에도 그녀가 주저함이 없이 수산궁에 들어갔는지를 알기는 불가능하다. 그리고 어느 여인이 왕명 앞에서 선택의 권리를 행사할 수 있었을 지는 의문이다. 또 미인 대회참여자들이 명백한 어떤 부도덕한 일을 그 대회 안에서 했다는 확실한 증거도 없다.

위에서 본대로 다양한 해답이 가능할 것이다. 다만 우리는 이 대회가 흔히 생각하는 것처럼 그 과정에서 부도덕한 일이 있었다는 어떤 증거도 없으며 또 에스더를 왕후로 삼아 그 백성을 구원하시는 것이 하나님의 계획이었다면 더더욱 그런 의심을 할 필요가 없을 것이다.

또 설사 이런 일이 그 과정 중에 있었다고 해도 에스더로서는 선택의 여지가 없었을 것이므로 에스더에게 책임이 있다고 주장하는 것은 옳지 않을 것이다.

2. 에스더가 유대인 출신인 것을 감춘 것은 잘못 아닌가?

이방인과의 결혼은 유대율법을 어기는 것이었다. 그런데 모르드개는 에스더가 아하수에로 왕의 아내가 되기를 원했다. 그 이유가 무엇이었겠는가? 왜 모르드개는 에스더에게 유대인임을 감추라고 하였는가? 그 때에는 하만에 의한 위협이 없었으며 또 유대배경을 굳이 감출만큼 유대인들에 대해 반감이나 학대사실도 없는 때이다.

그것이 사실이었다면 왜 그렇게만 해야만 했는가? 만일 그의 사촌이 왕후였다면 모르드개는 정치적인 출세에 대한 야망 때문에 고조되었을 것이라고 한다. 모르드개 자신을 위해서 그렇게 했다는 것이다. 그러나 모르드개가 에스더에게 그녀가 유대인임을 말하지 말도록 한 것은 그때가 유대인들에게는 박해의 시기였기 때문이었다고 보는 이들도 있다.

그 이유로 모르드개는 왕궁에 있는 어떤 사람들에 의해서 셈족에 대한 반감이 있음을 확신했을 것이기 때문이다.(3:1-6) 다시 말하면 에스더 자신을 위해서가 아니라 유대민족을 위해서였다는 것이다.

그럼에도 불구하고 여기서 모르드개가 에스더에게 그녀의 유대 배경을 감추게 한 것은 그녀의 왕후선택과 연관이 있었다고 볼 수밖에 없다. 그 예로 헤로도투스에 따르면 아하수에로왕은 그의 여섯 개 연맹의 가족들의 제한 된 혈통 안에서 아내를 구했어야만 했다.

사실 왕이 왕후를 외국여자로 선택하는 것은 이웃나라의 왕족과의 정략상 결혼이 아니라면 있을 법한 일이 아니다. 이것이 사실 이었다면 에스더가 그녀의 유대배경을 알렸다면 왕후로 선택되기는 힘들었을 것이다. 왜 아하수에로왕이 페르시아의 배경을 갖은 여인을 마다하고 유대배경의 처녀를 아내로 맞이했겠는가?

그 밖의 다른 해답으로는 비록 모르드개는 그것에 대해 몰랐을지라도 그가 계획한 것에 대한 더 나은 성취를 위해서 하나님의 손길이 그것을 감추게 하였을 것이다. 모르드개가 기도할 때 하나님의 감동과 감화가 에스더의 유대인 출신임을 감추도록 암시해 주었을 것이요 이것이 옳은 것으로 판단 되였기에 모르드개도 에스더도 그대로 준행했다고 본다.

3. 에스더는 왕과 결혼하기 전에 왕과 동침했을까?

여기 에스더 2:12-18에는 어떻게 에스더가 왕비가 되었는지를 설명한다. 그런데 그 과정을 들어 에스더의 도덕적 표준에 대해 의아해 하는 사람들이 있다. 에스더는 아하수에로 왕과 결혼하기 전에 그와 성적 관계를 가지지 않았느냐고 반문 한다.

더구나 일부다처 사회에서 그 대회에 참여하는 왕의 아내들인 규방여인이 되는 것을 의미하였다. 14절에 의하면 선택된 처녀는 저녁에 왕의 어전에 들어가서 그와 함께 그 밤을 지낸다. 다음날 처녀는 다른 곳으로(규방(히)제이의 집) 되돌아와서 후궁들을 책임 받은 왕의 내시 사아스가스의 책임아래 있게 된다.

따라서 그 여인은 만일 왕이 그녀를 기뻐하지 아니하여 이름을 부르지 않는다면 다시는 왕에게 나올 수는 없었다. 이렇게 버림받은 이들은 그들의 생을 과부처럼 살았다(참고 삼하20:3)

따라서 에스더가 선택된 처녀로서 왕의 집에 불려가서 하룻밤을 왕과 지냈다면 결혼 전에 벌써 그 왕과 성적인 관계를 가진 것이 아닌가? 그러나 거기에는 두 개의 규방들이나 아하수에로왕이 가까이한 아내들이 그룹이 있었다.(14절) 처녀들의 규방과 후궁들의 규방이다. 후궁은 참으로 아내였으나 제 이급의 아내였다.

비록 고대 페르시아왕의 결혼 관습은 오늘날과는 크게 달랐으나 에스더의 편에서는 도덕적 부정이 없었음이 드러난다. 그녀가 미인대회에 나가는 것은 곧 왕의 아내가 되는 것을 의미하였다. 물론 왕의 아내가 되기 위해 에스더도 왕궁에 이끌려 들어가 왕과 한 밤을 지냈을 것이다.

그러나 이 경우에 그것은 위에서 언급했듯이 왕의 아내가 되는 길이었지 왕의 아내가 되기 위한 시험은 아니었다. 그리고 그 길로 에스더는 다른 모든 여자 보다 왕의 사랑을 더 받았으므로 와스디를 대신하여 왕후가 되었다(17절) 그러므로 미인 대회에 참여한 에스더가 도덕적으로 부정했다고 보기는 어렵다. 왕이 에스더가 깨끗했기에 왕후로 간택하였을 것이다.

4. 에스더는 미인 대회에서 뽑혀 왕의 부인이 되었는가?

과연 미인대회에서 왕후로 뽑았다는 것은 믿을 만한 것인지 하나님은 그런 방법으로도 섭리하시는가? 헤로도투스에 의하면 페르시아의 왕은 그 땅의 일곱 귀족의 가문 중에 한 가문에서 왕후를 택하도록 요청되었다고 한다. 그것이 사실이었다면 미인 선발대회를 거쳐서 왕후를 택했다는 것은 믿을만한 것이 아니라고 반대한다.

아하수에로 왕은 비이성적인 기질이 있었으며 더구나 노를 잘 풀지 못하는 성격이었다. (1:12, 7:10) 그는 수산 궁에 많은 후궁들을 두고 있었다. 그러므로 방백들의 말을 따라 미인 선발대회를 거쳐 왕후를 선택한 것은 얼마든지 있을 수 있는 일이었다.

다만 이런 방법으로 그의 백성을 구원하시는 것이 하나님의 섭리였는가 할 때 그 대답은 쉽지 않다. 하나님께서 무슨 외모에 그렇게 관심이 많으시거나 오늘의 미스코리아 선발대회도 하나님께서 쓰시기 위한 방법이라고 생각하는 것은 잘못이다.

그러나 여기서 분명한 것은 에스더가 적극적으로 그 대회에 참석했다기보다는 이종사촌 오빠 모르드개의 권면이 있었고 또 그녀가 아름다웠기 때문에 자기의 의사와는 다르게 이끌려 갔을 수도 있었다.(에2:8)

그럼에도 불구하고 에스더는 복수심에 불타는 총리 하만의 계획을 좌절시키며 하만으로 하여금 아하수에로의 새 왕비를 죽이려는 음모에 가담한 죄에 말려들게 하기위하여 하나님께서 세우신 계획의 도구로써 하나님을 섬겼다는 데에는 조금도 의심의 여지가 없는 것이다.

2007. 7. 20.

"에스더를 읽다보면 많은 의문점을 낳게 된다. 그 중에서 4개만 골라서 난제로 설정하고 문제를 해설해 놓았다. 성령님의 도움이 없이는 이 에스더서도 이해하기가 아주 어렵다. 그 이유는 2천5백년이란 시간 공간이 많은 사건을 감추어 두었기 때문이다. 그러나 하나님의 권능은 전지전능하시다.

과연 에스더가 새 왕후가 되는 미인 대회에 참가했는가? 현재의 눈높이에서 본다면 미인대회에 참가자체가 불신앙 적이나 그 시대 상황으론 가능했으리라고 본다. 또 에스더가 유대인 출신인 것을 감춘 것은 신앙적이 못된 것 같다. 그러나 하나님이 하나님의 뜻을 이루고자 모르드개에게 알렸고 그대로 따른 것으로 본다.

또 에스더는 왕과 결혼하기 전에 왕과 동침했을까? 고대 페르시아의 왕의 결혼관습은 오늘날과는 현격한 차이가 있다. 미인대회에서 왕궁으로 간 것은 왕후로 깨끗했다고 본다. 과연 미인대회에서 왕후로 뽑혀 왕의 부인이 되었을까? 하나님이 하나님의 뜻과 역사 그리고 구속사를 이루려고 짜놓으신 것이니 누가 토를 달 수 있나?"

성경난해구절 해설시리즈(성문서 에스더 4-(5)-㊷)

Q "에스더서를 평신도의 눈높이로 한 마디로 재평가하여 정리하면?"

에 1:~10:

A 에스더서의 책제목은 중심인물이 에스더(Esther)임을 반영하여 '에스더' 라는 책명으로 칭했다. 원래 에스더란 말은 '별' (star)이란 뜻을 지닌 페르시아어 '에스데르(Esther)' 에서 유래했습니다.

본래 히브리어 명칭으로는 '도금양' 혹은 '은매화' 라는 식물의 이름을 뜻하는(2:7) '하닷사' (Hadassah) '이다. 70인 역(LXX)과 라틴 벌가타역(Latin Vulgate)' 역시 '에스더 '라는 이름 그대로 책 제목으로 삼고 있다.

이 책의 저자는 확실치 않으나 거론되는 사람으로는 모르드개와 요야김 그리고 에스라 제사장이 거론되고 있다. 그러나 바사왕궁의 사정이나 수산성에 거주하던 유대인들의 세밀하게 묘사된 점을 보아 페르시아에 오래 거주하면서 궁중과도 밀접한 관련이 있었던 익명의 유대인으로 추정된다. 여기에 일차 수신자는 유대왕국 멸망 후 바벨론으로 포로 잡혀가서 온 페르시아(127도 전역에) 제국에 흩어져 살던 디아스포라 유대인들이다.

기록 년대로 모르드개가 활동한 시기인 아하수에로 왕의 통치시대

(BC.485-464년)가 이미 끝났음이 암시되고(10:2-3) 역사상 유명한 수산궁 화재사건(BC.435년)에 대한 언급이 누락된 것으로 보아 BC.464-436년 사이에 기록 되었을 것으로 추정된다.

에스더서의 요점은 바사왕 고레스의 칙령에도 불구하고 여전히 이방 땅에 계속 남아 있던 디아스포라 유대인들이 민족 몰살이라는 갑작스런 위기 상황을 맞이하여 사람이 감히 생각할 수 없는 기적적인 방법으로 구원받게 된 사건을 소개함으로써 페르시아 127전국도 구석구석까지 미치는 하나님의 보호와 사랑의 손길을 암시한다.

에스더는 왕후로서 자신의 지위에 연연하지 않고 이스라엘 민족과 백성을 위하여서 "죽으면 죽으리다"(4:16)라는 일사각오 신앙을 보여준 에스더는 하늘 영광을 버리고 십자가에 달리신 비하를 체험하신 예수그리스도를 예표하고 있다. 아울러 유대인들을 몰살위기에서 모르드개의 행적 역시 예수그리스도의 구속사역의 예표이기도 한다.

본서는 어떤 의미에서 구약성경 가운데 가장 독보적이며 독특한 면모를 지닌 책이기도 하다. 왜냐하면 통상 성경이 하나님의 속성과 행위를 통해 하나님의 본성에 대해 계시해주는 기능을 한다고 이해할 때 본서에서는 하나님, 기도, 희생제사 또는 경배에 대한 일체의 언급이 등장하지 않기 때문이다.

피상적으로 보자면 본서는 피치 못할 사정으로 본토에 귀환하지 못했거나 또는 귀환하지 않은 유대인이 이방 땅에서 흩어져 살던 동안 몰살 위기를 겪었고 모르드개와 에스더의 기치가 그런 위기로부터 구원했다는 이야기이다.

이는 유대인의 입장에서도 무척이나 세속적인 '노벨라(movella) 곧 '짧은 역사 소설'이다. 그러나 본서의 저술목적은 단순한 역사의 완성이 아니라 부림절의 기원을 설명하는 것과 관련되어 있다. 그런 점에서 본서는 부림절을 제정하게 된 과정을 기록함으로써 그 일련의 사건 속에 은밀히 펼쳐진 하나님의 구원능력을 암시하기도 한다.

다시 말해 본서는 디아스포라를 구원하시기 위한 보이지 않는 하나님의 은밀한 구원의 능력이 인간이 의식하지 못하는 방식으로 임재 한 것을 노련한 문예적 기교로 표현한 책이다. 또한 그러한 방식으로 후세대를 교훈하며 정기적으로 부림절을 준수케 함으로써 신앙 각성의 기회로 삼고자 한 것이다.

그러므로 명백히 본서는 북이스라엘(BC.722년)과 남유다의 멸망(BC.586년) 이후 약속의 땅에서 쫓겨나 여전히 이방 땅에서 살고 있던 디아스포라를 겨냥하여 저술된 것이다.

그래서 본서는 하나님께서 특정한 시대 특정한 지역에서만 역사하는 분이 아니라 시간과 공간을 초월하여 역사를 주관하시는 분이심을 드러낸다. 유대인이 비록 약속이 땅인 가나안에서 쫓겨나 이방 땅에 살고 있지만 그럼에도 불구하고 그들은 여전히 하나님의 보호와 간섭 아래 있는 것이다. 그러므로 그들은 결코 좌절하거나 절망에만 사로잡혀 있는 포로 생활을 할 수 없었던 것이다.(렘29:4-6)

실제로 팔레스틴 일대에 세워졌던 가시적 국가는 그들의 범죄에 대한 하나님의 심판으로 멸망했다. 그러나 하나님께서는 당신이 구원하시기로 작정하시고 택하신 민족은 국가의 존폐여부와 상관없이 시공간을 불문하고 언제 어디서든지 영원히 지키신다.(삼하7:4-17)

이러한 하나님의 파기 될 수 없는 언약을 상기 시키고 있는 본서는 당시 페르시아 제국의 여러 지역에 흩어져 살고 있던 많은 유대인이 이방인과 긴밀한 교제를 통하여 이방 사상을 수용하고 여호와 유일 신앙을 헌신짝처럼 저버리는 일이 비일 비재한 상황에서 주어졌다는 점 에서 매우 적절한 감이 없지 않다.

그러나 제1차 예루살렘귀환(BC.536년) 이후 제2차 예루살렘귀환

(BC.458년) 및 제3차 예루살렘 귀환(BC.444년) 사이에 쓰여 진 본서는 우선 여전히 이방 땅에 머무를 수밖에 없었던 이들에게나 나아가 본토로 귀환한 이들에게나 심대한 영적각성의 계기를 제공했음을 알 수 있다.

그런 의미에서 본서는 궁극적으로 오늘을 사는 그리스도인에게 하나님께서 시공간에 매이지 않으시고 택한 그의 백성을 보호하신다는 사실을 환기 시킨다. 그리고 유대인을 몰살하려는 원수가 오히려 자신의 꾀에 빠지고 그의 택하신 백성 유대인이 하나님의 기적적인 섭리로 구원받은 사건을 기념하는 부림절은 그리스도인과 교회를 잔해하는 악한 세력의 멸망과 교회의 영원한 승리를 예기한다.

전 유대인의 생존을 위협하는 이방 땅 수산성에 버금가는 이 땅을 살아가는 그리스도인은 결코 공중권세 잡은 자의 위협과 유혹에 굴복하거나 타협해 하나님 백성의 정체성을 상실할 수 없다. 왜냐하면 본서가 은밀한 방식이지만 분명하게 천명하듯 어떤 상황에서도 하나님께서는 택하신 백성을 결코 놓지 않으시기 때문이다. 하나님께서는 당신의 크신 권능으로 보호하시며 이 세상에서 승리를 얻게 하실 뿐 아니라 궁극적으로 도래하는 하나님 나라에서의 영원한 승리를 보장하신다.

그러므로 이러한 승리의 과정이 결코 출애굽과 같은 기적적인 구원의 방식으로만 이루어지는 것이 아님을 주지해야 한다. 왜냐하면 본서는 이방인이 권력을 장악하고 하나님의 백성이 그들의 움직임을 주의깊게 살펴야하는 세상에서 '일상적인 사건' 을 통해 구원방식을 소개하기 때문이다.

생각건대 오늘날 그리스도인의 경우 실제적인 구원은 출애굽기식이라기 보다는 에스더식 구원방식에 근접해 있는 즉 오늘날에는 일상적인 사건을 통해 하나님께서 우리 삶 가운데 역사하시며 그의 구원을 이루시는 것이다.

이와 더불어 본서는 시공간을 넘어 택하신 백성을 보호하시는 하나님의 은밀한 구원역사와 더불어 전혀 이해하거나 통제할 수 없는 사건들과 투쟁하며 살아야하는 세상 속에서 하나님의 백성이 어떻게 살아야 하는지 교훈하고 있다는 점에서도 큰 가치를 지닌다. 본서는 하나님께서 부재하신 것처럼 보이지만 여전히 계속 임재하시는 세상 속에서 그의 백성이 울다가 웃는 승리의 삶을 표현한 책이다.

특징들을 몇 가지 적어 봅니다.

1) 본서는 하나님의 이름을 한 번도 언급하지 않으면서도 선민을 보호하시는 하나님의 섭리를 극적으로 보여준다.

2) 에스더의 왕후 등극 하만과 모르드개의 대립으로 인한 사건의 발단 전개 갈등을 이루는 전반부의 긴박감과 원수가 처형되고 전 유대인이 구원되는 통쾌한 해결의 절정과 승리의 대단원을 이루는 후반부의 극적 전환이 완벽한 실화이면서도 소설적 구조를 이룬다.

3) 우연의 일치인 듯 보이는 사건들이 거듭 제시되어 인간의 삶이 인간 통제 밖의 힘의 영향을 받고 있음을 강력히 보여준다. 예를 들어 모르드개가 왕을 살해하려는 모의를 우연히 들었다는 점(2:21) 아하수에로 왕이 불면증에 걸려 모르드개의 충성을 보여주는 왕의 연대기를 우연히 읽었다는 점(6:1) 왕이 모르드개에게 상을 주려고 생각한 순간에 하만이 왕궁에 들어 간 점(6:4) 하만이 걸상에 엎드려 목숨을 구걸하는 순간에 왕이 방에 다시 들어온 점(7:8)이 그러하다.

4) 본서는 성경에서는 매우 보기 드문 경우로 룻기와 더불어 여성을 주인공으로 하는 책 가운데 하나이다.

5) 본서는 흩어진 유대인들이 그 독특한 신앙으로 인하여 이방인 안에 살면서도 고유한 신앙 빛깔을 유지했다는 것.

6) '잔치책' 이라고 할 정도로 많은 잔치가 등장한다. 실제로 잔치란

뜻을 지닌 히브리어 '마쉐레'는 전체 구약성경에서 46번 언급되는데 본서에서만 20번이 언급되어 거의 절반이 본서에서만 차지하고 있다.

7) 고대 페르시아 제국의 왕실 제도와 사회풍습이 곳곳에 묘사된 귀중한 자료이다.

2007. 7. 21.

"에스더는 마치 노벨라(movella 짧은 역사 소설책) 같지만 하나님의 섭리와 경륜 뿐 아니라 구원의 역사까지 다 기록된 대하소설 같은 느낌이 든다. 에스더서의 모든 것을 다 다루어 보았다. 그중에서 가장 빛나는 것은 에스더의 '죽으면 죽으리라'의 예수그리스도 같은 용단과 모르드개의 모든 행적 역시 예수그리스도를 예표 된 것이 크게 빛났다.

으례히 성경하면 하나님에 대하여 구원제사나 예수그리스도의 속죄사역이 낱낱이 기록되는 것이 상례이나 하나님이란 이름 한마디 없이도 예수그리스도(메시아)의 십자가와 부활 한마디 없이도 우리 모든 성도들의 하나님의 도우심과 위기에서의 극복 상상 초월하는 스피드하고 스펙타클하게 전개되는 사사건건이 너무 고차원적인 구속관이다.

2천5백년이란 시간의 공간을 뛰어 넘어 현대 크리스찬들에게도 이와 똑같은 사건들이 매일 매일 삶 속에서 이루어지고 있음을 믿어야 하며 특징 7가지 하나하나가 이 책을 잘 설명해 주고 있으니 이 책의 특징들이 오늘 우리에게도 너무나 실감 있게 와 닿는 하나님의 사랑의 손길을 느껴서 감사로 제사 드리는 부림절 성도들이 되 시길 바라노라."

Q “부림절의 생성과정과 유대인들이 지킨 풍습과 전후의 상황은?”

에 3:7, 9:26

A ‘운명의 날’이라고도 하는 이날은 히브리 달력으로 마지막 달인 아달월(Adar 태양력으로 2,3월) 14일,15일에 거행되는 이스라엘 축제의 이름이다. 이 부림절은 모세의 율법이나 구약의 어느 책에서도 언급되지 않지만 그 기원에 대해서는 에스더 3:7과 9:24에 자세하게 나오고 있다.

한편 이 절기의 대중성 혹은 유대인들의 정통성 인정을 반영하기라도 하듯 이 절기는 외경(마카비하15:36)과 요세푸스(Josephus)의 책에만 언급되어 있다. 그러나 이 같은 절기의 내용이나 그 절기를 지켰다는 사항이 신약성경 그 어디에도 언급되어있지 않다.

그래서 많은 고등 비평가들은 이 절기의 정통성에 대해 이의를 제기하곤 한다. 이 절기가 신약에 언급되지 않는 이유는 이 절기의 축제가 지방에 따라 거행되어서 명절에 행하는 예루살렘 순례 여행과는 아무 연관이 없는 듯 하기 때문이다. 그러기에 이와 같은 문제로 본 절의 정통성을 이야기하는 것은 타당치 못한 처사이다.

마카비서의 기록에 따르면 특별히 12월 14일 ‘모르드개의 날’로 칭하고 부르게 되었다. 그리고 그 전날인 13일은 에스더가 왕 앞에 나가기 전에 행한 기도와 금식을 기념하여 '금식의 날'로 널리 행해졌고 제 14일 새벽이 되면 회당에 모여 에스더서를 읽는다.

책의 낭독과 함께 낭독자가 해석을 하는데 이때 하만과 다른 박해자들의 이름이 나올 때면 저주의 외침과 동시에 발을 구르고 비탄의 온갖 소리를 지른다. 반면에 모르드개와 에스더의 이름이 나올 때는 축복의 말을 했다.

그리고 14일 아침이 되면 회당에서 다시 예배를 드린다. 그런 다음 이후의 시간에 사람들은 가난한 사람과 친구들에게 선물을 준다. 그리고 14일 나머지 시간과 다음날 15일에는 금식과 함께 축제로 시간을 보내게 된다. 그리고 이때 아이들은 가장무도회를 비롯한 각종 놀이를 즐기기도 한다.

이러한 축제기간동안 다소 지나친 행동이 있어도 민족적 정서 속에서 이해되고 묵인되기도 한다. 한편 이 축제는 지방에 따라 다르게 거행되기도 했으며 명절에 행하는 예루살렘 순례여행과 아무런 연관이 없기 때문에 신약에서는 이 축제에 대한 언급이 없는 것이다.

바사의 총리 하만의 유대인 말살 궤계로부터 모르드개의 지혜와 에스더의 결단력 있는 행동으로 유대인이 구원된 것을 기념하는 부림절은 오늘날의 유대인 사회에서 아직도 그대로 행해지고 있다. 이것은 성경의 역사성의 단적 증거라 할 수 있다.

오늘날 우리성도들도 하나님의 주권적 섭리로 구원해 주고 계심을 암시하시고 하나님은 늘 당신의 백성들을 사단의 궤계로부터 보호해 주시고 지켜주심을 암시하시고 계시며 유대인의 구원과 하만의 멸망은 그리스도께서 재림하실 때 이 세상의 악한 자들은 징벌을 하나님의 백성들은 구원과 상급을 받게 됨도 보여주고 있다.

부림 절하면 박진감과 스릴, 서스펜스한 면을 빼놓을 수 없다. 유대민족에게 닥쳐온 부당하고도 참담한 위기의 극적 반전이기에 축제가 된다. 이 같은 반전과 역전은 에스더와 모르드개라는 두 민족 영웅을 중심으로 유대민족 전체가 멸절위기에서 승리하고 영광을 누리게 되는 것을 기본 골자로 하여 여러 세부 전반에서 역전승이 나타난다.

이처럼 에스더서에 나타난 부림절의 극적인 역전승은 에스더와 모르드개 영웅들 뒤에서 역사를 움직이시는 보이지 않는 여호와 하나님의 손에 의해서 가능했다. 눈을 들어 전 역사의 저편에서 살펴볼 때 이 같은 대역전은 사단이 공중권세를 잡고 하나님의 사람을 핍박하는 이현세상의 모순은 예수그리스도라는 하나님의 손이신 그 분에의해 전우주적으로 평정 될 것임을 드러내며 결국 이것이 부림절 사건을 보여주는 에스더서와 부림절 사건이 우리에게 주는 궁극적 메시지이기도 합니다.

에스더서의 대 역전 구조도표

구 분	이 전		이 후	
	내 용	성 경	내 용	성 경
지위	하만의 지위격상: 왕 다음	3: 1	모르드개의 지위 격상: 왕 다음	10: 3
제비	유대인 진멸을 위해 제비뽑아 아달월을 택함	3: 7	제비뽑아 유대인 진멸하려 했으나 실패함	9: 24
이익	유대인 용납은 왕에게 무익	3: 8	유대인 진멸은 왕에게 손해	7: 4
반지	왕의 반지를 하만에게 줌	3: 10	왕의 반지를 빼앗아 모르드개에게 주고 하만의 집도 주관케 함	8: 2
임의	하만의 임의대로 하도록 왕이 허락함	3: 11	모르드개의 임의대로 하도록 왕이 허락함	8: 8
조서기록	유대인을 진멸 및 재산탈취 허락. 조서기록	3:12,13	유대인을 공격하는 자 진멸 및 재산탈취 조서기록	8:9–11
반포	조서초본을 각 도에 반포	3: 14	조서초본을 각 도에 반포	8: 13
상황	반포 후에 수산성 어지러움	3: 15	반포 후에 수산성이 기뻐함	8: 15
유대인	애통하여 금식함	4: 3	즐거워하며 잔치함	8: 17

에스더서는 시작부터 아하수에로왕의 대연회가 시작된다. 에스더의 끝맺음은 부림절의 대연회로 즐거움으로 역전승으로 막을 내린다. 즉 주님이 재림하시게 되면 세상 사람들이 기뻐하는 대잔치 연회가 하나님의 백성들만 벌리는 대잔치 연회가 벌어질 날이 가까워 옴을 가르쳐 준다.

에스더서는 잔치가 10번이나 계속된다. 교회는 항상 잔치집 같이 기쁘고 즐거운 천국이다. 잔치란 말이 구약성경에서 46번이 나오는데 그 중에 20번이 본 에스더서에서 나온다. 가나의 혼인잔치가 장차 예수님과 혼인잔치를 예표 하듯 에스더서의 10회의 잔치는 천국에서 늘 열리는 잔치를 예표 한다.

2007. 7. 22.

"'운명의 날'이라고도 하는 '부림절' 다른 성경에서는 그 이름조차 나오지 않는다. 유일하게 영감 된 성경에서는 에스더서에서 9장에서만 5회 나온다. 그런데 외경 마카비서 15:36과 요세푸스의 책에서도 언급되고 있다니 그 역사성이나 사실성에서는 고등평가들조차 의심여지가 없다고 본다.

13일은 금식의 날, 14일 새벽기도회 아침이면 회당예배, 가난한 사람대접과 친구에게 선물하고서 14일로 15일까지 금식과 함께 축제를 벌이게 된 것은 다 하나님의 명령 하에 이루어진 것이다. 에스더와 모르드개의 살신성인으로 이룬 부림절 오늘날 까지 유대민족에게는 세 명절과 함께 명절이 된다.

또 에스더서는 하나님의 역전승, 전화위복의 역사이나 성도는 난관 속에서 하나님의 손길을 기다리며 역전의 명수답게 반드시 역전승 시켜주심 믿고 지위, 제비, 이익, 반지, 임의, 조서기록, 반포, 상황, 유대인 이 모두가 하나님이 이루어 놓으신 대역전 드라마의 한 토막들이다. 오늘 우리들도 한 토막의 역전승의 역사를 창조하자."

성경난해구절 해설시리즈(성문서 에스더 4-(7)-㊹)

Q “유대인들의 달력사용과 가나안식 명칭. 바벨론식 명칭. 절기 및 읽는 성경은?”

에 3:7, 2:16, 8:9

A 이스라엘 사람들은 농경활동의 편의를 위해서 중근동의 다른 민족들처럼 일찍부터 달력을 사용해 왔음이 성경 곳곳에 나타나고 있다.

그런데 우리도 양력, 음력으로 많은 혼선을 빚고 있는데 유대인들은 종교력, 태양력, 민간력, 음력의 달력이 다 각각이고 달 이름도 히브리어로 달 명칭과 가나안식 명칭 그리고 바벨론식 명칭이 따로따로 있어 성경을 읽을 때마다 많은 혼선과 아예 알려고 들지도 않고 그냥 모른 채 읽어 내려갔던 것이 우리현실이다. (다음 페이지에 한 눈에 유대인들이 사용하는 달력 도표를 참조)

그러나 사실상 이스라엘 백성들로 하여금 달력의 필요성을 더 절감케 한 것은 하나님의 명령에 따른 종교적 절기를 제대로 지키기 위해서는 이 많은 달력을 다 가지고 있어야 하고 기억해야만 했다. 즉 이스라엘백성들은 매년 같은 시기 곧 지정된 때에 절기를 지키기 위해서 달력이 꼭 필요했던 것이다.

고대 이스라엘 사람들이 사용했던 달력은 여러 가지를 사용했다. 주로 성력 달력과 민간력 또 태양력과 태음력(음력)의 네 가지 달력을 사용해 왔지만 그 달력의 달 이름은 시대의 흐름에 따라 자연스럽게 변천되어 내려왔다.

유대인들이 사용한 달력에 대하여 명칭변천과 절기 및 그 절기에 읽은 성경에 대해 자세히 알아보고, 너무 복잡해서 양력은 생략했고 여기에 한국교회 절기도 첨가했으니 참고 하시길 바랍니다.

1) 종교력(성력): 이스라엘이 애굽을 출발한 그 달부터 정월로 부르고 유월절부터 지키면서 엄연한 의미로는 이스라엘의 독립기념 달부터 새로운 달력을 정하였다. 그러나 성경(구약)에 기록된 날짜나 달은 거의가 다 종교력 이기에 우리가 세심하게 살펴보아야만 알 수가 있다.

2) 태양력(양력): 고대 아라비아에서 창안해서 로마제국 주의시대 완전 세계 공통달력으로 사용되고 있기 때문에 우리도 이 태양력에 익숙해 있다고 본다.

3) 민간력(숫자식): 이스라엘 백성들은 상공업의 발달과 함께 보다 간편한 이 같은 방식의 달 명칭을 선호하기 시작한 듯하다. 이와 같은 방식은 왕정시대 초기에 거의 공식적으로 사용되기 시작하여 포로귀환 시대까지 사용해 왔었다.

4) 가나안식 명칭: 이것은 솔로몬 시대까지 사용된 듯하다. 추측컨대 이것은 이스라엘 백성이 가나안 땅에 들어가면서 공식적으로 사용하기 시작했던 것 같다. 특히 이러한 방식은 그 명칭이 의미하는 바를 통해서 느낄 수 있듯이 가나안의 농경 문화적 색체를 강하게 드러낸다.

5) 바벨론식 명칭: 물론 이것은 포로시대 이전에도 앗수르 사람들과의 접촉으로 인하여 조금씩 사용되었었다. 그러나 본격적으로 사용된 것은 바벨론 시대부터였음이 분명하다고 이야기하고 있다.

[유대인들의 달력]

종교력 (성력)	태양력 (양력)	민간력 (숫자식)	가나안식 명칭 (성경과의미)	바벨론식 명칭 (성경과의미)	유대인절기	절기 때 읽는 성경	한국교회 절기
1월	3-4월	7월	아빕월 (출 13:4,23:15) (파란이삭)	니산월 (느2:1,에3:7) (제사의 달)	유월절 무교절	아가서	사순절 고난주간 부활절
2월	4-5월	8월	시브월 (왕상6:1,37) (밝음)	이 야르월 (행렬의 달)			
3월	5-6월	9월		시완월 (에8:9) (고정된 계절)	칠칠절 오순절 맥추절	룻기서	성령강림절 맥추감사절
4월	6-7월	10월		담무스월 (풍요의신, 담무스의달)			
5월	7-8월	11월		압월 (횃불의 달)	성전파괴	애가서	
6월	8-9월	12월		엘룻월 (느6:15) (정결의 달)			
7월	9-10월	1월	에다님월 (왕상8:2) (시냇물)	디스리월 (시작의 달)	초막절 수장절 나팔절	전도서	추수감사절
8월	10-11월	2월	불월 (왕상6:38) (생산)	말케스반월 (8월)			
9월	11-12월	3월		기스르월 (느1:1) (?)	수전절 (요10:22) (때는 겨울)		성탄절
10월	12-1월	4월		테벳월 (에2:16) (물속으로 뛰어 드는 달)			
11월	1-2월	5월		스밧월 (슥1:7) (타작마당의 달)			
12월	2-3월	6월		아달월 (에3:7,스6:15) (?)	부림절	에스더서	

또 신약시대 와서는 음력까지 병행해서 사용했으니 얼마나 복잡했는지 짐작이 간다. 그래서 부활절 제정을 AD.325년 니케야 종교회의 때 정하기를 음력으로 춘분지난 첫 보름(15일) 지난 첫 주일을 부활주일로 정하기로 결정했다.

부활절이 정해지면 48일전부터 4순절로(주일과 토요일 제외) 지키고 부활 전 바로 전 주간을 고난주간, 전 주일을 종려주일 고난주일이라 부르게 된다. 이 때 쓰는 달력은 음력이었다.

2007. 7. 23.

"농경사회의 가나안 땅에서 목축을 주업으로 하는 이스라엘이 하나님이 정해주신 절기를 따라 하나님이 허락하신 종교력(성력)으로 살면서 세계인의 일원이니 태양력(양력)도 지키고 그 들만이 가지고 있었던 고유의 민간력(숫자식)도 그대로 사용하다보니 얼마나 그들의 머리는 복잡했을까 짐작이 간다.

한 달의 이름을 놓고도 히브리식으로 부르는 이름과 농사법에 맞춘 가나안식 명칭에 외워야 하고 포로 후 부터는 바벨론식의 명칭만 사용한 것이 70년 그 이후 포로 귀환 이후에도 계속 바벨론식 명칭이 그대로 따라 다녔다. 모든 절기는 성력에 의해 지켜야하는데 절기 때마다 읽는 성경이 달랐으며 특별의미가 있었다.

유대인들이 사용했던 달력을 한 눈에 보도록 편성해 보았다. 좀 지식인층은 아마 큰 달력이 4개를 가지고 있었을 것 같다.(종교력, 태양력, 민간력, 음력) 달력 한 장에 이 많은 달력일자와 절기를 다 써넣기가 복잡해서 아마 두 달력으로 작성했으리라고 본다. 하나는 종교력과 태양력 또 하나는 민간력과 음력이었으리라"

성경난해구절 해설시리즈(성문서 에스더4-(8)-㊺)

Q "모르드개의 위대한 신앙과 소설 같은 극적 순간들을 엮어 보면?"

에 4:14, 2:7, 6:1-14

A 에스더의 전체이야기는 한마디로 모르드개의 위대한 신앙의 승리를 보여주고 있다. 특별히 한 민족이 말살되려는 위기에서도 그의 놀라운 신앙은 오늘날 우리 모든 성도들에게 이 세상의 어떠한 난국도 오직 여호와 신앙만으로 극복 될 수 있음을 잘 교훈해 주고 있다.

여기에 모르드개의 위대한 신앙들을 열거해 보고자 한다.

1) 인간의 권세보다 주의 권세를 더 두려워하여 신앙의 절개를 잘 지킴(3:2-4)
2) 동족의 재난을 슬퍼하면서도 우리 하나님의 도우심을 의심치 않았다.(4:1-14)
3) 암담한 환경 속에서도 절망치 않고 오직 하나님의 구원을 확신했다.(4:14)
4) 약한 자라도 하나님의 구원의 도구로 쓰여 질 수 있음을 확신한 믿음.(4:14)
5) 어려울 때 일수록 하나님께 대한 믿음으로 더욱 담대한 신앙이었다.(4:14)

6) 하나님의 도우심을 지속적으로 기억하며 감사를 생활화한 믿음이었다.(9:21-32)

또한 구약의 모든 인물들은 예수그리스도의 그림자로써 그리스도의 예표로 미리 보내주어 하나님의 역사를 이루게 하시려고 이 땅에 보내어진 사도들이었다. 본문의 모르드개 역시 그리스도와 비교할 때 그림자다운 모습이 보인다.

1) 고아이며 사촌인 에스더를 데려다가 자기 친 딸처럼 어느 가족보다 더 친근함과 사랑과 봉사로 양육한 점(에2:7) 주님 역시 믿는 자들을 모두 불러 한 가족으로 받아들이신 다음 사랑과 봉사로 물론 영혼을 위한 양식과 가르침을 몸소 행하셨다.(요1:12)

2) 아하수에로 왕에게 아주 충실하고 최선을 다하는 모습을 에스더 곳곳에서 볼 수가 있다.(2:21-23) 또한 주님은 하나님의 집 맡은 종으로(히3:6) 충실하셨고 예수님은 항상 하나님이 기뻐하시는 일을 열심히 하신 충실한 자녀, 종, 아랫사람의 모습을 보여주셨다.(요8:29)

3) 하나님의 명령인 아말렉을 도말 영영히 대적하라(출17:14-16)는 뜻에 따라 아말렉족속인 아각사람 하만에게는 고개 숙이지 않는 신앙의 절개를 지켰다.(3:2-4) 주님도 죽기까지 하나님의 뜻에 복종하시려고 십자가에 죽으셨고 어떤 시험과 시련에서도 하나님의 뜻대로만 순종했다.(빌2:8)

4) 하나님의 명령을 지키려니 적인 하만의 멸시와 천대를 한 몸에 받게 되었으나 하만은 하나님을 위한 멸시로 알고 개의치 않았다.(3:5) 주님은 많은 사람들에게 또한 강도들에게도 군병들에게도 동족인 유대의 종교 지도자들로 부터도 많은 멸시와 천대를 다 받으셨다.(막15:16-20)

5) 하만의 동족 말살 정책이 진행될 때 모르드개는 재에 뒹굴며 옷을 찢으면서 회개했다. 즉 하만을 통해 무서운 마귀의 시험을 다 받는 것이

다.(4:1-3) 우리 주님도 성령에 이끌려서 광야로 시험받으러 가셔서 물질시험, 명예, 영광시험, 영화 받는 시험 너무 너무 많은 시험을 받았으나 다 이기셨다.(마4:1-11)

6) 결국은 모르드개는 승리하게 되었고 승리함으로 많은 것이 따라오게 되었는데 영광을 하나님께 드리게 되었습니다.(6:1-3, 8:7,8) 우리 주님 역시 33년 공생애 동안 얼마나 영광을 하나님께 보여주시기 위해서 십자가에서 죽으시고 부활 승천하여 하늘의 영광 누리고 계신다.(엡1:20-23)

모르드개는 근무 중에서도 하나님과 동행하여 충성하니 반역사건을 적발하는 놀라운 성과를 얻었다. 모르드개는 왕궁 문지기로서 자신의 직무를 수행하던 중에 아하수에로 왕을 암살하려는 음모를 적발하여 그 사실을 에스더를 통해 왕에게 보고하는 사건이 2:19 23에 소개된다.

그리고 이 사건은 6장 이후에서 모르드개가 유다백성을 구원하는데 결정적 배경이 된다. 즉 반역사건을 미연에 방지하는 큰 공을 세우게 된 모르드개는 궁중일기에 그 이름이 기록되기에 이르렀다. 나중에 이 일은 유대인들을 몰살시키려는 하만의 흉계를 분쇄시킬 수 있는 계기로 작용하였던 것이다.(6:1-14)

한편 모르드개의 이 공로는 절대 왕정체제하에서 결코 작게 평가될 수 없는 것이다. 왜냐하면 고대에는 신하에 의해 죽임 당하는 왕들이 더러 있었으며 아하수에로 역시 후에는 신하에 의해 죽게 되기 때문이다.

그러므로 모든 일들이 궁극적으로 하나님의 섭리대로 전개된다는 사실을 깨달을 수 있었다. 즉 에스더가 바사 제국의 새로운 왕후로 간택되었으며 모르드개가 왕궁의 문을 지키는 관리로 발탁되어 반역사건을 적발해 낼 수 있었던 것은 결코 우연이 아니었다.

그리고 아하수에로 왕의 목숨을 구할 만큼 큰 공을 세운 모르드개가 당장에 충분한 보상을 받지 못하고 다만 그 이름이 궁중일기에 기록된 것 역시 얼른 보기에는 매우 불공평한 일로 여겨지지만 결코 그렇지 않았다. 다시 말해서 이러한 일의 전개는 모든 것이 협력하여 선을 이루게 하시려는 하나님의 오묘한 섭리가 작용한 결과였던 것이다.(롬8:28)

만약 모르드개가 그 즉시 상을 받았더라면 단지 일신의 부귀영화를 누릴 수 있었을지는 몰라도 후에 동족을 재난에서 건져 낼 수는 없었을 것이다. 따라서 우리 성도들은 무슨 일이 닥치든지 하나님의 선하신 손길을 의지하며 선을 행할 뿐 아니라 결코 낙심치 않고 주님의 일에 더욱 힘쓰는 자들이 되어야 한다.

아하수에로 왕이 불면증으로 잠을 이루지 못한 채 역대 일기를 읽게 된 것은 결코 우연이 아니였다. 비록 아하수에로는 깨닫지 못했을지라도 유대 백성을 구원하시기 위해 하나님께서는 그로 하여금 그날 밤 반역사건을 적발한 모르드개의 공적을 읽도록 섭리하셨던 것이다.

이처럼 인간들의 눈에는 지극히 사소하고 우연한 일처럼 보이는 사건도 하나님의 섭리가 아니면 일어날 수가 없다.(마10:29) 그러므로 우리성도들은 세밀한 관심과 도우심을 베푸시는 하나님을 의지할 때만이 장래에 대한 두려움과 현재의 고난을 능히 극복할 수 있음을 깨달아야 한다.(마6:25-32, 눅12:7)

이와 더불어 자신의 높아짐을 위해서 모르드개 처형의 허락을 받으려고 나오는 하만의 모습과 자신이 죽이려고 했던 모르드개를 결과적으로 영광스럽게 만든 하만의 행위를 통해 교만은 패망의 선봉이며 거만한 마음은 넘어짐의 앞잡이라는 사실을 알 수 있다. 따라서 성도들은 언제나 겸손한 자세로 하나님을 바라보아야 한다.(잠16:18-20)

특히 자신의 선한 삶과 충성된 봉사가 당장에 인정을 받지 못하고 오히려 악인들이 득세 할지라도 반드시 성도의 믿음과 삶을 하나님께서 기억하시고 보상해 주실 뿐만 아니라 악인들은 자기가 판 웅덩이에 빠지고 스스로 친 올무에 걸리며 자신이 굴린 돌에 치이고 만다는 사실을

잊지 말아야한다.(잠11:18, 히10:34-36, 시7:15,9:15, 잠26:27)

또한 하만의 실패와는 대조적으로 충분한 보상을 받지 못했던 모르드개의 공적이 5년 만에 인정을 받게(2:16, 3:7) 됨으로써 자신이 영광받음은 물론 이스라엘 민족 구원의 서광이 비취게 되었던 사실을 통해서 하나님의 오묘하신 섭리를 느낄 수 있다.

즉 무한히 지혜로우신 하나님께서는 너무나 당연한 모르드개의 포상까지 늦추심을 통해 당신의 깊으신 뜻을 역사 가운데 실현하신 것이다. 우리 성도들도 이러한 하나님의 섭리를 인정할 때만이 여호와께서 인정하시는 의인의 길로 나아가고 반드시 망하게 되는 악인의 길로는 결코 나아가지 않을 자들이 될 수 있다.(시1:1-6)

자신을 스스로 높이던 하만은 낮아지고 묵묵히 기도하며 자신에게 주어진 일만 하던 모르드개가 가시적으로 높이지는 반전의 사건이(6:10-14) 기록 되어 있다. 자기 착각 속에 빠져 모르드개를 높이는 역할을 자처하게 된 하만은 아하수에로 왕의 명령에 따라 모르드개가 탄 말의 고삐를 잡고 성안의 거리를 다니며 모르드개의 공적을 칭송하는 일을 떠맡을 수밖에 없었다.(6:10,11절)

이와 같은 수치를 당한 하만은 번뇌하면서 집으로 돌아온 후에 즉시 주위 사람들에게 자신의 사정을 하소연 했지만 더 이상 그들은 하만에게 아부하는 말을 하지 않았다. 아마 그들은 모르드개의 격상된 위치를 보고 그를 처형시키도록 부추긴 자신들의 처사로 인해 위기의식을 느껴(5:14) 재빨리 모르드개의 편을 들기로 작정한 것 같다.(12-14절)

우리는 이러한 내용을 통해서 하나님께서는 성도들을 푸른 초장과 쉴만한 물가로 인도하시며 원수의 목전에서 상을 베푸신다는 사실을 교훈 받을 수 있다.(시23:1-6) 성도들이 사망의 음침한 골짜기로 다닐지라도 해를 두려워하지 않는 것은 바로 이처럼 하나님께서 우리를 안전하게 보호해 주시며 수치를 당하지 않도록 해 주시기 때문이다.(시

25:1-3, 사49:23)

또한 우리는 생각지도 않은 시점에 생각지도 않은 방법을 통해 당신의 백성을 높이시는 하나님의 오묘한 섭리를 신뢰함을 통해서 먼저 어떤 상황 속에서든지 담대한 믿음의 자세를 지닐 수 있다.(사43:1,2) 그런 의미에서 모르드개는 우리도 하나님이 사랑해 주셔서 소설 속에 인물처럼 극적이고 드라마틱한 역사의 주인공이 될 수 있다는 소망을 심어준 예수님의 모형을 그대로 비춘 믿음의 선배인 것이다.

2007. 7. 24.

"우리는 모르드개의 위대한 신앙을 본받아 어떤 위기도 극복하고 전지전능한 하나님만 믿고 조금도 의심하지 않으면 하나님의 미쁘신 뜻대로 반드시 원수을 상에서 몰아내고 우리는 안고 높이시는 하나님이시다. 모르드개의 6가지 신앙관은 곧 우리 신앙관이 되어야하며 우리 사명을 잘 감당해내시길 부탁드립니다.

구약인물들은 한 결 같이 예수그리스도(메시아)의 모형이거늘 모르드개가 예수님의 모형 6가지 또한 우리 모두도 재림 예수님의 선구자로 하늘나라에 가계신 그 예수님을 전하는 예수그리스도의 후계자들이 되어라는 설교이다. 충성되이 최선을 다할 때 왕의 반역사건을 적발하여 사고를 미연에 방지하였으니 얼마나 위대한 일을 하였는가?

5년이 지나도록 포상은커녕 알아주지 않았지만 하나님의 때가 되어 궁중일기를 왕이 읽게되어 모르드개는 높아지고 학살하려든 하만이 대신 학살을 당하게 된다. 언제나 하나님은 역전승의 하나님이요 전화위복의 하나님이시니 억울하다고 믿음 다 팔아먹지 말고 참고 하나님의 때를 기다리는 지혜를 주님으로부터 얻어 누리시길 바랍니다."

성경난해구절 해설시리즈(성문서 에스더 4-(9)-㊻)

Q "에스더에서는 하나님의 이름이 나오지 않는데도 믿음이 있다고 보는가?"

에 4:13-14

A 에스더서의 본문이 하나님을 인정하고 그의 섭리를 말씀하고 있는 것을 분명하다. 그러나 에스더서 전장에서 결코 하나님의 이름은 한 번도 나오지 않는다. 그래도 믿음이 있다고 보는가? 하나님의 이름이 나오지 않는 이유가 무엇일까? 난제라고 본다.

여기 14절의 내용은 사실상 모르드개가 그의 할 말을 끝까지 하고 있지 않고 있다. 다시 말해서 문학적 기법에서 '중단법' 을 쓰고 있다. 예를 들어 누가 아느냐고 말하는 구절에서 그 누구에 대한 언급은 끝내 알려주지 않고 끝맺는다.

또 다른 데로 말미암아 놓임과 구원을 얻으려니와 했는데 '다른 데로' 는 무엇을 의미하는지 끝내 설명해 주지 않고 끝을 맺고 만다. 설명이 미흡한 것인가? 해석을 잘 못한 것일까? 이것을 문학적 기법 가운데 '중단법' 을 사용했다고 본다.

먼저 왜 에스더에서 하나님의 이름이 나오지 않는지부터 자세하게 알아보기로 한다. 에스더의 전적인 내용은 하나님께서 그의 백성을 위기에서 구원하신다는 것이다. 물론 구원은 하나님께서 직접 역사하심으로가 아니라 인간 수단을 사용해서 하나님의 뜻을 이루신다는 것이다.

따라서 에스더서를 읽은 사람이라면 누구나 처음부터 끝까지 하나님의 역사를 느낄 수 가 있다. 따라서 거기서 하나님의 이름이 나오지 않는 것은 그리 문제가 되지 않는다. 그러므로 우리는 이렇게 말 할 수 있다. 에스더서에 하나님의 이름이 나오지 않더라도 이 구절에 하나님의 약속과 섭리로 인간사에 대한 지시의 독특한 무언의 암시가 있다. '암시법' 이라고도 한다.

다음으로 '단축법' 으로 인한 급작스런 침묵의 내용으로서 누가 알랴의 누구는 어떤 의미가 있으며 다른 데로 말미암아 구원을 얻으리라는 말씀 중 다른 데는 어디를 두고 말하고 있는지 그 의미를 생각해 보아야 할 것이다.

여기 누가 알랴의 누구는 사실상 어떤 특정인물을 가리키는 것이 아니다. 여기서 누구는 '아마도' 라고 번역할 수도 있다. 그러니까 모르드개는 에스더에게 네가 왕후가 된 것이 아마도 이때를 위함이 아니겠느냐는 것이었다. 따라서 에스더로 하여금 파멸에서 그의 동족을 구원하기위하여 그의 왕후의 지위를 쓰도록 긴급하게 호소하는 것이다.

그러면 여기서 '다른 데로' 는 무엇을 의미하는지 몇 가지 해석을 알아보기로 하자.

1) 루시안(Lucian)의 에스더서 교정본과 요세푸스 그리고 탈굼 역본에서 '다른데', '곳' (place)은 하나님께 대한 분명하지 못한 언급으로 생각하였다.

2) 다른 원천으로서 외국의 세력으로부터 올 정치적 도움을 가르켰을 것이다.(안더슨)

3) 어떤 다른 개인이었을 것이다. 예컨대 이름 없는 느헤미야였거나 다른 지역의 정치적 도움으로서 유다 마카비우스나 후에 요나단에 의한 로마의 도움을 요청한 것과 같은 것이다.

4) '여기', '다른데' 가 하나님을 가르키는 것으로 보는 것은 마카비1

서(XV:3)에서 자비가 하나님께 대한 불분명한 언급인 것과 꼭 같았으며 마태복음에서 천국이 하나님의 나라에 대한 다른 말인 것과 같다.

4절의 '다른 데로 말미암아' 에 해당하는 밈마콤 아헤르(אחר ממקום)가 정확히 무엇을 가르키느냐 하는 것이 문제로 부각된다. '맘마콤 아헤르' 의 문자적인 해석은 '다른 장소로부터' 인데 어떤 주석가들은 요세푸스 유대 역사가나 아람어 구약성경인 탈굼의 해석을 따라 이 말이 하나님에 대한 간접적 표현이라고 해석하였다.

즉 이들은 모르드개가 한 이 말을 하나님의 직접적 개입을 나타내는 표현으로 이해했던 것이다. 이들이 이런 주장을 펼치는 이유는 유대인들의 율법해설서인 탈무드에 소개된 내용들 가운데 장소를 나타내는 표현인 '함마콤' (המקום)이 가끔 하나님을 가리키는 단어로 쓰였다는 점과도 관련을 갖는다.

이는 당시 모르드개가 역사의 주관자는 하나님이시며 하나님께서는 당신의 택한 백성을 위하여 경우에 따라서는 역사 가운데 직접 개입하기도 하신다는 믿음을 확고히 가지고 있었음을 전제할 때 가능한 해석이라고 할 수 있다.

다음으로 본 절의 '밈마콤 아헤르' 를 '또 다른 인간의 대행자' 를 가리키는 표현으로 해석하는 견해가 있다. 이는 동족 유대인들을 위해 에스더가 나서지 않는 다면 하나님께서 에스더 대신 다른 인간 대행자를 세우실 것이고 그가 유대민족을 지금의 위기에서 구원하실 일을 수행할 것이라는 해석이다.

즉 본문의 '다른 곳' 을 에스더를 대신하여 유대인들의 구원을 위해 말할 다른 사람을 지칭하는 상징적 표현이라는 것이다. 즉 모르드개가 어떤 대행자를 마음속에 두고 있었는지는 알 수 없지만 그는 어떤 대행자를 통해서든지 유대인들이 결국 구원 받을 것이라고 확신하였다는 것이 이 입장을 취하는 자들의 견해이다.

이러한 해석들과 더불어 후기 히브리어의 구문론적 특징을 감안하여 본 절을 해석하는 견해도 있다. 이는 한글 개역성경을 비롯한 대다수의 번역본들이 본문을 평서문으로 번역하고 있지만 본문은 평서문이 아니라 의문문으로 번역해야 한다는 입장이다.

본문에는 의문서가 없지만 히브리어 표현 가운데는 의문사가 생략되는 일이 흔히 있으며 특히 의문사의 생략은 에스더서와 같은 후기 성경 히브리어에서 더욱 빈번히 등장한다는 점에서 이 입장 역시 수용 될 수 있다.

이처럼 본문을 의문사가 생략된 의문문으로 본다면 이는 강한 부정을 나타내는 긍정적 수사 의문문이 되어 다음과 같은 해석이 가능하다. '왜냐하면 이때에 네가 만일 잠잠하여 말이 없으면 유다인은 다른 데로 말미암아 놓임과 구원을 얻겠느냐? 그럴 수 없느니라, 그렇게 되면 너와 네 아비집 역시 멸망하게 되리라' 이런 입장을 취하게 될 경우 본문은 에스더가 잠잠하면 다른 데로서 구원이 올 길이 없다는 것을 강조하는 표현이 되어 비록 에스더가 죽는 일이 있다 해도 단호하게 자신이 처한 위치에서 무언가를 해야 한다는 강력한 설득의 의미로 이해된다.

이렇게 보면 모르드개는 유다인들을 향한 구원의 손길이 어떤 신비로운 방법으로 이루어질 것이라고 말하고 있는 것이 아니라 유다인의 구원에 있어 에스더의 역할을 강조하고 있는 것이 된다. 즉 이에 따르면 본문은 그녀가 유대민족을 구원할 수 있는 유일한 인물임을 강조하는 것임과 동시에 그녀에게 반드시 왕 앞에 나아가 민족의 구원을 위해 행동을 취할 것을 촉구하는 것이 된다.

한편 히브리어의 구문이나 전후 문맥으로 볼 때 이상에서 제시한 해석들은 모두 가능하다. 그리고 사실 어떤 해석을 취한다 하더라도 당시 모르드개는 동족의 멸절이란 크나큰 위기 앞에서 매우 절박한 심정으로 에스더의 적극적 행동을 촉구하고 있는 것이 분명하다.

그리고 이 말 가운데는 하나님께서 당신의 택한 백성을 결코 버리지 않을 것이라는 하나님의 보호하심에 대한 모르드개의 강한 신뢰가 내포되어 있다. 이러한 신뢰가 있었기 때문에 누구나 절망 할 수밖에 없는 위기의 상황에서도 모르드개는 좌절하는 것이 아니라 적극적인 자세로 대처할 수 있었던 것이다.

"네가 왕후의 위를 얻은 것이 이때를 위함이 아닌지 누가 아느냐" 모르드개는 유다인의 멸절이라는 위기 상황에서 민족의 구원을 위하여 반드시 에스더가 왕 앞에 나아가야 한다고 설득한 후 그녀가 왕비의 위에 오른 것이 이때를 위해 하나님이 예비한 것이라고 주장한 것이다.

'누가 아느냐' 에 해당하는 '우미요 데아으' 는 '지금 같은 위기 상황을 위하여 네가 하나님의 섭리에 의하여 왕비가 된 것인지도 모른다' 라는 단순한 가능성의 말을 의미만을 전달하는 것이 아니다. 이 말은 강한 확신의 의미를 갖는다. 즉 모르드개는 자신이 확신하는 바를 상대방에게도 확신시키는 화법인 수사 의문문을 사용하여 '네가 왕위의 위를 얻은 것은 당연히 이때를 위함이다' 라고 강변하고 있는 것이다.

당시 에스더는 삶의 중요한 기로에 놓여 있었다. 하나님은 그녀로 하여금 페르시아제국이 왕비가 되도록 섭리하셨다. 그리고 이러한 특권을 누리게 된 것은 성경적 관점에서 이해하면 개인의 이익을 위해서가 아니라 공동체를 위한 섬김과 봉사를 위한 것이었다.

따라서 당시 에스더에게 요구되는 것은 동족을 위기에서 건져 내는 것이었지 페르시아 제국의 왕후의 자리를 유지하는 것이 아니었다. 본문에서 모르드개는 머뭇거리는 에스더를 향해 그녀가 누리는 영예와 기쁨은 동족들을 위해 주어진 것임을 확신 시키면서 지금의 위기에 적극 대처할 것을 강력히 권면하고 있다. 이런 맘을 주신이도 하나님이시지만 하나님 이름이 나타내지 않고도 하나님의 권능을 믿고 강력히 적극 대처해서 하나님의 뜻을 이루라는 의미의 뜻이 된다.

2007. 7. 25.

"에스더서의 성경 속에는 하나님의 이름은 나타나지 않는다. 그러나 구구절절이 다 하나님의 말씀으로 하나님만나타난 성경이다. 문학적 기법에서 '중단법' '암시법' '단축법' 등으로 하나님의 이름을 중단하여도 암시했어도 단축되었어도 하나님의 말씀이요 하나님을 위한 것임이 나타난다.

유대역사가 요세푸스의 역사서에서나 아람어 구약성경 번역본인 탈쿰역이나 유대인들의 율법해설서인 탈무드에서도 한 결 같이 본절 14절에 하나님이란 이름이 안 나왔으나 하나님에 대한 간접적 표현으로 오히려 모르드개가 직접적 표현방식보다 더 하나님을 나타냈다고 해석하고 있다.

요한복음은 요한이라고 이름을 밝히지 않아도 요한이 썼다는 것을 알 수 있다. 하나님이 직접 쓴 것이 아닌데도 성경을 모두다 하나님의 말씀이라고 믿고 이해하듯 "다른 데로"가 하나님이 작업하는 것으로 '누가 알랴' 에서도 '하나님이 가르쳐 주지 않느냐' 하는 생략된 의문문은 도리어 강한 부정아니라 강한 긍정이다."

성경난해구절 해설시리즈(성문서 에스더 4-(10)-㊼)

Q "'죽으면 죽으리다'의 에스더 신앙은 바사 정부국법을 어긴 것이 아닌가?"

에 4:16

A 모르드개로 부터 하만의 간계소식을 들은 에스더는 국법을 어겨서라도 왕 앞에 나아가서 동족을 위해 탄원하라는 모르드개의 특별 요청을 듣고 고민하지 않을 수가 없었다. 당시의 바사제국에는 왕의 호출을 받지 않고 임의로 왕 앞에 나아가는 자는 지위고하를 막론하고 사형에 처하도록 하는 국법이 있기 때문이었다.

그럼에도 불구하고 에스더는 죽음을 각오하고 아하수에로 왕 앞에 나아가기로 결심 하였는데 그 이유는 자신이 왕후의 자리를 얻게 된 것이 바로 이때를 위해서라는 사실을 깨달았기 때문이다. 그리하여 에스더는 먼저 금식부터 시작하게 된다.

유대인들에게 있어서 금식은 최악의 상태에서 하나님의 도움을 간구하기 위한 방법으로서 육체적 금욕뿐만 아니라 기도가 수반된 일종의 절규의 몸짓이었다고 본다. (삼하12:16, 단9:3, 욘3:5-9)

에스더는 이러한 금식을 수산에 거주하던 천여 명으로 추산되는 유대인 전체에게 요청함으로써 자신이 살신성인의 결단을 내리긴 했으나 그 결단이 흔들림 없도록 하기 위해서 금식하게 되었고 그 이유는 유대민족의 구원이 시급함을 하나님께 알리기 위함이었다.

결국 이러한 그녀의 태도는 비록 자신이 죽음을 무릅쓰고 아하수에로 왕 앞에 나아갈지라도 하나님께서 도와주시지 않으면 아무소용이 없다는 사실을 확인하고 있었음을 보여준다. 이는 곧 모르드개의 지도아래 이루어진 일들이었다.

이처럼 신앙의 영웅 모르드개는 위기의 상황아래서 기도만하는 것이 아니라 하나님이 원하시는 방법을 찾아 실행에 옮기는 지혜로움을 보여주었다. 또한 자신의 힘만으로는 이런 일을 하는 것이 아니라 신앙의 동지들을 규합했으며 하나님의 뜻대로 유도했다.

또한 에스더는 일신상의 유익을 생각하는 것이 아니라 하나님의 선민을 보호하는 일에 희생물이 되기로 자청하였다. 이처럼 성도들도 하나님 나라를 위해 일사각오의 신앙으로 헌신해야 된다. 마치 에스더가 '죽으면 죽으리라' 라는 각오를 지녔듯이 우리 성도들은 세상재물과 지위 모두 포기 한 채 오직 십자가를 지고 예수그리스도 뒤를 따르겠다는 결단을 내려야한다. 물론 이러한 성도의 각오는 일시적인 감정의 충동에서 비롯된 것이어서는 안 되며(요13:36-38) 진정으로 예수그리스도와 하나님 나라를 위해 자신의 생명을 조금도 귀한 것으로 여기지 않은 신앙의 용기에서 비롯된 것이라야 한다.(행20:24)

에스더는 바사 제국의 왕후로 간택된 것이 동족의 구원을 위해 헌신하도록 만들려는 하나님의 뜻이라는 사실을 분명하게 인식하였다. 하나님께서 우리로 하여금 남다른 재능을 소유하게 만드셨거나 좀 더 풍족한 재물과 권세 있는 지위를 누리도록 만드셨다면 그것은 바로 우리에게 맡기신 사명을 보다 효율적으로 수행할 수 있게 하시기 위해서이다.

그러므로 우리는 하나님의 온전하신 뜻이 무엇인지 분별하여 힘써 충성하는 자가 되어야 한다.(롬12:2, 고전4:2) 특히 우리성도들은 복음전도의 사명을 명심하여 만일 복음을 전하지 않으면 자신에게 화가 있을 것이라는 심정으로 때를 얻든지 못 얻든지 항상 하나님의 말씀을 전

파해야 될 것이다.(딤후4:2)

그러나 도덕법, 세상법을 어기면서 주의 일을 한다면 문제가 어려워진다. 인간정부의 제도를 세우신분이 하나님이시다. 하나님은 우리에게 국가와 교회 그리고 가정이란 3제도를 허락하셨다.

따라서 롬13:1에서는 각 사람은 위에 있는 권세들에게 굴복하라고 하셨고 벧전 2:13에서는 인간에게 세운 모든 제도를 주를 위하여 순복하라고 하였다. 그러나 에스더는 왕명의 규례를 어기고 왕 앞에 나아가게 된다. 그렇다면 에스더는 바사의 국법 하나님이 정하는 법을 어긴 것이 아닌가?

물론 하나님이 세우신 국가요 하나님이 주신 권세요 하나님이 정하신 국법임에는 틀림없다. 그래서 국가와 그 권세에도 국법에도 순종하고 복종하는 것이 신앙을 지키는 것이요 하나님의 뜻을 따르는 것이다. 그러나 어느 법에든지 예외법이 반드시 있는 것이다.

벧전2:17 "웃사람을 공경하며 형제를 사랑하며 하나님을 두려워하며 왕을 공경하라" 하였으니 여기에선 하나님을 두려워하는 것이 제일 중요한 요점인 것이다.

이 경우는 국법에 앞서 신자의 양심의 문제라고 할 수 있다. 국법이 언제나 옳고 양심적으로 공명정대한 것만은 아니다. 예를 들어 더 이상 예수의 이름을 전하지 말라는 대제사장과 유대관원들의 명령은 옳지 않았다.

따라서 사도들은 그 명령을 어기고 예수를 그리스도라고 증거하고 다녔다. 그 결과 옥에 갇히고 매도 맞았으나 오히려 그 이름을 위하여 능욕 받는 일에 합당한 자로 여기심을 기뻐하였다.(행5:30-42) 그 이유로는 사람보다 하나님을 순종하는 것이 마땅했기 때문이다.

하나님이 정부를 정하신 것이라면 하나님은 그 정부위에 계신다. 그러므로 정부가 만일 하나님의 일을 못하게 한다든지 주일날 일하라고 한다든지 주일날 예배하지 못하게 한다든지 신앙양심상 할 수 없는 일을 강요하는 경우에 신자는 적극 반대해야만 한다.

다니엘도 정부가 하나님께 기도하지 말라고 했으나(단6장) 그 법을 어기고 여전히 하루 세 번씩 예루살렘 성전 쪽을 향하여 무릎을 꿇고 감사기도를 드렸습니다.

우리는 흑인에 대한 차별대우와 불공평한 법에 대항해서 비폭력적인 항거를 했던 마틴 루터 킹(Martin Luther King) 목사를 기억하고 있다. 인종 차별법에 대한 그들의 비폭력적 항거는 차별법에 대한 불복이나 옳은 일이다.

여기 에스더의 경우에 금령은 그런 악법이나 그녀로 죄를 짓게 하는 것은 아니었다. 그리고 그 규례는 자신의 죽음을 무릅쓰고 왕 앞에 나가는 사람에게는 그것이 허용 되였다.(에4:11) 왕 앞에 나아가는 것 자체를 부정한 법이 아니었다는 말이다. 따라서 그 규례를 어기고 왕 앞에 나아갈 때 왕이 금홀을 내어민다면 그 순간에 왕이 금령을 해제하는 셈이 되어 법을 어긴 것이 아닌 것이 되고 만다.

에스더는 그 법의 이런 규정을 알았으므로 그녀의 생명의 위험을 무릅쓰고 그녀의 백성들의 생명을 구하기 위해 왕 앞에 나아갔다. 그리고 왕이 금홀을 내어밀었으므로 그 금령은 더 이상 그녀에게 금령이 아니었다. 그러므로 여기서 에스더가 명백하게 나라의 법을 어긴 것이 없었다.

2007. 7. 27.

"왕후가 된 에스더는 진퇴양난의 깊은 계곡 속에서 헤매게 되었다. 동족이 멸절되는 것을 그냥 속수무책으로 바라만 볼 수가 없었고 그렇다고 왕이 부르지도 않는데 왕을 찾아 억울한 사정을 아뢰지도 못하니 동족구원이냐 국법 수호냐 심히 어려운 난관에 봉착하였다.

어려운 길일 수록 돌아가라는 속담처럼 에스더는 즉시 결정치 않고 먼저 하나님의 도움이 필요하므로 3일 동안 금식기도 하면서 하나님의 도움을 구했다. 그리고 그는 죽으면 죽으리라는 심정으로 '동족 구원'을 위해 살신성인의 길을 선택했다. 이때 하나님의 도움으로 국법을 어기지 않고 해결하게 된다.

국가의 법도도 교회의 율례도 가정의 도덕도 다 하나님이 세우신 것들이다. 그러나 신앙양심이 어긋났을 때는 건의할 수 있고 여러 차례 시도해도 안 되면 그 법에 대한 불복운동도 할 수 있다. 하나님의 뜻에 어긋나게 결정 된 것은 그 어느 것도 불복운동 한다고 국법을 어긴 것은 아닌 것이다."

성경난해구절 해설시리즈 (성문서 에스더4-(11)-㊽)

Q "부림절 제정의 기원이 된 하만의 유대인 멸절 음모에서의 구원사건을 통한 선민역사의 영속성"

에 5:9-13

A 구약의 3대역사서인 사무엘, 열왕기, 역대기서는 다루는 범위나 기록된 관점은 상호 구별되지만 모두 이스라엘 왕국시대사를 기록하고 있다는 공통점을 지니고 있다. 특히 열왕기서와 역대기서는 선민의 자손으로서 하나님의 언약의 정통성을 지니고 있던 남유다가 바벨론에 의해 멸망하고 그 백성들이 바벨론에 포로로 잡혀감으로써 왕국으로써의 이스라엘이 종말을 고한 사실로 마무리 되고 있다.

이제 그에 이어지는 또 다른 세권의 역사서 곧 에스라서, 느헤미야서, 에스더서는 BC.539-331년까지의 포로 귀환시대 중 BC.539- 400년경까지의 이스라엘의 역사에 대하여 다루고 있는 역사서이다.

이중 에스라서는 역대기서와 동일한 저자인 에스라에 의해 기록된 책으로서 BC.537년 이스라엘 백성들의 제1차포로 귀환으로부터 BC.444년 제3차포로 귀환직전까지의 이스라엘의 역사 곧 스룹바벨 성전건축과 에스라의 신앙 개혁을 중심으로 한 선민 이스라엘의 회복과 재건과정에 대하여 다룬다.

그리고 느헤미야서는 제3차포로 귀환을 주도한 느헤미야에 의해 기록된 책으로서 BC.444년 제3차 바벨론 포로귀환으로부터 BC.400년까지의 이스라엘의 역사 곧 예루살렘 성벽 재건과 개혁을 중심으로 한 이스라엘 공동체의 재건 과정을 다룬다.

즉 열왕기와 역대기서가 어쨌든 선민이 세운 이스라엘 왕국의 멸망 과정을 기록하고 있다면 에스라와 느헤미야서는 다 같이 선민 이스라엘의 회복과 재건 과정을 다룬다. 그리고 이를 통하여 일차적으로는 선민 역사의 영속성을 그리고 궁극적으로는 하나님의 구원역사의 연속성을 강조한다는 특징을 지니고 있다.

사실 에스라와 느헤미야서는 저자가 다르지만 히브리 원전에서는 한 권의 책으로 묶어져있는데 이는 두 책이 거의 같은 시대적 배경에서 내용상 연대기적으로 이어지는 것은 물론 구조와 패턴 주제와 관심사에서 놀라운 통일성을 보여주고 있기 때문이다.

한편 포로 귀환시대의 역사를 다루는 세 권의 역사서 가운데 마지막 책은 에스더서는 제1차포로 귀환과 제2차포로 귀환사이의 페르시아 제4대왕 아하수에로 곧 크세르크세스(Xerxes.BC.486-465년) 시대에 수산에서 발생한 에피소드 곧 부림절(the Feast of Pufim) 제정의 기원이 된 사건을 다룬다.

즉 앞의 두 책 곧 에스라와 느헤미야서가 주로 팔레스틴의 귀환 유대인 공동체를 중심으로 기록 되였다면 본 에스더서는 페르시아의 수도인 수산의 디아스 포라 유대인 공동체를 중심으로 기록된 것이다. 여기서 부림절이란 유대민족이 아말렉자손 하만의 멸절 음모로부터 구원받은 사건을 기념하는 절기이다.

이러한 에스더서는 그 공간적 배경의 중심이 팔레스틴이 아닌 페르시아 일 뿐만 아니라 이스라엘 공동체의 회복과 재건이 아닌 매우 짧은 기간에 있었던 한 에피소드를 다룬다는 점에서 같은 포로 귀환 시대의 사건을 다루는 앞의 두 책 곧 에스라와 느헤미야서와는 구분 된다.

그러나 에스더서 역시 선민의 보존이라는 주제를 다룬다는 점에서 선민 역사의 영속성을 강조하는 앞의 두 책과 일관성을 지니고 있다. 말하자면 포로 귀환 시대를 배경으로 기록된 세 권의 역사서는 모두 선민 역사의 영속성을 다룬다는 통일성을 지니고 있는 것이다. 아울러 포로 귀환시대를 배경으로 하는 이 세역사서는 지역을 초월한 하나님의 구속사적 섭리가 단절없이 전개되고 있다는 것을 보여 준다.

이미 앞에서 지적한 것처럼 에스더서의 주요 공간적 배경은 페르시아 그 가운데서도 페르시아의 중심이라고 할 수 있는 수산 곧 수사(Susa)이다. 수산은 페르시아 제국의 제3대왕으로서 아하수에로의 부왕인 다리오 1세가 정복하여 제국의 수도로 삼은 곳이며 아하수에로가 다리오 때 건축을 시작한 왕궁을 완공하였다.

페르시아는 이 수산 이외에도 바벨론 악메다, 페르세폴리스등에 궁전이 있었는데 이중 페르세폴리스는 다리오가 건설을 시작하고 아하수에로가 확장하여 제2의 수도로 삼은 곳으로서 BC.330년 그리스의 알렉산더에 의해 페르시아가 멸망할 때까지 페르시아의 수도가 되었다. 그러나 에스더서의 사건이 발생한 때는 아직 페르세폴리스가 완성되지 않은 때로써 아하수에로는 수산 궁에서 제국을 통치하였다.

에스더서의 시간적 배경은 아하수에로 재위 3년부터 제12년까지(BC.483-474년)이다. 이때는 이스라엘 자손의 제1차포로 귀환(BC.536년)과 제2차포로 귀환(BC.458년) 사이의 시점이다. BC.538년 페르시아제국의 건설자 고레스(Cyrus)는 포로 민들의 본국 귀환을 허용하는 조서를 공포하였다.

그에 따라 이스라엘 자손들은 세스바살과 스룹바벨의 영도 하에 이스라엘의 땅으로 돌아오게 된다.(스1:) 그러나 그때 모든 이스라엘 자손들이 귀환한 것은 아니다. 당시는 바벨론에 거주하던 이스라엘 자손 약5만 명만이 귀환했다.

따라서 아직도 상당수의 이스라엘 자손들이 수산을 비롯한 과거 바벨론 땅에 남아있었으며 그들 중에는 본서의 주인공인 모르드개나 느헤미야서의 중심인물인 느헤미야와 같이 페르시아의 고위 관직에까지 이른 인물들도 있었다.

에스더서는 이처럼 페르시아의 수산에 거하던 이스라엘자손들과 역시 수산에 거주하던 이민족중 하나인 아말렉족속 간의 갈등으로 인하여 페르시아 제국내의 전 이스라엘 자손들이 멸절을 당할 위기에서 에스더라는 여인의 헌신과 그녀의 배후에서 역사하신 하나님의 주권적인 섭리로 인하여 구원을 받고 승리한 사건의 기록이다.

물론 저자가 이러한 에스더서를 기록한 것은 단순히 이스라엘의 구원과 승리만을 기록하고자 하였기 때문이 아니다. 즉 저자는 이 사건의 기록을 통하여 당신의 백성을 보호하고 보존하시는 하나님의 섭리를 보여줌으로써 일차적으로는 선민 역사의 영속성을 강조하고 궁극적으로는 하나님의 구원사역의 연속성을 강조하고 있는 것이다.

에스더가 아하수에로의 왕후가 된 것은 아하수에로 왕 제7년인 BC.479년이다. 이때는 아하수에로가 그리스 원정에 나섰다가 살라미스 해전과 마칼레 전투에서 연패하고 귀국한 직후였다. 에스더가 아하수에로의 왕후가 된 배경은 이렇다. 아하수에로는 그의 재위 3년에 제국내의 심복들을 불러놓고 성대한 연회를 베풀었다.

이 연회는 6개월이나 계속 되였다. 물론 이 오랜 기간의 연회는 단지 사치와 방탕에서 비롯된 것은 아니다. 이는 새롭게 부상하고 있었던 그리스원정을 위한 준비의 일환이었다. 즉 아하수에로왕은 제국 내의 심복들을 불러 모아 연회를 베풀면서 작전회의도 하고 출전 준비도 점검하여 심복들의 사기도 진작시켰던 것이다.

그런데 여기서 한 가지 문제가 발생하게 된다. 아하수에로왕은 제6개월간의 연회를 마치면서 수산사람들을 위하여 따로 7일간의 연회를 베풀었다. 그리고 그 자리에서 왕후 와스디(Vashti)의 아름다움을 과시하기 위하여 왕후로 하여금 잔치자리에 배석하도록 하였다. 하지만 왕후는 왕명에 불응하여 잔치에 나오지 않았다. 그녀가 왕명을 거역한 이유는 불분명하다.

그러나 그녀는 왕명을 거역함으로써 왕의 권위에 손상을 입혔고 그로 말미암아 폐위가 되고 만다. 그리고 이후 아하수에로왕은 왕후가 공석인 상태에서 그리스원정에 나서게 되었으며 그리스 원정에서 돌아와서는 왕후를 폐위한 자신의 처사가 지나쳤음을 후회하게 된다. 이를 안 대신들은 급거 왕에게 새로운 왕후를 맞이할 것을 청원하게 된다.

만일 와스디가 복위라도 하게 되면 왕후의 폐위를 주도한 자신들이 위험에 처하게 될 것이 자명하기 때문이었다. 이렇게 하여 왕은 새 왕후 간택령을 내려 모르드개의 사촌동생이었던 하닷사 곧 에스더를 왕후로 간택하게 된다. 이로써 유대민족의 멸절위기에서 그들을 구원할 에스더는 준비 되었다.

페르시아 수산에서의 이스라엘 자손과 아말렉자손의 갈등의 중심에는 아하수에로의 왕후였던 에스더의 사촌오빠인 모르드개와 아각 사람 하만이 서 있었다. 사건의 발단 시점에서 모르드개는 비록 왕후의 사촌오빠 이기는 하였으나 그 신분을 밝히지 않은 채 궁전문에서 일정한 직무를 수행하고 있었다.

하만은 당시 아하수에로왕의 신임을 받아 총리대신의 지위에 올랐다. 사건의 발단은 모르드개가 신앙적 신념에 따라 하만에게 무릎을 꿇지 않고 절하지도 않음으로써 비롯 되었다. 즉 하만은 모르드개가 자기 앞에서 무릎을 꿇지도 절하지도 않는데 대하여 심히 분개하여 모르드개는 물론 그가 속한 전 이스라엘 민족을 멸절하려고 계획하고 마침내 아하수에로를 부추겨 제국 내의 모든 유대인들을 멸절 시키는 조서를 공포하게 하였다.

이때부터 에스더의 활약은 시작 되었다. 모르드개로부터 모든 내막을 알게된 에스더는 왕명이 없이 왕에게로 나아갈 경우 죽을 수도 있는 상황에서 '죽으면 죽으리라'(4:16)는 구국의 결단으로 왕에게 나아가 하만의 음모를 고 하였다.

왕은 에스더의 말을 듣고 즉시 하만을 사형에 처하고 제국 전역의 유대인들이 하만의 책략에 대항하여 자신들을 보호하는 것을 법제화한 조서를 반포하도록 모르드개에게 지시하였다.

이렇게 하여 멸절의 위기에 처한 유대인들은 도리어 무려 7만5천명에 이르는 아말렉자손들을 도륙함으로써 원수들에 대하여 승리를 거두게 된다. 그리고 모르드개는 이처럼 유대민족의 멸절의 위기에서 구원받은 것을 기념하기 위해서 부림절을 제정하게 된다.

우리가 이상의 에스더서를 대할 때 특별히 주목할 사실이 있다.

첫째로 모르드개와 하만 두 사람의 관계이다.

본서는 모르드개가 사울이 속한 베냐민 지파의 후손인 것과 하만이 아각이 후손인 것을 대비 시킨다. 이것은 모르드개와 하만의 갈등을 사울과 아각의 관계로까지 연계시키는 것이다. 아각은 전날 하나님께서 진멸하도록 명하신 아말렉족속의 왕 이였다. 하나님은 사울에게 아말렉에 생명 있는 모든 것을 진멸하도록 명하셨다.

하지만 사울은 아각을 죽이지 않고 살려두었다가 사무엘로부터 그의 왕권이 폐위될 것이라는 경고를 들어야 하였으며 아각은 사무엘에 의해 죽임을 당하였다.(삼상15장) 그러나 어찌 되었든 사울과 아각, 이스라엘과 아말렉, 모르드개와 하만은 원수관계에 있다.

그러므로 모르드개와 하만의 갈등은 그러한 원수관계의 표출이며 하만이 유대인들을 멸절 하려한 것은 전날의 원한을 갚으려 한 것으로 이해할 수 있다. 그러나 아말렉을 당신의 원수로 여기고 그들과 대대로 싸우시겠다하신(출17:16) 하나님이 섭리로 하만의 계획은 수포로 돌아가고 만다.

이때 모르드개는 제2의 아각이라고 할 수 있는 하만과 아말렉 자손을 모두 멸절시켰다.(9:11-16) 또 유대인들은 아말렉 자손의 재산에 손을 데지 않았는데 이는 사울 시대의 사람들이 하나님의 명령을 거슬러 아말렉 사람들이 우양 중에 좋은 것들을 자기들을 위하여 남겨둔 것과 대조 되는 것으로서 그들의 것을 취함으로 이스라엘이 오염되는 것을 피하기 위함이었다.

결국 모르드개와 유대인들이 하만과 아말렉 자손들에게 행한 것들은 전날 사울과 이스라엘백성들의 실패를 바로잡은 것이라고 할 수 있는데 이는 이스라엘이 이방포로라는 연단의 과정을 통하여 하나님의 뜻에 순종하는 길로 섰음을 암시하고 있다.

둘째로 주목할 것은 에스더서에는 하나님에 관한 언급이 일절 나오지 않는다는 점이다.

성경에서 하나님에 관한 언급이 전혀 나오지 않는 책이 두 권 있다. 하나는 아가서이며 다른 하나는 바로 에스더서이다. 특히 에스더서에는 이스라엘의 신앙의 근간을 이루는 율법이나 언약, 성전, 기도등도 일절 나오지 않는다. 때문에 에스더서는 많은 사람들에 의해 정경성에 대하여 의심을 받고 있기도 하다.

하지만 에스더서는 비록 하나님에 대한 언급이나 이스라엘의 신앙과 관련된 언급이 나오지 않는다 할지라도 선민에 대한 하나님의 보존섭리를 강하게 보여주는 책이다. 이는 두 가지 사실로 확인한다. 우선은 유대인들이 멸절의 위기 속에서 금식한 것은 하나님께 기도한 것으로 볼 수 있다.

왜냐하면 구약성경에서 금식은 기도와 밀접한 연관을 가지고 있기 때문이다. 또 모르드개가 에스더를 설득 하면서 한 "이때에 네가 잠잠하여 말이 없으면 유대인은 다른 데로 말미암아 놓임과 구원을 얻으려니와"(4:14)라는 말도 이스라엘 자손에 대한 하나님의 보존섭리를 강하게 믿는 신앙고백 성격의 말이라고 할 수 있다.

사실 에스더서는 현재 하나님께서 당신의 백성과 세계 역사를 주권적으로 섭리하신다는 것을 알고 있으나 하나님의 개입을 깨닫는 것이 어려운 사람들에게 하나님의 섭리에 대하여 강한 믿음을 가져야한다는 것을 제시하기위해 기록 되였다고도 할 수 있다. 그리고 그러한 이유로 저자는 의도적으로 하나님에 관한 언급을 명확하게 드러내지 않았다고 볼 수 있다.

2007. 7. 27.

"역사시의 한축인 포로 잡혀간 것과 다시 포로에서 귀환시대에 대한 자세한 역사가 에스라, 느헤미야, 에스더 성경이다. 제1차포로 귀환과 제2차포로 귀환시대 사이에 에스라는 시간적 공간을 차지한다. 소설적이며 너무 짜릿한 역전승인 부림절의 기원을 자세히 알려주고 있다.

모르드개와 하만의 관계는 사울왕과 아각왕, 이스라엘과 아말렉 이란 원수관계로 출발한다. 정권실세였던 하만의 먼저 공격으로 멸절위기에 처했던 유대민족에게 에스더와 모르드개 그리고 하나님의 합작으로 그 누구도 해낼 수 없는 역전승을 이루었다. 사울왕도 이루지 못한 것을 모르드개가 해냈던 것이다.

성경전체 속에 하나님에 관한 언급이 일절 없는 책이 에스더와 아가서이다. 그러나 자세히 들여다보면 하나님의 이름만 기록 안 된 것뿐이지 그들 생활 면면 속에 이미 하나님을 품고 살았음이 증명된다. 먼저 금식했다는 것은 금식기도를 의미하고 "네가 잠잠하면 '다른 데로' 구원 얻는다"는 말이 하나님이 하신다는 의미인 것이다."

성경난해구절 해설시리즈(성문서 에스더 4-(12)-㊾)

Q “하만의 음모와 그의 몰락에서 영적으로 얻을 교훈들”

에 7:1-10

A 에스더 7장은 하만의 음모와 몰락이 드라마틱하게 희극적인 풍자 풍으로 기록되어 있다. 1-7절은 음흉한 음모가 8-10절은 그의 몰락으로 처형되는 것으로 막을 내리게 된다.

본장은 먼저 하만의 아내와 친구들이 하만의 몰락을 예견한 후(6:13) 곧이어 발생한 사건으로 지난번의 잔치(5:5-8) 때와는 달리 왕에게 하만의 음모를 폭로하는 사실을 다루고 있다. 이처럼 에스더가 금번의 잔치에서 하만의 음모를 폭로할 수 있었던 것은 자신의 폭로가 왕에게 설득력을 가질 수 있을 만큼 분위기가 조성되였다고 보았기 때문이다.

사실 아하수에로왕은 에스더가 그녀 자신의 소청(訴請)을 말하기를 거듭 연기하자 그녀의 소청이 무엇이든 반드시 들어주어야 하겠다는 생각을 하게 되였다.(2절) 이 사실을 깨달은 에스더는 자신이 하만의 음모를 폭로할 경우 왕이 반드시 자신의 말을 믿으리라고 확신할 수 있었다. 따라서 그녀는 더 이상 하만의 음모 폭로를 뒤로 미룰 경우 실기(失氣)하기 십상이라고 판단하였을 것이다.

한편 하만은 자신의 몰락을 어렴풋이 예감하면서도 벗어날 방도가 있을 것으로 보았을 것이다. 사실 하만은 자신을 잔치에 두 차례 씩이나 특별히 초대한 왕후가 유대인이요 더 나아가 모르드개 사촌동생이라는 사실을 까마득히 몰랐다.

그래서 그는 왕후에스더를 다가올 위기에서 구원해줄 자신의 구원자로 여겼던 것이다. 하다못해 지푸라기라도 잡아야할 그 상황에서 그가 자신을 특별히 그것도 두 차례 씩이나 초청한 왕후를 자신의 구원자로 여긴 것은 너무나도 당연하였다. 따라서 하만은 근심과 소망의 교차를 느끼면서 에스더가 배설한 잔치에 참석하였을 것이다.

한편 에스더는 하만의 음모를 폭로할 때도 적절히 잡았지만 폭로하는 방법도 지혜롭고 잘 선택하였다. 그녀는 처음부터 자신이 속한 유다 민족을 구원해달라고 하지 않고 먼저 자신의 생명구원을 왕에게 간청하였다. 그런 다음 자신의 동족을 구원해달라고 간청하였다. 이는 에스더가 아직 분명히 밝히지 않지만 어떤 민족의 구원이 곧 자신의 구원임을 왕에게 인식시키려는 의도였던 것이다.

아울러 그녀는 자신도 동일한 학살 대상임을 밝힘으로써 왕으로 하여금 그 민족을 죽이려고하는 자에 대해 극도의 혐오감을 갖도록 만들었다. 뿐만 아니라 에스더는 왕에게 자신의 민족을 진멸하는 일은 곧 왕에게 크나큰 손실을 입히는 것이라고 진술함으로써 왕이 극도로 분개하도록 유도하였다.

그 때문에 아하수에로왕은 에스더가 입을 열기 전까지 과연 누가 자신의 아내를 죽이려고 했고 또한 손해를 입히려고 했는지를 심히 궁금해 하면서 그 미지의 인물에 대해 적개심을 불태우고 있었을 것이다. 또한 하만도 에스더가 자신이 죽이려고 했었던 유대인 인지를 몰랐었기 때문에 그녀가 자신에 대해서 말하고 있다고는 꿈에도 생각지 못한 사건인 것이다. 참으로 극도의 긴장된 순간에 왕과 하만 모두 에스더의 입에서 과연 어떤 이름이 지명될지를 긴장 가운데 기다리고 있었다.

그러나 그 긴장의 순간은 한 사람에게는 진노의 결과로, 다른 한 사람에게는 공포의 결과로 표변(豹變)하였다. 사실 하만은 자신에게 다가올지도 모를 위기의 상황에서 자신을 구원해줄 자로 에스더를 꼽고 있었는데 오히려 그 에스더가 자신을 원수로 갑자기 지목하니 얼마나 놀랬고 또 두려워했겠는가? 반면에 왕은 와스디의 폐위 때처럼 혹시 자신의 판단이 경솔하게 이루어지지 않도록 하기 위하여(2:1) 후원(後苑)에서 마음을 진정시켰으나 하만에 대한 진노의 입장은 바꾸지 않았다.

물론 왕은 자신이 하만을 신임하여 유대인을 죽이기로 조서까지 내린 이상 자신의 권위손상을 막기 위하여 에스더의 고발을 받아들이지 않을 수도 있었다. 그는 자신의 현숙한 아내(1:12)와스디를 간신들의 말 한마디(1:16-20)에 폐위시키기로 결정하지 않았던가? 따라서 아하수에로가 에스더의 고발을 믿지 않고 간신 하만을 계속 신임했다고 해서 그의 성품을 너무나도 잘 알고들 있는 마당에 그 누가 그를 욕할 것인가? 또한 누가 그의 잘잘못을 가리려고 하겠는가?

그러나 하나님께서는 아하수에로왕의 마음을 주관하시어 에스더의 고발을 진실로 받아들이도록 섭리하였다. 그리고 자신이 총애하던 신하 하만에게 진노하였던 것이다. 이처럼 하나님께서는 에스더를 유대인의 구원자로 부르신 후 오직 믿음으로 왕께 아나가도록 그녀를 붙드셔서 본문에서와 같은 결과를 낳게 하였다. 결국 하나님께서는 에스더를 도구로 삼아 당신의 뜻을 섭리가운데 선하게 이루셨던 것이다.

한편 에스더의 위와 같은 지혜는 갈채를 받아야 마땅하다. 그러나 더욱 갈채를 받아야 할 바는 그녀의 민족에 대한 사랑일 것이다. 이처럼 그녀는 하나님의 백성 곧 자신의 민족을 사랑했기 때문에 자신의 생명을 담보하면서까지 막강한 권세를 쥐고 있었던 하만의 음모를 왕에게 고발 할 수 있었다. 만일 그녀에게 민족에 대한 사랑이 없었다면 그녀는 자신의 왕후 직에 만족해하면서 민족의 위기에 대해서 무관심하였을 것이다.

그러나 그녀는 결코 그렇지 않았다. 이 어찌 흔히 있을 수 있는 일이겠는가! 또한 이 어찌 신앙인들의 귀감이 아니라고 할 수 있겠는가! 그러나 우리는 이 같은 애족심과 용기를 주신 하나님께 영광 돌리는 일 또한 잊지 말아야 할 것이다.

본문의 후반부는 하만의 계략을 알게 된 왕이 크게 진노하여 하만을 처형하는 장면을 담고 있는 부분이다. 특히 에스더에게 구명을 간청하다 처벌을 재촉했던 하만의 비참함은 그가 처형된 방법에서도 드러나고 있듯이 악인이요 모사꾼의 최후가 어떠한 것인지는 분명히 보여주는 것이기도 하다.

본 사건에서도 6장에서와 같이(6:4-6,10절) 희극적인 풍자가 사용되고 있다. 즉 모르드개를 달기위하여 하만이 세워놓은 높은 나무에 도리어 하만이 매달리게 된다는 사실이 여기서 언급되고 있는 것이다(10절) 만일 보통의 경우라면 하만은 나무에 달리는 형식으로 처형당하지 않았을 것이다. 더구나 자신이 세워놓은 나무에 자신이 달리는 일도 결코 없었을 것이다. 그럼에도 불구하고 저자는 자신이 세워 놓은 나무에 매달리는 하만의 기이한 최후를 독자들에게 아주 희극적이며 풍자적으로 보여주고 있는 것이다.

사실 왕을 모신 내시(1:10)도 한 때는 하만에게 온갖 아첨을 했던 사람이었을 것이다. 어쩌면 그 하르보나(9절)라는 내시는 하만과 밀착관계를 유지하고 있었을지 모른다. 실제로 모르드개를 높은 나무에 달아 죽이려는 모의가 모사들 몇 몇과 하만사이에서만 이루어졌는데도 불구하고(5:10-14) 하르보나가 하만의 집에 높은 나무가 세워진 것과 그 나무에 모르드개를 달 계획이라는 것까지도 알았다는 사실은 그가 하만과 보통 관계가 결코 아니었음을 단적으로 증명해 주고 있는 것이다.

따라서 그는 쉽사리 하만을 배신해서는 안 될 사람이었다. 최소한 하만의 문제에 대해서 만은 침묵함으로써 중립을 지켜야할 사람이었으나 그렇게 하지를 못했다. 또한 그는 시류에 민감한 사람이어서 모든 사태의 흐름이 하만에게 보다는 모르드개에게 유리하게 돌아가고 있음을 진작에 감지했던 것 같다.(6:13) 그러던 중에 자신의 눈으로 모든 사태추이를 확인한 후에는 재빨리 자신의 입장을 정리하여 하만을 배신하고 모르드개의 편에 선 것이다.

결국 하나님께서는 바로 이러한 내시 하르보나를 이용하셨다. 물론 하나님께서는 하만이 다른 모양으로 처형되도록 하실 수도 있으셨다. 그러나 하나님께는 당신의 백성을 구원하시려는 섭리가 모든 사람들의 눈으로 확인 될 수 있기를 바라셨다.

그래서 하나님께서는 참수형이 아닌 나무에 달아 죽이는 처형을 그것도 모르드개를 죽이기 위하여 세웠던 나무에 하만 자신이 매달려 죽게 하셨던 것이다. 이 얼마나 하나님의 역사 개입 사실이 극명하게 드러나는 장면인가? 이 같은 역전 드라마가 또 어디에 있겠는가! 이러한 점에서 본 문은 오직 하나님만이 역사의 주인 되심을 확연히 드러내 주고 있다고 할 수 있다.

그러므로 우리는 이러한 본 단락을 통해서 영적으로 얻을 교훈 들을 캐내자.

1) 신자들은 믿음의 형제자매와 혈연적 형제자매이상의 연대의식을 소유해야만 한다. 먼 곳에 있는 친척보다 늘 한 교회 안에서 신앙으로 서로 이끌어 주는 자가 더 가깝다.(마12:50, 고전12:25)

2) 주님의 뜻에 따라 일하는 자에게는 반드시 선한 결과가 보장되어 있는 것이 사실이다. 왜냐면 주님하시는 일은 반드시 선한 열매와 좋은 일만하시기 때문인 것이다.(요일5:14)

3) 하나님께서는 이방나라의 왕일지라도 당신의 공의를 이루기 위해 도구로 사용하고 계신다. 그러니 우리들도 다 이용하실 것인즉 하나님

의 뜻대로 이용당하는 것이 최선이다.(롬13:4)

4) 인간의 흥망성쇠는 철저하게 우리 하나님 여호와의 손에 달려 있음을 보여준다. 우리는 우리 뜻대로 살길 원하나 하나님의 손에서 조금도 벗어날 수 없으니 믿고 살라(삼상2:4-6)

5) 세상의 권세는 결코 신뢰의 대상이 없음을 확실히 믿고 살아야 한다. 사회는 냉혹해서 자기들에 유익이 될 것 같으면 복종하나 불리하면 배신한다.(겔30:6, 단4:31)

6) 인생을 의지하는 사람에게는 좌절과 허무만이 기다리고 있음을 알라. 주님이외에 그 무엇을 의지해도 반드시 좌절과 허무만 안겨준다.(시146:3, 미7:5)

7) 누구든지 남을 죽이려고 하다가는 자기가 먼저 죽는다. 빠뜨리려는 웅덩이에 자기가 먼저 빠지고 자기가 만든 함정에 자기가 먼저 빠진다.(예, 하만 시7:15, 9:15, 잠26:27)

2007. 7. 28.

"하나님이 쓰신 장편 희극에 두 주연이 나온다. 모르드개와 하만인데 한 사람은 철저히 역전패의 주인공이고 또 한 사람은 역전승의 주인공이다. 남을 함정에 빠뜨리려다가 도리어 자기가 빠지게 되었고(시7:15) 그물(시9:15), 돌을 굴리는 자(잠26:27) 자기가 먼저 당하는 것이 천리이다.

에스더에게 지혜를 주신자도 하나님이시오 모르드개에게 그저 묵묵히 선행만 행하도록 지혜줄자, 은혜줄자, 축복줄자 그리고 몰락으로 패망줄자도 하나님의 뜻대로 일일이 나누어 주심을 믿어야 한다.

하나님은 이방나라왕도(아하수에로) 하나님의 일에 사용하고 때로는 마귀와 사단까지도 사용하신다. 우리는 어디다 쓰시려고 이 땅에 보내셨을까? 이것을 아는 것이 사명을 깨닫는 자이다. 이 세상에서 지혜있는 자는 자기 사명을 깨닫고 사명대로 사는 자이나 사명은 아름다운 것이다."

성경난해구절 해설시리즈(성문서 에스더 4-(13)-50)

Q "에스더서를 통해 본 페르시아의 여러 풍습들은?"

에 8:8

A 에스더서는 페르시아의 왕이었던 아하수에로 왕(BC.486-464년)때에 수산성에서 일어났던 사건들을 기록한 책이다. 그래서 에스더서 곳곳에서는 당시 페르시아의 풍습들을 나타내고 있는 바 이제 에스더서를 중심으로 페르시아의 다양한 풍습들을 살펴봄으로써 에스더서와 다른 성경을 이해하는데 도움이 되고자 한다.

첫째로 페르시아의 궁전연회 광경(1:5-12)

페르시아의 궁전 연회는 매우 사치스럽고 풍족한 것이 특징이었다. 즉 연회장은 각양각색의 휘장들이 둘러쳐져있고 연회 참석자들은 온갖 귀한 보석으로 꾸며진 의자에 앉아 음식 먹기를 즐겼다.

그 의자는 오늘날과 같이 반듯이 앉은 의자가 아니라 화반석(花斑石)과 같은 자리 위에 놓여 져 기댈 수 있게 만들어진 의자이다. 이러한 의자에 비스듬히 기대어 먹는 것이 페르시아인의 식사법이다.

그리고 연회에 쓰이는 모든 술잔들은 모두 금으로 되어 있어서 그 궁전 연회의 화려함과 웅장함을 더해 주었다. 다니엘5장에 벨사살왕이 그 귀인 천명을 위하여 큰 잔치를 배설하고 술을 마실 때에 예루살렘 성전에서 가져온 금, 은기명들을 가져오게 해서 왕과 귀인들 왕후 빈궁들이 술을 마시며 즐겼다.

이때 하나님이 노하셔서 벽에 손가락이 나타나 글씨를 썼는데 왕이 안색이 변하게 되고 번민하나 이 글의 내용을 해설해 줄자가 없었다. 이때 다니엘이 '메네메네 데겔 우바르신' 이란 기록을 읽고 해설해 줌으로 나라는 메데바사에게 준 바 되고 벨사살왕은 그날 밤 죽임을 당하였다는 다니엘 5장(1~30)의 한 사건이 우리에게 보여주고 있다.

본문의 궁전 연회사건은(1:5-12) 페르사 아하수에로왕이 그의 통치기간 중에 그리스 연합군과 페르시아군 사이에 살라미스(Salamis) 전투가 벌어졌는데 이 때 왕이 BC.480년에 시작된 그리스 원정을 준비하기 위한 사기진작의 의미와 작전회의 같은 성격을 지니고서 벌린 잔치였다.

그런데 무려 6개월간이나(180) 계속된 이 잔치는 당시의 강대국 바사제국이 얼마나 큰 부귀와 영화를 누리고 있었는지 한 단면을 보여주고 있는 대목이며 그리고 이러한 바사제국의 위용은 바사에 남아 있는 유대민족으로 하여금 옛 다윗과 솔로몬 왕국의 영화를 회상하기에도 좋은 현상 중 하나였을 것이다.

둘째로 페르시아의 왕 보호제도(1:13,14, 4:11)

페르시아는 왕을 특별한 제도에 의해 보호한 내용이 많이 나오고 있다. 즉 1:14를 보면 왕의 기색을 살피는 일 곱 방백이 나온다. 이들은 모두 페르사 제국의 고관들로서 왕의 고문 역할과 호위병 역할을 하며 아무나 왕에게 접근하지 못하게 하였다. 그리고 심지어 왕후라도 왕의 호출을 받지 않고는 왕에게 접근하는 자는 왕을 시해하려는 중범죄자로 취급하여 사형에 처하도록 했다(4:11)

이는 암살자들이 왕에게 접근하는 것을 막기 위한 제도였을 뿐만 아니라 동시에 페르시아 제왕의 위엄을 돋보이게 하기 위한 것이었다. 그래도 아하수에로왕은 전설에 의하면 암살자들에 의해 시해를 당했다고 한다.

바벨론의 2대왕 벨사살왕도 1천명의 귀인들과 연회를 베풀었던 바로 그날 밤에 암살자에 의해 죽임을 당하였고 메대사람 다리오가 바벨론을 차지하게 되는 역사가 나온다. 느브갓네살이후 벨사살 그 이후 다리오, 그리고 고레스, 아닥사스다 이때는 아하수에로왕 때였는데 여러왕들이 암살자의 시해가 심한 때였기에 이런 제도를 둔 것 같다.

셋째로, 왕명 통신제도(1:20, 3:13, 8:14)

페르시아의 수도와 지방행정 중심지 사이에는 잘 조직된 왕실의 통신제도가 있어서 신속하고도 정확하게 통신을 전할 수가 있었다.(3:15) 즉 왕에 의해서 조서가 반포되면 왕궁의 대기하고 있던 파발 병들이 그 조서를 가지고 말을 타고 일제히 각도로 달려가게 된다.

그러면 각도의 행정관들이 다시 그 조서를 방으로 부쳐 알리게 되는 것이다. 한편 바사왕은 행정, 사법, 군사, 심지어 종교문제에 있어서까지 결정권을 가지고 있었다. 때문에 왕의 조서는 그의 반지로써 인이 쳐지는 순간부터 곧 법률로서의 효력을 발생하게 된다.

또 '바사와 메대의 법률' (1:19)은 일단 제정되어 선포되면 비록 왕자신이라 할지라도 취소하거나 변개할 수 없었다. 이는 127개도(道)나 되는 광대한 지역을 다스리는 대제국 페르시아의 법이 얼마나 강력한 것이었나 하는 것을 보여주고 있다.

3:13에는 '역졸' 이 나온다. 원어 적으로는 '달리는 자' 라는 의미를 지니고 있으나 여기서는 왕명을 전달하는 '보발군' 을 지칭하고 있다. 이 역졸들을 동원한 우편제도는 페르시아의 고레스 왕에 의해 확립된 것으로서 당시 가장 빠른 교통수단인 말을 사용하였으며 20-40km마다에서는 역졸과 말을 교체시킴으로 지쳐서 지체하는 일이 없도록 하였으

므로 당대 미문의 대 제국통치 수단으로 정착되었던 것이다.

8:8"왕의 명의로 유다인에게 조서를 뜻대로 쓰고"는 아하수에로왕은 하만에 의해 내려진 조서를 철회시켜 달라고 한 에스더의 요청에 새로운 조서를 쓰라고 답을 하였다. 그 이유는 바로 이어 나오는 대로 '왕의 이름을 쓰고 왕의 반지로 인친 조서는 누구든지 취소할 수 없는' 바사의 법 때문이었다.

즉 아하수에로왕은 에스더의 요청을 들어 주고는 싶으나 법을 어길 수 없으므로 유대인 스스로의 자구책을 만들도록 허락한 것이다. 그리고 결국에는 이 새로운 조서에 의해 하만의 유대인 진멸조서는 철회된 것과 같은 결과를 얻어 유대인이 멸절위기를 벗어나게 된 것이다.(에 9:1-10)

8:14에 "왕의 명이 심히 급하매 역졸들이 ... 빨리나가고" 이것은 왕의 새로운 조서가 시급히 전달 되였음을 강조하는 표현이다. 그런데 아하수에로왕이 이처럼 조서 반포를 재촉하였던 것은 단순히 유대인 진멸시간이 촉박하게 다가왔기 때문이 아니다.

그 이유는 하만에 의해 유대인 멸절의 날을 제비뽑은 것은 정월(나산달)달에 뽑았는데 하나님이 공교롭게도 12월(아달월)로 뽑았으니 태양력(양력)으로는 약 11개월 후인 BC.473년 3월13일을 가리킨다. 약 11개월이란 긴 기간이 아직 남아있는 상태이다.

왕의 시급한 전달강조는 오히려 하루빨리 유대인들로 하여금 기쁜 소식에 접하게 함으로써 정신적 고통에서 벗어나게 하고 유대인 대적자들로 하여금 유대인 진멸을 위한 무장을 해제 시키려는데 그 목적이 있었다.(출12:29-42, 대하36:23, 스1:1-4)

이상으로 에스더에 나타난 페르시아의 여러 풍습을 간략하게 살펴보았다.

실로 성경은 기록될 당시의 사회적, 역사적, 문화적 상황들을 배경으로 하고 있다. 때문에 이러한 사실을 염두에 두고 또한 그렇듯 기록 배경이 되는 것들을 먼저 살펴본 후 성경을 대한다면 성경의 이해가 보다 빠를 것이다.

2007. 7. 29.

"에스더에 나온 페르시아의 풍습 세 가지를 간략하게 살펴보았다. 먼저 이 풍습을 터득한 후에 에스더서를 읽는다면 이해하는데 큰 도움이 되리라고 봅니다. 또 그 당시 포로 귀환시대 성경들 다니엘 및 에스라, 느헤미야, 학개, 스가랴, 말라기까지 이해에 도움이 될 것이다.

아하수에로왕의 궁전연회 광경은 에스더서의 주 무대이다. 여기서부터 사건이 시작되고 에스더가 왕의 허락을 받아 내게 되는데도 왕비의 잔치로부터 허락을 받아 내게 되었고 부림절의 기쁜 잔치로 에스더서는 마치게 된다. 궁전 연회잔치는 장차 천국잔치의 모형도 되어 기쁘고 즐거움이 넘칠 것이다.

특히 페르시아 왕 보호제도도 특이하나 왕이 부르지 않은 사람은 왕 앞에 나타날 수가 없었다. 왕후 에스더 역시 부름이 없이는 건의 할 수 없어 3일 금식 후 죽으면 죽으리다하고 왕 앞에 나가게 된다. 왕명통신제도가 우리나라 구한말 시대 파발마라고 하는 제도가 비슷하다. 성경이해에 큰 도움이 됐으리라고 본다."

Q "왕이 페르시아 백성들을 멸하게 한 왕의 조서는 정당하다고 보는가?"

에 8:11

A "조서에는 왕이 여러 고을에 있는 유다인에게 허락하여 저희로 함께 모여 스스로 생명을 보호하여 각도의 백성 중에 세력을 가지고 저희를 치려하는 자와 그 처자를 죽이고 도륙하고 진멸하고 그 재산을 탈취하게 하되"(8:11)

에스더서의 영감성과 역사성을 의심하는 고등 비평가들은 왕의 조서 내용이 전연 가능성이 없을 뿐만 아니라 왕이 자기 나라 백성들을 도륙하고 진멸하도록 명하는 왕이 어디 있으며 더구나 하루만에 7만5천명(9:16)을 하루 만에 적은 수효의 유대인들로서만은 불가능한 일로 윤리성도 완전 결여된 허무한 이야기로 보고 있다.

본문이 그 중에 하나로 에스더의 고발로 하만의 사악한 유대인 박멸계획을 알게 된 왕은 유대인들을 그들의 손에서 구출하고 그 대신 하만과 유대인들을 말살시키려 하였던 백성들을 다 멸할 수 있도록 다 허용하였다.

이 왕의 새 조서에 대하여 본서의 영감성과 역사성을 의심하는 고등비평학자들은 어느 통치자가 실제로 잘못을 범하지 않은 그 많은 백성을 포함해서 그의 신하를 죽이도록 허용하는 통치자가 어찌 이런 조서문을 발표하겠는가 하는 반문이다.

그러나 앞서 왕이 하만으로 하여금 유대인들을 말살시키도록 한 조서에 어인을 찍은 것을 생각한다면 그 반대로 된 조서를 발표 못할 이유가 없을 것이다. 그러나 본문은 조서의 내용중 파멸의 대상이 완전 달라진 것이다.(3:13과 8:11을 비교해서 읽어 보라)

이와는 반대로 본문을 옹호하는 학자들 중에서는 하만은 하나님께서 사울에게 박멸하도록 명령하신 아말렉의 후손이었다. 그런데 사울이 다 진멸치 못했고 아각왕도 살려주었는데 사무엘이 죽였다. 즉 하나님의 엄명이었고 하나님의 뜻이니 모르드개가 다 준행하고자 한 것으로 본다.

또 에스더서는 구약의 율법에서 "눈은 눈으로 이는 이로"(출21:23-25)의 법을 그대로 준행하기 위한 것으로 본다. 즉 먼전 하만이 온 유대인들을 다 진멸하려고 왕의 조서에 어인까지 찍어 전127도에 공문이 하달된 상태에서 역전승의 하나님이 역전 시켰으니 하만이 계획한 그 계획그대로 아각 사람들에게 갚는다는 의미에서 시행한다고 본다. 즉 동해보상법과 보복의 법칙을 수행하려한 것이다.

그러나 여기서 이 본문을 더 자세히 읽어 내려가다 보면 본서의 영감성과 역사성을 반대하는 자들이 얼마나 잘못된 처사였는지 밝혀진다. 여기서 유대인들의 자세는 페르시아사람을 모두다 원수시해서 박멸하는 것이 아니다.

박멸 대상자는 유대인들을 해하려고 시도하는 자들과 지시계통에 있는 자들을 원수로 알고 박멸하되 그들의 재산에는 일체 손대지 말라는 것이다. 사울왕이 그들의 재물에 욕심이 생겨 하나님의 뜻을 다 준행치 못했던 과거를 거울삼아 이번에는 오직 유대인학살하려고 시도하는 자는 그와 그의 처자들까지 다 진멸하라고 한 것이다.

유대인들이 페르시아인 들에게 그동안 당한 핍박을 이젠 적개심을 불태워서 무조건 아무나 무죄한 백성들과 처자들까지 몽땅 죽이려한 것은 전연 아닌데 많은 이들은 이 구절을 오해해서 페르시아인 들을 다 적으로 알고 진멸하라는 줄 알고 있다.

더 좁혀서 아말렉 족속도 유대인 학살을 앞장서지도 않고 시도 하지도 않는 자들은 진멸작전에 포함되지 않는 것이다. 자기들의 생명과 재산 그리고 처자들을 보호하는 차원에서 이길을 선택한 것이다. 그러므로 이 문제는 윤리적인 문제가 아니라 생존해 관한 것이다.

또 윤리적인 면에서 보아도 이 사건은 비난받을 일만은 아니었다. 3:13 하만의 계략에서는 동사가 전멸시킨다는 말의 대상이 유대인이라면 남녀노소 처자에 구분없이 모두가 해당되는 동사이다.

그러나 8:11에서는 그 동사의 대상이 어떤 무장한 세력 그리고 유대인을 공격하려고 시도하는 사람들로 제한되어 있다. 그 사람의 가족이지 공격할 의사 없는 사람과 그의 처자들은 해당도 안 되기 때문에 윤리성의 문제도 문제가 되지 않는다.

성경을 자세히 들여다보지 못하고 그냥 일반적인 원리나 전후 문맥을 살피지 못해 오해의 소지를 갖은 자들이 많다. 따라서 영어 성경에서는 파멸의 대상이 유대인의 처자를 대항해서 행동한 자들만을 원수로 여기라고 기록하였으니(NIV는 분명하고, RSV, ED JB는 분명하지는 않다) 히브리어 문법 구조에 따르면 이런 낱말들은 멸하고 죽이고 전멸시키고 한 부정사의 대상으로 해석될 수 있다. 그러므로 유대인의 원수가 아니라 유대인을 해하려고 시도자들을 원수로 본 것이다.(KJB, NAB, NASB, NEB등등)

이상의 측면들을 감안해 볼 때 당시 유대인들이 처한 전쟁과 같은 상황에서 모르드개가 내린 조서의 내용은 지극히 정당한 것이라고 할 수 있다. 아울러 모르드개가 이와 같은 조서를 내린 이유는 유다인들을 공격하려는 자들로 하여금 공격의지를 상실케 하는데 있었지 결코 이방인들에 대한 유다인들의 탈취를 정당화하려는데 있지 않았다. 즉 본 조서는 첫 번째 조서를 무력화시키기 위해서 필요한 조처이외의 그 이상의 어떤 무력이나 충돌을 정당화 하려는 것이 아니다.

이렇게 볼 때 모르드개의 편지는 심은 대로 거두리라는 격언적인 성경말씀을 확증한 것 뿐이요 일반적인 하나님의 섭리원리에 대한 실천일 뿐인 것이다. 또 실제로 수산성에서 유대인들이 아달월 13일에 죽인 사람의 수는 500명으로 그 당시 그 곳에 살고 있던 50만 명의 인구에 비한다면 얼마나 제한 된 소수였는지 알 수가 있다.

물론 그 다음날도 하루 더 수산성에서 300명을 죽였으나 이것은 자기 방어를 위해 필요한 조처였으며 왕도 유대인들의 자기방어를 위해 그런 일이 꼭 필요했기 때문에 어인을 찍어 조서를 다시 내렸던 것이다.

9:16의 하루 동안에 75000명 살해는 불가능 한 것으로 자유주의 신학자들의 반론이다. 9:5-15까지는 수산성에서만 이루어진 일을 중심으로 보도한 것이다. 이제 9:16는 수산성을 제외한 페르시아 전국에서 이루어진 도륙사건의 요약이다.

이 말씀은 아하수에로왕이 왕후 에스더에게 수산성에서 벌어진 일도 목도했으나 '왕의 다른 도에서는 어떠하였겠느뇨?' 라는 수사적 질문에(12절)에 대한 저자의 답변이라 할 수 있다. 이 질문에 대한 대답이 유대인들이 75,000명이나 적을 13일 하루 동안 만에 소탕했다고 말했다.

그 당시 페르시아내의 유대인들은 소수민족이었는데 어떻게 이런 전과를 올릴 수 있단 말인가? 바로 이런 이유로 인해 자유주의 신학자들이 본서의 역사성을 부인하고 있다. 더구나 하루에 75,000명을 죽이도록 페르시아정부와 군경이 묵인 하겠느냐? 하고 또 70인역(LXX)에서는 본문의 75,000명을 15,000명으로 축소 기록한 것도 반론자들이 기세를 올리고 있다. 70인역의 기자들이 어떤 근거로 그랬는지는 알 수 없으나 객관적 사실을 주관적으로 고친 잘못된 번역이라고 본다.

물론 75,000명이 적은 숫자는 아니다. 그 당시 유대인들이 전역에 약 70만 명이 산재해있었을 것이며 이들은 수개월 약9-6개월간의 전쟁준비를 해왔으며 많은 대적들도 앞날의 소망이 없는 줄 알고 조직적으로 대항하여 왔기에 한꺼번에 75,000명을 다 소탕할 수 있었다고 본다.

조서가 발행된 날짜는 3월 23일(8:9)이고 대적 멸절 날짜는 12월 13일(8:12)이므로 약 9개월의 기간이 있었다. 페르시아 전역에 아무리 오지라 할 찌라도 3개월이 소요된다. 그러므로 준비기간이 약6-9개월 이므로 불가능하다고 보는 것이 잘못된 견해이다.

뿐만 아니라 성경은 하나님께서 개입하실 때는 더 많은 수의 대적이라 할찌라도 능히 섬멸할 수 있었음을 증거 해주고 있다. 기드온 300용사는 미디안 군사 135,000명을 섬멸 시켰으며 유다왕 히스기야시대에 하나님은 앗수르 군사 185,000면을 하룻밤 사이에 다 제거해 버렸다.(왕하19:35)

2007. 7. 30.

"에스더서의 영감성과 역사성을 부인하는 자유주의 신학자들의 주장은 잘못된 것이다. 왕이 페르시아 백성들을 멸하게 한 조서를 내릴 수 있겠는가? 하는 것은 도리어 왕이 더 적극적이었으며 또 하루에 75,000명 도륙이 가능했겠느냐? 하는 것도 성경에 기록된 객관적 사실인 것이다.

또한 페르시아인이나 아말렉인들은 다 원수로 적으로 삼은 것이 아니라 유대인들을 진멸시키려고 계획세우고 말살시키려고 시도하는 자들만 해당되기 때문인데 그 당일에도 시도하지 않는자는 해당이 되지 않았을 것이다. 그런데 상당히 조직적으로 항거해 왔다고 볼 수가 있다.

모르드개가 작성한 조서는 구약율법 '눈은 눈으로 이는 이로'의 준수차원이며 과거 사울왕이 하나님 명령 불복종을 그 후손들이 하나님의 뜻을 준행하는 차원에서 시도한 것이며 박멸대상자는 공격대상자에 한정되고, 3:13과 8:11의 차원적인 구별과 윤리성과 역사성에 조금도 하자가 없다고 본다."

성경난해구절 해설시리즈(성문서 에스더4-(15)-52)

Q "디아스포라(Diaspora)의 생성원인, 분포, 특징, 의의에 대하여"

에 9:17-32

A 헬라어 디아스포라(Diaspora)이 의미는 '흩어짐' '분산' 이란 뜻으로써 약속의 땅 가나안을 떠나 이방지역에 흩어져 살면서 자신들의 종교적 계율과 관습을 지키는 유대인들을 가리키는 말이다. 그리고 이러한 유대인들이 사는 지역을 가리켜서는 '골라' (Golah)라 한다.

한편 디아스포라는 '포로' (Captivity)와는 다르다. 물론 포로가 디아스포라를 탄생시킨 원인은 될 수 있다. 그러나 디아스포라는 포로 귀환 허락이 떨어진 이후에도 스스로 원해서 이국땅에 머물며 공동체를 이루어 생활하는 사람들을 가르키기 때문에 포로와는 그 개념이 다르다.

디아스포라의 원인은 일차적으로 이스라엘백성들이 하나님의 선민으로서 마땅히 그 하나님께 순종해야함에도 불구하고 계속해서 범죄 하므로 하나님의 심판을 받은 결과 BC.732-722년경 앗수르에 의한 북쪽 10지파 백성들의 포로와 BC.605-586년경 바벨론에 의한 남유다 백성들의 포로 사건을 들 수 있다.

그리고 BC.322-285년경 애굽-팔레스틴 지역의 총독인 프톨레이 1세(Ptolemy Ⅰ)에 의해 포로 귀환하여 유대땅에 정착한 유대인들을 알렉산드리아로 강제 이주시킨 것. 또 BC.223-187년경 시리아 셀류크스 왕조의 안티오 쿠스3세(Antiocus Ⅲ)가 메소포다미아와 바벨론 지역의 유대인들을 부루기아와 루디아에 정착시킨 것, 또 BC.63년에 예루살렘을 점령한 로마 장군 폼페이(Pompey)가 유대인들을 로마로 강제 이주시킨 것 등의 역사적 사건들이 디아스포라를 만드는 원인이 되었다.

이상의 원인들 이외에도 개인적인 특별한 이유나 상업상의 이유로 인하여 포로 귀환 당시에 귀환하지 않고 페르시아 제국의 각 지역의 그대로 남아 있거나 또는 스스로 이곳저곳을 옮겨 다니며 정착한 사람들도 대단히 많다.

애초에 디아스포라 분포지역은 그대 앗수르와 바벨론 제국의 몇몇 지역에 국한 되어 있었다.(왕하17:5,6 24:14) 그러나 위에서 간략히 언급한바 계속된 강대국들의 유대지역 침탈과 유대인들의 자발적인 이주로 인하여 그 분포지역은 크게 확대 되였다. 즉 시리아, 이집트, 페니키아 등지는 물론이고 소아시아, 로마, 이탈리아, 그리스, 유럽 지역까지 확대 되었다.

이처럼 디아스포라 유대인들의 수의 증거와 거주지역의 확산으로 인해 BC.2세기 중엽 시빌의 신탁(Sibylline Oracles) 에서는 '땅마다 그리고 바다마다 유대인 그대들로 가득 하구나' 라고 기록할 정도였다.

그리고 예수그리스도의 승천 후 오순절 성령강림사건 당시에 예루살렘을 찾아온 순례 객들을 각 출신별로 분류해 보면 디아스포라의 분포지역이 얼마나 광범위 했는가를 능히 짐작할 수 있다. 오순절 성령강림시에 사도행전 2장에 기록된 나라들만도 15개국에 달한다.(행2:9-11)

분산된 유대인들의 수가 얼마나 되었는지에 대해서는 정확히 알 수가 없다. 그러나 초대교회시대에 로마제국 내에 있었던 유대인들의 수가 400-450만 명 정도였다는 학자들의 추산(Harnack)에 따른다면 그 수가 아마 팔레스틴 땅에 거주하고 있던 유대인들 수의 몇 배 더 될 것이다. 그런데 이렇게 많은 디아스포라는 각 지역에 흩어져 살면서도 유대민족의 통일성을 그대로 유지 할 수 있었다.

그 이유는 ①다른 이방 종교에 물들지 아니하고 회당을 중심으로 전통적인 종교적 관습들을 그대로 고수했다. ②개인이 따로따로 흩어지지 아니하고 특정한 한 지역에 모여 공동체를 이루었다. ③회당을 중심으로 자체의 내부조직을 견고하게 다지고 있었기 때문에 스스로 행정사법의 문제들을 해결했다. ④매년 세 차례씩 예루살렘을 순례하여 성전세를 바쳤다.

그러나 이상의 사실들을 그대로 지키지 아니하고 헬라인들과 동화되어 민족적 순수성을 상실한 사람들도 많이 있었다.(요7:35)

한편 디아스포라 유대인들은 어느 지역에 따로 공동체를 이루고 있으면서 그 지역이 통치자들로부터 어느 정도 자율성을 허락받았기 때문에 자유롭게 생업에 종사할 수 있었다. 이런 이유로 유대인들은 각 지역에서 상업, 은행업 등에서 괄목할만한 두 각을 나타내었고 또 지역사회에 상당한 영향력을 행사하기도 하였다. 그러나 가난한 유대인들도 많았다.

디아스포라가 분포된 주요지역과 관련역사에 대해 7개 지역으로 나눈다.

1) 바벨론: 전3차에 걸친 포로 귀환 이후에도 계속 이 지역에서 남아 유대인들의 풍습과 종교를 그대로 유지함으로(에9장) 후에 동방유대교의 중심지가 됨. AD.5-6세기경 예루살렘 탈무드, 바벨론 탈무드가 이곳에서 작성됨. 신약시대에 이 지역에 거주한 유대인들의 수는 수 만 명에 달했음.

2) 이집트: 예루살렘 멸망당시 반 바벨론 주의자들이 도피해 이 지역

에서 유대공동체를 만듬. 예레미야 선지자도 이 지역의 유대인들에게 메시지를 전하다가 순교한 것으로 전승됨(렘43~44장) 엘레판틴 파피루스의 발견으로 이 지역의 유대인들의 삶과 그들의 성전 건축사실이 밝혀져 비교적 잘 알려있지 않은 소위 중간사시대의 역사이해에 많은 도움을 얻음.

3) 알렉산드리아: 이 도시는 알렉산더 대왕이 BC.322년에 이집트를 정복한 기념으로 세운 도시로써 프톨레미 1세에 의해 유대인과 사마리아인들이 이곳에 대거 이주됨. 이곳을 통해서 유대인들에게 헬라문화가 유입됨. 구약성경 70인 역(LXX) 번역 작업이 이곳에서 실시됨. 유대교를 헬라철학으로 설명했던 철학자 필로(Philo) 의 출생지. 많은 외경, 묵시문학의 본거지

4) 소아시아: 이 지역의 디아스포라 도시들은 사도바울의 서신이나 기타 신약서신에서 자주 등장함. 예를 들어 버가모, 루디아, 갑바도기아, 미두리아, 본도, 서머나, 라오디게아 등이 있음.

5) 그리이스: 빌립보, 데살로니가, 베뢰아, 아덴, 고린도 등이 대표적 도시들임. 이 도시들은 대부분 기후가 좋고 비옥한 곳일 뿐만 아니라 상업적으로 매우 발달한 곳임.

6) 로마: BC.63년 로마 장군 폼페이(Pompey)에 의해 많은 유대인들이 이곳으로 옮겨짐. 유대인들은 로마인들에 대해 상당히 호의적이었기 때문에 그들과 화친함으로 대부분 자유와 공민권을 얻음. 상업과 종교에 의해 로마사회의 각 구석에 유대인들이 파고 들어갔기 때문에 로마사회에 혼란을 일으키기도 했으나 많은 사람들을 유대교로 개종시키기

도 함.

7) 기타: 로마와 남부 이탈리아를 제외한 이탈리아 고올, 스페인, 북아프리카에도 소규모의 유대인 공동체가 있었음. 구레네(Cyrene)가 대표적인 북아프리카의 유대인 도시임.

유대인 디아스포라(분산)는 한편으로는 하나님의 선민으로서 마땅히 지켜야할 하나님 말씀에 계속해서 불순종함으로 인한 하나님의 징계의 결과이지만(렘8:3, 16:15, 겔4:13, 호9:3, 슥10:9) 다른 한편으로는 그들을 이방인 가운데 흩으시사 궁극적으로 이방인들 가운데도 하나님의 복음을 전파케 하사 구원 얻도록 하시기위 한 하나님의 섭리의 결과로도 볼 수 있다.

(시67편, 마5:7) 이러한 사실은 유대인들이 각 지역에 흩어져 살면서 많은 이방인들을 개종시킨 사실에서 분명히 알 수 있다.(에9:7)

한편 이러한 많은 지역에 분산 된 디아스포라는 예수그리스도께서 당신의 제자들에게 내리신 지상명령 곧 땅 끝까지 이르러 내 증인이 되라하신 복음전파사업의 교두보 역할을 하게 되었다. 특히 유대인 공동체가 있는 곳마다 세워진 회당은 사도바울을 비롯한 초대교회의 선교사들의 중요한 복음 전파의 장(場)이요 전초 기지의 역할을 담당하게 됐다.(행17:1, 18:4)

한편 이스라엘의 흩어진 백성들을 통한 온 세계 이방사람들에 대한 복음전파와 그로 말미암아 그들이 여호와 하나님을 믿고 그분께 순종하게 된 사실은 곧 그분이 온 세상의 주권자이심을 보여주는 증거이다.

또한 아모스 선지자를 통하여 '이스라엘 족속을 만족 중에 체질하기를 곡식을 체질함 같이 하려니와 그 한 알갱이도 땅에 떨어지지 아니하리라' (암9:9) 하신 말씀처럼 궁극적으로 유대인뿐만 아니라 이방인들까지 포함하여 택한 백성들을 구원하시기로 한 하나님의 구속사적 계획이 만세 전부터 한 치의 오차도 없이 진행되어 왔음을 증거 하는 것이기도 하다.

2007. 7. 31.

"디아스포라로 이방에 가서 살게 된 것도 다 하나님의 구속사를 위한 하나님의 뜻과 섭리인 것이다. 유다인들이 우상숭배와 안식일과 감사치 않음으로 바벨론에 70년 동안 포로 생활 후 3차에 걸친 귀환 작업에 못 돌아온 자들이 디아스포라가 되었다. 거기서 하나님의 빛을 비추어 하나님께 영광 돌리게 하기 위함이다.

성령강림 이후 하나님께서 기독교를 세계로 퍼뜨리기 위해서 세계도처로 흩으셨다. 유대교와 로마의 박해 그리고 흉년과 기근 때문에 예루살렘에 더 이상 살 수 없게 만들었다. 하나님은 기독교을 예루살렘 안의 기독교가 아니라 세계만방 그 어느 곳에서도 역사하시는 하나님임을 알리시려고 그들을 디아스포라로 하나님이 만드셨다.

금번 에스더서를 통해 디아스포라를 이해 할 수 있는 기회 주심 감사드린다. 용어의 이해와 원인을 분석하고 디아스포라의 분포, 디아스포라의 특징들 그리고 디아스포라의 주요 지역 및 관련 역사로 7개 부분으로 나눠 생각했고 마지막으로 의의를 살핌으로 디아스포라의 전반을 훑어 하나님의 뜻을 깨닫게 됐다."

평신도를 위한 성경 난해구절 해설 시리즈

전도서

- 전도서 -

마음을 다하며 지혜를 써서 하늘 아래서 행하는
모든 일을 궁구하며 살핀즉 이는 괴로운 것이니
하나님이 인생들에게 주사 수고하게 하신 것이라
1:13

Q "전도서란 어떤 책이며 허무주의 인지 복음주의 인지 결론은 무엇인가?"

전 1:~12:

A 전도서는 욥기, 시편, 잠언, 아가서와 함께 시가서로 분류가 된다. 모든 성경이 영감 받은 저자들에 의해 기록된 하나님의 계시이지만 특히 시가서는 각 기자들의 구체적인 체험에서 우러나온 기도와 찬양, 고백과 교훈을 통해 생동감 넘치는 메시지를 전달한다.

전도서는 인생의 온갖 희노애락을 다 경험한 솔로몬왕이 생애의 황혼기에 접어들었을 때 젊은 시절을 회고하면서 쓴 책으로서 하나님 중심 주의적 삶이야말로 진정 복되고 만족스러운 삶임을 고백하는 원숙한 지혜를 담고 있다.

'진리를 전하는 책' 이란 뜻이 있는 전도서는 히브리어 제목은 '코헬레트' (קהלת)인데 '공적 권위를 지니고 회중에게 강론하는 자' 곧 '설교자' (Preacher) '성직자' 란 뜻이다.(1:2, 12, 12:8) 70인 역(LXX)상의 제목은 '에클레시아스네스' (εχχλησιοης)이며 이 역시 '설교자' '전파자' 를 뜻하여 '집회' (assembly)라는 뜻의 단어에서 유래 되었다. 우리 한글 개역성경의 '전도서' 라는 말은 히브리어 '코헬레트' 와 헬라어 '에클레시아스네스' 를 의역한 것이라고 볼 수 있다.

저자는 '다윗의 아들 예루살렘왕' (1:1) 곧 솔로몬왕(BC.970-930)

이다. 이 저자는 다른 사람보다도 탁월한 지혜와 명예를 지녔고 온갖 부귀와 영하를 누려본 자로 소개된다.(1:16, 2:7) 그렇다면 다윗의 아들로서 이러한 사실을 만족시킬 수 있는 자는 솔로몬 이외는 다른 사람으로 찾을 수 없다고 본다.

이에 대해서 많은 이들의 반박도 만만치 않지만 유대전승이나 그레고리, 아타나시우스, 암브로스, 제롬, 어거스틴 등 많은 교부들이 지지를 받고 있다. 수신자로서는 솔로몬이 이스라엘 왕으로서의 본서를 기록할 당시의 이스라엘백성과 인생의 지혜를 구하는 모든 시대의 그리스도인들이다.

본서의 저자를 솔로몬이 노년에 이르러 죽음을 바라보면서 자신의 생을 정리한 일종의 간증설교 성격을 지닌 것으로 통치 기인 BC.970-930년 사이에 기록된 것이다. 그래서 그의 생의 말기인 BC.935년경으로 추정해 볼 수 있다.

인간이 누릴 수 있는 최고의 영예와 영육간의 쇠락까지 모든 인생역정을 경험한 후 인생의 본질과 바른길에 대한 통찰을 기록한 솔로몬의 저작으로 인생의 절대 허무의 문제를 다양한 측면에서 심층 분석하여 얻은 여호와 신앙에 의한 허무의 극복을 위한 실천적 자세가 낱낱이 그리고 자세히 기록 된 것이다.

'지혜를 주시는 한 목자' (12:11)로 암시된 하나님에 대한 언급은 지혜의 주님이신 예수그리스도와 직접관련 되어있다. 그리고 인생의 허무에 대한 처절한 절규들은 그것을 극복케 해주실 유일하신 분을 기대하며 거듭 강조 된 '선인' 에 대한 상급의 심판과 '악인' 에 대한 형벌의 심판(3:17, 11:9, 12:14) 역시 최후의 '심판자' 이신 예수 그리스도의 사역을 암시한다.

본서는 '해아래서' 행하는 모든 일의 헛됨. 죄 사함 받지 못한 모든 인생의 허무한 삶을 증거 함으로써 독자들을 예수그리스도의 은혜의 보좌 앞으로 인도하고 있다. 영원을 사모하는 마음을 가진 인생에게 (3:11) 참다운 만족과 영생을 주실 분은 오직 그리스도뿐인 것을 계시하고 있는 것이다.

본서는 마치 허무주의를 주장하는 것도 같고 허무주의 적인 성격이 강하게 부각 된다. 그러나 율법은 모든 인생이 다 죄인이며 제사 가지고는 완전 구원이 불가능하게 된다는 것을 깨닫고 구원 완성 자이신 예수 그리스도께 소개하고 인도해서 그를 믿어 완전 구원이 완성되는 관계인 것이다. 그래서 전도서는 허무주의 책이 아니고 마지막 구원을 얻을 수 있는 복음주의 책인 것이다.

전도서는 한마디로 이 지상에서의 유한한 인생의 허무에 대하여 처절하게 절규함으로써 무딘 심령들에게 각성을 촉구하고 이를 극복하는 인생의 근본적 지혜를 제시하는 책이다. 전도서는 이 땅에서의 인생을 '해 아래서'의 삶으로 묘사한다. 그리고 이 '해 아래서'의 삶만 으로는 그것이 아무리 극대화 된 것이라 하더라도 결국은 쓰디쓴 허무로 끝날 수밖에 없음을 말한다.

즉 임금과 부자와 심지어 지혜자의 삶조차도 이 땅에서의 삶만으로는 허무로 끝날 수밖에 없음을 전도서 전 편에 걸쳐서 가히 절규하듯이 토로한다. 그리고 비로소 오직 '해 위의 존재' 즉 절대 초월자, 창조자이신 하나님과의 관계를 통해서만이 이 지상의 삶의 허무가 극복될 수 있음을 시사해주고 있음이 복음주의라고 본다.

그리고 이제 어차피 이 지상의 삶은 일시적인 것이며 그것 자체로는 절대적 의미가 없는 것이므로 매사에 지나치게 집착하지 말고 그저 자신의 분깃에 자족하며 하루하루를 즐겁게 보내는 것이 최선의 길이요 자세라고 권면하고 있다.

전도서는 매우 이채로운 책이다. 그 첫 장을 펼치는 순간부터 독자들은 터져 나오는 인생의 허무에 대한 너무나도 적나라하고 심금을 울리는 절규와 탄식에 때로는 당혹하게 된다.

심지어 처음 읽은 독자는 그 마지막 장을 다 읽고 덮고 나서도 혼란과 당혹에서 벗어나기 어렵다. 이 같은 이유는 전도서의 고유한 주제 자체와 전도서 특유의 진술방식의 독특함에서 찾을 수 있다. 이 두 가지를 이해하지 않으면 전도서는 영원히 그저 난해하고 혼란한 책으로 남게 된다.

본서의 중심주제는 '헛되고 헛되며 헛되니 모든 것이 헛되도다' (1:2)는 서론부분에서 잘 암시되어 있다. 그리고 본서의 결론은 '일의 결국을 다 들었으니 하나님을 경외하고 그 명령을 지킬지어다 이것이 사람의 본분 이니라' (12:13)는 말씀이 대미를 장식한다. 더 쉽게 한마디로 표현한다면 '헛되고 헛되고 모든 것이 다 헛되다 지만 오직 헛되지 않은 것은 단 한 가지 하나님을 경외하고 그 명령대로 사는 것뿐이다' 고 할 수 있다.

따라서 전도서의 의의와 기록목적 또한 이런 구조 속에서 찾아 설명됨이 마땅하다. 이 세상에는 무의미와 좌절이 가득 차있다. 그러나 인생은 주어진 상황을 긍정적으로 받아 드릴 수 있으며 심지어 낙을 누릴 수도 있다. 그러면 허무와 무의미를 어떻게 하면 극복할 수 있는가? 자연, 재물, 자아방종, 높은 지위, 지식, 철학, 혹은 종교적 탐구 등을 통해 삶의 진정한 목적을 발견 할 수 있는가? 이들을 통해서 어느 정도의 만족을 얻을 수 있을 것이다.

그러나 이들 중 그 어느 것도 삶의 문제를 근본적으로 해결해 주지는 못한다. 이 세상 자체에는 문제에 대한 해결책이 없기 때문이다. 달리 말하자면 오직 하나님 안에서만 근원적 해결책이 발견된다. 그러므로 '먹든지 마시든지 무엇을 하든지 다 하나님의 영광을 위하여' (고전 10:31) 할 때 참되고 복된 삶을 누릴 수 있다는 것이다. 이것이 본서의 기록 목적이라 하겠다.

기록목적을 더 세부적으로 살펴본다면 다음과 같다.

1) 본서는 하나님중심주의적 세계관(인생관)을 갖게끔 하기 위해서 기록된 책이다. 어떤 면에서 본서의 권면들은 산상수훈과 일맥상통한다. 산상수훈에서 예수님은 먼저 하나님의 나라와 의를 구할 것과 마시고 입는 것들을 하나님의 선물로서 받아들일 것을 교훈하셨다.(마6:25-33)

그리고 하나님의 의로우신 명령들을 완수하기위해 고난을 기꺼이 감수 할 것을 당부하셨다.(마5:10-12) 전도서도 의인에게 임하는 고난을 언급하지만 그것은 하나님의 공의 차원이 아니라 타락한 이 세상의 현실과 관련하여 언급된다. 그리고는 이 세상의 심판 주이신 하나님의 면전을 의식하며 경건하고 지혜로운 삶을 살도록 권면한다.(12:13, 14)

2) 본서는 인간의 이성과 철학에 대한 한계를 분명히 보여주기 위한 책이다. 전도자가 무게있고 심각한 사고를 반대하는 것은 아니다. 본서 자체가 매우 깊이 있고 신중한 의미를 담고 있다. 단지 본서는 무한하신 하나님 앞에서 너무도 보잘것없는 인생 곧 인간의 연약성과 그 지혜의 한계성을 드러내고자 할 뿐이다.(3:11, 8:16, 17)

3) 신앙인의 올바른 삶의 도리를 가르치기 위해 기록 되였다. '헛되고 헛되다' 는 식의 반복 문구가 아무렇게나 원하는 데로 살라는 뜻은 아니다. 본서는 인생이 하나님과 다른 사람에 대해 책임 있는 존재로 서야 함을 역설하며 사리사욕을 위해 타인을 착취하거나 이기적인 정욕에 몰두하는데 대해 경고하고 있는 것이다.(8:8,9)

2007. 8. 1.

"전도서는 시가서의 다섯 권의 책 중의 하나이다. 유대절기 장막절, 수장절 즉 우리나라의 추수감사절에 읽은 성경이 전도서이다. 본 시리즈에서는 편의상 성문서에 편입 되였으나 히브리 성경에서는 오축의 하나요 더 크게는 성문서의 하나이다. 그래서 성문서에 편입시킨 것이다.

인생의 희노애락 뿐 아니라 일천궁녀를 거느리고 향락의 극을 달려 보기도하고 부귀영하의 극도 달려보았던 솔로몬이 헛되고 헛되고 다 헛된 것 뿐인데 오직 헛되지 않은 것은 하나님을 경외하고 순종하며 믿는 것 뿐이다고 말한 것이 곧 지혜요, 지식이요, 진리요, 철학인 것이다.

전도서는 하나님 중심적 세계관을 갖게 하기 위함과 그의 뜻과 명령대로 살아야만 마땅하며 인간의 이성과 철학이 아무리 발달하고 창대해도 한계가 있고 무오한 하나님 앞에서는 모든 것이 미흡하여 인생의 올바른 삶의 원리를 가르치기 위해 전도서를 기록해 주었고 헛된 것에 심취되지 말고 참 된 것에 착념하라."

성경난해구절 해설시리즈(성문서 전도서 5-(2)-㊿)

Q "전도서는 과연 영감 된 하나님의 말씀인가? 전도서가 정경이면 왜 신약에서 언급이 없는가?"

전 1:1-11

A 고등 비평가들인 자유주의 신학자들은 전도서는 영감 된 하나님의 말씀으로 볼 수 없다고 주장한다. 그 이유는 너무 전도서가 회의적이며 비관적이며 불가지론을 지지하는 것 같다. 그래서 전도서를 영감 된 말씀으로 받을 수 없다는 것이다.

그 예를 들면 전도자인 솔로몬이 사람이 죽은 이후의 상태에 대해서 표현함에도 "헛된 생명의 모든 날을 그림자 같이 보내는 일평생에 사람에게 무엇이 낙인지 누가 알며 그 신후에 해아래서 무슨 일이 있을 것을 누가 능히 그에게 고하리요"(6:12) 불가지론 입장이다.

또한 이런 구절도 있다. "내가 내 헛된 날에 이 모든 일을 본즉 자기의 의로운 중에서 멸망하는 의인이 있고 자기의 악행 중에서 장수하는 악인이 있으니 지나치게 의인이 되지 말며 지나치게 지혜자도 되지말라 어찌하여 스스로 패망케 하느냐"(7:15-16)

또 죽음 앞에서는 극단적인 허무주의가 이야기 되는 것 같다. "모든 산자 중에 참예한 자가 소망이 있음은 산개가 죽은 사자보다 나음이라 무릇 산자는 죽을 줄을 알되 죽은 자는 아무것도 모르며 다시는 상도 받지 못하는 것은 그 이름이 잊어버린바 됨이라"(9:4-5) 더 나아가서는 해아래서 모든 수고가 다 무익하며(1:10-11) 모든 것이 헛되고 헛되고 헛되다고(1:2) 완전 허무주의를 논하고 있기 때문이다.

이것들만 따로 떼어놓고 보면 위의 구절들은 실제로 인간 삶의 영적인 차원과 근실한 노력의 가치성에 대하여 회의적인 것처럼 들린다. 게다가 어떤 구절들은 또 거의 쾌락주의적으로 들린다. 그 예를 든다면 "사람이 해아래서 수고하는 모든 수고와 마음에 애쓰는 것으로 소득이 무엇이랴 일평생에 근심하여 수고하는 것이 슬픔이라 그 마음이 밤에도 쉬지 못하나니 이것도 헛되도다 사람이 먹고 마시며 수고하는 가운데서 심령으로 낙을 누리게 하는 것 보다 나은 것이 없나니 내가 이것도 본즉 하나님의 손에서 나는 것이로다"(2:22-24)

그러나 이 작품은 철학적 통찰의 압권으로서 이 작품을 볼 때에는 이것만을 따로 떼어 보아서는 안 되고 성경 전체와의 유기적 관계 속에서 보아야 한다. 오직 이렇게 볼 때만이 이 글이 성경에 제시된 하나님의 전체도략에 어떻게 참되게 기여하였는지를 평가할 수가 있다.

성경이 영감 되었다고 할 때 그 영감이란 말은 기록된 모든 것이 다 참되다는 것을 의미하지 않는다. 예를 들어 삶은 의미가 없다고 하는 말씀은 진리가 아니다. 성경의 영감은 말씀의 정확성을 보장한다.

전도서는 현 세상의 삶이 이 세상 안에서 그 자체로서 의미를 지닐 수 있는지 그 가능성을 조사한 역사상 가장 지혜로운 사람의 사상에 대한 기록이다. 여기 기록된 솔로몬의 결론은 우리에게 하나님이 계시지 않고 우리가 정말 영원한 내세를 위하여 예정되지 않았다면 지상에서의 삶은 의미가 없으리라는 것이다.

다시 말해서 위의 성구나 문제들을 삼는 구절들만을 따로 떼어 놓고 본다면 문제가 될 수 있다. 그러나 전도서 전체의 문맥과 성경 전체와 유기적 관계 속에서 본다면 문제가 될 수 없다.

위에서 보았듯이 전도서 전체를 통하여 중심이 되는 말은 해아래서라는 말이다. 그 전체 조망은 이 세상으로 한정된다. 이 세상이 전부인 인생에서 물질이나 쾌락은 결국에 무의미함과 실망만을 안겨 줄 수밖에 없다는 것이다.

참된 삶의 의미는 오직 하나님과의 관계 속에서만 발견된다는 것이다. 이생에서의 삶은 오직 사람이 영원으로 부터의 발걸음을 내딛기 전에 하나님께 봉사할 수 있는 기회로 주어진 영역으로서만 참된 의미를 갖는다는 것이다. 따라서 전도서는 다른 성경과 결코 모순이 없으며 영감에도 하등 문제 될 것이 없는 것이다.

다음으로는 전도서는 왜 신약에서 인용한 곳이 없는지의 문제를 생각해 보자.

신약은 구약을 인용할 때 직접 문자적으로 인용한 경우도 있으나 간접적으로 의미만을 전달한 경우도 있다. 예를 들어 신약은 룻기나 역대상.하, 에스더나 솔로만의 아가서 그리고 전도서등을 직접 언급하고 있지 않다. 그러나 이 책들은 모두 유대주의에서나 우리 기독교에서 다 영감 된 책으로 받아들여지고 있다.

따라서 우리는 구약의 영감에 대한 시점은 신약에서의 인용에 의해 좌우되는 것이 아니라 하나님께서 신임하신 대변자에 의해 기록 되었는가 그리고 그의 백성에 의해 수납 되였느냐에 있음을 기억해야 한다.

더 나아가서 전도서의 구절이 신약에 직접 언급된 것은 없지만 전도서의 진리들은 신약의 여러 곳에서 엿볼 수 있다.

① 심은 대로 거둔다는 말(전11:1 참고 갈6:7)

② 청년의 정욕을 피하라는 말(전11:10 참고 딤후2:22)

③ 죽음은 하나님이 정하신 것이다는 말(전3:2 참고 히9:2)

④ 돈을 사랑하는 것이 악이다는 말(전5:10 참고 딤전6:10)

⑤ 기도에서 중언부언 하지 말라는 말(전5:2 참고 마6:7)

이 밖에도 신약의 기자들이 꼭 구약의 모든 책들을 다 인용하고 있는 것만은 아니기 때문에 혹 신약에 인용함이 없다고 해서 영감이 안 되었다고 하는 것은 어불성설이며 이런 의미에서 본다면 전도서의 영감을 의심할 하등의 이유가 없다고 보는 것이 더 옳을 것이다.

1:10-11 "무엇이든지 내 눈이 원하는 것을 내가 금하지 아니하며 무엇이든지 내 마음이 즐거워하는 것을 내가 막지 아니하였으니 이는 나의 모든 수고를 내 마음이 즐거워하는 것을 내가 막지 아니하였으니 이는 나의 모든 수고를 내 마음이 기뻐하였음이라 이것이 나의 모든 수고로 말미암아 얻은 분복이로다. 그 후에 본즉 내 손으로 한 모든 일과 수고한 모든 수고가 다 헛되어 바람을 잡으려는 것이며 해아래서 무익한 것이로다"

다른 말로하면 이것은 마치 이 지혜롭고 부유하고 강한 왕이 그로부터 먼 후일에 예수께서 제기하신 "사람이 만일 온 천하를 얻고도 제 목숨을 잃으면 무엇이 유익하리요"(마16:26)라는 시험을 치룬 것 같다. 이와 같이 그는 온 세상과 이 세상이 그에게 줄 수 있었던 모든 쾌락과 만족을 얻는 일에 착수해서는 결국 그 모든 것이 마침내 무(無)가 된다는 것을 발견했던 것이다.

전도서의 중심이 되는 말은 '해 아래서' 라는 말이다. 그 전체 조망은 이 세상으로 한정된다. 하나님을 심각하게 생각하지 않는 자연인은 "이 세상이 전부이다"라는 망상에 빠지게 된다. 여기에 대해서는 전도자는 '그렇다면 좋다. 만약 이 세상이 모든 것이라면 도대체 이 세상에 궁극적으로 가치 있는 것 혹은 참된 만족을 주는 것이 있는지 없는지를 경험에 의하여 찾아보자"고 대답하고 있다.

가능한 한 가장 유리한 조건에서 실시된 그의 광범위한 실험의 결과는 세속주의 자를 기다리고 있는 것은 무의미함과 깊은 실망 이외의 아무것도 아니라는 것이다. 비록 그의 모든 야망이 완전히 성취 되였고 비록 그가 모든 욕망에 완전히 탐닉했어도 그 모든 것들은 그에게 혐오와 감정의 격변을 가져다주었을 뿐이었다. 그에게 있어서 삶이란 "떠드는 소리와 격분으로 가득 찬 아무의미도 없는 바보의 이야기"이다.

전도서에서 크고도 분명하게 들려나오는 메시지는 삶의 참된 의미는 오직 하나님과의 관계 속에서만 발견된다는 것이다. 사람의 마음속에 하나님의 뜻에 대한 진지한 고려와 그의 하시고자 하는 일을 이루시겠다는 진지한 갈망이 없이는 인생은 무의미한 비극으로 끝나고 만다. "죄인이 백번 악을 행하고도 장수하거니와 ... 하나님을 경외하여 그 앞에서 경외하는 자가 잘 될 것이요"(8:12)

이제 전도서의 결론은 하나님과 우리의 삶을 위한 그의 뜻을 발견해야 한다는 것이다. "일의 결국을 다 들었으니 하나님을 경외하고 그 명령을 지킬지어다 이것이 사람의 본분이니라"(12:13) "너는 청년의 때 곤고한 날이 이르기전 ... 너의 창조자를 기억하라"(12:1)

2007. 8. 2.

"과연 고등비평가들과 자유주의 신학자들이 주장처럼 전도서는 영감 된 하나님의 말씀인가 전도서가 정경이라면 어찌 신약성경에 거의 인용이 없는 것은 정경성이 없음의 반증이 되는가? 그도 그럴 것이 전도서는 너무 회의적이며 비관적인데다가 또 불가지론 적이기 때문에 그럴 것 같다.

한 구절 한 소절씩 따로따로 때어놓으면 회의적이며 비관적인데다 어떤 것은 아예 쾌락주의적인 것도 있다. 그러나 성경 전체의 유기적 관계 속에서 본다면 보는 눈은 전연 다르게 된다. 즉 전도서 전체의 문맥을 본다면 전도서의 한 구절 한 소절들이 전연 문제될 것이 없는 것이다.

신약의 직접인용도 있으나 간접인용도 많이 있다. 신약성경에서 전도서 인용 성구는 간접인용으로 5성구를 들었다. 아마 그 외에도 많이 있으리라고 본다. 신약의 기자들이 반드시 구약의 성경들을 다 인용해서 기록한 것은 아니다. 그래서 인용이 없다고 영감이 없다는 것은 말이 되지 않는다."

성경난해구절 해설시리즈(성문서 전도서 5-(3)-55)

Q "전도서의 저자는 누구며 만약 솔로몬이 저자가 아니라면 1:1을 어떻게 해석해야 하는가?"

전 1:1

A 전도서 1:1은 이 책이 "다윗의 아들 예루살렘의 왕 전도자"에 의해 지어졌다고 확증하고 있다. 전통적으로나 기독교 전승에서도 전도서의 저자는 솔로몬이라고 주장하고 있다. 그런데 많은 학자들은(델릿취, 행스탠버그, 류폴드, 영, 죄클러, 해리슨, 췰츠) 절대 그렇지 않다고 주장하고 있다.

핸드리(G. S. Hendry)는 "저자는 자신을 참으로 솔로몬이라고는 주장하지 않지만 솔로몬의 입에 자신의 말을 담고 있다"(in Guthrie. new Bible commentary p571). 류폴드(H. C Leupold)는 "전도서는 초기 포로 후 작품이다"(복음적, 보수적 루터교). 해리슨(R. K Harrison)은 "솔로몬 후기의 책이다." 또 췰츠(Childs)는 극단적인 보수주의 학자들까지도 저자가 솔로몬이 아니었다는데 일치한다고 주장한다.

핸드리는 이 저자 자신이 '솔로몬'이라고 주장하지 않고 Qöheleth(회중, 모임)으로만 지칭하지만 그렇다고 해서 이 철학적 대화의 저자가 자신을 다윗의 아들 예루살렘 왕이라고 선언하지 않았다고 주장한다면 그것은 말을 공정하게 해석하지 않는 것이 된다.

비록 '아들'(ben)이라는 말이 후세대(손자, 증손자, 혹은 그 이상의 후손)를 지칭하는데 사용하는 적도 가끔은 있었지만 자신에 대한 저자의 다른 자세한 설명들은 그가 독자에게 자신을 솔로몬 왕으로 소개하고 있다는 점에 대하여 의심의 여지를 남기지 않는다.

그는 자신의 무비(無比)의 지혜(1:16) 타의 추종을 불허하는 부(2:8) 어마어마한 수의 노비(2:7) 육체적 쾌락을 즐길 수 있는 그의 무제한 한 기회들(2:3) 그리고 매우 값비싼 그의 건축계획에 관하여 이야기하고 있다. 다윗의 후손들 중에서 다윗의 바로 다음 계승자인 솔로몬 이외에는 이런 사실에 해당하는 사람이 없다.

일반적으로 솔로몬의 저작을 부인하는 학자들은 우선 전도서의 언어와 어휘가 주전10세기의 히브리어로 작성된 다른 작품들과 크게 다르다는 것이다. 그러나 그것만 가지고는 결정적으로 포로 후 기대의 저작으로 보기에는 충분하지 않다고 D.Fredericks는 말한다.

또 저자가 솔로몬이라면 어떻게 학대 받는 약자로 인한 슬픔이나(4:1) 부패한 정권(5:8-9) 그리고 왕에 대한 순복(8:2-5) 등의 기록이 가능했겠느냐는 것이다. 그러나 이 경우에는 솔로몬이 다른 나라에 대해서 예를 들었을 수도 있다.

또 2:8, 5:8에 나오는 道(Province)라는 말이 페르시아에서나 맞는 말이라고 한다. 그러나 솔로몬 때에도 이스라엘을 각 지역으로 구분 하였다.(왕상4:7) 그리고 '도' 라는 말을 그 구분된 행정지역에 대해서 쓰고 있다.(왕상20:14-15,17)

그러나 전도서가 저자를 다윗의 아들 예루살렘의 왕 전도자로 말씀하고 있다. 여기서 다윗의 아들을 다윗의 후손으로 볼 수도 있다면 여러 세대 후에 '핫두스' 나(스8:2)유대의 어떤 왕일 것이라고 볼 수 있을 것이다.

그러나 여기서 전도자 (Qöheleth)란 말이 그것을 허락하지 않는다. 전도자라는 말의 의미는 연설을 하기위해서 총회를 모으는 사람이란 뜻이다. 그런데 왕상8:1에서 솔로몬이 예배와 기도와 교훈을 위해 이스라엘 백성을 소집하였다. 전도자의 특성은 지혜로운 삶, 잠언의 수집가요, 스승이요, 작가이다. 이것이 사실이라면 솔로몬 이외에 또 누가 있단 말인가?

대부분의 현대의 학자들은 전도서가 의도적으로(purported) 전도서의 저자를 솔로몬으로 삼고 있다는 것을 인정한다. 그러나 그들은 이것은 단지 유물론적 세계관의 궁극적인 무익함을 가르쳐 주기를 위한 우리에게 알려지지 않은 후일의 어떤 저자가 채택한 문학적인 방책에 불과하다고 주장한다.

만약 이 주장이 타당한 것으로 받아들여질 수 있었다면 성경의 다른 모든 책의 저작자에 관한 주장도 문제가 될 수 있었을 것이다. 우리에게 알려지지 않은 후기의 어떤 저자가 단지 "자기 자신의 견해를 피력하기 위한 문학적인 방책"으로 자신을 이사야, 예레미야, 호세아 혹은 사도바울로 위장 할 수도 있었을 것이다.

만약 그것이 성경이외의 다른 어떤 책이었다면 그런 방책은 순전히 사기의 산물인 위조문서로 분류될 것이며 그런 위조 작품의 실제 저자는 법정에서 큰 타격을 입게 될 것이다. 그렇게도 높은 고결성과 정직성의 표준을 견지하며 주 예수님과 그의 사도들에 의하여 무모한 하나님의 말씀으로 보증된 성경이 가명 아래에서 자신을 과시하는 저자의 위조 작품으로 구성되었으리라고는 도저히 상상할 수도 없는 사건이라고 보아야한다.

전도서를 역사적인 솔로몬의 작품으로 인정하지 않는 주된 주장은 언어학의 자료에서 그 논거를 끌어오고 있다. 그 주장에 의하면 이 책의 언어와 어휘는 주전 10세기경에 히브리어로 쓰여 진 다른 작품들에 비하여 유별나게 다르며 아람어문서(다니엘서와 탈무드 등)와 후기 성경 히브리어(에스더, 느헤미야, 미쉬나 등)에서 발견되는 많은 용어들을 포함하고 있다는 것이다.

델릿취는 에스라, 에스더, 느헤미야, 역대기, 말라기 같은 바벨론 포로기간 혹은 그 이후기간에 쓰여진 성경이나 미쉬나 이외에서는 발견되지 않은 96개의 단어, 어형 그리고 표현의 목록을 뽑아 놓고 있다.

죄클러는 전도서의 거의 모든 구절에서 아람어의 어법이 발견된다고 주장했지만 헹스텐 버그는 전도서 전체 12장 속에서 분명하게 보여줄 수 있는 아람어 어법은 겨우 열 개에 불과하다고 생각했다.

가능한 정치적, 사회적, 암시라는 관점에서 바라볼 때 전도서가 가능한 저작 시기는 주전 5세기경으로 제안하고 있다. 그러나 이 학자들은 전도서가 주전 10세기의 다른 히브리어 작품들(솔로몬 한 사람이 쓴 아가서와 잠언이 전연 다른 사건임을 왜 모르는지?)과 유사하지 않는 것과 마찬가지로 BC.5세기의 다른 히브리어 작품들과도 전연 유사하지 않다는 사실들을 왜 모르고 있는지 모르겠다. (에스더, 에스라, 느헤미야, 다니엘과 전도서가 같은가?)

심지어 다훗의 주장은 전도서가 페니키아와 매우 가까운 사실을 설명하기 위하여 유대인 피난민의 꽤 큰 어떤 식민지가 주전 586년의 예루살렘 멸망 이후에 페니키아에 건설 되였다고 가정했으며 그리고 나서 그는 전도서를 지은 것은 이 '이주한' 무리였다고 주장하고 있다.

그러나 느브갓네살이 모든 유대인 피난민 무리들을 악착같이 추적해서 애굽으로 도망간 유대인들을 학살하기 위하여 애굽을 공격하는 지경에까지 이른 사실을 생각해 볼 때 이 주장은 거의 수긍할 수가 없는 주장인 것이다.

이제 딱 한가지의 합리적인 대안이 남는다. 이스라엘 상업과 정치의 모든 면에서 그리고 문화적인 면에서(예루살렘 성전과 관련된 모든 예술적 활동을 설계하고 공급한 사람은 히람이라는 페니키아의 유대인이었으며 많은 수의 페니키아 기술자들과 예능인들이 히람의 감독 하에 일했다) 두로, 시돈과 밀접한 관계를 향유하던 시기는 말할 것도 없이 솔로몬의 때였으며 그 시기는 바로 지혜문학이 가장 열광적으로 피어나던 시기였다.

이 시기는 솔로몬이 그의 잠언을 지은 시기이며 아마 그는 훌륭한 책인 욥기를 널리 보급하는 일에 관여하고 있었을 수도 있다. 그러므로 언어학의 관점에서 보거나 비교문학의 관점에서 보거나 그 시대의 알려진 경향이라는 관점에서 보더라도 BC.10세기의 솔로몬시대의 전도서 저술이 이루어졌을 가능성이 가장 높은 시기로 간주 되어야 한다.

후기 저작이론을 옹호하는 사람들이 제기한 내적인 증거와 '내막 폭로표현' 에서 이끌어 내는 여러 가지 논증에 대해서는 이 책을 읽으시면 모든 궁금증을 해소하리라고 본다. A.Swrvey of Old Teatament introduction p484-488을 참고할 것.

위에서 모든 증언은 모두 솔로몬이 전도서를 썼다고 하는 것을 솔직히 암시하고 있으며 또 유대인의 탈무드에서도 솔로몬을 그 저자로 기록하고 있다. (Megillahya Shabbath 30)이상의 많은 증거들은 솔로몬 저작에 대한 학자들의 의심 내지는 부인에도 불구하고 전도서의 저자가 솔로몬임을 확신하게 할 뿐이다.

2007. 8. 3.

"1:1에 기록된 그대로 다윗의 아들 예루살렘의 왕 전도자로 솔로몬을 우린 믿고 있다. 그러나 의심내지는 부인까지 하는 그 많은 학자들이 여러 가지 이유를 내놓으면서 솔로몬의 저작을 부인하려고 들면 들수록 더 솔로몬의 저작임이 확신을 가지게 하는 매체가 됨은 어찜인가?

여기 아들(ben)을 그의 손자, 증손자, 혹은 그 이상의 후손으로 번역한다고 해도 유다왕 20대중 가장 좋았다.(히스기야, 요시야) 대부분 좋았다.(요아스, 아마사, 여호사밧, 웃시야)이 6명왕들 중에서 솔로몬처럼 지혜, 부, 많은 노비, 쾌락의 기회, 거대건축 계획 이런 것들을 따라 갈 수 있을까?

구획정리의 '도' 지정문제, 전도자로 인정되는 문제, 의도적으로 타인이 솔로몬 명의를 빌려서 했다면 사기요, 공문서 위조이며 제일 많이 대두되는 언어학에서 논거이다. 그럼 솔로몬의 작품 중 아가서, 잠언이 같은가? BC.5세기라면 동시대 성경, 에스라, 느헤미야, 에스더, 다니엘과 전도서 어휘와 문장이 같은가? 전연 같지 않은 것은 그들이 제기하는 문제가 도리어 솔로몬의 저작의 확실성을 증거 해 주고 있는 것이다."

Q “헛되고 헛된 것과 해 아래의 의미와 해아래 새것은 없는가?”

전 1:2-10

(문제제기)

1. 헛되고 헛되다는 표현의 의미는 무엇인가? 2절
2. 해 아래서 란 말의 뜻은 무엇인가? 3절
3. 과연 해 아래서는 새것이 없는가? 9-10절

A (문제해설)

1. 헛되고 헛되다는 표현의 의미는 무엇인가?

여기 ‘헛되고 헛되며’는 ‘하벨 하발님’(הבל הבלים)인데 ‘헛되고’에 해당하는 ‘하벨’의 원형인 ‘헤벨’(הבל)인데 그 뜻은 ‘증기’(vapor) ‘호흡’(breath)의 의미를 가지고 있다. 또 덧붙인다면 숨, 공기, 공허, 쓸모없는, 어리석은, 무용한 등의 많은 뜻이 있다.

이 말이 사57:13에서는 바람과 병행해서 증기나 호흡의 의미로 쓰였으며 잠21:6에서는 불려 다니는 안개로 쓰였다. 이렇게 여기 쓰인 헛되다는 말은 공허하고 일시적인 존재에 대한 개념을 결합시켰다. 따라서 시편 144:4에서 사람은 헛것 같고 그의 날은 지나가는 그림자 같다고 하였다.

그러나 이 단어가 헛되다는 의미만 있는 것이 아님을 위해서 이미 밝힌 대로이다. 이 말은 의미가 없다거나 어리석다는 뜻이 있으며 헛되고 헛되다고 이 말을 더하는 경우에는 참으로 중요하지 않는 활동을 가리킨다.

따라서 여기 전도서에서 의미하고 있는 헤벨이란 말은 모든 것이 변하고 지나가는 것이므로 영구한 가치가 없다는 것이다. 많은 사람들이 어리석은 덫에 잡혔고 헛된 쾌락을 추구한다. 그들은 거짓위에 그들의 삶을 구축한다.

물론 여기서 모든 것이 헛되고 헛되고 헛되다는 말은 인간의 모든 활동을 포함하고 있다.(1:14, 2:11) 기쁨(2:1)과 좌절(4:4, -8, 5:10) 사는 것(2:17, 6:12, 9:9) 젊음(11:10) 그리고 죽음(3:19, 11:8) 지혜로운 자와 어리석은 자의 운명(2:15,19) 부지런함과 게으름(2:21, 23, 26) 등이다.

모든 지상경험이 하나의 연합으로 헛된데 굴복한다.(롬8:20) 그러나 해아래서 하나님 없이 사는 모든 인간적인 활동을 가리켰다. 거기에는 예외가 없다는 것이다. 다시 말해서 모두 자격을 갖추지 못한 선이라는 것이다.

따라서 솔로몬은 3-11절에서 우리가 이 세상에서 하는 일들은 긍정적인 유익의 보장이 없기 때문에 무익하다고 실례를 들어 설명하고 있다. 그리고 솔로몬의 변론은 죄 때문에 만물이 헛된데 굴복한다고 언급한 롬8:20-22의 말씀과 일치 한다.

그러므로 우리가 이 세상에서 하는 모든 일들은 결국은 다 지나가는 것이고 헛된 것이다. 따라서 우리는 주의 일을 하는 것만이 영원한 가치가 있고 헛되지 않다는 것을 기억하고 항상 힘써야한다.(12:13, 고전 15:58, 벧전1:25)

2. 해 아래서란 말의 뜻은 무엇인가?

여기 '해 아래서'는 '타하트 핫솨메쉬'(תחת השמש)로 전도서에서만 총29회나 사용된 관용어구이다.(1:7,14, 2:11,17,20,23, 3:16등) 이는 전도서에 비슷한 의미로 세 번 등장하는 관용어구이다.

1) '하늘 아래서' 혹은 '천하'(1:13, 2:3, 3:1)라는 표현과 함께 인간의 삶의 헛됨을 기술하기 위한 공간적 배경으로 등장한다. 이는 하나님은 하늘에 거하시고 사람은 태양아래 살아간다는 히브리인들의 사고방식에서 나온 문학적 표현으로 이해되기도 한다.

그리고 이러한 이해에 따르면 이 표현은 절대 초월자이신 하나님과 완전히 분리되어 있는 인간실존의 모습을 보여주고 있는 것이다. 즉 여호와 하나님과의 관계가 완전히 단절된 채 죄성에 오염되어 무의미와 고통 속에서 살아야하는 인간의 삶의 영역으로서의 세상을 염두에 둔 것.

2) 태양의 속성은 불변으로 상징되기도 한다.(시72:5,17, 89:36) 심지어 하나님이 영적 빛과 근심의 근원이심을 드러내는 표현으로 사용되기도 한다.(시84:11) 이러한 이해에 따를 경우 본문의 태양은 이처럼 참된 빛이나 기쁨과 동떨어진 어둠과 슬픔 속에 지내는 인간의 비참한 현실을 대조적으로 드러내기 위한 문학적 표현으로 볼 수 있다.

3) 하늘을 포괄적으로 표현된 것 다시 말해서 초월적인 하나님이 사시는 하늘과 대조적으로 유한된 인간들이 사는 온 영역을 가리킨다. 한마디로 하면 하늘나라와 지구를 대비시켜 이 표현은 땅에서 영위되고 있는 생의 실체들을 기술하는데 쓰였다.

그러므로 여기서 솔로몬이 이 세상에서는 인간사로부터 긍정적인 유익에 보장이 없음을 주장하고 있는 것이다. 다시 말하면 여기서 솔로몬은 보상에 대한 영원한 조망에 대해서는 고려하고 있지 않다. 하나님 없이 사람이 자기 유익을 위해 추구하는 모든 일들은 이 세상과 함께 지나가고 사라질 것이므로 결국 유익한 것이 하나도 없다는 것이다.

3. 과연 해 아래서는 새것이 없는가?

이 말은 앞에서 말한 유한하고 무의미하고 결코 만족이 있을 수 없는 허무한 인생을 근본적으로 변화시킬 수 없는 결정적인 새로운 것이 이 해아래 세상자체에서는 결코 있을 수 없음을 자세히 밝히고 있다.

혹자는 TV. 우주선, 컴퓨터 눈부신 의학적 발전 등은 진정 새로운 것이 아니냐고 반문할 수 있다. 그러나 이들도 이미 있던 것을 새로이 발전시킨 것에 불과하며 더욱이 질고에 휩싸인 허무한 인생의 본질적 죄와 한계를 극복 시킬 수 없다는 점에서 전혀 새로운 것이 아닌 것이다. 실로 해 아래는 진정으로 새로운 것, 아니 새로운 것이 나올 가능성조차 없는 것이다.

전도서의 중요사상은 하나님을 떠나서는 노동이나 고생도 의미가 없다는 것이다. 인간의 지혜로 만족을 찾으려는 노력도 어리석음으로는 돌아간다는 것이다. 본문도 이런 맥락에서 보아야 한다. 해 아래서 사람을 만족하게 할 것은 없다는 것이다.

예를 들어 사람들을 만족하게 할 수 있다고 생각되는 일반적인 방편들(포도주, 부, 지혜, 그리고 일)은 이미 시험 되였으나 부족할 뿐이다.(전2: 전체)

이렇게 볼 때 본문은 결코 모순이 될 수 없다. 더 나아가서 이 구절은 복음에도 모순되지 않을 뿐 아니라 복음을 요구하기까지 한다. 오직 위에서 세상으로 오신 말씀이신 예수그리스도만이 이해와 피할 길을 여실 수 있으시다.(요8:23, 31-32)

하나님께서만 새 일을 하셨고 새 언약을 창조하시며 새 생명과 새 계명을 주신다.(렘31:31-34) 그가 영원한 새 이름을 주신다. 그러나 그

밖의 모든 것은 옛것이며 사라져 버리는 것뿐이다. 사람은 하나님이 창조하신 세상에서 하나님이 정해주신 영역 안에서 각자에게 주어진 생을 살아갈 뿐이다. 하나님이 하시는 일 외에는 사실 진정한 의미의 새것은 없는 것이다.

2007. 8. 4.

"이 세상의 모든 것은 다 헛되고 헛되다지만 오직 헛되지 않은 것은 하나님을 경외하는 것과 그의 말씀을 순종하는 것이다. 이 세상의 모든 것은 변하고 지나가므로 영구한 가치가 없다는 것이다. 많은 사람들이 헛된 덫과 어리석은 쾌락을 추구하나 그것도 헛되고 우리의 소원까지도 헛된 것이 되기 쉽다.

여기 '해 아래서'는 하늘 아래서 또는 천하를 가리키는데 절대 초월자 하나님과 유한된 인간관계에서 하늘아래서 라고 본다. 태양은 변치 않고 영적 빛이 되어서 초월적 하나님이 하시는 것만 옳고 그렇지 못한 것은 완전한 선과 의의가 없고 때론 목적도 없고 소망도 없이 그냥 그대로 사는 것뿐이다.

과연 해 아래서는 새것이 없음은 진리이다. 즉 하나님을 떠나서 하는 것은 아무것도 아니고 하나님 안에서 살다보면 새것을 경험하게 된다. 그래서 이 말은 본문의 사상에서 어긋 남 없이 술과 담배는 성도의 금물이니 헛된 것이요, 해 아래 새것은 존재하지도 않고 존재할 필요가 없다."

Q "해아래 인생의 절대 허무문제와 해 위의 하나님과의 관계정립을 통한 극복의 가능성, 삶의 자세"

전 1-1:12

A 전도서는 이 땅위에서 살아가는 인간이라면 그 누구도 피 할 수 없는 인생의 가장 근원적, 궁극적 문제인 인생의 허무와 그 극복을 논하는 책이다. 이 전도서는 다음의 세 가지 기본 요지를 중심으로 그 각각에 대한 다양한 예증과 직, 간접적으로 관련 교훈을 열거 또는 반복하거나 확장 심화시키면서 내용을 전개한다.

첫째로, 해아래 인생의 절대 허무의 문제를 지적하고 있다.

먼저 저자는 자신이 일세를 풍미한 이스라엘 최전성기의 왕이자 지혜 자였으면서도 오히려 그 누구보다 더 뼈저리게 부딪칠 수밖에 없었던 인생 허무의 실상내지 모든 인생은 종국에는 허무할 수밖에 없다는 비극적 현실을 여러 사례들을 거듭 제시하며 그야말로 집요하고도 철저하게 지적한다.

이때 전도서 저자는 이 땅에서의 인생을 '해아래 인생' 으로 묘사한다. 이는 '한계와 덧 없음' 이란 의미를 함축하는 표현이다. 즉 '해아래 인생' 은 태어남과 죽음사이의 간격이 너무나 짧고 유한하기에 아무리 그것이 임금이나 부자, 심지어 지혜자의 삶으로 극대화되고 또 이상화

되였다할지라도 결국 허무한 것일 뿐이라는 사실을 보여준다. 동시에 '해아래 인생'의 허무는 오직 '해아래의 존재'이신 절대자 하나님과의 만남과 구원을 통해서만 극복될 수 있음도 강렬하게 시사하고 있다.

둘째로, 해위의 절대적 존재로서 생명과 축복의 근원이신 하나님과의 관계정립을 통한 허 무극복의 가능성

'해' (The sun)를 기준으로 해 아래와 해위의 구분이라는 상징적 이미지를 그대로 연속시키면서 자연스럽게 이어진다. 실로 이 땅, 곧 해아래 살아가는 모든 인생은 온갖 질고에 휩싸여 허덕이다가 그나마 짧은 순간에 사라지는 허망한 생을 사는 것이다.

그러나 해위에 계시는 하나님은 자존하시는 절대자로서 우주와 인생을 지으시고 인간의 심령에 영원을 사모하는 마음을 주셨을 뿐 아니라 마침내 인생을 심판하시고 선인과 악인 모두에게 그에 합당한 삶을 영원히 살도록 부여 하신다.

이것은 불완전하고 연약한 인생이 지어낸 도피적 상상이나 한갓 허황된 소원이 아니라 해위에 존재하시는 하나님이 직접 택하사 세우시고 인치시며 감동하신 종들을 통해 거듭 약속하시고 예언해주신 엄연한 객관적 법이자 실존적 진리이다.

해아래 인생이 그 자체로서 절대 허무한 것이 사실이듯이 인생이 해위의 존재이신 하나님과의 관계를 통하여 모든 허무를 초극하고 영원히 새로운 삶을 누리게 될 것 또한 사실이라는 것이 전도서의 두 번째 기본 논지이다.

셋째로, 인생의 실상을 새삼 각성한자로서 자연발생적 물음에 대한 답변 및 교훈이다.

이제 이처럼 그 자체로서는 절대 허무하면서도 유한 하지만 동시에 영원에 이르는 과정이기도한 이 지상에서의 인생을 위한 자세인 자족과 희락을 권면하는 교훈으로 요약될 수 있다.

하지만 이는 논리적 관점에서는 전도서의 근본요지의 흐름을 정리한 것일 뿐이고 실제로 전도서 본문에 진술된 분량에 있어서 둘째요지는 대부분 논리의 전환을 위한 짧으면서도 간접적인 진술로 그치고 특히 후반부에는 아예 행간에 내포되어 있는 전제적 사실로 간주되고 있을 뿐 첫째 요소와 셋째 요소만 길게 상술되어 있다.

다시 말하여 저자는 이제 '해아래 인생'의 절대 허무와 '해위의 절대자'이신 하나님과의 관계를 통한 해아래 인생의 허무극복의 원천적 가능성과 희망을 동시에 고려할 때 가장 바람직한 삶의 자세를 모색내지 훈계한다.

그 골자는 한마디로 자족과 희락으로 축약될 수 있다. 즉 이 땅에서의 '해아래 인생'은 어차피 일시적, 과정적 삶에 불과한 것으로 그것만으로는 절대적 의미를 지니고 있지 않음으로 여기에 지나치게 연연하거나 집착하지 말고 그저 자신에게 주어진 현실에 만족하며 사는 동안 최대한 희락을 누리는 것이 최선이라고 가르친다.

다만 이 자족과 희락의 교훈이 그저 소극적으로 자기 안일만을 추구하거나 아니면 무분별하고 무책임한 쾌락의 탐닉이나 방임으로 전락하는 구실이 되지 않도록 경계하고 있다.

결국 전도서 저자는 그 어떤 경우에도 해 아래의 생활에만 집착하고 거기에 함몰되는 인생이 아니라 해위의 하나님과의 교제를 통하여 이 땅을 넘어 영원(eternity)을 지향하는 삶을 추구할 것을 권면하고 있는 것이다.

한편 전도서에 나타난 저자의 사고는 매우 단면적이고도 복합적이다. 또 저자는 그 표현방식에 있어서도 어느 한 문단을 일괄된 논조로 끌어가다가 말미에 이르러 불쑥 덧붙이는 듯한 모호하고도 짧은 말로

토를 달아서 지금까지의 논조를 단숨에 비틀어 버리는 경우가 있다.

그리고 여러 곳에서 냉소, 풍자, 역설적 표현들도 빈번히 구사하고 있다. 예를 들어 해아래 인생은 그 자체만으로는 절대적으로 허무하다고 누누이 강조하다가도 지혜나 정의등 몇몇 분야에서의 상대적 가치를 인정하거나 각 개인사이의 다소간의 정도의 차이도 중요하다는 사실에 공감을 보이기도 한다.

또한 전도서 전반은 분명 궁극적으로는 해아래 인생의 허무에 대한 절망과 회의로만 끝나지 않고 우리 인생의 근원이자 기반으로 자존자요 절대자이신 하나님과의 관계를 통한 허무의 극복과 영원한 소망으로 승화하면서 해아래 인생자체에 속한 모든 제반요소들에 대해서는 끝까지 냉소적 회의와 염세적 자세를 갖고 있음도 숨기지 않는다.

그러나 이는 결코 전도서 저자의 사고가 뒤죽박죽이거나 문장 전개 능력이 부족하여 자신이 말하고자 하는 요지를 일목요연하게 정리하지 못해서가 아니다. 이는 오히려 인생의 다면적이고도 복합적인 면모를 있는 그대로 여실히 드러내어서 읽는 자들로 하여금 보다 강렬한 깨달음과 종합적 사고를 이끌어 내기위한 저자의 깊은 의도가 반영된 결과이다.

그래서 처음 보았을 때에는 그렇게도 난해하고도 생소하게 보이던 부분들이 깊이 생각하면 생각할수록 오히려 인생의 복합적이고도 다면적인 실상을 입체적으로 제시하는 것으로 더욱 다채롭고도 깊은 의미를 내포하고 있음을 발견할 수 있다.

따라서 성경의 모든 책이 다 그렇겠지만 특히 전도서를 연구할 때는 진부한 당위론적 정형적 접근방식으로 도식적 교훈을 찾아내고자 한다면 오히려 혼란을 겪게 될 뿐만 아니라 그 고유의 본질적이고도 섬세한 의미를 놓쳐 버리는 오류를 범할 수 있음을 잊지 말아야한다.

전도서에는 기본 문맥과 주요논지의 흐름에 대한 통시적 이해와 각

부분에 대한 복합적사고와 깊은 통찰이 더욱더 주의 깊게 요구된다는 사실은 모든 연구자가 사전에 숙지해야할 매우 중요한 사실로서 다 시 한번 강조될 필요가 있다.

다음처럼 전도서를 포함한 구약시가서 다섯 권의 책들의 기본주제를 함께 요약 정리하여 보면 시가서 공동의 근본주제 또는 시가서가 기록 편집된 근본목적 내지 시가서 전반에 흐르는 근원적 메시지를 한눈에 파악할 수 있다.

욥기서: 인생의 가장 난해한 문제 중 하나인 신정론적 모순상황에 대한 욥과 친구들 간의 변론 및 하나님의 선언을 통한 하나님의 절대주권과 인간의 한계논증 그리고 하나님을 향한 절대 신앙의 필요성과 정당성을 강조하고 있다.

시편: 구약선민 이스라엘이 하나님과 세상을 향하여 고백 선언하였던 하나님의 백성으로 이 땅에 살아가는 자로서의 비탄과 참회 소망과 기쁨의 노래들의 파노라마이다.

잠언: 인생의 가장 현실적인 문제 즉 선민들이 바르고 복되게 살아가도록 이끌기 위한 지침으로 주어진 여호와 절대주권 사상을 근간으로 한 지혜의 본질 설명과 삶의 주요 분야에서 나타내는 지혜의 사례들을 열거하고 있다.

전도서: 인생의 가장 궁극적인 문제인 해아래 인생의 절대 허무문제의 제기와 해위의 하나님과의 관계회복을 통한 극복의 가능성 및 최선의 삶의 자세에 대한 사중 강화이다.

아가서: 인생의 가장 원초적 본능이자 에너지의 원천인 지순한 사랑의 실례이자 하나님과 선민 사이의 사랑의 상징이기도한 이스라엘왕 솔로몬과 향촌 출신 술남미 여인간의 사랑에 대한 오페라 형식의 찬가이다.

이렇게 살펴보면 구약 시가서 5권의 책들은 모두 그야말로 자존자요 창조자로서 우리인생의 유일한 기반이자 원천이신 절대자 하나님과의 관계 안에서 인생의 실체와 그 본질을 깨닫게 하고 여호와 안에서 진정한 자아를 마음껏 실현하는 길을 제시하는 즉 인생에 대한 원대하고도 근원적인 진리의 제시를 공동의 주제내지 모티브로 추구하고 있음을 발견할 수 있다.

그리고 이는 구약시가서가 그저 동시대의 저작물을 모아서 펴낸 고대의 일반문서가 아니라 함께 모여 다양한 양식과 관심에서 인생에 대한 근본 진리를 보여줌으로써 인간 구원진리의 총서인 성경의 한축이 되도록 기록과 수집의 전 과정이 영감된 문서(Inspired Holy Scripture)임을 반증하고 있다.

구약 시가서 각 본문에 담긴 신본주의적 인생관의 선언과 교훈, 여호와 하나님을 향한 간구와 우리인생을 향하신 하나님의 축복의 약속들 그리고 그 옛날 믿음의 사람들이 노래한 선민의 희노애락의 생생한 교감의 묘사들은 지금 이 순간에도 인생의 근원적 의미 삶의 본질적 가치를 발견하고 자아를 실현하며 하늘의 신령한 복을 누리기를 사모하는 모든 자들의 가슴속에서 그 심령과 골수를 쪼개고 가르는 검(히4:12)으로 살아 움직이고 있으며 그 가슴을 뜨겁게 하는 살아있는 말씀(눅24:32)으로서 영원히 타오르고 있다.

2007. 8. 5.

"전도서의 기본 요지는 세 가지이다. 그 첫째가 해아래 인생의 절대허무 문제를 지적했다. 최고 부귀영화를 다 누린 솔로몬 왕으로써 누려보지 못한 것이 없을 정도로 부귀영화가 극에 달했는데 살고 보니 모든 것이 다 헛되고 헛 되고 다 헛되다지만 오직 헛되지 않는 것은 한 가지뿐이라고 고백한다.

둘째로 그렇지만 허무한 인생이 이 허무의 극복은 오직 생명과 축복의 근원이신 하나님과의 관계정립을 통해서만이 가능한 것이다. 인생살이는 그 어떤 것도 다 헛 되고 헛되고 헛된 것뿐이나 오직 하나님을 섬기고 경외하며 순종하여 사는 것만이 헛되지 않는다는 결론을 도출해내고 있는 것이다.

셋째는 그런 허무한 인생이 어떻게 살아야 하는가? 자족과 희락을 통해 올바로 가는 것이다. 즉 '해아래 인생'이 '해위의 절대자'에게 굴복하고 겸손히 엎드려 섬기는 것이다. 그 결과 얻어질 영원, 영원한 영생의 길이다. 곧 금생이 우리 목적이 아니고 내생이 목적이요 하늘나라가 우리목표이다."

성경난해구절 해설시리즈(성문서 전도서 5-(6)-㊿)

Q “지혜는 행복의 원천이 되나 아니면 근심(슬픔)의 원천이 되는가?”

전 1:18

A 전도서 1:18 “지혜가 많으면 번뇌도 많으니 지식을 더 하는 자는 근심을 더 하느니라”

잠3:13 “지혜를 얻는 자와 명철을 얻는 자는 복이 있나니” 잠1:33 “오직 나를 듣는 자는 안연히 살며 재앙의 두려움이 평안하리라” 잠 2:10 “곧 지혜가 네 마음에 들어가며 지식이 네 영혼에 즐겁게 될 것이요”

전도서 기자나 잠언서 기자는 한 사람인 솔로몬으로 알고 있다. 그런데 전도서 1:18에서는 지혜가 많으면 번뇌도 많고 지식을 더 하면 근심이나 걱정을 더 하게 된다고 하였다. 여기서 솔로몬은 지혜는 사람을 불행하게 한다고 보는 것 같이 말하고 있다.

여기비해 잠언서 에서는 지혜를 발견하고 지식을 더 하는 자가 행복하다고 하였다.(3:13) 이렇게 보면 두 구절이 모순같이 보인다. 어느 것이 옳은가? 전도서나 잠언서나 한 사림이 쓴 성경인데 왜 이리 각각 다른가? 지혜는 과연 우리를 행복의 원천인가 아니면 불행의 원천인가

먼저 본문의 뜻부터 해석해 본다면 여기 전도서 1:18에서 말하는 지혜나 지식은 잠언에서 언급하는바 여호와를 근간으로 삼는 신성하고 경

건한 지혜나 지식을 뜻하지 않고(잠1:20,33, 2:1-12, 8:1-26, 3:13) 여기서는 세상 지혜를 뜻하는 듯하다.

왜냐하면 하나님의 거룩한 지혜는 인간에게 참다운 진리의 깨달음과 함께 평안과 생명을 공급해 주기 때문이다.(잠2:12, 3:18) 한편 여기 본문은 1:18은 전도서 12:12의 말씀과 일맥상통하는 말씀이다. "여러 책을 짓는 것이 끝이 없고 많이 공부하는 것은 몸을 피곤케 하느니라" 함과 같은 것이다.

여기에 비해 3:13 "지혜를 얻는 자와 명철을 얻는 자는 복이 있나니" 첫 번째 얻는 자 '사흐라' (סחרה)은 문자적으로 거래를 통해 얻은 이익을 가리킨다.(KJV) 따라서 본문은 상행위를 통한 금전상의 이익이라는 비유를 통해 지혜의 유익성을 피력하고 있다.

사람이 하나님을 경외하지 않으면서 세상의 지혜만 많이 소유한 자는 교만하므로(고전8:1) 그 심령에 평안이 없다. 그뿐 아니라 사람이 지식이 많으면 많을수록 거기에 비례하여 자기의 무지를 발견하게 된다. 따라서 그에게는 번뇌도 많아진다.

실제로 지식을 더하는 자는 더 갈망하게 된다. 이런 맥락에서 보면 지식이나 지혜를 더 하는 것은 만족대신 불만족을 가져다 줄 뿐이다. 사람이 지식을 더하면 그가 아는 것에서 더 큰 차이를 발견하게 되며 그의 이런 발전으로 그는 덜 만족하게 된다.

우리가 인생에 대한 탐구로 그 지식이 더해질 때 우리는 인생의 불완전함, 한계, 무능으로 인해서 좌절하게 되기 쉽다. 따라서 우리는 인생이나 우주에 대해 잘 모를 때 보다 더 많이 알게 될 때 마음의 평안이 흔들리게 된다.

그러므로 솔로몬은 여기 와서 철학적 관점에 서부터 쾌락의 삶에 대한 이상을 조사하였고 소위 우리가 쾌락주의(Epieureanism)로 부르는 것이 불만족하게 되는 것을 발견한 것이다. 그러면 지혜와 지식은 행복을 가져오는가? 그렇지 않으면 불행을 가져오는지를 알아보자.

이 문제는 어떤 목적을 위해서 지혜나 지식을 추구하는가에 달려 있다. 전도서에서 솔로몬은 해아래서 지혜를 추구하고 이다.(참고 전1:3) 다시 말해서 행복의 원천으로써 하나님을 떠난 지혜이다. 따라서 이런 노력은 바람을 잡으려는 것 같아서 헛된 것이다. (전1:14) 그러나 만일 지혜가 하나님을 경외하는데 근거한 견해라면(잠1:7) 참된 행복을 얻는 방편이다.

그러니까 여기 전도서에서 말하고 있는 이 지혜나 지식은 해아래서 한정된 하나님을 떠난 지혜나 지식을 말씀한 것이다. 이런 제한된 인간의 지혜나 지식으로 인생의 문제를 풀어보려는 시도는 사실상 문제를 확대시킬 뿐이다.(1:18)

우주의 비밀을 가지고 씨름하는 자나 그것을 이해하려는 어떤 시도를 포기한 자나 모두 좌절을 발견하게 될 것이다.(1:17) 그리고 이렇게 좌절하게 되는 이유는 그들이 전적으로 그들 자신의 위대한 지혜와 더해진 지식에 의존하고 있기 때문이다. 그러므로 여기 지혜의 스승은 그의 사고가 하늘아래 땅에 제한되어 있기 때문에 좌절하고 있다.(1:13)

진정한 지혜는 우리를 행복으로 인도해 준다. 이런 지혜는 하나님을 경외하는 것으로 하나님께 순종함으로 의와 평강의 성공적인 삶을 가능케 해준다. 그러나 여기서 우리가 한자지 주의해야할 점이 있다.

지혜나 지식은 쉽게 우리를 교만하게 하며(고전8:1) 지혜자와 배운자는 하나님께서 그들을 참된 겸손에서 지켜주시기를 구하는 것이 더 크게 요구된다는 사실이다. 따라서 잠언의 말씀(잠3:13)과 여기 본문(전1:18)은 결코 모순되지 않는다.

2007. 8. 6.

"전도서 1:18은 지혜와 지식은 사람을 불행하게 하여 번뇌, 근심, 걱정을 더하게 된다고 하였으나 잠3:13엔 지혜나 지식이 행복의 원천이 되어 행복하다고 했다. 과연 지혜나 지식이 행복의 원천인지 불행의 원천인지 애매하게 한 솔로몬의 말이 왜 이리 다른가?

전도서 1:18의 지혜와 지식은 하나님을 근간으로 한 신성하고 거룩한 지혜나 지식이 아니고 세상적인 지혜나 지식을 뜻한다. 잠언 3:13엔 지혜나 지식은 하나님의 섭리와 경륜 안에서 얻는 것이 되므로 복이 있고 행복이 있게 된다. 이런 차이점이 있는 것을 감안해야 한다.

그러면 과연 지혜나 지식은 행복을 가져오는가? 아니면 불행을 가져오는가? 하나님의 뜻 안에서 얻게 된 지혜 지식은 행복을 자져오나 세상 적으로 얻는 지혜나 지식은 교만해지므로 도리어 불행을 가져오게 된다. 이런 의미를 살펴보면 전도서 1:18과 잠언3:13은 모순이 전연 없다."

Q "해아래 허무주의를 경험하고서 우리에게 유익한 역설적 교훈은?"

전 2:12-26

A "헛되고 헛되며 헛되고 헛되니 모든 것이 헛 되도다"(1:2)는 탄식으로 시작되는 전도서는 해 아래서는 인간의 삶의 허무에 대한 전도자의 깊은 통찰과 이에 대한 신앙적인 극복에 대해 소개하고 있다.

이렇듯 전도자가 해아래 인생을 허무하게 본 이유는 무엇에 근거한 것인가? 또 해아래 삶의 허무를 극복하기 위한 전도자의 신앙적인 해결이 우리에게 시사 하는바는 무엇인가? 이에 대해 숙고해 보는 일은 전도서 전체에 대한 이해뿐 아니라 우리인생의 허무에 대한 극복을 위해서도 필히 요구된다 하겠다.

먼저 해 아래의 허무에 대한 의미를 살펴보고자 한다. 전도서에는 '헛되다'는 말이 무려 37회나 나온다. 그런데 이 '헛되다'는 말과 자주 어울려서 나오는 문구가 바로 '해 아래서'이다.

이것은 인생의 허무가 해아래 곧 절대초월자요 창조주로서 여호와 하나님과의 바른 관계 정립으로 그분의 무한한 축복이 미치는 영역과 달리 인간이 여호와 하나님과의 관계가 단절된 채 죄성에 오염되어 그저 짧은 순간만은 무의미와 고통 속에서 살다가 떠나야할 인생의 영역으로서의 현 세상만을 전부로 아는 인본주의적 인생관에서 비롯된 것임을 나타내는 것이다.

즉 전도서 기자가 헛되다고 했을 때 그것은 무조건 이 세상 삶의 모든 것을 비관한 것이 아니라 신본주의적 내세적 인생관이 결여된 죄와 질고로 오염된 인생의 영역으로서의 이 지상의 삶에 모든 가치 기준을 두는 인본주의적 삶의 허무를 탄식한 것이다.

이제 해아래 허무의 필연성에 대해서 세 가지로 나눠 보려고 한다.

1) 인생의 궁극적인 목적의 부재

해 아래에 있는 인생과 우주 안에서 일어나는 일들을 모두 끊임없이 무의미하게 반복되는 것으로만 생각하는 사람은 삶이 궁극적인 목적이 없는 것으로 보일 수밖에 없다. 인생들이 수고에 수고를 거듭하나 물질주의나 쾌락주의에 빠지고 근심과 슬픔에 빠지게 되는 것은 다 같은 인생의 궁극적인 목적의식의 부재로 인한 결과이다.(2:23)

2) 가치관의 혼돈

지혜자와 우매자의 죽음이 일반이고(2:14) 오직 양육강식의 원리만이 존재하며(4:1-6) 모순과 부조리로 점철된 해아래 현 세상에 두는 사람들이 볼 때 자신의 육체적 죽음으로 모든 것이 종결되는 허무한 것일 수밖에 없다.(6:6,12)

3) 영원을 사모하는 마음의 불 충족

창조주 하나님은 인간을 지으실 때 그 속에 영원을 사모하는 마음을 주셨다.(3:11) 그러나 유한한 현 세상의 물질, 명예, 권세로서는 결코 그 영원을 사모하는 마음을 충족시킬 수 없기 때문에 인본주의자들에게 있어서 현 세상의 모든 것은 허무하게 보일 수밖에 없다.

이제 결론적으로 해위의 것을 통한 해아래 모든 허무를 극복케 하는 역설적 교훈은?

해아래서 행하는 모든 일이 헛되도다(1:4)는 전도자의 탄식은 역설적으로는 해위에 있는것 곧 절대초월자요 창조주이신 여호와 하나님과의 바른 관계정립에 의해서만 해아래서의 허무를 극복할 수 있다는 교훈을 보여 준다.

실로 여호와 신앙은 인생의 기원과 존재의 의미 나아가 인생의 궁극적인 종착지를 보여준다. 천하에 범사가 하나님이 정하신 기한과 목적에 따라 진행되기 때문에(3:1) 우연하게 또는 기계적인 인과법칙에 따라 무의미하게 반복되는 일이란 없다.

즉 현 세상에서 횡행하는 모든 모순과 부조리가 일소되는 최후 심판날이 필연적으로 도래할 것이다.(3:16,17, 12:14) 따라서 하나님을 경외하는 자들은 선을 행하되 그 열매가 당장 없을 지라도 실망하지 않고 여호와께서 반드시 갚아주실 것을 믿으며 기쁨으로 행할 수 있다.

그리고 자신의 수고에 따라 얻은 열매가 하나님의 선물임을 깨달으면서(3:13) 얄팍한 물질주의나 쾌락주의에 빠지지 않게 된다. 또한 일시적인 이 세상에서의 삶에서만 집착하지 않고 하나님께서 허락하신 분복에 따라 기뻐하는 생활을 하게 된다.

전도자가 하나님을 경외하는 자만이 해 아래서의 허무한 일들에서 벗어날 수 있다고 역설한 이유도 여기에 있다.(7:18)

하나님을 경외하는 자의 삶이 반드시 금욕주의적인 삶인 것만은 아니다. 하나님께서는 당신을 경외하며 따르는 자들에게 때때로 영적 성숙을 위해 고난을 허락하시기도 하시나 하나님과 더불어 인격적인 교제를 나눔으로써 충분한 기쁨을 누리도록 이끄시기도 하신다.(시16:11)

각 사람의 수고에 대하여 최종적으로 판단하시고 보상하시는 분은 하나님이시다. 그러므로 하나님을 경외하지 않으며 해아래 삶을 사는 자는 결국 하나님 앞에 서지도 못하므로 그 수고는 궁극적으로 아무런 열매를 남길 수 없다.(시1:4-6, 9:16)

실로 해아래 있는 것들에 대한 미련 때문에 참가치 있고 보배로운 해위의 것을 바라보지 못하는 인생의 어리석음은 마땅히 경계되어야할 것이다.

2007. 8. 7.

"전도서는 헛되고 헛되며 헛되니 모든 것이 헛되도다만 알려 주기위한 책이 아니다. 도리어 역설적으로(Prodax) '헛되지 않은 것'이 하나 있는데 여기에 완전 초점을 맞추어야 전도서를 옳게 본 것이다. 오직 해위에서 우리를 사랑해 주시는 하나님을 알고 믿고 순종하는 것이다.

이것을 설명하려고 해 아래의 '헛되다'는 말을 무려 37회나 반복 반복 하였다. 쉽게 설명하자면 하나님과 단절된 모든 것들은 진정 다 헛되고 헛되며 헛되니 모든 것이 헛되도다 이다. 그러나 하나님과 관계정립이 바로 되고나면 정반대로 가치가 있고 보람이 있고 빛과 영광이 있는 것이다.

전도서는 해아래 허무를 세 가지로 1)인생의 궁극적인 목적부재 때문이요 2)가치관의 혼돈 때문이요 3)영원을 사모하는 마음의 불 충족 때문이다. 그러므로 해위의 것을 통해 해아래 허무를 극복케하는 지혜를 얻는 역설적 교훈으로 삼는 계기가 되어 하나님과의 바른 관계정립이 핵심이다."

성경난해구절 해설리즈(성문서 전도서 5-(8)-㊿)

Q "사람이 먹고 마시며 심령으로 낙을 즐기는 것보다 더 나은 것은 없는가?"

전 2:24

A "사람이 먹고 마시며 수고하는 가운데서 심령으로 낙을 누리게 하는 것보다 더 나은 것이 없나니 내가 이것도 본즉 하나님의 손에서 나는 것이로다"(전2:24)

전도서는 본 절에서 부터 논조를 크게 전환하여 지금까지 살펴보았던 해아래 인생이 필연적으로 겪게 되는 허무를 극복할 수 있는 가능성을 제시한다. 그는 이러한 가능성을 영원 절대자이신 해위 하나님과의 관계 속에서 찾는다.

"사람이 먹고 마시며 수고하는 가운데서 심령으로 낙을 누리게 하는 것 보다 더 나은 것이 없나니" 이 말씀은 지금까지 궁극적인 만족을 줄 수 없는 것이라고 단정 지어왔던 물질적 재산에 대한 최선의 활용법을 제시해 주고 있다. 여기서 '심령으로 낙을 누리게 하는 것' 은 노동이나 혹은 다른 수고에 대한 정당한 대가로 주어지는 즐거움을 가리킨다.

즉 전도자는 물질적인 재산의 다과에 따라 인간의 궁극적인 행복이 좌우되는 것은 아님을 밝힘으로써 인간이 해야 할일은 재물에만 집착하며 좀 더 많은 재물을 모으기 위해 모든 안식을 포기하는 것이 아니라 자신의 노동의 대가로 주어진 정당한 보수에 만족하며 즐겁게 사는 것임을 주장하고 이를 실천할 것을 권유하고 있는 것이다.

"내가 이것도 본즉 하나님의 손에서 나는 것이로다" 앞 본 절에서 말한바 곧 풍족한 생활하는 가운데 마음의 평안을 누리는 것과 지금까지 저자가 말해왔던 헛된 것들과의 근본적인 차이점을 설명해 주고 있다.

전도자가 말하는바 양자의 차이는 인생의 참다운 가치와 인간행복의 근원을 하나님께 두는 신본주의적 인생관과 인본주의적 인생관의 차이이다. 전도자는 본문을 통해 신본주의적 인생관을 가지고 자신의 노력에 대한 정당한 대가를 즐거워함으로써 물질에 대한 지나친 집착의 결과 당하게 되는 근심을 물리칠 것을 권유하고 있다.

본 절은 전도서가 쾌락주의를 옹호하고 추천하는 것으로 오해하는 경우가 종종 있어왔다. 그것은 쾌락주의의 철학이 먹고 마시고 재미있게 놀고 결혼에서 누리는데 있다고 알고 있다. 왜냐면 한번 온 인생은 이제 죽으면 다시 오지 않기 때문이다. 그러나 쾌락주의와 신본주의 사상은 정반대이다.

"노세 노세 젊어서 노세 늙어지면 못 노 나니" 하면서 먹고 마시고 놀기를 권장한다. 그러나 성경은 이런 쾌락주의를 정죄하고 있다.(눅 12:19-20, 고전10:7) 그러면 오늘 위의 본절이 과연 쾌락주의를 옹호, 추천한 것인가요? 그렇지 않다면 본문은 쾌락주의와 무엇이 다른 것인가요?

여기서 전도자는 생의 즐거움을 조언한다. 그러나 먹고 즐기는 것보다 나은 것은 없다는 말도 엄격하게 문자적으로 이해해서 생의 목적이 마치 음식과 소유를 즐기는 것이라고 생각해서는 안 된다.

여기서 강조하고 있는 것은 어떻게 사람이 노동과 노동의 결실에 관하여 인생을 조망해야 하는지를 말씀한다. 그러므로 그는 높은 가치에 대한 귀중함을 부정하지 않는다. 그러나 그는 사람들이 그들의 노동에서 얻는 보상을 즐기기를 배워야 한다고 주장한다. 실로 생을 즐기고 생의 선한 것들을 사용하는 능력을 하나님의 선물이라는 것이다.

여기서 먹고 마심과 그 즐거움은 선한 삶에 대한 상징이다.(R. Smend) 그러나 생의 쾌락을 궁극적 선으로 말씀하지 않는다. 그것들이 선으로 간주될 수 있는 것은 하나님의 관대하심의 이유로서만 그렇다는 것이다.

따라서 하나님이 없고 내세가 없는 현생에서의 쾌락을 생의 목적으로 삼고 있는 쾌락주의와 여기 전도자가 말하고 있는 생의 즐거움은 전혀 다른 것이다. 여기서 저자는 도덕적 선에 대한 언급이 아니라 기능적인 행위 즉 생의 행로를 따라 살아가는 사람을 위한 최선의 길을 소개하고 있는 것이다.

그러므로 어리석은 부자가 되기를 추천하지 않고 방종이나 회의주의를 추천하지도 않는다. 다만 만족하기를 추천하고 있는 것이다. 같은 맥락의 구절이 신약에도 많이 있다.(딤전4:4, 6:6-8)

이 구절의 요점은 우리가 먹고 마시고 즐기는 모든 것이 하나님의 손에서부터 온다는 사실이다. 하나님께서는 당신을 기쁘시게 하는 사람에게 지혜와 지식과 기쁨을 주신다. 따라서 참다운 기쁨과 만족 그리고 즐거운 삶을 살려면 그 모든 원천이 되시는 살아계신 하나님을 발견하는 것이라고 주장 한다.

이런 맥락에서 26절의 전도자는 먼저 하나님을 기쁘시게 함으로 진정한 만족과 기쁨을 얻을 수 있다고 주장한다. 죄인이 하나님을 알게 되고 그를 기쁘시게 할 수 있게 되어야만 하나님을 경외하는 자가 발견한 것과 똑같은 생의 모든 면에서 기쁨을 발견할 능력을 얻게 된다는 것이다.

그러므로 이 구절은 쾌락주의를 권장하거나 세속적이 되라고 조언하지도 않는다. 또 쾌락이 생의 목적이라고도 말씀하지 않는다. 열심히 땀흘려 일함으로 얻은 소득을 하나님이 주시는 축복으로 알고 감사함으로 누리라는 것이다.

그것들이 다 하나님의 손에서 온 것이니 즐기되 오는 사후의 삶의 빛에서 그것을 누리라는 것이다. 따라서 우리는 이 세상에서 우리의 생을 즐길 수 있으나 이 모든 일에 하나님께서 심판하실 줄을 기억하고 살아가야한다.(전11:9)

2007. 8. 8.

"'전도서' 하면 흔히 허무주의를 논하는 것으로 오해하는 자가 많다. 이 허무를 극복할 가능성을 영원 절대자 이신 하나님과의 관계 속에서 바로 찾도록 하는 권면이다. 재산도, 사업도, 공부도, 오직 하나님을 영화롭게 하기 위한 도구로 사용하면 가능한 것이다.

즉 먹는 것도 마시는 것도, 수고하는 것도 심령의 낙을 누리는 것도 다 하나님의 영광을 위해 한다면 허무주의는 완전 해소되게 될 것이다. 또 본절을 두고 전도서를 쾌락주의로 오해하는 자가 많다. 쾌락주의의 즐거움과 신본주의 즐거움은 차원이 전연 다른 것이다.

믿고 구원받아 영생을 얻게 되니 먹는 것도 수고하는 것도, 심령의 낙을 누리는 것도 차원이 달라졌다. 이것도 하나님의 손에서 나는 것 인줄 알고 하나님을 위해 마음껏 받아 누리고 먹고 마시며 수고와 심령의 낙을 많이 누려서 하나님도 기쁘시게 하고 우리 심령도 평강을 얻어야 한다."

성경난해구절 해설시리즈(성문서 전도서 5-(9)-61)

"인간의 운명은 동물의 운명과 같은가? 아니면 다른가?"

전 3:19

본 절의 본뜻은 유한한 인간의 한계 특히 죽음의 문제를 스스로 극복하지 못하는 한계를 지닌 인간을 짐승과 비교함으로써 하나님 없는 인생의 허무함과 무가치함을 보다 선명하게 드러내고 있다.

즉 죽음으로 인한 육신의 소멸이 인간과 짐승 모두가 공통적으로 맞아야만 하는 필연적인 결과라는 사실은 짐승에 대한 인간의 우월감을 완전 무색해지고 만다. 전도자는 이렇게 인간이 자신을 제한하는 하나님의 생명의 법칙 앞에서는 짐승과 다를 바 없이 아무런 저항도 할 수 없는 연약한 피조물임을 밝힘으로써 절대자 이신 하나님을 의지하지 않고 자신의 능력만을 의지하여 살려하는 이들의 어리석음을 극명하게 보여 준다.

3:20에는 '다 흙으로 돌아가나니' 즉 인간과 짐승이 육신을 이루고 있는 물질적인 요소가 '흙' 으로 만들었으니 죽고 나서 흙으로 돌아가야 된다.(창2:19, 3:19) 죽은 후에 육신은 썩어 흙으로 돌아간다는 것 역시 사람과 짐승이 동일하다.

전도자는 이처럼 하나님과의 교제 할 수 있는 영혼을 소유하고 있다는 점을 제외한다면 짐승과 다를 바 없는 인간의 무가치함을 적나라하게 밝히고 있다. 실로 인간이 하나님과의 교제가 단절된다면 짐승보다 낫다고 자부할 것이 없는 것이다.

그런데 본 절을 통해서 오해할 소지가 몇 가지 있다.

1) 사람의 운명이 모두 같다고 보는 오해: 예를 들어 선인, 악인, 믿는 자, 불신자의 운명들이 다 똑같다고 들리게 된다. 아무차이가 없는 것같이 말해놓은 것이다.

2) 사람의 운명이 동물의 운명과 매한가지라고 보는 오해: 본 절에는 '임하는 일' 이나 발생하는 일들을 '운명' 이라고 번역하는 성경이(영역본 NIV)있기 때문이다.

이 두 가지 것들이 사실이라면 전도서의 이 교훈은 성경전체 교훈과는 크게 모순이 아닐 수 없다. 그래서 어떤 성경학자들은 이 본문을 성경전체에서 최대의 난해구절로 꼽는 사람도 있다.

우리말 표준 새 번역에서는 개역한글판 번역보다 그 뜻을 보다 더 분명히 하였다. '사람에게 닥치는 운명이나 짐승에게 닥치는 운명이 같다' 고 하였다. 그런데 여기서 '운명' 이란 말은 너무 뜻이 강하게 표현된 듯하다. 그리고 사람의 운명과 동물의 운명이 같다면 모순이 크며 성경적 교훈에 크게 위배된다.

카이저(W.C Kaiser) 는 여기의 운명이라는 말은 지나친 번역이라고 주장한다. 여기에 나타난 단어는 단지 사건, 혹은 문제 사고와 같은 말일 뿐이라는 것이다. 이 단어에는 기회라든지 행운이라든지 그렇지 않으면 비운이란 언급이 없다는 것이다. 이 말은 단지 다만 한 사건(즉 죽음) 죽어야할 존재가 함께 나누게 되는 모든 일들이 닥친다는 것이다.

본문을 이렇게 이해한다면 전도서 기자는 사람과 동물의 전 운명을 같다고 보는 대신에 그들에게 임하는 한 가지 부인할 수 없는 큰 사건인 죽음에서만은 큰 차이가 없다는 말이다.

사실 생물학적으로 본다면 사람이나 동물이 같은 운명의 고난을 당한다. 사람이나 동물은 공통적으로 죽을 수밖에 없는 존재이다. 여기서 그것을 강조하고 있는 것뿐이다. 따라서 사람이나 동물이 죽을 수밖에 없다면 사람이 동물보다 유익한 것이 없다는 것이다. 이렇게 본다면 본문은 문제될 것이 하나도 없이 오해들이 풀렸을 것이다.

그러나 죽음 자체라고해도 어찌 신자와 불신자가 같으며 사람과 동물이 어찌 같겠는가? "주안에서 죽은 자는 복이 있다"(계14:13)와 예수그리스도 없이 죽은 자와는 근본적으로 큰 차이가 있나고 보아야 한다.

이 문제에 대한 해답을 시도한 해석이 있다. 그것은 여기서 인간의 운명은 아담의 후손 즉 타락한 인간의 운명으로 하나님의 심판을 받아야 할 자의 운명은 짐승과 다를 바가 없다는 것이다.

같은 맥락의 구절로는 '사람은 존귀하나 장구치 못함이여 멸망하는 짐승같도다' (시49:12)는 말씀이 있다. 따라서 하나님을 모르는 불경한 압제자 그에게 다가올 심판을 모르고 사는 자의 운명은 짐승과 같다는 뜻이다.

이렇게 본다면 본문은 그리 큰 문제될 것이 없다. 솔로몬 자신도 인간의 죽음이 동물의 죽음과 다른 것을 12:7에서 말씀하고 있기 때문이다.

이제 본문의 의미를 다시 정리해본다면 동물과 인간의 죽음사이에는 유사성이 어느 정도 있다는 것이다. 둘 다 그 육신은 죽으며 흙으로 변해간다. 이렇게 죽음은 확실하여 그 누구도 막을 길이 없다. 따라서 육신의 영역에서 본다면 인간과 동물이 죽는다는 데서는 똑같다고 보아야 한다.

그러나 인간은 영혼을 소유하나 동물은 영혼이 없다.(전12:7, 3:21) 짐승에 대해서 성경은 그 몸에서 떠나 주님과 함께한다는 말씀이 없다(고후5:8) 또 짐승의 죽음에 대해서는 인간처럼 부활한다는 말씀이 전연 없다.(참고 요5:28-29 계20:4-6) 그러므로 영적인 영역에서는 인간과 동물의 죽음사이에 큰 차이가 있다.

전도서 3:21에 "인생의 혼은 위로 올라가고 짐승의 혼은 아래 곧 땅으로 내려가는 줄을 누가 알랴" 이 말은 인생의 영혼은 하늘로 올라가 믿는 자는 생명의 부활로 안 믿는 자는 심판의 부활로 나오게 되나 짐승은 땅 속에 죽어 썩어 없어진다.

가이슬러는 그 차이점을 6개씩 들고 있다.(사람과 짐승)

1) **유사성** ①육체적으로 ②몸에서 ③죽기 전 생명 ④몸의 가사성 ⑤어떻게 몸이 부패하는 가 ⑥죽음을 제어할 수 없다.

2) **차이점** ①영적으로 ②영에서 ③죽음 후 생명 ④인격의 불멸성 ⑤그 몸이 부활한다 ⑥부활의 경험

2007. 8. 9.

"사람이나 짐승이나 하나님이 흙으로 만든 것은 동일하다. 세월의 차이는 있으나 이 세상에서 몸을 지닌 육체를 가지고 일정기간 사는 것도 같다. 그리고 죽음이 찾아올 때 제어할 수 있는 능력을 가지고 있지 못하고 죽으면 못내 썩고 흙으로 돌아가는 것은 틀림없이 똑같다.

그러나 육으로 사는 것과 영으로 사는 것이 다르며 죽음 후에 생명이 있는 것과 없는 것. 인격의 불멸성과 멸망성 살면서 부활의 권능을 경험하는 것과 못하는 것 그 몸이 죽으므로 영육이 분리했다가 주님 재림 시 영

육이 다시 만나는 것과 영육이 다 썩어 없어지는 것과는 전연 다르다.

그래서 흙으로 창조와 죽는 다는 것 이외는 사람의 운명과 짐승의 운명이 전연 다르고 또 사람과 사람과도 다르다. 선인과 악인이 다르고 믿는 성도와 불신자와도 서로 다르다. '생명의 부활'과 '심판의 부활'이 전연 다르고 지옥과 천당은 하늘과 땅 차이만큼 다르다."

Q "죽어 흙으로 돌아간 육신이 어떻게 부활할 수 있단 것인가?"

전 3:20

A "다 흙으로 말미암았으므로 다 흙으로 돌아가나니 다 한 곳으로 가거니와" 어느 인생이든지 태어날 때가 있으면 또 죽을 때가 있다. 무차별성을 지닌 죽음은 사람을 물론 짐승에 이르기까지 무차별하게 공격하고 자기 소기의 목적을 이룬다.

그러나 성경은 고대로부터 인간의 불멸성(immortality)을 주장하고 있다. 에녹은 죽음을 맛보지 않고 직접 영원한 세계로 들어가셨다. 족장 욥은 나무가 찍힐지라도 다시 움이 나서 연한가지가 끊이지 않는다는 사실을 관찰하면서 사람이 죽는다 하여도 다시 새 생명으로 움트리라는 소망을 가졌다.(욥14:7, 14)

본문의 말씀은 동물이나 사람이 몸을 가지고 그 몸은 식물이나 미네랄의 물질로 구성되어 있으므로 죽을 때 흙으로 돌아가게 되어있다는 것이다. 또 죽은 몸은 동물이나 사람이 매한가지로 땅 속이나 무덤으로 들어가 흙으로 변하게 된다.

이것이 사실이라면 부활은 어떻게 가능할 수 있는가? 실제로 죽은 후에 누구나 무덤 속에 안장되는 것은 아니다. 불에 타서 화장해서 날려버리기도 하고 짐승의 밥이 되어 뼈조차 찾을 수 없게도 되고 죽은 몸이 비료가 되어 채소나 나무 등에 흡수되기도 한다. 이렇게 산산조각이 나서 흩어지고 흡수된 부분들이 어떻게 부활할 수 있단 말인가?

먼저 성경에서는 부활에 대해서 어떻게 말씀하고 있는지 알아보기로 하자. 성경에서의 부활은 하나의 이론이나 환상이아니라 실제로 우리의 죽은 몸이 다시 살아날 것을 잘 말씀해 주고 있다. 그래서 이 부활의 신앙은 기독교의 핵심이며 다른 종교와 구별되는 특성이기도 하다.

따라서 우리의 부활도 예수그리스도의 부활에 근거한 것으로 만일 이 부활이 없다면 기독교의 증거는 거짓된 것이며 죄가 사해질 수도 없다. 따라서 바울은 부활이 없다면 그리스도인은 어떤 소망도 없으며 멸망하고 말 것이라고 단언하고 있다.(고전15:14-18)

그러나 예수님께서 실제 몸으로 부활하시므로 새로운 영적 특성을 소유하였듯이 우리도 언젠가 우리의 몸이 죽을 것이나 주님이 다시 오실 때 무덤으로부터 다시 살아나게 될 것이다.(요5:28-29)

그러므로 예수그리스도를 주로 영접하는 자 복음을 신뢰하는 모든 자들에게는 영생이 보장된다. 물론 성경을 하나님의 말씀그대로 믿지 못하는 신학자들도 있어서 부활에 대한 비판적인 견해가 없는 것은 아니다. 일반적으로 그런 경향을 띤 학자들의 견해에는 다음 네 가지가 있다.

1) 급진적인 비판적 학자들은 원래 증인들의 경험은 확인할 수가 없다는 것이다. 이들의 주장은 제자들이 실제로 살아나신 예수님을 보았는지는 알 수 없다는 것이다.(Rudolf Bult-mann, Maxen, Paul Van Buren)

2) 제자들의 경험의 본질에 어떤 관심을 보일뿐만 아니라 문자적 부활자체를 수납하기도 한다. 그러나 이파에 속하는 학자들은 부활의 사건은 어떤 확인이나 조사를 떠나서 전적으로 신앙으로만 알려질 수 있다고 주장한다.(Soren Kierkegarrd, Karl Barth, Emil Brunner,

Dietrich Bonhoeffer)

3) 부활에 대한 역사적 국면에 보다 더 관심을 가지는 학자들이 있다. 그러나 이 파에 속하는 학자들은 부활을 하나의 종말론적 사건으로 보려고 한다. 따라서 역사는 정확하게 무슨 일이 일어났는지 결정할 수가 없다고 한다. (Ulrich Wilckens, Maltmann, Regnald Fuller)

4) 예수님이 실제로 무덤에서 살아나셨다고 보는 학자들이 있다. 따라서 빈 무덤과 예수님의 문자적인 부활후의 나타내심을 역사적 사건으로 본다. (Walfhart Pannenberg) 그러나 부활하신 그리스도의 몸은 하늘에서 나타나신 예수님처럼 영적이라 한다.(A.Millanter. J.A.T Rabinson)

그러나 부활사건은 성경이 하나님의 말씀임을 확신하는데서 오며 이런 확신으로 성경을 볼 때 부활의 첫 증인들 이었던 사도들이 예수님의 부활을 거짓말로 꾸며냈을 것이라는 생각은 상상할 수도 없게 된다. 예수님도 결국 성경대로 부활하신 것이다.

이제 흙으로 돌아간 사람의 죽은 몸이 어떻게 부활하게 되는 지를 알아보자. 성경에도 죽음은 하나의 죄 값의 저주였으며 마지막 원수라고 하였다.(고전15:26, 54-56) 따라서 여기 전도자는 죽음을 심각하게 취급하고 있을 뿐 사후의 생명을 부인하고 있는 것이 아니다.

그리스도의 부활이 죽음을 정복했으며 우리의 부활을 위한 길을 열었으며 전 인격의 몸과 영이 다 불멸하게 되었다. 그러므로 불멸은 하나님의 능력과 부활에 의존한다.(마22:29-32) 따라서 부활은 무에서 세상을 창조하시고 흙에서 사람을 빚어 만드신 하나님의 지혜와 무한한 능력의 역사로 되는 일이다. 전능하신 하나님께 불가능한 일이 있겠는가?

역시 우리는 같은 분자들이 부활체에서 회복될 것이라고 믿을 필요가 없다. 예를 들어 몸은 같은 육체적 분자들을 갖지 않고서도 동일한 육체적 몸일 수가 있다. 몸은 음식을 먹고 살이 찌거나 마를 때나 배설물을 낸다. 따라서 우리는 사람의 몸이 단지 몸무게가 늘고 줄기 때문에 그의 몸이 더 이상 아니라든지 물질이 아니라고 말 할 수 없는 것이다.

또 근대 과학의 빛에서 볼 때 하나님은 사람이 그의 부활된 몸에 지니고 있던 정확한 분자를 재조성 하신다고 믿는 것이 불필요하다. 과학에 따르면 물질적 몸은 정확한 육체적 분자들이 몸 안에서 매 칠년마다 변화할지라도 물질적으로 남는다.

따라서 부활체는 여전히 그 안에 새로운 분자들을 소유하고 있을지라도 현재의 우리 몸처럼 똑같이 물질적이 될 수 있는 것이다. 이렇게 볼 때 성경이 말씀하는 대로 우리의 죽은 몸이 그대로 다시 살아난다는 부활의 진리는 난해하고 신기한 것만은 아닌 것이다.

2007. 8. 10.

"기독교는 십자가와 부활의 종교이다. 십자가로 우리 죄 값을 다 치루어 주셨고 부활로 우리위해 죽으셨고 살아나셔서 죽음의 권세를 다 이기시고 우리도 부활의 권능을 덧입어주었다. 그래서 이 두 가지는 기독교의 핵심이다. 이것이 믿어지지 않는 자는 중생하지 못한 증거이다.

루돌프 볼트만을 위시한 급진적인 비판자들은 예수그리스도의 부활을 보았다는 제자들의 증언을 믿을 수 없다고 한다. 막달라 마리아, 많은 여인들, 베드로, 엠마오로 가던 두 제자, 10제자들 도마있는 11제자, 갈릴리 바닷가 7제자, 갈릴리 산에서 11제자, 500여 형제, 야고보, 감람산에서 승천하실 때 11제자, 사도바울. 이처럼 12번이나 여러 사람들의 증인들을 믿을 수 없단 말인가?

울리치 울켄스를 위시한 예수부활을 역사적 국면으로 전환해 종말론적 사건으로 키케고올을 위시한 이들은 부활사건은 오직 신앙으로만 가능하다고 보고 예수의 부활을 영적사건으로 보는 학파도 있으나 분명 나는 영만 있음이 아니고 육체도 있다(눅24:39)고 예수님이 강조하셨다."

Q "전3:21은 동물들도 사람과 마찬가지로 영혼이 있다고 가르치는가?"

전 3:21

A "인생의 혼은 위로 올라가고 짐승의 혼은 땅으로 내려가는 줄을 누가 알랴"(3:21)

인간의 영혼은 인간에게 있는 하나님의 형상의 초점으로써 인간으로 하여금 이성적인 작용을 하게하며 하나님에 대하여 종교적으로 반응하게 하는 것으로 이해되어 있으므로 동물의 몸이 무덤 속에서 재로 변하면 동물의 혼은 아래로 내려간다는 말은 좀 충격적으로 들려준다.

NASB성경은 이것을 '호흡'(breath)으로 번역함으로써 그 문제를 완화시키고 있다. "인생의 호흡은 위로 올라가고 짐승의 호흡은 아래 곧 땅으로 내려가는 줄을 누가 알랴" 그러나 ruah(호흡, 혼)라는 말이 인간과 동물 모두에게 사용되고 있으므로 근본적인 문제는 여전히 남는다.

우리가 21절을 이해할 때에 인간이나 짐승의 혼이 그것들이 죽은 이후에 실제로 어디로 가는지 정말로 의심스럽다는 것을 암시하는 질문이라고 이해하든지 혹은 "인간과 짐승이 죽은 이후에는 인간의 호흡은 위로 올라가고 동물의 호흡은 아래로 내려가는 것을 누가 아는가"라는 질문으로 이해하는지 문제는 마찬가지이다.

이 ruah라는 말의 사용에 있어서 우리는 거의 대부분의 언어에 있어서의 초월적 용어들의 발전사 속에서 이와 유사한 현상을 대하게 된다. 살아있는 인간이나 짐승은 그것들이 살아 있는 동안에는 숨이 들어 마시고 내뿜는 다는 사실을 우리가 관찰할 수 있으므로 호흡같은 용어를 만들어내서 그것을 생명의 상징으로 삼는 것은 자연스러운 일이다.

이 구절은 오해하기 쉬어서 많은 사람들이 사후에 생명자체를 부인하는 것으로 이해한다. 그것은 사람이나 짐승이 죽은 후에는 모두 한 곳으로 가며 모두 흙으로 돌아가니 사람이 동물보다 나을 것이 무엇인가라고 반문할 수 있기 때문이다.

그러나 사람은 영이 있어서 불멸한다는 것이 철학과 종교의 일반적인 주장이 아닌가? 철학자 플라톤(Platon)은 불멸은 인간이 타고난 것으로 생각하였다. 또 힌두교나 근래에 뉴에이지 신앙에서는 환생을 믿는다. 그들은 죽음은 문(door)일 뿐이며 몸은 다시 살지 않는다고 한다.

따라서 오늘날 많은 사람들은 그들이 하나님으로부터 어떤 도움이 없이도 영원한 축복으로 들어갈 수 있다고 믿고 있다. 물론 기독교의 신앙은 환생과 다르다. 불멸은 부활하신 그리스도 안에 있으며 하나님 안에서만 발견할 수 있다.(전12:7, 13-14, 고전15:12-19)

그러나 불완전하고 잘못된 견해일지라도 사후에 생명이 있다는 사상을 갖게 되는 것은 그것을 알 수 있도록 하나님께서 그들에게 영혼을 주셨기 때문이라고 할 수 있다.

이 본문은 사람과 짐승이 다 같이 죽을지라도 그들의 혼이 사람은 위로 올라가고 짐승은 아래로 내려간다고 하여 사후에 운명이 다른 것을 가르치고 있다. 여기서 사람의 혼이 위로 올라간다는 것은 하나님께로 간다는 것이요 불멸을 가르키는데 반하여 아래로 내려가는 짐승의 혼은 불멸이 아님을 가리키며 실제로 중지되는 것을 의미한다. 그러나 문제는 사람과 짐승이 다 같이 영혼(spirit)을 가지고 있는 가 이다.

사람의 영혼에 대하여 우선 그것이 무엇을 의미하는지부터 알아보고 문제를 풀어보자. 영(spirit)이란 말은 히브리어로 르아흐(ruah)로 입의 호흡(시33:6, 135:7) 또는 바람이나 공기의 호흡이다(욥4:15 , 창3:8) 성경적인 용도로 사람의 호흡은 그 몸에 생명을 주는 것이다.(창7:22, 욥27:3)

영혼은 이성적 행동(말2:15, 신34:9) 결정(렘51:1, 학1:14) 일반적인 자세(민14:24), 용기(수2:11, 5:1), 종교적 이해(욥20:3), 감정(슥12:10, 시77:3, 143:4), 자만(시76:121), 시기(민5:14,30)와 다양한 다른 내적 성향의 자리이다. 생명의 원리로서 영혼은 역시 동물에게도 있다.(창6:17, 7:14)

그러나 사람에게 영이란 말이 위와 같은 것을 의미한다면 동물이 사람의 영을 소유했다고 생각할 수 없다. 그러면 여기 사람의 영과 동물의 영은 무슨 차이가 있는가?

우리가 기억해야할 것은 여기 사람과 동물이 다 같이 영혼을 가지고 있다는 말이 사람의 것과 동물의 것에 차이가 없다는 뜻으로 쓴 것이 아니라는 사실이다. 여기서는 그저 생명의 원리로써 루아흐란 말을 썼다고 볼 수 있다.

같은 맥락에서 아처(Gleason L. Archer)는 "살아있는 인간이나 짐승은 그것들이 살아있는 동안에는 숨을 들이 마시고 내뿜는다는 사실을 우리가 관찰할 수 있으므로 '호흡' 같은 용어를 만들어 내서 그것을 생명의 상징으로 삼는 것은 자연스러운 일"이라고 한다.

따라서 우리는 홍수기사 속에서 생명의 호흡이라는 말이 홍수에서 익사한 동물들과(창6:17, 7:22) 방주 속에서 생명을 건진 동물들(창7:15) 모두 에게 사용된 것을 볼 수 있다.

여기서 우리는 생명을 가지고 있는 동물에게 적용된 일반적인 루아흐의 용법을 대하게 되는 것이다. 살아있는 피조물은 숨을 쉬기 때문에 호흡을 '생명의 원리' 라는 말로 쓰게 된다.

그러므로 이 본문에서 저자는 사람과 동물의 생명에 대한 뜻으로 영(혼)을 말했을 뿐 사람의 다양한 내적 성향을 가리키는 뜻으로 영(혼)이란 말을 쓰는 것도 아니고 짐승에게 영혼이 있다고 가르치는 것은 아닌 것이다.

2007. 8. 11.

"인간의 영혼은 하나님이 예수그리스도의 피로 말미암아 죽은 영혼을 살려놓은 산 영혼이다. 그러나 불신자의 영혼은 살지 못했으니 죽은 영혼이고 짐승은 영혼을 가지고 있는 것이 아니고 살다 숨 쉬고 있다는 의미에서 '호흡'(breath) '혼'(ruah)(루아흐)이라고 한 것뿐이다.

3:21을 오해하는 사람들은 ①사람의 혼과 짐승의혼은 죽으면 모두 흙으로 돌아가서 생명자체를 부인하며 사람이나 짐승이 죽으면 다 똑같다는 오해 ②짐승도 사람과 똑같은 영혼을 가지고 있다는 오해이다. 흙으로 창조한 것과 죽어 흙으로 돌아감은 같으나 영혼이 위로 올라감은 다르다.

우리의 영은 하나님이 산영으로 살려주었으니 죽어서 하늘나라로 올라가서 하나님을 만나 영생을 받아 누리게 된다. 그러나 불신자나 짐승은 영을 살려주지 못하였으므로 지옥과 재생치 못하여 흙으로 돌아간다. 짐승과 불신자의 영은 사후 생명이 없음이 같다고 보아야할 것이다."

성경난해구절 해설시리즈(성문서 전도서 5-(12)-64)

Q “전도자가 한탄한 사회적 부조리와 모든 허무의 외침은 정당한가?”

전 4:1-16

A 전도서 4장은 전도자가 본장에서 인간사회 속에서 엿보여지는 부조리한 면들을 중점적으로 부각시킨 이유는 인생의 허무함이 자신에게서 뿐만 아니라 사회전반에서 보편적으로 일어나는 일임을 알게 하려는 것이었다.

인생의 허무함은 어느 특정지역 또는 특정 계층, 특수한 무리들에게서만 일어나는 것이 아니다. 하나님을 떠난 이세상의 모든 사람에게서 찾아볼 수 있다. 전도자는 앞에서(1:12~2:23)주로 자기 자신의 경험을 근거로 인생의 허무함을 입증하며 나타내 주었지만 이제는 증명의 영역을 사회 속으로 확대해 나가고 있는 것이다.

이처럼 인간들이 모여 사는 세상 속에서 인생의 허무함이 편만한 것은 타락의 필연적인 결과이다. 죄는 아담의 타락으로 말미암아 인간 내부에 침투해 들어와서 인간의 마음을 전적으로 부패하게 만들고 왜곡되게 했으며 급기야 파멸을 초래하게 만들었다.(롬5:12)

또한 죄는 인간들을 오염시켰고, 세상을 삭막하게 했으며 파멸과 부패의 요소로 가득 차게 했다. 이런 사실은 이미 타락 이후 아담의 아들 가인이 동생아벨을 살인한 사건과 그 후손들이 발전시킨 문명의 강포함

속에서 확인 되였다. 그러므로 인간이 만든 사회 구조는 극도의 이기주의로 인하여 하나님의 형상을 파괴하고 상실하도록 유도하는 역할을 하게 되었다.

이처럼 타락의 결과로 인하여 사회는 필연적으로 부패한 속성을 소유하게 되었다. 심지어 하나님께서 선택한 백성인 이스라엘도 동일한 운명에 처하게 되었다. 솔로몬은 본장에서 한탄하고 또 한탄하며 사회 부조리와 모든 허무를 네 가지로 크게 외치는 것은 정당한가 살펴보자.

첫째로, 지배자들의 학대로 인한 학대받는 자의 허무함(1-3)

본 단락은 사회가운데서 일어나는 학대에 대해 언급함으로써 인생의 허무함을 단적으로 표출하고 있다. 사실 한 민족으로서의 이스라엘은 불행한 집단이라고 볼 수 있다. 역사적으로 그들은 수위의 열강들에 의해 침략과 압제를 당하고 약소국으로서의 설움을 절실하게 느껴왔다.

국내외 정치적 상황도 하나님의 공의에 대해 의심할 정도로 암담했다. 통치자들은 자신의 권력을 가지고 약자들을 위협하며 착취하였다. 백성들을 위로하고 돌보아야할 책임이 있는 지도자들이 오히려 더욱 살기등등한 압제자로 등장하였다.

이러한 상황은 너무나도 잔인하고 고통스러운 것이기 때문에 전도자는 욥과 같이 비실존을 선호하고 있는 것이다.(욥3:3-12) 특히 하나님의 선택된 백성으로서 율법을 따라 살아가는 이스라엘의 압제 상황은 더욱 하나님의 조화로운 섭리를 부인하는 경향을 띠게 된다.

이와 같은 사실을 염두에 둔 전도자는 "학대 받은 자가 눈물을 흘리되 저희에게 위로자가 없도다"(1절) 라는 표현을 통해 학대 받은 자의 처참함을 더욱 극적으로 묘사하고 있다.

특히 그는 '오호라' 라는 표현에 자신의 개인적인 감정을 삽입해 넣음으로써 학대받은 자의 쓰라린 마음을 효과적으로 표현하고 있다.

일반적으로 성경에는 여러 학대의 유형이 있다. 즉 백성에 대한 치리자의 학대(잠28:16) 종에 대한 주인의 학대(신24:14), 가난한자에 대한 부자 및 관료자의 학대(5:8, 잠22:16, 암4:1) 가난한자에 대한 또 다른 가난한 자의 학대 (잠28:3)이다.

성경은 이런 모든 학대를 금하고 있다. 왜냐하면 모든 인간은 본질적으로 하나님의 형상대로 지음 받은 존귀한 존재이기 때문이다. 또한 하나님께서는 사랑이시므로(요일 4:8) 모든 인간들 역시 서로 사랑하고 위로하고 보호해야 하기 때문이다. 그리고 하나님은 이스라엘 내에 우거하는 이방 나그네와 고아, 과부 등을 압제하지 말고 보호할 것을 명하시기도 하셨다.(출22:21, 23:9)

그런데 솔로몬은 이스라엘 사회 속에서 하나님의 법에 위배되는 학대가 자행되는 사례를 목도하면서 인간의 허무함을 다시 한 번 절실하게 느끼게 되었던 것이다. 솔로몬은 인간사에 나타나는 학대에 대하여 5:8에서 다시 한 번 언급하고 있는데 거기서는 3:17의 경우와 같이 학대에 대한 하나님의 심판을 다루고 있다.

한편 2,3절에서 "나는 살아있는 산자보다 죽은 지 오랜 죽은 자를 복되다 하였으며 이 둘보다도 출생하지 아니하며 ... 악을 보지 못한 자가 낫다 하였노라"고 한 것은 그 자체로서만 해석할 수 없다. 외견상 본문은 삶에 대한 회의론적인 생각이나 비판론적인 염세사상을 나타내는 것처럼 보인다.

그러나 본문은 결코 회의적이거나 냉소적인 태도를 표현하는 것이 아니다. 다만 하나님을 배제한 지상의 가치의 무용성을 언급하는 것이다. 사실 본서를 쓴 솔로몬은 철저한 신본주의자로서 하나님 안에서 긍정적인 삶을 영위하도록 암시적으로 촉구하고 있다. 결국 본문의 의미는 이 세상에서 학대 받으나 위로할 자가 없는 사람들의 비참함을 통하여 하나님 없는 인생의 허무함을 강조해 주는 것이라고 말할 수 있다.

둘째로, 시기와 경쟁의식 때문에 오는 인간수고의 허무함(4-6)

본 단락은 다른 사람의 수고와 성공에 대해 시기하는 모습을 통해 인생의 허무함을 암시해 주고 있다. 솔로몬은 먼저 사람의 수고와 성공이 타인에 의해 시기 받는 것을 통해 인간 수고의 허무함을 언급하고(4절) 이어서 참다운 지혜자의 삶은 평온이 가득하다는 점을 결론적으로 피력하고 있다.(5,6절)

전도자는 이전에도 인간 수고의 허무함을 말한 적이 있다.(1:3, 2:18-23) 그러나 거기서는 수고가 자신에게 유익을 주지 못한다는 측면에서 언급한 반면 여기서는 인간의 수고가 이웃 사람들로부터 시기를 받음으로써 평온한 삶을 영위하지 못하도록 만든다는 측면에서 논지를 밝히고 있다.

성경에는 인간의 시기와 질투를 아담의 타락 이후 죄의 본성을 가진 인간의 육신적 산물로 파악한다.(롬1:29, 갈5:20,21) 이러한 인간의 질투는 사랑과 공의의 하나님의 거룩한 질투와는 본질적으로 다르다(출34:14, 신29:20)

하나님의 질투는 공의에 근거하여 범죄한 자들에 대한 진노의 한 형태로 나타나지만 인간의 질투는 이기적인 관점에서 다른 사람의 성공을 미워하고 질시하는 모습으로 드러난다. 본문에서 제기되고 있는 질투도 인간적인 욕심에서 기인하였다고 볼 수 있다.

따라서 신본주의적 인생관을 가진 전도자는 이런 부조리한 인간 삶의 모순과 병폐를 보면서 하나님을 떠난 인생의 허무함을 드러내고 있는 것이다. 성경은 그리스도의 각 지체가 되는 성도들은 한지체가 영광을 얻으면 모든 지체도 함께 영광을 얻으므로 잘되는 사람이 있을 경우 함께 즐거워 할 것을 촉구하고 있다.(고전12:26)

한편5,6절의 말씀은 4절의 시기 받은 인간수고의 허무한 삶과는 대조적인 내용으로써 평온한 삶이어야 말로 참다운 삶이라고 주장하고 있다. 불필요한 경쟁으로 인한 서로에 대해 잔인하고 비인간적인 생활은 비록 성공적인 결과가 보장된다고 할지라도 아무런 가치가 없는 것이다.

그러므로 솔로몬은 치열한 경쟁의식 대신 자족하는 마음과 절제를 구비하도록 요청하고 있다.(잠15:16,17, 16:8, 딤전6:6)이러한 삶을 솔로몬이 앞에서(2:24,26, 3:13) 이미 추구해오던 생활방식과 일치한다고 볼 수 있다.

셋째로, 부요한자라도 외로운 자의 허무함(7-12)

본 단락에서는 사회적 상처를 두려한 나머지 극도의 개인주의적 경향을 보이는 사람의 고독과 비참함을 실감나게 묘사하고 있다.(7,8절) 또한 이러한 사실을 더욱 선명하게 드러내기 위하여 상호 연합된 삶, 즉 동료의식을 갖고 사는 삶의 복됨을 잠언적 형식으로 언급하고 있다.

성경에서 인간의 외로움을 지적하고 상호 연합의 복된 삶을 제시해 주는 내용은 에덴동산에서 살고 있는 아담에서 돕는 배필로서 하와를 지어 주신데서 부터 찾아볼 수 있다. 하나님은 아담이 홀로 외롭게 독처하고 있는 것을 보시고 그를 위해 하와를 지어 주심으로 둘이 힘을 합하여 살도록 하였다.

이러한 연합의 삶의 유형은 본질적 형태에서는 약간 다르지만 가족, 사회, 국가 등의 영역에서도 엿볼 수 있다. 더구나 신약에서는 그리스도를 머리로 하여 모든 성도가 한 몸의 지체로서 상호 결합하는 교회를 통하여 분명하게 제시되고 있다.(고전 12:12-31)

이러한 맥락에서 전도자는 아무리 부요하다 할지라도 상호의지 할 가족이 없이 홀로 사는 상태의 외로움을 언급하고 고독한 삶보다는 공동체 생활이 나으며 독신생활보다는 결혼 생활이 좋다고 강조한다. 즉

부를 소유한 고독보다, 협동하며 사는 것이 더 위로와 도움의 생활이 된다는 점을 강조하고 있다.

넷째로, 세상의 인기와 명성에 대한 추구의 허무함(13-16)

솔로몬은 다섯 가지 허무의 요점을 말했다. 법정의 불의(3:16,17), 죽음(3:18-21), 학대(4:1-3), 시기심(4:4-6), 고독(7-12절) 등에 언급하다가 본 단락에서 마지막으로 명성의 허무함(13-16절)을 말하면서 하나님을 외면한 인간은 결코 참된 구원과 행복을 얻을 수 없다고 선언하고 있다.

전도자는 본문에서 왕보다 훌륭하다는 지혜로운 한 소년을 등장시켜 그의 과거 권력과 등극 그리고 이후에 통치에 대해 전기적 형태로 묘사하고 있다. 소년은 모든 방면에서 탁월하고 대중적 인기를 한 몸에 받는 자로서 인간이 누릴 수 있는 최고영예를 받은 자이다.

그러나 솔로몬은 후반부에서 "후에 오는 자들은 그를 기뻐하지 아니라히니"(16절)라고 언급함으로써 대중적 명성의 무상함을 강하게 피력하고 있다. 인생은 세옹지마와 같다. 아무리 열렬한 환영을 받던 사람도(15절) 시간이 지나면 전임자와 같이 배척을 받게 된다.(16절)

백성들은 끊임없는 변화와 혁신을 요구한다. 만약 인간이 대중들의 환호를 근거로 하여 살아가려고 한다면 반드시 실망할 수밖에 없을 것이다. 성경에서는 "모든 아름다움은 들의 꽃 같으니 풀은 마르고 꽃은 시듦은 여호와의 기운이 그 위에 붊이라"(사40:6,7)고 하였다.

이처럼 세상 권력자들은 집권 당시에는 존경과 명성을 누리겠지만 후세대들에 의해서는 모든 공적이 망각되고 경멸의 대상으로 전락되고 말 것이다. 요셉은 애굽의 국무총리대신으로서 많은 공적을 쌓았지만 후대에 나타난 새로운 왕들에 의해 무시 되었고 그 후손들은 심한 탄압을 받게 되었다.

그러므로 솔로몬은 이스라엘의 역사적 경험과 자신의 개인적 체험을 토대로 하여 어떠한 명성을 소유한 사람도 결국 허무할 수밖에 없음을 강조하고 있는 것이다.

2007. 8. 12.

"전도자인 솔로몬이 한탄하여 외친 사회적 부조리와 모든 허무의 외침은 정당한가 정당치 못한가 심히 어려운 철학적 문제이면서도 신앙적 문제이다. 왜냐면 여기의 한탄과 허무는 오직 하나님만이 해답과 해결하실 수 있기 때문이다. 결론은 너무나 정당한 것이니 진리 중 진리인 것이다.

지배자들의 학대로 인한 학대 받은 자의 허무함을 보니 지배계층이 피지배계층의 명예를 유린하고 손상시켰다. 비인간적 행위로 탄식소리 역시 큰 우뢰 같았다. 시기와 경쟁의식 때문에 오는 인간수고의 허무함을 보니 경쟁의식으로 서로 잔인하고 비인간적 행동이 자행되니 솔로몬이 탄식했다.

부요한자라도 외로운 자의 허무함을 보니 부에 대한 비정상적인 욕구를 지니므로 그 결과 영혼의 안락과 평안이 없어 외롭고 고독했다. 세상의 인기와 명성에 대한 추구의 허무함을 보니 대중적인 인기와 명성은 허망으로 귀결되니 인생사회 모든 부분은 신앙적 눈으로 볼 때 탄식과 허무뿐이다."

성경난해구절 해설시리즈(성문서 전도서5-(13)-⑥⑤)

Q "본문은 낙태를 옹호하는 것인가 아니면 배격하는 것인가?"

전 6:3-5

A 본문을 읽다보면 낙태옹호 주의와 자살(죽음) 옹호주의자들의 외침같이 보인다. ①낙태된 자가 저보다 낫고(3절) ②낙태된 자가 ... 왔다가... 가매(4절) ③햇빛은 보지 못했으나 낙태 자가 저보다 평안 함이니라 읽다보면 낙태나 죽음의 옹호주의 같이 들린다.

여기서 말하는 낙태는 자연적으로 발생되는 태아의 죽음을 의미하고 있다. 그런데 오늘날에는 자신들의 편의를 위하여 인공적으로 태아의 생명을 죽이는 일이 공공연하게 발생한다. 여기에 대해 많은 사람들은 동조 혹은 묵인하는 입장을 보이고 있다.

이처럼 하나님이 주신 생명이 잔인하게 살해당하는 혼탁한 상황에 대해 기독교인들은 분명한 입장을 표명해야 할 것이다. 이제 본 단락에서는 전혀 저항할 능력이 없는 태아에 대해 일방적으로 사형을 집행하는 인공유산(abortion)에 대해 성경은 과연 옹호론을 주장하나 배격론을 주장하는지 자세히 논하고자 한다.

1. 낙태의 부당성

1) 태아란 완전한 생명이기 때문이다.

인간의 생명이 언제 시작하느냐에 대해서는 여러 가지의 의견이 제시되고 있다. 그러나 성경은 분명하게 수태된 시점부터 생명이라고 선언하고 있다.(시139:13,16) 아무리 사회적 결과를 중시하는 인본주의적 학자들이 태아가 사고할 수 없다고 타인과 인격적 관계를 맺을 수 없다는 사실에 근거하여 인격성을 부인한다고 할찌라도 성경은 하나님이 모태에서 인간을 조직하시고 뼈와 힘줄과 생명을 주셨다고 단언한다.(욥10:8-12)

2) 태아의 인권 존중의 필요성

성경은 임신이 하나님의 축복이라고 말하고 있다.(시127:3) 인간은 잉태된 순간부터 하나님의 형상으로 존귀한 대우를 받을 권리가 주어진다. 태아도 역시 하나님께로부터 권한을 위임받아 피조세계를 정복하고 다스릴 책임을 가지고 있다.(창1:27,28) 거룩한 존재임을 믿어야 한다.

만약 태아가 자신의 의견을 직접 개진 할 수 없는 연약한 존재라는 사실 때문에 인간으로서의 권리를 보호받을 수 없다면 연약한 자에 대한 사랑과 보살핌을 계속 강조하고 있는 하나님의 말씀을 정면으로 반대하는 행동이 될 것이다.

예언자들은 인권이 유린되고 말살되려는 상황에서 하나님의 정의를 깨우치시고 세우려는 노력을 결코 게을리 하지 않았다. 모든 생명을 주장하시는 분은 오직 하나님뿐 이므로(민16:22, 시27:1) 우리는 다른 생명을 무시하고 살인할 권한이 없다. 따라서 태아도 성인과 동일한 인격으로서의 권리를 철저하게 보장받아야 할 것이다.

2. 낙태문제에 대한 기독인의 대처방안

앞에서 살펴 본 것처럼 낙태는 근본적으로 생명 경시의 풍조에서 비롯된 것으로서 쾌락주의에 편승하여 살인을 합리화 시키는 이기주의의 극단적 형태이다. 이러한 현 세상 상태에서 우리 기독교인들은 어떻게 대처해야 할 것인가에 대해 살펴보고자 한다.

1) 생명을 가장 존귀하게 여기는 기독교적 세계관을 견지하고 확산하는 일에 총력을 기울여야한다. 사실 낙태문제는 각자의 세계관에 따라 다른 결론을 내리게 된다. 그러므로 큰 희생과 가치를 지불하더라도 생명을 수호해야한다는 성경의 정신이 확산될 때 낙태문제에 대한 해결을 기대할 수 있다.

2) 인공유산이 극악한 범죄 행위라는 사실을 중점적으로 홍보해야 한다. 많은 사람들은 별다른 의식 없이 태아 살해에 동참하고 있다.

3) 경제적 이유로 낙태수술을 받으려는 사람들을 위해 재정적 뒷받침을 해주어야 한다. 특별히 탁아소 운영이나 개인적인 봉사를 통하여 아이의 양육을 도와주어야 한다.

4) 성(性)이 오용되거나 남용되지 않도록 적절한 교육이 필요하다. 특별히 청소년을 위한 비디오 등의 교육 자료를 제작 배포하여 책임의식을 갖는 성숙한 인간으로 성장하도록 유도해야 한다.

5) 기독의료인들을 중심으로 낙태 시술을 거부하도록 설득하고 권유하는 활동이 전개되어야 한다. 또한 여러 가지 단체들을 통한 사회적 압력을 행사하여 태아살해가 방조되지 않도록 감시한다.

6) 낙태운동을 세력화하고 법 개정 문제 등에 대해 능동적으로 대처한다. 단지 소극적인 입장에서 반대하는데 만족하지 말고 좀 더 적극적으로 시간을 내서 생명이 보호될 수 있도록 각종 제도적 장치를 보완해야 한다.

이상에서 우리는 낙태의 부당성과 함께 기독교적 대안을 살펴보았다. 사실 지금까지 한국의 기독교는 복음전파와 교회확장과 선교에는 열심을 보여 왔지만 상대적으로 기독교 윤리와 문화를 확립하는 데는 소극적인태도로 일관해 왔다고 볼 수 있다.

특별히 낙태문제에 대해 관심을 기울이는 그리스도인은 그렇게 많은 것 같지 않다. 그러나 인공유산은 생태계의 위기나 인권탄압 못지않게 매우 중요한 사안이다. 자기 가족에 의해 생명이 유기되는 사실인 만큼 비도덕적인 일이 아디에 있겠는가? 이제 우리는 좀 더 낙태문제에 대해 민감한 관심을 가지고 '태아살인' 이라는 범죄를 미리 방지하기 위하여 적극적인 노력을 기울려야 할 것이다.

2007. 8. 13.

"오늘 본문은 마치 낙태 옹호주의자의 주장같이 들리기 쉽다. 낙태된 자가 살아서 고생되는 자 보다 더 평안하고 낫다고 주장하고 있다. 그러나 많은 기독교인들은 '태아살인'이란 것을 알면서 적극 반대하지도 않고 있음은 더 큰 죄를 범하고 있다.

낙태의 부당성 2가지는 태아란 완전한 생명으로 보는 것이 성경적이다. 성경은 곳곳에서 형질이 이루어지기도 전에 벌써 우리를 택하시고 의롭다고 칭의 하셨다. 이런 태아는 반드시 인권존중 받아야 될 의무와 책임을 가지고 있다. 오해 없으시길 바란다.

낙태문제에 대한 우리성도들의 슬기로운 대처방안 6가지는 하나님의 명령이요 성경의 원리이다. 성경에 살인자는 반드시 죽이라고 했다. 태아 살인자들도 반드시 죽음의 형벌을 받아야 된다. 본문은 낙태 배격주의자들이 외침이라고 본다."

성경난해구절 해설시리즈(성문서 전도서 5-(14)-⑥⑥)

Q "지나치게 의인도 죄인도 되지 말라 함은 중용의 도를 가리킴인가?"

전 7:16-17

A "지나치게 의인이 되지 말며 지나치게 지혜자도 되지 말라 어찌하여 스스로 패망케 하겠느냐 지나치게 악인이 되지말며 우매자도 되지말라 어찌하여 기한 전에 죽으려느냐" (7:16-17)

솔로몬은 여기서 너무 거룩하게도 되지 말고 또 분명하게 범죄자도 되지 말고 그저 적당하게 시류 따라 또 요령껏 죄를 지으면서 살라고 조언하는 것같다. 그러나 이런 주장은 성경 전체의 가르침과 성경원리와는 얼마나 모순 된 가르침인가?

하나님께서는 친히 "내가 거룩하니 너희도 거룩하라" (레11:45) 예수님도 "하늘에 계신 너희 아버지의 온전하심같이 너희도 온전하라" (마5:48) "너희 아버지의 자비하심같이 너희도 자비하라" (눅6:36)고 가르치고 있지 않는가?

본문은 마치 헬라 철학이나 유교와 유사한 중용의 도를 가르치는 것처럼 보인다. 그러나 엄밀한 의미에서 볼 때 본문의 가르침(중용관)과 다른 중용의 도와는 많은 차이점이 있다.

일반적으로 헬라 철학이나 유교에서 말하는 중용이란 어떤 질에 대해 과도하거나 부족하게 행하는 양극단에 치우치지 않고 적당한 중도를 취하는 것을 가리킨다.

그래서 이러한 일반적 의미의 중용의 도를 강조한 대표적인 헬라 철학자 아리스토텔레스(Aristoteles) 는 비겁과 망동의 중용이 참 용기이며 인색과 낭비의 중용이 참관 후이며 타인에 대한 무시와 소심한 굴종의 중용이 참정의 라고 했다.

따라서 일반적 의미의 중용관은 인간의 생각을 적당히 중간치에 둔 다분히 인본주의 적인 것이라고 할 수 있다. 사람마다 상황 따라 중용이 다르고 진리라고 볼 수가 없다.

성경적 윤리 가치의 기준은 사람이 기준이 아니라 절대자 하나님 자신이시다. 그리고 성경적 중용이란 바로 그 하나님에게서 인간에게 정하여 주신 길 곧 하나님 말씀에 좌로나 우로나 치우치지 않을 것을 말한다.(수24:15)

그래서 본문역시 선과 악의 중간에서 적당히 행할 것을 요구하는 말이 결코 아닌 것이다. 본문은 오히려 그 어떤 경우에든지 하나님께서 원하시는 방법과 방향을 떠나 자기의만을 주장하거나 인간적인 판단에 따라 악을 행하는 것을 금지하고 오직 모든 행동의 기준을 하나님의 계시의 말씀에 둘 것을 촉구하는 말씀인 것이다.

결국 성경적 중용이란 모든 행위 기준을 하나님의 말씀에 두는 신본주의적 사고를 말한다고 하겠다. 우리는 잠언이나 전도서의 가르침을 대할 때 세속적인 윤리와의 본질적인 차이를 구분하지 못하고 혼동하는 경우가 많다.

세속적인 윤리로 절대적인 가치판단 기준이 없으며 시대와 상황에 따라 항상 가변적이고 인간 중심적이다. 반면에 성경적 윤리는 가치판단의 절대적 기준을 창조주시며 역사의 주관자이신 여호와 하나님께 두고 있으며 그를 경외하는 마음이 없는 윤리적인 행위는 하나님 앞에서 결코 선 일수 없다고 가르친다. 이런 사실을 명심하고 본문을 똑바로 보아야 할 것이다.

먼저 전도자가 어떤 의도에서 본문을 쓰고 있는지부터 알아보자.

여기서 전도자는 종교적인 규범이나 지혜의 원리들을 엄격하게 지킴으로 장수, 번영 그리고 개인적인 행복을 추구하는 생의 철학에 관심이 있었다. 다시 말해서 사람이 하나님과 세상에 대해 어떤 식으로 관계가 되는지에 대한 손쉬운 해답을 제시하고 있다.

만일 당신이 모든 규범을 순종하면 안전하게 되리라는 것이다. 그러나 이런 손쉬운 대답이나 원리를 기계적으로 준수하는 것이 결코 복되지 못함을 지적하고 있는 것이다. 그런 철학의 실제적인 결과는 금욕주의인데 전도자에게 그런 금욕주의는 쓸모없는 것이며 건방진 것이며 비참한 것이었다. 금욕주의는 삶의 일상적 기쁨에서 그들 자신들을 차단시키고 말 것이기 때문이다.

다음으로 이 구절은 적당하게 죄를 지어도 된다는 말씀인가?

위 본문을 읽어보면 전도자는 그렇게 조언하고 있는 것처럼 보인다. 지나치게 의인도 되지 말고 지혜자도 되지 말며 더 나아가서 악인도 되지 말고 어리석은 자도 되지 말라고 하지 않는가 한마디로 전도자는 중용을 가르치고 있는 것 같다.

따라서 어쩌다가 죄를 지을 수도 있으며 적당하게 요령 것 들키지 않고 살아가라는 권면처럼 보인다. 그러나 전도자는 여기에서 그런 개인적인 죄에 대한 문제를 취급하고 있지 않다. 육신의 정욕과 이생의 자랑을 좇아 노골적으로 악행을 일삼는 것을 금하는 내용이다.

그러면 지나치게 의인도 되지 말고 지혜자도 되지 말라는 말의 뜻은 무엇인가? 그럼 인간이 지나치게 의인이 되고 지나치게 지혜자가 될 수도 있는가?

전도자가 밝히고 있듯이 의는 달성할 수 없는 이상이요(7:20) 지혜 역시 달성이 불가능한 것이므로(7:23-24) 지나치게 의인이 되거나 지나치게 지혜인이 될 수는 없다. 따라서 이 구절은 의와 지혜를 지나치리 만큼 달성했다고 스스로 자부하고 있는 자들에 대한 풍자적인 표현인 것이다. 그리고 이런 사람들의 상반된 삶의 경험들이 인간의 노력들에 대한 실패를 증거하고 있다.(7:13)

마지막으로 여기서 말하고 있는 의나 지혜는 어떤 것인지를 알아보자.

박윤선박사는 여기의 의는 15절의 자기의 의와 16절의 지나친 의와 같은 것으로 하나님의 뜻을 따라 순종하는 의가 아니라 차라리 스스로 의롭다는 외식주의를 가리킨다고 하였다. 그 의는 예수그리스도가 반대하여 경고하신 바리새주의의 유형에 대한 분명한 동의어이다.(마5:20, 마23:1-36)

또 여기 지혜자는 의견의 차이에는 어떤 아량도 없이 절대적인 지식인체 가장 하는 자를 말한다. 그것은 지나치게 지혜인이 되지 말라는 히브리어의 관용적인 용법이 연극을 한다는 뜻으로 '왕인 체' 하거나(민16:13) '병든 체' 하는(삼하13:5)등으로 자기를 가장하는 행위이기 때문이다.

다시 말해서 사람이 자기 눈으로 보아 지나치게 거룩해지고 의로워지고 지혜로울 때 모든 사람에게 너무 거룩하고 너무 지혜롭게 되는데 실제가 그런 것이 아니라 그들 자신의 평가에서 그렇다는 말이다. 이런 가장된 자기 의나 지혜는 하나님을 두려워하는 진정한 경건으로만 치유될 수 있다. 이런 의나 지혜는 선에 대한 사람의 영향을 파괴시킬 뿐 아니라 하나님을 노하시게 할 뿐이다.

그러므로 우리는 이 구절을 이렇게 정리할 수가 있다.

전도자는 하나님을 경외하는 진정한 경건과 삶에 선한 것들에 대한 참된 즐거움을 한테 묶어서 조언하려고 하였다. 그는 부도덕한 어떤 것을 제시하려하지 않았고 참된 의의 원수인 거짓된 의와 지혜를 경고하고 있다.

인간의 노력에 의한 자의의 성취에 대한 헛된 망상은 스스로 의롭고 지혜롭다고 자처하면서 불의와 무지를 자랑하며 스스로 죄에 깊이 빠졌던 외식하는 바리새인의 유형을 따르는 것이다. 이런 부류의 사람들은 하나님의 의를 모르고 자기 의를 세우려고 힘써 하나님의 의를 복종하지 않는다.(롬10:3)

진정한 의는 자신의 죄와 불의를 고백하고 예수를 믿음으로 죄사함을 받고 그리스도의 의를 덧입는 것이며 진정지혜는 하나님을 경외하며 섬기는 것이다. 진정한 의와 지혜는 모두 하나님과 바른 관계에서만 가능한 것이다. 하나님을 떠난 의와 지혜는 결코 옳지 않은 것이다.

2007. 8. 14.

"여기서 지나치게 의인도 되지 말고 지혜자도 되지 말고 악인도 되지 말고 우매자도 되지 말라고 하니 꼭 '중용의 도'를 가르키는 것 같다. 그저 적당하게 시류 따라 또 요령껏 남에게 들키지 않게 아무도 모르게 적당한 선에서 지혜롭게 살아가라는 부탁처럼 들리게 된다.

그러나 여기서의 부탁은 중용의 도를 가리키는 것이 아니라 바리새인들처럼 외식스럽게 의인인체 지혜자인체 하지 말고 또 하나님 없이 하는 모든 것은 죄이니 하나님 없는 의인, 하나님 없는 지혜자의 길을 가지 말고 하나님 중심, 하나님 뜻, 하나님생각으로 좀 어리석어도 하나님 명령대로 살아야만 한다.

본문의 참 의도는 적당한 죄인이 되라는 개인적인 죄 문제를 취급 하고자함이 절대 아니다. 지나치게 의인 되었다고 자부하는 모습, 지혜자 되였다고 자부하지 말라 완전한 의인과 지혜자는 있을 수 없는 것이니 진정하고 참된 하나님이 인정하는 의인과 지혜자는 죄의 고백과 겸손한 모습이다."

성경난해구절 해설시리즈(성문서 전도서 5-(15)-⑥⑦)

Q "악인은 장수한다(12절) 악인은 장수하지 못한다(13절) 어느 것이 맞는가?"

전 8:12-13

A "죄인이 백번 악을 행하고도 장수하거니와 내가 정녕히 아노니 하나님을 경외하여 그 앞에서 경외하는 자가 잘 될 것이며 악인은 잘 되지 못하며 장수하지 못하고 그 날이 그림자 같으리니 이는 하나님 앞에 경외하지 아니함이니라"(8:12-13)

본문의 성경가운데 12절에서는 "악인이 장수한"고 했으며 성경은 더러 이와 같이 주장하는 곳이 많이 있다.(전7:15, 말3:15, 잠24:1) 악인이 장수하며 죽을 때 까지도 평안히 죽는다고 한 성경을 볼 때마다 큰 혼란이 왔다. 이번 기회에 정리해 보자.

또 13절에서는 "악인이 장수하지 못 한다"고 했으며 성경의 원리는 이 말씀이 옳은 줄로만 알고 있는데 12절 같은 말씀이 있음은 어떻게 조화를 시켜야 하는 것인지 아니면 어느 한편이 틀린 것이 분명한 것 같고 둘 다 맞는 것인지 난제이기에 풀어보려고 한다.

먼저 이 두 구절은 주석하고서(내용을 알고서) 문제를 푸는 것이 순서라고 봅니다. 12절의 "죄인이 백번 악을 행하고도 장수하거니와" 여기서 백번의 원어로 '메아'(מאה)는 헤아릴 수 없을 만큼 많은 횟수를 가리킨다. 그러므로 분문에서 악인이 악을 백번 행한다는 말은 그들이 아무런 방해나 악한 행위에 대한 형벌을 받지 않고 계속적으로 범죄 함을 의미하고 있다.

이러한 악인이 마치 하나님께서 허락하신 복을 누리듯이(6:3 극단적인 과장된 어법) 평안히 장수하는 것을 볼 때 의인들은 하나님의 절대적으로 공의로우신 성품을 의심하게 되었고 악인들은 하나님의 존재와 위엄을 무시한 채 악한 일을 행하기에 더욱 담대하게 될 수밖에 없었다.

그러나 전도자는 이러한 일이 발생하는 것은 오직 '헛된 날'(7:15) 곧 불완전하고 한시적인 현세에서 극히 적은 숫자에게 혹 간혹 있는 일이지 악인 전체가 다 그런 것도 아니고 또 하나님의 뜻은 한밭에 곡식과 가라지가 공존하나 가라지가 더 키도 크고 더 번성하나 먼저 거두어 불에 던지고 알곡은 곡간에 저장하는 것과 같이 이 세상에서는 악인이 더 형통할 수도 있고 장수할 수 있으나 극소수에 불과하고 혹 그렇다 해도 하나님의 심판 때 다 갚으시리라.

12절의 결론도 "내가 정녕히 아노니 하나님을 경외하여 그 앞에서 경외하는 자가 잘 될 것" 곧 불변하는 신본주의적 가치관에 따라 삶을 영위하는 자가 궁극적인 복락을 누리게 될 것을 확언하는 선에서 12절을 마무리 지었다. 한소절만 읽고 오해가 없으시길 바랍니다.

13절의 "악인은 잘 되지 못하며 장수하지 못하고 그날이 그림자 같으리니" 12절 전반부가 불완전하고 한시적인 현세에서는 악인의 악행에 대한 불완전한 보응만이 이루어지고 있음을 인정하였던 반면 본 절에서는 종국적으로 악인은 자신의 악행에 합당한 보응을 받게 된다는 것을 말하고 있다.

여기서 악인이 받게 될 악행에 대한 보응의 특징을 '장수하지 못하는 것'과 '그날이 그림자와 같다'고 표현한 것은 그들이 온갖 악행을 통하여 부당한 방법으로 차지한 권력과 금력을 배경으로 하여 이룩한 평안이 순식간에 사라지게 될 것이라는 사실과 아울러 그가 가진 권력과 금력이 하나님의 징벌로부터 그들을 보호하는 것이 절대불가능 하다는 것을 단적으로 나타내고 있다.

이는 12절에서는 의인의 이생의 삶과 비교할 때 악인이 장수하는 경우도 있음을 나타 낸것이며 반면 13절에서는 그렇게 장수한다고 할 수 있는 악인의 이생에서의 삶도 의인이 누릴 영원한 삶에 비하면 극히 짧은 시간에 지나지 않는다는 사실을 강조한 것으로 이해되어져야 할 것이다.

이제 이 구절의 모순에서 해답을 찾고자 한다. 우리가 12절 상반절만 따로 떼어 놓고 본다면 그 구절 자체만 아니라 우리의 경험과도 모순임을 쉽게 알 수가 있다. 그러나 성경은 문맥에 따라 해석되고 이해되어야 한다고 볼 때 12절 하반절과 13절을 보면 모순이 아니다. 그것은 성경 전체의 가르침에 부합한다.

그러나 문제는 여전히 남는다. 그것은 성경에서 특별히 지혜서의 전통에서 장수는 잘 알려진 행복의 상징이다.(잠3:2,16,18 그리고 잠언 전체 사상이다) 따라서 12절 상반 절에 죄인이 백번 악을 행하고도 장수한다는 말은 모순이 아닐 수 없다.

왜냐하면 세상에서 공의를 시행하시는 하나님에 대한 의문이 제기되기 때문이다. 그러므로 어떤 학자들은 이 구절 예를 들어 12절 하반 절은 그 자체의 모순을 피하기 위하여 그 메시지의 뜻을 완화시키기 위한 주석자의 의도라고 보기도 한다.

그러나 보다 더 적극적인 해석도 있다. 이 구절은 분명하게 모순의 증거에 직면한 신앙의 말이다. 따라서 실제로는 악인이 장수하기도 하나 신앙의 행위로 하나님을 경외하는 자가 더 잘 되리라고 확인 했다는 것이다.

이제 이 구절의 문제에 대한 해답을 정리해 보자. 성경은 언제나 일반적인 원리를 제시해 주고 있다. 따라서 여기 악인이 장수한다든지 의인이 장수한다는 말씀도 그 원리에 따라서 이해해야 한다.

성경은 일반적으로 하나님을 경외하는 자는 장수하여 악을 행하는 자는 단명 한다고 하고 있다. 그러나 여기 전도서의 전도자가 보는 것처럼 예외적으로 악인이 장수 할 수도 있는 것이다. 따라서 이 구절에서 악인이 장수한다는 말씀은 전체(악인)가 다 그렇다는 것이 아니고 일부 소수가 또는 얼마가 그렇다는 것이다.

그러나 그런 예외적인 악인의 장수에 대하여 고민할 필요는 없다. 그것은 하나님의 공의가 이생에서 온전히 다 성취되고 있지 않기 때문이다.

또 더 나아가서 오래 살고 장수하는 것이 행복한 것만은 아니다. 어떻게 사는가가 더 중요한 것이다. 역사는 인물평가에서 장수하는 것과 단명 하는 것은 상관하지 않는다. 그가 인류를 위해 어떤 공헌을 했는지 또는 헌신적인 사랑으로 얼마나 아름다운 삶을 살았는가에 따라 평가되는 것이다.

따라서 여기 전도자는 오래 산다는 것이 꼭 예수그리스도 안에서 영생의 계시로 의미 있게 된 삶과 동일시하지 않고 있다. 행복한 삶은 그 양(길이)에 있지 않고 그 질(내용)에 있다.

전도자는 장래의 심판을 믿었으며 그 안목에서 12절을 쓴 것이니 항상 성경은 전체 원리와 그 장의 문맥을 중요시해야지 한 소절, 한 구절, 한 글자에 너무 연연하지 말아야 한다.

2007. 8. 15.

"본문(전8:12과 13)에는 12절은 악인의 장수를 13절은 악인의 단명을 논한다. 이 두 구절은 서로 모순이며 어느 한 곳은 분명 완전 비진리 이거나 둘 다 틀렸거나 둘 다 맞았거나 판단하기 어려운 성경이다. 더구나 축자영감설을 믿는 보수주의는 더 난감에 처하게 된다.

원래 12절은 지혜서 에서만 볼 수 있는 극단적인 과장된 어법을 사용한 것이며(악인 전체가 다 그런 것이 아닌데 마치 다 그런 것처럼 표현했다) 7:15 '헛된 날'을 표현하다보니(전도서 저자 일생이 헛되고 헛된 생애이다보니) 나온 말로 성경원리, 일반적인 교리대로 해석 되어져야만 한다.

그래서 12절 하반 절은 전반 절을 완전 뒤집는 논리로 성경원리와 일반적 교리로 돌아갔다. 그리고 13절은 완전하고 정확하게 정리한 것이다. 성경원리와 교리는 하나님을 경외하는 자는 장수하고 악을 행하는 자는 단명한다. 또 장수만의 행복의 근원이 아니고 하나님께나, 인류 앞에 부끄럼 없는 생애 행복한 삶의 양(길이)보다 그 질(내용)이 중요하다. 그래서 이 두 구절은 다 맞는 것이다. 틀린 것이 없다."

성경난해구절 해설시리즈(성문서 전도서 5-(16)-⑥⑧)

"본문의 죽음을 앞둔 인생의 허무 중 풀기 어려운 난제들?"

전 9:2-5

(문제제기)

1. 의인과 악인, 제사 드리는 자, 안 드리리는 자, 맹세자와 무맹세자 모두 똑같은가?(2절)
2. 인생은 평생에 미친 마음을 품고만 사는 것인가?(3절)
3. 죽은 자가 더 소망이 있는가(4:2) 산자가 더 소망이 있는가?(9:4)
4. 죽은 자는 아무것도 모르는 무의식 상태인가?(5절)

(본문기록)

"2절 모든 사람에게 임하는 모든 것이 일반이라 의인과 악인이며 선하고 깨끗한 자와 깨끗지않는 자며 제사를 드리는 자와 제사를 드리지 아니하는 자의 결국이 일반이니 선인과 죄인이며 맹세하는 자와 맹세하기를 무서워하는 자가 일반이로다.

3절 모든 사람의 결국이 일반인 그것은 해 아래서 모든 일중에 악한 것이니 곧 인생의 마음에 악이 가득하여 평행에 미친 마음을 품다가 후에는 죽은 자에게로 돌아가는 것이라.

4절 모든 산자 중에 참여한 자가 소망이 있음은 산개가 죽은 사자보다 나음이니라

5절 무릇 산자는 죽을 줄을 알되 죽은 자는 아무것도 모르며 다시는 상도 받지 못하는 것은 그 이름이 잊어버린바 됨이라"

A (문제해설)

1. 의인과 악인, 제사 드리는자와 안 드리는자, 맹세자와 무맹세자 모두 똑같은가?(2절)

어떻게 모든 사람에게 임하는 모든 것이 일반일 수 있겠는가? 하나님께서 의인과 악인을 고르시고 상을 주시거나 심판하시는 분이 아니신가? 물론 여기서 궁극적으로 인간의 운명(몫)은 죽음의 의미로 쓰고 있다.(2:14-17과 3:19-21)

이 두 구절들에서 지혜로운자와 어리석은자와 동물의 운명을 다 같이 생각하고 있다. 죽음을 놓고 본다면 의인이나 악인만 아니라 동물에게도 차이가 없다. 따라서 사람의 윤리적이고 도덕적인 성품이나 행위가 그 운명(죽음)에 아무런 영향을 줄 수 없다는 것이다.

이렇게 대부분의 학자들이 이 두 구절을 사람에게 공통적으로 임하는 모든 것에 대해 언급한다고 본다. 그러나 사실 이 구절은 그 이상을 말씀하고 있다. 모든 사람에게 임하는 모든 것에 대해 언급하고 있다. 그리고 이 요점은 의인이 섭리로 보이게 은혜를 입지 못하며 불의한 섭리로 보이게 책망을 받지도 않는 다는 것이다.

따라서 여기서도 "해 아래서"라는 구절이 전제된 경우라고 할 수 있다. 물론 하나님께서는 의인에게 천국과 상급을 주시고 악인에게는 심판과 지옥의 형벌을 내리실 것이다. 그렇게 하나님은 공의의 심판자이시다.

그러나 그럼에도 이 세상의 선한 하나님의 이 공의가 선명하게 드러나지 않을 뿐 아니라 사후의 세계나 심판 때에 있을 사건을 볼 수도 없다. 차라리 우리는 의인이 재난을 당하고 악인이 안전하게 사는 것을 묵도하게 되는 경우가 허다 한다. 따라서 솔로몬은 여기서 천국과 지옥의 영원한 조망에서 말씀하지 않는다.

과연 이 세상에서는 의인과 악인, 의인과 불의한 자, 정결한 자와 부정한 자 등의 구별이 없이 모든 사람에게 유사한 상황이 임하게 된다는 것이다. 해 아래서는 의인과 악인의 운명의 차이를 알리 어렵다는 것이다. 이 세상에서는 죽음이 의인과 악인 모두에게 똑같이 찾아오는 운명이라는 것이다.

2. 인생은 평생에 미친 마음을 품고만 사는 것인가?(3절)

솔로몬은 본 절 3절은 앞선 2절에서 언급한 악인과 선인에 상관없이 인간에게 똑같이 일어나며 모든 인생을 궁극적인 허무로 몰아넣는 죽음에 대하여 말하였습니다. 그러면서 죽음을 향하여 가고 있는 인생이 이 세상을 살아가는 양상을 한마디로 꼬집어 지적하고 있는데 그것은 바로 "마음이 악하여 미친 마음을 품고 살아간다"는 것이다.

특별히 여기서 미친 마음이란 두 가지 해석이 가능합니다. 먼저는 선인과 악인이 동일한 운명에 처해지게 됨으로 하나님의 존재를 부인하는 자들의 마음이 더욱 악행에 전념하게 됨을 나타내는 표현으로 이해할 수 있습니다.

두 번째는 악인과 선인을 구별하지 않고 인간존재가 모두 그 마음에 고통하며 쓸데없는 것에 집착하며 살아가는 모습을 묘사하는 것으로 이해할 수 있습니다.

즉 이는 죽음이란 결과를 감안할 때 사람이 행하는 모든 것은 너무나도 고통스럽고 허무한 것임을 지적한 것이라 할 수 있습니다. 앞선 2절에서 선인과 악인이 동일한 운명에 처해진다든 것을 감안할 때 이 둘 중에 후자로 보는 것이 적합하다고 할 수 있습니다.

한마디로 미친 마음만 품고 사는 인생이란 하나님을 모르고 이 세상 것으로 만족하며 살려는 인생이요 지혜와 이성의 명령을 거스리고 하나님의 뜻과 율법에는 전혀 관심이 없고 오직 정욕과 욕심만을 따라 살려는 그릇된 마음을 미친 마음을 품고만 사는 인생이라 풍자했다.

3. 죽은 자가 더 소망이 있는가(4:2) 산자가 더 소망이 있는가?(9:4)

솔로몬은 4:2에서 "산자보다 죽은 지 오래되는 자가 복되도다"라고 말했다. 하나님의 섭리와 존재를 전제하지 않은 해아래 인생의 허무함을 예증한 후 허무함의 연속일 뿐 소망이 없는 삶은 죽은 자보다 나은 것 없음을 피력한 것이다.

즉, 고통과 슬픔으로 가득찬 이 세상에 대한 전도자의 감상을 수사적으로 표현하면서 어떤 의미에서 산자보다 죽은 자들이 더러운 꼴 보지 않고 부정과 부패, 죄악 등을 보지 않고 있으니 오히려 더 행복스럽게 보이는 것 같음을 동경하는 수사를 쓴 것이다.

그러나 하나님의 존재와 그 분의 섭리가 진행되고 있음을 전제하고 있는 본문에서는 오히려 산자에게 소망이 있다고 말한다. 사람이 살아있는 한 새로운 소망을 가질 수 있다고 말할 수 있는 이유는 살아있는 모든 사람은 폭넓은 변화의 가능성을 가지고 있기 때문이다.

악한 사람은 살아 있을 때에 회개하고 악한 행위로 점철된 인생을 새롭게 회복할 수 있는 기회를 가질 수 있으며 선한 사람은 비록 고통 중에라도 살아있을 때에 죽음을 대비하여 하나님이 주실 더 나은 삶을 소망할 수 있기 때문이다. 풍유를 사용하길 '산개가 죽은 사자보다 나음이라" 비록 보잘것없는 산개가 동물의 왕이라고는 하나 죽은 사자보다 낫다고 이러한 비교법을 통해 전도자는 우리에게 비록 많은 슬픔과 고통을 당할지라도 살아서 삶을 누리는 것이 죽음보다 훨씬 우월하다는 사실을 잘 깨우쳐 주고 있다.

4. 죽은 자는 아무것도 모르는 무의식 상태인가?(5절)

이 구절은 산자는 그들 앞에 소망과 장래가 있다고 앞 단락에서 말하고 있다. 그러나 죽은 자는 그런 의식이 없으며 그들은 아무것도 벌리지 못하며 받지도 못하며 심지어 그들의 기억도 곧 사라진다는 것이다. 그들은 이 세상의 삶에서 사람에게 속한 열정을 가진자로 존재하지 않는다. 그들의 활동은 중지 되였다는 것이다.

다시 말해서 죽은 자는 해아래서 무엇이 되어 지고 있는지 아무것도 모른다는 것이다. 여기서 전도자는 죽은 자가 존재를 그친다고는 말하고 있지 않다. 그러나 만일 죽은자가 아무것도 모르며 의식이 없다고 한다면 죽은 자의 영혼은 잠을 자고 있는 것인가? 이 본문은 영혼 수면설을 가르치고 있는 것인가?

그렇지 않다. 다만 여기서 가르치고자 하는 것은 죽은자는 상급을 바라고 행동할 만한 깨달음이 없다는 것이다. 다시 말해서 죽은 자는 이 세상에서의 삶의 즐거움을 누릴 기회가 없으며 하나님을 믿고 선을 행함으로 장차 상급을 받을 기회가 다시는 없다는 것이다.

그러니까 죽은 자는 아무것도 모른다는 말씀은 사후에 생에 대한 철학적인 언급이 아니라 해아래서 그들의 시대가 끝이 난 사실에 대한 실제적인 언급이다. 따라서 죽은 자는 아무것도 모른다는 말은 그들의 시대가 지나갔다는 말이다.

만일 전도자가 죽은 자는 의식이 없다든지 영혼 수면설을 주장했다면 성경전체의 가르침과 모순이다. 우리는 성경에서 모순처럼 보이는 구절을 대할 때는 언제나 문맥을 중요시해야 하며 저자가 어떤 의도에서 그렇게 말하고 있는지를 살펴야 한다.

위 단락에서 조금 언급이 되었듯이 저자는 지금 산자의 기회 산자의 유익에 대해서 말씀하고 있는 것이지 죽은 자의 상태가 어떤 것인지를 설명하고 있는 것이 아니다. 여기서 강조하고 있는 것은 이 현재의 삶의 기회와 하나님을 섬길 기회 그리고 그 분의 선물을 즐길 기회를 상실한 자에 관해서 이다. 다시 말하자면 이제는 세상에 돌아와서 살 기회를 상실하였다는 것이다. 예를 들자면 사랑, 미움, 야망, 이런 모든 것이 이제는 끝이 났다는 것이다.

성경은 죽은 자가 무의식 상태에 있다고 가르치지 않는다. 오히려 의식이 있는 존재라고 가르치는 성경구절이 많이 있다.(삼하12:23, 고후5:8, 계6:9)다만 여기서 전도자가 '죽은 자는 아무것도 모르고' 란 말은 사후에는 이 세상 안에서 되 여지는 일을 모른다는 것뿐이다. 그들은 지구상에 무슨 일이 발생하였는지는 모르나 확실히 하늘에서 되여지는 일은 알고 있다.(계6:9-10)

따라서 우리는 이렇게 결론을 지을 수 있다. 솔로몬은 여기서 사람의 생과 사에 대해서 그가 관찰한 것을 이야기하고 있다. 그 안목에서 산자와 죽은 자를 비교하고 있다. 그러므로 여기 죽은 자는 아무것도 모른다. 혹은 의식이 없다는 말은 죽은 자의 영혼이 어떤 상태로 존재한다고 가르친 것이 아니었다. 이 본문은 죽은 자의 영혼에 대한 그의 신앙을 피력한 것이 아닌 것이다.

2007. 8. 16.

"죽음을 앞둔 인생의 허무를 솔로몬은 풍자적으로 지혜서 특성상 문학적 기법을 동원해서 표현하다보니 신학적이고 교리적인 면과 부닥치는 면이 많이 발생하게 된다. 본문의 내용도 알게 모르게 많은 상충되는 문제가 발생 되였다. 지혜서의 특수성을 모르면 모순투성 처럼 보인다.

의인과 악인 제사 드리는 자나 안 드리는 자 맹세자와 무맹세자 모두가 똑같다고 표현한다든지, 하나님도 모르고 진리와 은혜도 모르고 사는 불신자들을 평생 미친 마음을 품고 산다고 함과 죽은 자가 더 소망 있다고 한다(4:2) 이젠 산자가 더 소망이 있다고 함과(9:4) 죽은 자는 아무것도 모르는 무의식 상태인 것 같이 아니면 영혼 수면설을 주장하는 것처럼 신학과 교리와는 상충된다.

모두가 똑같다는 것은 운명, 죽음, 하나님의 심판이 같다는 것이고, 하나님도 모르고 진리와 은혜도 모르고 없어질 세상을 위해 살고 있는 자들은 미친 마음대로 사는 자로 규정하고 전도자는 죽은 자가 복되다 할 때와 산 자가 복되다 할 때 주장하는 장르가 다르고 죽은 자는 아무것도 모른다는 것은 문학적 표현과 풍자적 표현이다."

성경난해구절 해설시리즈(성문서 전도서 5-(17)-⑳)

Q “청년은 자신들의 정욕대로 행해야 하나 아니면 하나님의 뜻대로 살아야 하나?”

전 11:9

A “청년이여 네 어린 때를 즐거워하며 네 청년의 날을 마음에 기뻐하며 마음에 원하는 길과 네 눈이 보는 대로 좇아 행하라 그러나 하나님이 이 모든 일을 인하여 너를 심판하실 줄 알라”(11:9)

이 본문의 말씀은 타락한 인간, 그중에서도 정력이 왕성하고 타락하거나 방종 방탕하기 쉬운 젊은이에 대한 권면으로는 성경의 원리와는 전혀 맞지 않는 권면같이 보인다.

더 나아가서 구약성경의 민수기와는 전혀 다른 모순투성이다. “이 술은(옷단 귀의 술) 너희로 보고 여호와의 모든 계명을 기억하여 준행하고 너희로 방종케 하는 자기의 마음과 눈의 욕심을 쫓지 않게 하기위함이라”(민15:39)

여기서 모세는 청년이라도 자기의 마음과 눈의 욕심을 좇지 말라고 심심 당부한다. 또 젊은이를 위한 권면이라면 차라리 “청년이 무엇으로 그 행실을 깨끗케 하리이까 주의 말씀을 따라 삼갈 것이니이다”(시 119:9) 이 말씀이 더 신앙적 권면이 아닌가?

따라서 70인 역(LXX)의 바티칸(Vaticanus) 사본의 번역에서는 두 단어를 더 보태였다. “네 청년의 날을 너의 흠 없는 마음의 길로 행하며 네 눈이 보는 대로 좇아 행하지 말라" 다시 말해서 '흠 없는' (blameless) 이란 말과 '말라' (not)는 말을 더 보태어서 의역한 것이다.

그러면 본문은 과연 본문 자체가 모순을 지나고 있는 것인지? 성경이 모순을 지나고 있다면 문제가 심각하다. 그렇지 않으면 다른 성경구절이나 전 성경의 원리나 신학적 교리와는 모순인가? 아닌가? 난제를 풀어 보려고 한다.

이 구절에서 먼저 우리가 이해해야 할 것이 하나있다. 그것은 본문에 '네 눈이 보이는 대로 좇아 행하라' 는 권면은 충동에 대한 무모한 추종을 보증하지는 않는다는 사실이다. 우리가 악하니 부정적으로 보지 말아야하고 긍정적 눈으로 보아야한다.

여기서 눈은 마음의 도구로(욥31:7) 구약에서 시각의 사용은 기쁨(출4:14) 지혜(시24:32) 행복(미6:5)으로 생각할 뿐 아니라 그 반대로도 정욕(삼하11:2) 욕심(수7:21) 그리고 거만함(삼하6:22)으로 생각할 수도 있었다.

따라서 젊은이들의 기쁨의 추구가 언제나 악하고 죄 된 것만은 아니었다. 그러나 젊은이의 마음이나 눈의 긍정적인 면 대신에 부정적인 면으로 영향을 받을 수도 있음을 감안한다면 이 본문의 권면은 문제가 있다고 볼 수가 있다.

그래서 이 본문의 해석은 크게 둘로 나눌 수 있다.

첫째로 풍자적 해석으로 보는 견해, 말하자면 저자는 마음의 원하는 길과 네 눈에 보는 대로 좇아 행해보려면 그렇게 해보라는 것이다. 그러나 거기에는 위험이 있다는 의미에서 하나님의 심판을 기억시킨다는 것이다. 따라서 본문의 뜻은 자기를 기쁘게 하기 위한 방종스러운 행동을 잘 절제하여 범죄를 짓지 말라는 의미로 보고 있다.

다시 말하면 9절을 전체를 보아 하반 절을 해석해야 한다는 것이다.

그러니까 하나님의 심판에 대한 깨달음은 기쁨의 추구로 인한 범죄에서 돌아서게 해 준다는 것이다.

둘째로 사람의 기쁨의 원천은 마음이다. 마음은 사람의 생명의 중심이요, 사상과 감정, 그리고 결심과 성품의 원천이다. 그런데 여기서 기쁨은 단지 허용된 것이 아니라 명령된 것이요 경건의 본질적 요소로 소개 되었다는 것이다.(Hengstenberg)

다시 말해서 정욕적인 즐거움을 가리키지 않는다는 것이다. 이 해석 역시 후반절과 부합된다. 그런 즐거움의 추구역시 하나님이 이 모든 일로 인하여 너를 심판할 줄 알라는 말씀을 기억함으로써 가능할 것이기 때문이다.

따라서 여기 전도자의 조언은 제한이 없는 것은 아니었다. 네 마음에 원하는 것을 하되 하나님의 심판을 기억하라는 것이다. 결국 이 본문은 청년은 하나님의 권면을 따라가야 한다는 권면이다. 그러나 청년은 그 자신의 길을 따라가라는 조언도 될 수 있는데 이 경우는 하나님의 심판이 있음을 기억하라는 단서가 붙은 경우에 한에서라고 할 수 있다.

누구든지 상반절의 표면적으로 보면 인생의 황금기를 살아가는 청년들로 하여금 그들만의 특권인 젊음과 열정을 만끽하고 그 꿈을 펼쳐 보라는 의미로만 보인다. 그러나 전도자 솔로몬은 하반 절에 '하나님의 심판' 에 더 무게를 두고 이 말씀을 제시한 것은 결국 자신의 정욕대로 살라는 뜻이 아니고 하나님의 뜻대로 살라는 권면이라고 보아야 한다.

이 교훈은 모든 시대를 뛰어 넘어 모든 청년들이 귀 기울이고 가슴에 새겨야할 교훈이 아닐 수 없습니다. 청년기는 그야말로 인생의 꽃과 같은 황금기입니다. 이 시기는 평생 땀 흘려 일할 직장을 준비하고 부모를 떠나 자립할 기반을 닦아야 하며 사랑하는 이와 깊은 만남을가지고 결혼이란 인생 중 대사를 치루어 내야할 시기입니다.

아울러 더 나은 비전을 모색하고 인생의 참된 가치가 무엇인지를 보다 선명하게 터득해야할 시기인데 이런 시기를 온몸에 흐르는 뜨거운 피를 헛되이 발산하거나 가슴에 꿈도 이상도 없이 살아간다면 그것처럼 비참한 인생은 없을 것이다.

그러나 여러분 아무리 뜨거운 열정을 지니고 있으며 원대한 비전을 갖고 있고 지순한 사랑을 가진 자라도 그것을 그대로 방치한다면 그것은 쉽게 사그라들고 오염되고 왜곡될 소지가 많게 됩니다.

왜냐면 사람은 모두 부패하기 쉬운 본성을 지니고 있어 죄로 오염되고 악으로 치우칠 소지가 있기 때문이다. 만일 이대로 방치하면 자신의 꿈과 비전, 자신의 사랑, 자신의 땀과 수고를 그대로 방치되면 이 사람의 미래 그리고 종말이 너무 뻔한 것이다.

그래서 젊은 청년들이여! 여러분들의 젊음의 시간들을 무엇을 위해 사용하고 있는지를 살펴보십시오. 그리고 그것을 만끽할 특권이 여러분들에게 있지만 그것을 더 가치 있고 더 아름답게 가꾸도록 노력할 책임도 있음을 감안하셔야 합니다.

전도자의 본문의 의도는 단순히 청년들에게 인생을 즐기는 방법을 가르쳐주는 것에 국한된 교훈이 아니라 영원자요 절대자인 하나님이 존재하시고 다스리시는 이 세상에서 유한한 피조물인 인간이 취해야할 삶의 태도를 교훈하는 것으로 보아야 한다.

Matthew Henry라는 성경학자는 '그러나'라는 역적 접속사가 위치한 것과 본 구절의 내용이 하나님의 심판을 상기시키고 있는 점을 들어 본 절 전반부의 내용이 일종의 풍자, 혹은 반어법이라고 주장하고 있다.

2007. 8. 17.

"본 절의 전반절만 보면 청년의 정욕대로 살라고 권면하는 것 같이 보인다. 그러나 본 절의 후반부를 보면 청년의 정욕대로 살지 말고 하나님의 뜻대로 살라고 권면한다. 한 절 안에 두 견해가 있어 서로 모순되는 것 같이 보이나 본 절의 강조점이 후반부에 있기 때문이다.

그래서 70인 역(LXX)의 바티칸 사본(Vaticanus)의 번역에서는 본 절을 의역해서 고쳐 놓은 것은 큰 의미가 있다고 본다. “네 청년의 날을 너의 흠 없는 마음의 길로 행하여 네 눈이 보는 대로 좇아 행하지 말라” 여기서는 ‘흠 없는’과 ‘말라’를 덧붙였다.

본문의 전반 절은 풍자적 해석으로 후반 절을 강조하기 위한 풍자임을 감안하고 역적 접속사 ‘그러나’를 이용한 반어적 어법을 사용하여 후반 절을 강조하기 위한 어법이다. 지혜있는 청년이나 성도라면 전반 절이 옳고 후반 절이 틀렸다고 주장할 자는 한사람도 없을 것이다..”

성경난해구절 해설시리즈(성문서 전도서 5-(18)-⑦⓪)

Q "본문은 전도서의 총결론을 무엇이라 하는가? (허무인가, 하나님 경외)"

전 12:13-14

A "일의 결국을 다 들었으니 하나님을 경외하고 그 명령을 지킬지어다 이것이 사람의 본분이니라 하나님은 모든 행위와 모든 은밀한 일을 선악 간에 심판하시리라"(12:13-14) "전도자가 가로되 헛되고 헛되며 헛되고 헛되니 모든 것이 헛되도다"(1:2)

여기서 솔로몬은 전도서 전체의 마지막 총 결론을 제시하고 있다. 70인 역(LXX)은 본 절을 '일의 결국인 요약을 들으라' 로 그리고 또 다른 번역 성경은 '일의 결론은 이것이다. 하나님께서는 모든 것을 다 아신다' 로 번역하고 있습니다.

13절의 솔로몬의 의도는 다음절 14절에 독자들의 주의를 집중 시키고자 합니다. 한편 흠정역(KJV)은 이 부분을 'Let us hear the conclusion' 곧 '우리가 그 결론을 듣자' 로 번역하고 있다.

이는 솔로몬이 지금까지 자신이 가르쳐온 본서의 내용이 근본적으로 하나님께로부터 나온 것임을 인정하고 자신도 가르침을 받는 청중의 한 사람으로서 주의를 기울어 마지막 결론을 경청해야 한다는 사실을 깨우쳤음을 알게 해준다.(매튜 헨리)

그런데 어떤 학자들은 이 결론은 지금까지 전도자가 취해온 입장과 차이가 있다고 한다.

그 이유로 저자는 지금까지 신앙이나 인간에 대해서 회의적인 사상을 보여주었기 때문이라고 한다. 따라서 이 마지막 결어는 전도자 솔로몬이 아닌 어느 경건한 낭독자(epilogist)가 첨부한 말이라고 보고 있다.

저자는 이렇게 수준 높은 논리적이고 신학적인 결론을 맺을 수 없다는 것이다. 그러니 후대에 첨가한 것이라고 한다. 스캇(R.B.Y. Scott)은 코헬렛(Qoheleth)의 사상과 교훈에 대한 사본은 다른 전문적인 지혜인에 의해 편집되고 출간 되였다고 한다.

또 머피(Roland Murphy)는 코헬렛의 가르침이나 결어자(epilogue) 사이에는 어떤 관념상의 충돌도 없다고 주장한다. 그러나 여기 12:9-10과 12:11-14에서 쓴 화법은 전도서를 통틀어 많은 닮은 내용이 있고 그 용어, 문체, 그리고 생각(취지)들은 전도서의 앞에서 나오는 것과 다른 것이 아니다.

'하나님을 경외하고 그 명령을 지킬지어다' 물론 앞에서 회의와 의심 많은 의견을 나열하다 결론에서 옳은 진리를 말하는 것은 너무나도 자연스럽고 어색하지 않는 결론이다.

신앙의 근본은 전 우주와 모든 인간을 다스리는 하나님의 존재를 인식하고 그 분을 두려워하고 존경하며 그의 명령에 복종하는 것이다. 전도자가 본서에서 살펴보았던바 인간이 행하는 모든 일들 중에서 궁극적인 의미를 가지고 변함이 없이 존재하는 한 가지는 하나님을 경외하는 것이다. 이러한 신본주의적 사고와 그에 합당한 행동이 전제되지 않는 한 인간의 삶에서 전개되는 모든 행동들은 궁극적으로 전혀 무의미한 것이다.

'이것이 사람의 본분이다' 실로 인간 존재의 제일된 목적은 하나님을 영화롭게 하는 것과 영원토록 그를 즐겁게 해드리는 것이다. 또한 그러한 존재목적에 합당한 삶을 사는 것만이 해아래 인생에게 필연적으로

다가오는 허무를 극복하고 궁극적인 만족과 행복을 얻는 길이다. 신구약 성경전체의 맥을 꿰뚫고 있는 이와 같은 전도자의 안목은 참으로 놀라운 것이라 아니 할 수 없다.

14절의 '하나님은 모든 행위와 모든 은밀한 일을 선악 간에 심판하시리라' 전도자는 13절에서 말한바와 같이 모든 인간이 하나님을 경외하고 그의 명령을 지켜야만 할 확고한 이유 곧 인간의 모든 행위와 선악에 대하여 하나님께서 최종적인 심판을 반드시 행하신다는 것을 증거 한다.

인간의 선악에 대하여 심판하는 것은 인간의 지혜나 힘으로는 불가능하며 오직 절대 공의로우신 하나님의 주권에 속한 일이다. 따라서 진정 지혜로운 사람이란 하나님께서 친히 약속하신 선악에 대한 심판을 신뢰하며 인생의 최선을 다해 사는 자인 것이다.

그런데 이 구절에 문제가 되는 것은 전도서의 저자가 때로 회의적이었기 때문이다. 그러나 하나님은 그에게 실제였으며 그는 하나님께서 그의 뜻을 인간에게 나타내신다는 사실을 믿었다. 만일 하나님께서 살아 계시며 당신의 뜻에 따라 살기를 바라셨다면 사람은 그 행동에 대해서 하나님께 책임이 있다.

따라서 저자는 하나님께 복종하는 것이 참으로 인간이 되는 길이라고 주장한다. 하나님의 뜻에 대한 순종이 사람의 의무라면 하나님께서는 사람들이 그 의미에 대해 충실한지 혹은 그렇지 않은지를 살피실 것이고 그들의 행위를 심판하실 것이다. 그리고 우리의 날마다의 삶을 하나님 앞에서 사는 삶이고 하루하루 하나님께서 그날을 위한 당신의 목적을 이룰 수 있도록 허락하시는 기회가 된다.

이렇게 볼 때 우리의 행동들은 우리의 마음속에 은밀한 의도까지 모두 하나님께 공개되어있으며 어느 날 상급이나 심판을 위해 공개되어질 것이다.(전3:17, 11:9하반 절)

이제 전도서의 총 결론을 매듭짓자 "헛되고 헛되며 헛되고 헛되다지만 오직 헛되지 않는 것은 하나님을 경외하며 그에게 순복하는 것이다" 즉 살아계신 하나님을 두려워하고 그의 말씀에 유의하라고 종결짓고 있는 것은 바로 그 저자가 모든 것은 헛되며 의미가 없다고(1:2)한 말이 허무주의나 회의론자가 아님을 밝혀 준 셈이다.

인간은 그의 조물주 되신 하나님을 모르고 그 삶의 목적을 무시하고 살아갈 때 그 삶을 허무하고 무의미 한 것이 되고 만다. 전도서는 삶의 모든 행위를 심판하실 하나님을 기억하므로 참되게 살 것을 조언해 주고 있는 것이다.

하나님이 살아계시며 인간이 영원히 산다면 모든 행위 감추어진 것까지도 우리를 잘 아시는 주님에 의해 마지막 날 재조사될 것이다. 따라서 바울은 인간은 책임 있는 존재이므로 어느 날 각자가 개별적으로 주님 앞에서 육신으로 행한 그 행위들에 대해 설명하게 될 것이라고 가르치고 있다.(고후5:10)

전도서의 총 결론은 "모든 것은 헛되고 헛되며 또 헛되고 헛되니 모든 것이 헛되도다" 전도서 1장부터 12장에 이르기까지 구구절절 허무주의의 사건들로 깊은 회의론자의 사건들로 가득 차 있는 것으로 알고 그렇게 주장해왔다.

그러나 다시 전도서의 총 결론은 재정립한다. "모든 것이 헛되고 헛되며 또 헛되고 헛되니 모든 것이 헛되다지만 오직 헛되지 않은 것은 여호와 하나님을 경외하며 영원토록 그에게 복종하는 것"을 발견 하고나서 우리의 인생관, 신앙관, 가치관이 변했다.

해 아래 뜻 없는 소리가 없고(고전14:10) 의미 없는 것이 없고 우연이나 자연이가 존재치 않고 재수나 팔자에 의함도 아니고 모든 것이 하나님의 계획과 섭리 아래 역사가 이루어지고 있으니 모든 것이 하나님의 손 안에서 하나님의 뜻대로 이루어나가니 감사 찬양드릴 뿐이다.

2007. 8. 18.

“지금까지 전도서의 결론은 우리 모두 마치 인생이 허무주의인 것 같고, 회의론자들 같이 “ 헛되고 헛되며 헛되고 헛되니 모든 것이 헛되다”고 힘주어 주장을 펴 나갔다. 그러나 전도서의 결론은 이것이 아니다. 모든 것이 하나님의 경륜과 섭리하에 심판을 향한 역사의 한 토막이다.

본문의 결론을 솔로몬이 쓰지 않고 다른 낭독자나 결어자(epilogue s)에 의해 회자 되었다고 주장들 하고 있다. 그러나 그것은 어불성설이며 어리석음의 소치이다. 1:2-12:12까지 밝힌 모든 것이 허무주의 적이고 회의론자의 주장이라 해도 여기 단 두절은 보수적이며 정통신학에 입각한 아주 철저한 신본주의자의 위대한 결론임을 천명하노라.

지혜서이며 성문서인 전도서는 풍자적인 것과 반어법적인 구절이 많아 우리 같은 소인들은 이해하기가 아주 힘들어 난제가 많은 성경이었으나 하나님의 도우심으로 18문항의 난제를 잘 풀게 해 주신 하나님께 감사드리고 이 책을 읽는 모든 이들도 영안이 열려 삼층 천까지 꿰뚫어 볼 수 있길 바라노라.”

아가

\- 아가 -

나의 사랑하는 자는 내게 속하였고 나는 그에게 속하였구나

그가 백합화 가운데서 양 떼를 먹이는구나

2:16

성경난해구절 해설시리즈(성문서 아가서 6-(1)-⑪)

Q "아가(雅歌)서의 본 이름은 무엇이며 면면의 모습은?"

아가 1:1

A 이 아가서는 불과 여덟 장밖에 안 되며 절수도 비교적 짧은(평균13-14절로 구성된) 분량이지만 성경의 다른 어떤 책보다도 많은 해석상의 견해가 제시되어 있으며 많은 사랑을 받는 책 중의 하나이다.

이 책은 한 쌍의 남녀가 벌이는 섬세한 애정, 정열적인 욕망, 우정 그리고 기쁨 등 상호간의 신뢰의 탑을 쌓아가는 과정에서 발생하는 각 가지 사랑의 감정을 보여주지만 성경 전체의 주조를 이루는 엄숙하고 근엄한 주제들과 당당하게 자리를 같이하고 있다.

성경 여러 곳에서 성도와 하나님의 신앙관계를 남녀 관계로 비유하고 있거니와(삿2:17) 본서 또한 남녀 간의 진솔한 사랑의 교제를 형상화함과 아울러 성도와 하나님 간의 깊고 내밀한 사랑을 넌지시 암시하고 있다 하겠다.

'아름답고 우아한 노래' 라는 뜻을 지닌 우리말 성경에 아가서(雅歌 Song of Solomon) 또 '노래들 중의 노래' Song of Songs)라고 부름은 의역한 것이다.

히브리어 '쉬르하쉬림' (שִׁיר הַשִּׁירִים)은 '가장 아름다운 노래' 라는 뜻이다.

이 책을 70인역(LXX)에서는 '아스마 아스마톤' 이라하고 라틴 벌케이트 역에서는 '칸티쿰 칸티코룸' 이라고 한 것은 모두 히브리어 성경 '쉬르하쉬림' 을 자기나라 말로 옮겼는데 우리 성경만 많이 의역해서 '아가서' 라고 했는데 엄밀히 말해서 노래 중에 힛트 곡이라고 해야 되므로 '미가' (美歌)라고 의역했어야 한다.

저자는 전통적으로 솔로몬(1:1 '솔로몬의 아가')으로 받아들여 왔었다. 그 이유는 다윗 언약의 계승자요 통일왕국 시대의 마지막 왕으로서 이스라엘의 제3대왕이기도 했었던 솔로몬(BC.970-930)이다.

1) 본문 서두에 '솔로몬의 아가라' 라는 구절이 가장 큰 근거라고 본다. 이 구절은 '솔로몬에 관한 아가라' 는 뜻으로 이해하려는 자들도 있으나 나는 이대로가 더 좋아 보인다.

2) 본서 내용 중에 번뜩이는 지혜와 시적 재능 및 이스라엘 지역에 특성에 맞는 동식물상에 관한 언급 등으로 미루어 볼 때 이 저자는 1,005편 정도의 노래를 지을 정도로 문학적 재능이 탁월했던(왕상 4:32) 솔로몬이 가장 유력시됨을 두 말할 필요가 없어진다.

3) 서두 이외에도 '솔로몬' 이라는 이름의 직접적 언급이 자그만치 6차례나 등장한다. 결국 본서는 왕궁의 여러 왕후 비빈들(6:8)과의 숱한 애정 행각 중 에서도 진실한 사랑을 경험했던 솔로몬이 기록한 체험적 수기요 천 개 넘는 노래 중에 가장 아름다운 노래라고 본다.

본서의 저자가 솔로몬임을 감안할 때 기록연대는 어렵지 않게 추정할 수가 있다. 즉 솔로몬 재위 기간인 BC.970-930년 사이일 것이다. 특히 본서에서 '술남미 여인' 에 대한 솔로몬의 사랑이 지극히 순수하고도 정열적인 것을 감안한다면 본서의 기록 년대는 그의 재위기간의 초기인 BC.970년에서 960년 사이로 좁혀 잡을 수 있다고 본다.

그러나 지난 두 세기 동안 강력히 대두해 온 자유주의적 성경고등비평가들의 경향은 대부분들의 경우 많은 성경의 기록연대에 관한한 보수주의 전통적인 입장들보다 문서설을 주장하며 훨씬 후기의 년대를 주장하고 있는데 여기에 이 아가서도 마찬가지로 주장하며 포로후기인 주전 5세기나 4세기로 보는데 이해할 수가 없다.

그러나 고고학, 비교언어학 및 고대근동 문학에 관한 연구 등으로 본서의 기록 년대를 솔로몬시대 혹은 적어도 그 주변시대로 보아야만 가장 합당하다고 믿어짐에 감사드린다.

이 책의 주제는 한마디로 '하나님의 뜻에 따라 남녀 간에 나누는 사랑의 기쁨' 이라고 말할 수 있겠다. 이를 달리 말하자면 인간 상호간의 순수하고 아름다운 사랑은 하나님의 선물이라는 뜻이 된다. 이와 같은 남녀 간의 진실한 사랑은 성도를 향하신 하나님의 크신 사랑을 축약해 놓은 것임을 암시해 주고 있다.

비록 등장인물은 솔로몬과 술남미 여인사이의 사랑을 솔직하게 적나라하게 묘사하고 있지만 더 깊은 하나님의 뜻은 하나님과 성도의 열렬한 사랑, 그리스도와 교회의 뜨거운 사랑을 상징하기도 한다. 그래서 유대인의 최대명절인 유월절에 그 기쁨을 노래하는 공식 시로써 유대 전국에서 일제히 유월절 기간 내내 이 아가서를 큰 소리로 낭독하는 것이다.

본서로 직접적으로 하나님이나 예수그리스도 또는 성경에 대해서도 한 번도 언급하지 않고 있다. 그럼에도 불구하고 연인에서 부부로 발전한 솔로몬과 술남미 여인사이의 아름다운 사연은 모두가 다 우리 같은 낮은 존재를 열렬히 사랑하시는 하나님의 지고한 사랑과 관계가 있다.

구약성경은 이스라엘을 '여호와의 신부' (사54:5,6 렘2:2, 겔16:8-14) 신약성경은 교회를 '그리스도의 신부' 로 묘사한다.(고후11:2, 엡5:22-25 계19:7-9) 그래서 본 아가서를 남녀 간의 사랑이야기로 끝내지 마시고 예표론적 측면에서 하나님과 이스라엘 백성 간, 그리스도와 교회와의 신령한 관계를 꿰뚫어 볼 수 있는 영안이 열려야 한다.

또 이 책은 결혼의 거룩성을 명시 하기위해 쓰여진 책이다. 성경은 결혼을 천시하거나 인간의 유약함으로 인해 용인된 것으로 보지 않는다. 오히려 결혼은 인간의 타락 이전에 하나님에 의해 제정된 제도로서 결혼을 통해 남녀 간의 하나 됨은 하나님의 뜻이요 남녀 쌍방의 기쁨이라 할 수 있다.(잠5:15-19, 고전7:3)

본서의 기록당시만 해도 부부관계란 하나의 자녀출산이라는 측면위주로 이해 되었다. 그러나 본서 어디서도 출산과 관련된 언급은 한마디도 없으며 따라서 이는 진정 사랑자체만을 위한 가장 아름다운 노래인 것이다.

시편 기자가 자연 속에 드러난 하나님의 영광을 자주자주 노래하였듯이 본서 저자는 남녀 간의 진실한 사랑을 체험함으로써 하나님의 섭리와 경륜을 특별히 노래한 것이다. 아울러 우리는 본서가 단순히 연인들의 사랑에 관한 노래에 그치지 않고 하나님과 그의 백성들간의 사랑을 암시적으로 노래하는 것이기 때문에 더욱이 노래는 아름다운 노래인 것이다.

물론 본서 자체에는 이 사실을 명시하는 구절은 없다. 그러나 이 아가서는 여호와 신앙에 투철한 사람에 의해 그러한 경건한 신앙의 배경을 토대로 하여 쓰여졌고 이 경우 저자는 남녀 간의 진정한 사랑의 모본을 사랑의 근본이신 하나님의 은혜로운 사랑에서 지고 청순한 사랑을 찾을 수밖에 없었을 것이다.

그리고 성경에서 하나님과 그 백성간의 관계를 결혼 관계로 비유한 사례가 많이 나온다.(출34:10-17) 아버지와 아들관계는 주기도문으로 시작하여 너무나 많아 다 셀 수가 없다.(사63:16, 사64:8, 신32:6) 그리고 남편이라고 직접 언급한 성경도 많이있다.(사54:4-6, 사62:4-5, 호2:7)

2007. 8. 19.

"아가서의 성경 이름은 너무 의역된 것이다. '노래 중의 노래'라는 뜻이기에 평신도들은 이해하기가 어렵다.(그저 평범하게 많은 노래들 중에 하나인 것 같은 느낌) 그러나 히브리어로 '가장 아름다운 노래' 이기에 70인역도 라틴 벌게이트도 그대로 따랐다. 그래서 美歌書하면 좋겠는데 小先知書 中에 미가서가 있기 때문에 '高美聖歌'라고 부름이 가장 타당하다.

저자는 솔로몬이 BC.970-960년에 썼으며 그 사랑의 대상은 '술람미'라는 아주 小시민이요, 평범하고 가진 것 배움이 없는 오늘날 우리 성도들을 직접 지적할 수가 있다. 하나님과 성도 간에, 예수그리스도와 교회간의 청순하고도 진실한 신앙의 연애부부관계 주연이 성도들이다.

이 사랑을 누릴 기회를 인간이라면 반드시 한 번씩 주신다. 청소년들은 반드시 찾아 올 기회를 너무 경솔하게 생각하거나 기회 놓쳤다고 실망치 말고 늦게라도 하나님이 반드시 허락하신다. 결혼을 육체적으로 한 번으로 족한데 여러차례 동경치 말고 영적으론 날마다 영원토록 이 세계 속에서 살라."

성경난해구절 해설시리즈(성문서 아가서 6-(2)-⑫)

Q "아가서의 해석학 논쟁에서 우리는 어떤 해석학을 선택해야하나?"

아가 1:~8:

A 어느 한 텍스트(Text)는 그것을 어떤 관점에서 해석하는가에 따라서 그 의미가 결정적으로 날라지게 된다. 이런 점에서 해석학 또는 해석방법론은 여하한 텍스트를 해석하는 경우에도 중요하다. 이는 특히 성경처럼, 우주와 인생의 본질과 그 구원이라는 성대한 근본주제를 장구한 시대에 걸쳐 그 출신배경을 달리하는 40여명의 상이한 저자들이 각각 다양한 방식으로 기록한 텍스트인 경우에는 더욱 결정적 의미를 갖게 된다.

그중에서도 아가서는 성경의 통례를 깨고 간접적 언급 단1회를 제외하고는 여호와 하나님이나 그 분의 구원섭리에 대한 직접적 언급이 전혀 없으며 그 내용도 남녀의 지순한 성애(性愛)를 매우 적나라하게 노래하는 것으로 일관하는 매우 이채로운 성경책이다.

그리하여 아가서의 경우에는 일반적인 해석학 원칙문제 이외에도 아예 근본적으로 아가서의 택스트 자체가 어떠한 성격의 기록인가 하는 문제가 계속하여 논쟁되고 있다. 이에 대한 다음처럼 세 가지 대표적 유형으로 정리될 수 있다.

1) 풍유적 해석학 Allegory

아가서의 두 남녀 주인공 사이의 사랑의 행로를 그린 노래들을 하나님과 그의 선민인 이스라엘 또는 그리스도와 신약교회 사이의 거룩한 사랑을 알려주는 알레고리(Allegory)라고 보는 견해이다.

그리고 노래의 1차적 내용 그 자체는 그다지 정확한 역사적 사실에 기인한 것도 아니며 따라서 아가서는 두 남녀사이의 사랑이라는 관점에서는 여타한 신학적 가치도 갖지 않는다고 본다. 이는 유대교나 초대 및 중세시대의 기독교권에서 널리 지지된 견해이다.

2) 사실주의적 해석학 Historical

아가서를 역사상 실존인물인 솔로몬과 술람미 여인 사이의 세기적 로멘스를 그린 노래로 보며 그 이상의 의의는 배제하는 현대주의적 해석이다. 이 견해는 성경 택스트의 문학 및 역사 비평에 매우 충실하고자 하는 일부복음주의 신학자들과 특히 양식비평을 무조건 신봉하는 대부분의 자유주의 신학자들의 견해이다.

이 학설의 극단적 오류로는 다음 두 가지가 유명하다.

첫째는 아가서를 솔로몬이 왕권으로 술남미 여인을 차지하려하였으나 술남미 여인의 옛애인이던 목자에게 끝까지 충실하여 마침내 솔로몬왕 조차도 승복시킨 사실을 노래한 희곡이라고 보는 희곡설이다.(삼각관계 애정에다 이루어지지 못할 사랑을 한 내용이니 근본목적에서 이탈되었다)

둘째는 아가서를 솔로몬과 술람미 여인은 다만 대표인물로 내세워진 것일 뿐이며 아가서의 노래는 두 사람의 사랑노래라기 보다는 수세기에 걸친 대표적인 히브리 단편 연애 시들을 한편으로 편집한 책에 불과하다고 보는 소위 연애 시 선집 가설이다.(삼류 연애 소설과 삼류시들을 모아 편집, 짜깁기한 시선집이란 가설은 말 그대로 가설이지 역사적 사

실이 아니다)

3) 예표론적 해석학

솔로몬과 술람미의 사랑노래가 여호와 하나님과 구약 선민 이스라엘 사이의 사랑의 상징이요 또한 예수그리스도와 신약교회 사이의 사랑의 예표로서 기록 되였다고 보는 견해이다. 이는 대다수 정통주의(보수주의) 신학자들의 견해이다.

예표(豫表)라는 것은 어느 한사건 또는 사물이 분명 그 자체로서의 독립성을 가지면서도 후대 결정적 사건 또는 사물과 상호 동일한 유형(type)을 갖고 있다는 사실에 근거하여 또한 삼위일체 하나님의 신적의도에 근거하여 후대의 결정적 사건 또는 사물을 역사적으로 선행 제시하는 것이다.

한편 솔로몬과 술람미 여인간의 사랑은 이미 그 자체가 단순히 선남선녀의 일반적 사랑의 차원을 넘은 것이었다. 즉 다윗 언약의 제1대 계승자요 이스라엘 역사상 가장 화려한 영광과 번영을 구가했던 시대의 위대한 왕이었던 솔로몬(King Slomon)과 이름 없는 향촌 술람미의 한 처녀(A country -bred Virgin)와의 지순하면서도 열정적인 사랑이었다.

또한 이런 두 사람사이의 사랑노래인 아가서는 표면상으로는 단순한 남녀 간의 노골적이고도 적나라한 연애시인 것처럼 보일 수 있음에도 불구하고 극도로 보수적이고 형식적인 유대인들의 편협한 고정관념을 깨고 처음부터 자연스럽게 구약성경의 정경에 편입 되었었다.

무릇 성경 각 권은 인간이 그것을 성경에 포함시킨 것이 아니라 하나님이 포함시킨 것이었다. 그러므로 이상의 사실들을 고려할 때 물론 엄격한 의미에서 예표는 후대에 필히 성취될 개별적 사건에 대한 증표에 국한 된다는 측면에서 다소의 반론이 있을 수도 있으나 아가서가 그리고 있는 절대 지순한 사랑의 노래는 인간사이의 사랑을 넘어 분명 삼위 하나님과 성도사이의 절대사랑에서만 구현될 수 있는 것이므로 이를 전적으로 하나님과 구약선민의 상징, 나아가 그리스도와 성도사이의 구속사적 사랑의 예표라는 관점에서 보는 것도 가장 타당하다 할 것이다.

이제 결론을 맺고자 한다. 성경은 반드시 세 가지를 해석학에서 원칙으로 세운다. ①歷史的 事實이며 ②靈的 教訓과 ③末世豫言으로 주신 성경인 것이다. 그런 의미에서 아가서는 이 세 가지를 모두 만족케하는 성경중의 성경인 것이다.

이에 본 단락의 총 결론은 역사적 해석과 예표론적 해석을 병행하는 종합적 해석을 선택 지향하기로 한다. 즉 먼저 아가서는 솔로몬과 술람미 연인간의 실제의 역사적 사랑을 그린 노래이며 그것만으로도 이미 태초 아담의 타락 이후 다른 모든 부분과 함께 극도로 훼손된 성도덕(Sex moral) 분야에 대한 선한 기준을 제시하는 위대한 책으로서의 신학적 가치를 갖는다는 견해의 타당성을 인정하여 이를 해석의 기본 전제로 한다.

동시에 아가서에 기록된 두 연인의 사랑노래는 이미 앞서 설명한대로 두 선남선녀의 사랑을 넘어 하나님과 그 백성간의 절대사랑의 예표요 예수그리스도와 교회의 뜨거운 사랑의 예표일 수 있다는 견해의 타당성으로 위의 세 가지 해석학의 종합적 해석을 해야 한다.

2007. 8. 20.

"아가서의 해석학에서는 결론부터 말씀드리면 ③예표론적 해석학이 가장 많은 %를 차지하고 다음 ②역사적 해석학으로 사실주의에 입각한 진실이 진리가 될 수 있고 ①풍유적 해석학으로 하나님과 선민, 그리스도와 교회 사이의 거룩한 사랑을 Allegory 적으로 해석해야한다.

여기서 조심할 것은 역사 비평학에서 자유주의 신학자들이 신봉하는 하나의 희곡설로 삼각관계 애정이다. 이루지 못할 사랑으로 끝맺는 영원한 숙제로 남기는 소설 형은 배격해야 되고 삼류연애 소설이나 삼류 연애 시들의 모음을 편집했다는 가설을 절대 따라서는 안 된다.

해석학적 관점에선 종합적 해석학을 취함을 전적으로 동의하면서도 성경관점인 ①역사적 사실 ②영적 진리 ③말세예언의 관점을 다 아우르는 종합적 해석학이 되어야 한다. 위의 세 가지 관점과 위의 세 가지 해석을 모두 아우르는 종합적 해석이 아가서를 주신 목적이다."

Q "솔로몬의 아가서 같은 관능적인 책이 정경에(성문서) 들어갈 수 있는가?"

아가서 1:~8:

A 신약성경의 최초는 데살로니가 전서로 A.D52년도에 4복음서보다 3-4년 앞섰다. 그리고 마지막은 요한계시록으로 A.D95-100년 사이라고 본다. 이렇게 1세기 말경에 신약성경들이 완성되였으나 정경으로 받아들여지기는 4세기에 와서 완성 되었다.

수많은 쪽 복음들과 많은 서신들이 초대교회 안에 무질서하게 나돌아 다녔다. 이것을 하나님이 정경으로 정리하기 시작하셨다. A.D363년에 라오디게아 공의회 때 신약성경목록을 수집함을 채택하고 34년간 성령님과 함께 각고의 심혈을 기우려 A.D397년 27권의 신약 성경을 정경으로 채택한 것은 카르타고 공의회에서 확정 되었다.

구약은 이보다 앞서 A.D90년에 얌니야 회의때 목록 수집을 채택하고 28년간 많은 연구와 성령님의 감동으로 하나님이 채택하신 39권을 A.D118년 즉 28년 만에 정식으로 얌니야의회에서 확정지으므로 구약 39권 신약27권 모두 66권은 4세기 말에 확정된 것이다.

이리하여 이단의 발생을 사전에 차단하게 되었고 여러 성경책의 중복된 견해들과 상호상충되는 성경기록 때문에 오는 혼란을 정경이 결정되므로 많이 격감되게 되었다. 이때 정경 결정기준은 크게 책의 영감성,

사도성, 복음성 그리고 윤리성 이였다.

그런데 어떻게 아가서와 같이 관능적이며 성적인 표현으로 된 사랑의 노래가 어떻게 정경에 포함될 수 있었는지 너무 의심스럽고 난해한 문제였다. 성경전체의 사상은 육신의 정욕이나 관능(sensuality)를 정죄하고 있지 않는가?(롬6:6, 갈5:16-21, 요일2:16)

"육신을 좇는 자는 육신의 일을 영을 좇는 자는 영의 일을 생각하나니 육신의 생각은 사망이요 영의 생각은 생명과 평안이니라. 육신의 생각은 하나님과 원수가 되나니 이는 하나님의 법에 굴복치 아니할 뿐 아니라 할 수도 없음이라 육신에 있는 자들은 하나님을 기쁘시게 할 수 없느니라"(롬8:5-8)

아가서가 성경의 나머지 다른 책들과는 매우 다르다는 사실을 부인할 수 없습니다. 이 책의 주제는 신학과 교리가 아니라 내적인 감정이다. 모든 감정 중에서 가장 가슴 떨리며 고양되는 감정인 사랑의 감정이다.

사랑은 두 개의 영혼을 엮어서 더 큰 하나의 단위로 만드는 것으로서 이것은 자기 자녀를 위한 하나님의 사랑과 택함을 입은 신부인 교회를 위한 그리스도의 사랑을 반영하며 또 거기에 화합하는 유기적인 조합이다.

아가서의 중요성이 어디에 있느냐하면 그것이 사랑, 특히 구주와 그의 구속받은 백성사이의 사랑의 패러다임(Paradigm)으로서 남편과 아내사이의 사랑에 관한 책이라는 점이다.

결혼의 거룩하고도 전형적인 특성이 성경에서는 여러 번 참고로 지적되고 있다. 이사야 54:4-6에서 주께서는 죄에 빠져 곁길로 나가서 징계를 받은 백성 이스라엘에게 기분은 크게 상했지만 그러나 관대하게 용서하는 남편의 견지에서 말씀하고 계신다.

"두려워 말라 네가 수치를 당치 아니하리라 놀라지 말라 네가 부끄러움을 보지 아니 하리라 네가 네 청년의 때의 수치를 잊겠고 과부의 때(즉 여호와 하나님으로부터 소외 되였던 바벨론 포로시기)의 치욕을 다시 기억함이 없으리니 이는 너를 지으신 자는 네 남편이시라 그 이름은 만군의 여호와이시며 네 구속자는 이스라엘의 거룩한 자시라 온 세상의 하나님이라 칭함을 받으실 것이며 여호와께서 너를 부르시되 마치 버림을 입어 마음에 근심하는 아내 곧 소시에 아내 되였다가 버림을 입은 자에게 함같이 하실것이라 네 하나님의 말씀이니라"(사54:4-6)

다시 말하면 그 아내를 향한 착한 신랑의 깊고도 감동적인 헌신이 그 구속 받은 자에 대한 하나님의 다함이 없고 영원한 사랑의 전형과 같은 관계에 있다.(엡3:18-19),(엡5:21-27)

이제 이런 조망(perspective)에서 다시 아가서로 돌아와서 그것의 서정적이며 감동적인 표현을 보게 된다. 이것은 마치 음악적 천재에 의해서 쓰여 졌고 웅장한 오케스트라에 의하여 연주된 무드를 만들어 내는 음악처럼 짜여져 있다.

이것은 겸손하지만 극히 아름다운 소녀와의 솔로몬의 로멘스에 대한 가슴 뒤흔드는 이야기이다. 이 소녀는 아마도 저 위쪽 잇사갈 영토인 수넴 출신인 듯하다.(70인역은 6:13에서 "술람미 여인"을 Soumamitis 즉 "수넴 여인"으로 옮기고 있다)

생각건대 솔로몬은 처음에 목자의 차림새로 그녀에게 사랑을 호소한 듯한데 그렇다면 그녀가 근처의 들에서 그녀의 양을 돌보고 있을 때에 솔로몬이 그녀를 알게 되었을 것이다. 일개 국왕이 시골 양치기 소녀에게 반했다는 것부터 넌 센스인 것이다.

적어도 솔로몬 통치의 초기에 그의 공식적인 일을 벗어나서 시골에서 휴가를 즐겼을 가능성이 매우 높다.(아마 바알하몬의 그의 토지였을 것이다 8:11) 그가 더욱 즐긴 일은 골프나 낚시나 보우트놀이나 테니스(오늘날의 사업가들이 즐기는 것들) 보다는 양을 돌보고 포도나무를 돌아보며 꽃을 가꾸는 일이었다.

그래서 그는 자신의 신분을 숨기고 몇주동안 예루살렘을 떠나 있었다.(어떤 학자들은 직업적인 목자로서 그 소녀의 애정을 끄는데에 있어서 솔로몬의 강력한 적수가 되었던 그 지방의 어떤 젊은이를 즐겨 끌어들인다. 그러나 본문 그 자체의 구문에 비추어 볼 때 그런 주장은 거의 지지받을 수 없으며 또한 이글의 저자임이 분명한 솔로몬이 자기 자신의 사랑의 실패의 기념비로 이 이야기를 썼으리라고는 거의 생각할 수 없다)

솔로몬은 이 매력적인 젊은 여자 양치기와 가까이 할 수 있게 되자 예상외로 그녀와 사랑에 빠진 자신을 발견하게 되었다. 그리고 그녀도 자기가 그의 진짜 신분을 알기 전에 그에게 깊이 반한 것이 분명하게 보인다.

그래서 솔로몬은 그녀와의 결혼을 성사 시킨 후에는 그녀를 예루살렘에 있는 그의 웅장한 궁전으로 데리고 갔다. 그곳에서 그녀는 60명의 왕후들과 이미 그의 후궁이 되어있는 80명의 비빈들을 대하게 되었다. 그리고 그런 궁전의 환경 속에서 그녀는 자기가 궁전으로 들어오기 전에 오빠들의 강요 때문에(1:6) 얻은 검게 그을린 피부 때문에 부끄럼을 느껴야 했다.

시인은 자기가 취한 자료들을 죽 엮어 감에 있어서 엄밀한 논리적인 혹은 연대기적 순서를 따르고 있지는 않다. 도리어 이 여덟 개의 장 전체를 통하여 우리의 감점에 호소하는 의식의 흐름 기법이 사용되고 있다.

이것은 오늘날 TV에서 흔히 볼 수 있는 반복해서 과거로 돌아가면서 극을 전개시키는 방법과 매우 유사하다. 그러나 만약 위에서 우리가 설명한 기본적인 지침들과 전체들을 명심하고서 이 글을 읽는다면 부분부분을 이루는 여러 가지 구성내용들이 구체적이고도 확실한 방식으로서도 짜여지는 사실을 알게 될 것이다.

이런 맥락에서 아가서는 유대인이나 기독교인을 망라해서 그 정경상에 고개를 갸우뚱거리기 쉽다. 그러나 랍비 아키바(Akiba)는 이 책의 가치를 언급하기를 모든 성문서 들이 거룩하되 아가서는 가장 거룩하다고 말할 정도였다.

또 많은 학자들은 아가서가 정경으로 허용된 것은 풍유적(Allegorical) 해석에서였다고 단언하나 췰즈(Childs)는 정경서 안에 풍유적인 것을 용인했다는 표가 없다고 반박하고도 있다.

그러면 아가서가 어떻게 정경이 될 수 있는가? 먼저 관능적이고 성적인 표현이 성경에 포함되는 것이 문제가 되는지부터 살펴봄으로 자연적으로 해결해 보고자한다.

성경은 하나님께서 성을 창조하였음을 말씀하여(창1:27) 성을 정죄하지 않는다. 차라리 결혼의 범위 안에서 성의 기쁨을 누릴 수 있다고 가르친다. 잠언에서는 네 젊어서 얻은 아내를 즐거워하라고 할 뿐 아니라 그 사랑을 연모하라고 하였다.(잠5:18-19)

결혼을 금하는 것을 경고하며(딤전4:3) 침소를 더럽히는 것도 금하였다. 여기 침소 더럽힘은 음란 간음을 뜻하여 오직 부부만이 사랑은 거룩하되 부부 아닌 타인과의 관계는 가장 더럽고 추잡한 간음죄라고 말씀하셨다.

만일 성경이 부부간의 성적인 기쁨을 금하기만하고 독자들로 하여금 건전한 사랑의 기쁨을 발견하도록 긍정적인 교훈을 하고 있지 않다면 그 성경은 불완전 것이 될 것이다.

더구나 여기서 사랑은 꼭 남녀만의 것이 아니라 사람과 하나님과의 수직적인 관계로서 까지 해석할 수 있으므로 사랑의 노래로서 아가서가 성경이 되는데 문제가 되지 않는다. 성경에서 금하는 성적인 사랑은 결혼 밖에서나 일부다처와 같은 잘못된 관계에 두고 있다.

더 나아가서 아가서는 지혜서에 속하는데 지혜는 고대 사람들이 가지고 있던 철학에 가장 가까운 것이었다. 지혜서는 동일한 철학적 질문과 씨름하고 있다. 나는 어디서 왔는가?

나는 어디로 가고 있는가? 생의 의미는 무엇인가? 우주는 어떻게 생성 되였는가? 사후에 생명이 있는가? 하나님을 어떻게 알 수 있는가? 인생이란 무엇인가? 사랑의 본성은 무엇인가?

따라서 이런 보편적인 인간의 질문이 있었으니 그것을 발견한 고대 히브리인들이 그들에게 그 해답을 주는 것은 놀랄 일이 아니다. 따라서 지혜서인 아가서가 만인의 이런 철학적인 질문에 해답을 주고 있는 것은 이상할 것이 없다.

그러므로 이상에서 살펴 본데로 아가서가 정경에 포함되는 것은 당연한 것이며 또한 어려움이 없으며 그 내용도 단순히 사랑을 주제로 한 다양한 시들의 수집이 아니라 솔로몬의 저작으로 하나님이 우리에세 영적교훈의 메시지로 준 하나님의 말씀이니 정경으로 반드시 체택되어야 한다.

2007. 8. 21.

"성경이 정경으로 주어진 때는 구약은 A.D118년 얌니야 회의에서 신약은 397년 카르다고 공의회에서 확정 되였다. 구약의 정경체택은 그 책의 영감성과 사도성과 복음성 그리고 윤리성이었다. 여기 사도성, 복음성, 윤리성이 없는 아가서가 정경 채택은 놀랄 일이다.

결혼은 하나님이 인간타락 이전에 주신 제도요 부부관계는 기쁨과 즐거움의 상징이었다. 성의 유희도 하나님이 주신 선물이다. 부부간에는 한없는 사랑과 기쁨으로 만끽하는 것이 하나님의 뜻이나 부부이외 타인과의 성의 유희는 멸망의 근본이다. 절제해서 오직 하나님이 허락하신 범위 안에서 누리라.

양치기 소녀에 반해버린 솔로몬, 수넴 여인(70인역)은 갈릴리 지방 아주 보잘것없는 시골이다. 하나님이 수넴 여인 그것도 양치기 소녀에다 포도밭에서 일하므로 검게 타버린 얼굴 그래도 하나님은 우리를 사랑의 대상자로 보아 깊은 사랑을 한 없이 주시기 위해 쓴 이 책은 정경이 되어야 한다."

성경난해구절 해설시리즈 (성문서 아가서 6-(4)-⑭)

Q "술람미 여인과 솔로몬 왕의 만남으로 이루어낸 문학과 시, 노래의 특징들"

아가 2:8-17

A 사랑하는 두 연인들이 애타게 기다리던 만남이 감격적으로 묘사되고 있는 본 단락은 신부가 부르는 노래에 해당된다. 그러나 대부분은 애인이 가져온 메시지 낭송이다.(10-14절) 본 단락에서는 숨가쁘게 달려와 혼인을 요청하는 솔로몬의 모습과 이에 대해 기쁘게 응답하고 소망을 발견하는 술람미 여인의 마음이 한 편의 드라마처럼 극적으로 묘사되고 있다.

이러한 내용이 시적으로 표현되는 본문은 솔로몬이 사랑을 고백하는 전반부(8-14절)와 사랑의 방해물에 대한 제거와 임을 기다리는 술람미 여인의 심정이 드러나는 후반부들(15-17)구성되어 있다.

이와 같은 내용을 담고 있는 본 단락은 연인들의 순결하고 뜨거운 사랑에 대해 생기를 회복한 자연의 모습을 배경으로 하여 설명하고 있다. 솔로몬은 자연의 아름다움과 남녀간의 사랑을 서로 어우러지게 묘사함으로써 상승작용을 불러 일으켰다.

미학적 상상력을 통해 정교하게 투사된 자연은 연인들의 사랑을 더욱 숭고한 차원으로 승화시킨다. 이처럼 성결한 사랑은 하나님과 택한 백성, 그리스도와 교회간의 사랑을 예표적으로 설명하기에 아주 적합하다고 볼 수 있다.

건강하고 아름다운 두 젊은 남녀의 지순하고도 격정적인 사랑이야기인 동시에 성삼위 하나님과 그의 선민간의 절대사랑을 노래한 것이기도 한 아가서는 두 차원에서의 사랑을 잊지 말아야할 기본 주제들을 총망라하고 있다.

사랑과 정열과 기쁨 그리고 사모와 그리움을 동반한다. 인간의 본능속에 내제된 성애(性愛)와 연인끼리 나누는 온갖 교감이 이루어져서 사랑은 인생이 누릴 수 있는 가장 큰 정열과 기쁨을 동반한다.

또한 사모의 정과 진한 그리움을 동반한다. 때로는 잔잔하게 또 때로는 격렬하게 참사랑은 연모의 정을 늘 동반한다. 이는 그리스도와 교회간의 사랑에서도 그러하다. 이와 같이 사랑의 열정이 원동력이 되어 구속사가 진행되고 또 마침내 영원한 천국에서의 환희의 나날로 이어지게 되는 것이다.

하나님이 세우신 결혼제도 안에서 남녀간의 사랑의 원초적이자 가장 결정적인 표현이기도한 성(性)은 즐겁게 향유될 수 있으며 또한 아름다운 것이다. 사랑은 서로가 서로에게 속하여 하나 됨을 이루는 것이다. 그리하여 두 연인은 거듭하여 서로가 서로에게 속한 사실을 고백내지 확인하고 있다.(2:16, 6:3, 7:10)

또한 하나님도 당신은 선민의 아버지가 되고 선민은 당신께 속한 백성임을 거듭 천명하셨다.(사62:4,5 고후11:2) 이처럼 양자는 서로에게 하나를 이루며 양자 이외의 존재들에 대하여는 배타적인 성질을 가진다. 그러기에 남녀 간의 사랑도 그것이 진정 순수할 때에는 배타적일 수 밖에 없는 것이며 하나님과 선민간의 관계에서도 거짓신이 끼어들 여지가 없는 것이다.

사랑은 영원한 과정이다, 사랑은 순식간의 정열이나 결혼으로 완성되는 것이 아니다. 또 그렇게 될 수도 없다. 다만 생명이 다하는 그 순간까지 불완전한 동시에 독립적 인격인 두 사람이 만나서 끊임없이 완전한 하나 됨을 이루어 나가고자하는 과정이다.

이는 그리스도와 성도의 차원에서는 성화의 과정을 상징한다. 물론 그리스도는 언제나 그리고 영원히 완전하시지만 인생은 유한하며 늘 흔들리는바 불완전한 인간의 점진적 성화를 통하여 그 관계가 더욱 깊어지고 성숙되는 것이 요청되는 것이다.

참사랑은 그 상대방뿐 아니라 그 상대방과 관련된 모든 존재에로 까지 관심과 애정이 확장된다. 이는 우리 성도가 그리스도 안에서 또 그리스도의 이름으로 주 예수의 구속사적 사랑을 전파 확장하는 선교에 나설 수밖에 없는 필연성을 부여해 준다.

1) 아가서는 잠언 전도서와 더불어 지혜의 왕 솔로몬의 삼대저작 중 하나이다. 잠언은 솔로몬이 이스라엘 왕으로서 활발히 일하고 있는 그의 장년시절에 기록된 반면 아가서는 청년시절에 반대로 전도서는 인생의 황혼기에 쓰여졌다고 본다.

2) 신앙적 주제를 직접적으로 다룬 다른 성경 본문들과 달리 아가서는 1차적으로 인간의 본성적인 연애감정을 솔직하게 다룬다. 그래서 아가서는 에스더와 더불어 하나님의 이름이 단 한 번도 등장하지 않는다. 그러나 에스더서와는 달리 아가서 8:6에서 '여호와의 불'이란 하나님의 이름의 간접적 표현이 딱 한번 등장한다.

3) 룻기, 에스더, 전도서, 애가서와 함께 아가서는 유대주요 절기 때마다 공공장소에서 낭독되는 소위 오축(the Megillal- loth) 곧 다섯 두루마리 책들(the Five Scrolls)중의 하나로서 아가서는 가장 중요한 절기인 유월절에 낭독 되었다.(오순절엔 룻기서, 초막절엔 전도서, 부림절엔 에스더서, 성전 파괴된 압월엔 애가서를 낭독한다)

4) 본 아가서는 해석학상 많은 논쟁이 야기된 책이다. 극단적인 풍유적인 해석이 있으나 역사학적 해석과 더불어 예표론적 해석을 가미하는

종합해석학이 적합하다. 또 유려한 심미적 이미지로 가득한 단편 서정시들이 반복되며 후렴구, 선창과 후창등과 빈번한 주요등장 인물들의 노래로 전개되는 가극시의 형식을 지닌다.

5) 아가서에는 10여종의 야생동물들이 등장되며 18여종의 꽃과 나무들이 두 사람의 연모의 정을 드러내기 위한 비유로 등장한다. 이와 같은 동물과 식물에 대한 묘사는 왕상 4:32-33에서 솔로몬이 동물과 식물에 관심이 많았다는 언급을 자세히 뒷받침 해주고 남는다.

6) 하나님께서 세우신 결혼제도 안에서 남녀 간의 사랑의 원초적 부분이자 가장 결정적인 표현이기도한 성(性)이 즐겁게 향유되어야한다는 점이 역설된다. 열정적인 애정 남녀 결합의 환희, 상호갈등이 주는 고뇌등 인간의 섬세한 감정이 솔직하게 묘사된다.

7) 아가서에 의하면 사랑은 영원한 과정이다. 사랑은 순식간의 정열이나 결혼으로 완성되는 것이 아니다. 다만 생명이 다하는 그 순간까지 불완전한 동시에 독립적인 두 인격이 만나서 끊임없이 완전한 하나 됨을 이루어 나가고자하는 과정인 것이다. 그런 의미에서 이와 같은 사랑의 면모는 성도의 성화 과정과도 유사하다.

다음은 아가서의 나타난 10가지 노래의 유형과 특징을 적어본다.

1) 묘사의 노래: 서로의 아름다움을 수사적으로 표현함. 서로 사랑을 나눌 준비를 하도록 북돋움. 바벨론, 애굽, 현대 아랍문학에서 나타남.(1:15,16, 4:1-7, 5:10-16, 6:4-7)

2) 소개의 노래: 이 형식은 여자들만이 사용하는 자기 묘사임. 자신에게 부여된 아름다움을 겸양함. 처녀성과 성숙성을 자랑함.(1:5-6, 2:1, 8:10)

3) 찬탄의 노래: 사랑하는 사람의 옷이나 장신구에 주의를 둠. 묘사의 노래들과는 차이가 있음. 상대를 소유하기를 원할 때 찬탄이 일어남.(1:9-11, 4:9-11, 7:7-9)

4) 갈망의 노래: 서로 떨어져 있을 때의 소망을 노래함. 상대의 부재가 사랑하는 마음을 불일듯하게 함.(1:2-4, 2:5-6, 8:1-4, 6,7)

5) 찾음의 노래: 사랑하는 사람을 찾으러 돌아다니는 내용, 두 번에 걸쳐 나타남. 한번은 만족, 한번은 절망, 사랑의 열정을 적극적으로 표현함.(3:1-4, 5:2-7)

6) 게임의 노래: 두 번째 찾음의 노래는 술람미 여인과 예루살렘 여인들 사이의 사랑의 게임의 요소가 함축됨.(2:16, 5:2-16, 6:1-3, 7:10)

7) 촉구의 노래: 친구들에게 사랑은 방해하지 말 것을 촉구함. 사랑하는 사람과의 자유를 방해받고 싶지 않음.(2:7, 3:5, 5:8, 8:4)

8) 밀담의 노래: 서로같이 있기를 원하는 연인들의 밀담.(2:14,15, 5:2,3)

9) 자랑의 노래: 연인의 아름다움에 대한 기쁨의 표현, 그녀를 찬양하는 친구들의 기쁨을 표현.(6:8-10, 8:11,12)

10) 명령의 노래: 여인 편에서 주어짐. 명령형으로 긴박감을 표현함.(2:5,17, 4:16, 7:11-13, 8:14)

2007. 8. 22.

"아가서란 술람미 여인과 솔로몬왕의 만남으로 이루어낸 문학 장르로써 시, 노래로 대서사시를 그린 것이다. 본문은 숨가쁘게 달려와 혼인을 요청하는 솔로몬왕의 모습과 이에 대해 기쁘게 응답하는 술람미 여인의 마음이 한편의 드라마처럼 극적으로 묘사되였다.

이것을 이대로 읽으면 서정시가 되고 노래로 부르면 애정의 노래가 되고 드라마로 각색하면 드라마로 영화로 각색이 되고 많은 음악가들이 오페라로 많이 엮여 왔으며 문학과 예술의 어느 장르로도 소재로 쓰일 수 있는 가장 아름다운 노래요, 시요, 드라마요, 영화이다.

아가서에서 재발견된 특징 7가지는 너무 주옥같아서 보석보다 더 귀한 보물이며 아가서에 나타난 10가지 노래의 유형과 특징 또한 흙속에서 찾아낸 흙 진주와 같은 보배이다. 솔로몬의 청년시절(아가서), 장년시절(잠언), 노년시절(전도서) 때마다 하나님과 동행하면서 거둔 열매들이라."

성경난해구절 해설시리즈(성문서 아가서 6-(5)-⑮)

Q "사랑의 두려움과 장엄한 결혼행렬에서 얻을 수 있는 교훈은"

아가 3:1-11

A 솔로몬왕과 술람미 여인은 서로 사랑이 싹트게 되었으며 점차적으로 깊은 단계로 들어가게된다. 이와 같은 두 연인의 사랑의 발전과정이 생생하게 묘사되고 있는 본장은 구애부분의 마지막에 해당되며 동시에 결혼부분의 도입부라고 볼 수 있다. 두 사람 사이의 사랑은 마지막 진통을 겪으면서 화려한 결혼으로 이어졌고 앞으로는 시련을 통해 온전한 사랑으로 발전 될 것이다.

이처럼 두 연인의 지극한 사랑과 즐거운 결합이 드러나고 있는 본장은 꿈속에서라도 솔로몬을 애타게 찾아 헤매는 술람미 여인의 모습이 등장하고 있고(1-5절) 신랑 신부가 예루살렘으로 입성하여 화려한 결혼식을 올리는 장면이 묘사되고 있는 내용으로(6-11절) 자세하고 장엄하게 구성되어 있다.

이러한 내용을 통하여 본장은 다음과 같은 교훈을 우리에게 주고 있다.

1) 사랑은 적극적인 행동을 유발시키게 한다.(1-4절)

술람미 여인은 임을 찾기 위해 온성을 방황하였다. 그리고 찾아 낸 후 결코 놓지 않았다. 이러한 자세는 사랑에 빠진 사람들의 행동양식을 드러냄과 동시에 진실한 신자의 모습을 부각시키고 있다.

신약성경에 보면 이와 같은 능동적인 행위의 중요성을 거듭 강조하고 있다. 중풍병자를 매고 온 네 사람은 지붕을 뜯고 병자를 달아내려 고침을 받도록 만들었다.(막2:1-12) 예수님은 제자들에게 기도하는 자세를 가르시면서 강청하는 자에게 응답이 이루어진다고 말씀하셨다.(눅11:8)

이러한 관점에서 천국은 수동적인 기다림으로 묘사되지 않고 오히려 적극적인 쟁취로 표현된다.(마11:12) 이처럼 신자는 예수님을 따르는 일에 있어서 전통과 이성적 논리를 뛰어 넘은 역동성을 소유해야 한다. 술람미 여인이 꿈속에서라도 사랑하는 임을 찾아다니는 모습은 이러한 신앙적 자세의 전형을 예표적으로 보여 주는 것이다.

2) 사랑의 결과는 필연적으로 연합의 단계로 발전된다.(6-11절)

술람미 여인과 솔로몬의 사랑을 점차적으로 발전되어 결혼으로 열매 맺게 되었다. 이처럼 사랑은 하나 됨을 추구하게 된다. 사랑은 단순히 관념적인 영역에서의 하나 됨 뿐만 아니라 실제적인 생활의 영역에서도 합일을 요구한다.

그러므로 두 연인은 모든 사람의 축복을 받는 공식적인 결혼을 통해 사랑을 확인하며 영육간의 완전한 연합에 도달하게 되었다. 이와 같이 성도는 그리스도와 완전히 하나가 되어야 한다. 단지 주님을 영접하여 구원받은 초보적 단계에 만족해서는 안 되며 주님의 음성을 듣고 주님의 모습을 보고 주님과 함께 동거해야 한다. 이렇게 주님과 동행하게 될 때 하나님께서 기뻐하시며 영광을 받으시는 것이다.

3) 사랑은 어떠한 상황 속에서도 방해를 받지 않고 온전히 보호되어

야 한다.(5절)

저자는 사랑의 두려움을 설명하는 내용과(1-4절) 결혼행렬(6-11절) 사이에 본서 전체에 걸쳐 세 번 나오는 후렴구(5절, 2:7, 8:4)를 넣으면서 사랑이 계속해서 지속되기를 갈망한다. 순수하고 흠이 없는 신성한 사랑은 영원히 깨고 싶지 않는 좋은 꿈과 흡사한 것이다.

그러므로 술람미 여인은 꿈속에서도 기다릴 줄을 알았다. 또한 사랑하는 자가 원할 때에는 꿈에서 깨어나 현실의 행복에 들어가게 되기를 기대했다. 이렇게 그녀는 사랑하는 자와의 관계가 타인의 방해를 받지 않고 오로지 두 사람의 의지대로 유지되기를 소원했던 것이다. 이와 같이 그리스도인들은 그리스도와의 은밀한 교제가 언제나 지속될 수 있도록 모든 유혹을 물리쳐야한다. 그럴 때 사랑은 의식 세계와 무의식 세계에서도 견고하게 유지될 것이다.

1. 사랑의 두려움에 대하여(3:1-5)

솔로몬왕과 술람미 여인사이의 강도 높게 드러나는 본 단락은 여인이 왕에 대하여 꾸는 첫 번째 꿈에 해당된다. 여인은 사랑에 깊이 빠졌으므로 헤어짐에 대한 두려움을 느끼게 되었고 이러한 여인의 걱정은 급기야 임을 찾아 애타게 헤매는 악몽으로 나타나게 된다. 이러한 내용은 그리스도와의 완전한 연합을 희구하는 성도들의 마음을 예표 적으로 보여주는 것이다.

이와 같이 두 연인의 사랑의 결정을 보여주고 있는 본 단락에 드러난 신학적 의미를 살펴보면

1) 영적갈망의 실체: 술람미 여인은 임과 함께 있고 싶은 열망이 지나친 나머지 헤어짐에대한 강박관념까지 느끼게 되었다. 그래서 온성을 헤매이며 임의 행방을 수소문하는 악몽까지 꾸게 되였다. 그녀는 성문

으로 잇닿는 대로와 교차로 들을 지나고 모든 골목을 찾아 헤맨다.(2절) 이러한 연인의 마음은 바로 그리스도를 찾는 신자의 영적 욕구를 상징적으로 보여 준다.

신자는 결코 그리스도에 대해서 무관심해서는 안 된다. 언제나 불타는 열정을 가지고 예수님을 적극적으로 찾아야한다. 애인을 찾기 위하여 잠을 희생했던 여인처럼 모든 인간적 욕망을 포기하고 주를 앙모해야 한다. 이처럼 그리스도에 대한 열망으로 가득 찰 때 슬픔이나 위엄 환난과 고통을 직면해서도 전혀 동요하지 않고 담대하게 극복할 수 있는 것이다.(롬8:35-39)

2) 영적 교제의 기쁨(4절): 임을 찾아 헤매던 여인은 드디어 애타게 찾던 임을 발견하게 된다. 그녀는 너무나 감격스러운 나머지 다른 사람의 시선에 대해 아랑곳 하지 않고 함께 자기모친의 집에 도착할 때까지 임을 꼭 붙잡고 있었다. 여인은 이별의 슬픔을 통해 더욱 만남의 기쁨을 극적으로 체험한다. 그리고 다시는 헤어지지 않으려는 강한 의지를 보여주고 있다.

이와 같은 여인의 환희는 죄의 노예가 되어 방황하던 인간이 그리스도를 영접하고 함께 교제하는 가운데 느끼는 감격을 생생히 보여 준다. 사실 신자에게 있어서 최상의 기쁨은 말씀과 기도를 통해 예수님과 인격적인 교제를 맺으며 점점 성숙한 단계로 발전하는 것이다. 이와 같은 긴밀한 교제를 통해 건조하고 메마른 지적 신앙에 함몰되지 않고 보다 풍성하고 감동적인 생활을 영위할 수 있는 것이다. 술람미 여인이 임과 만나던 순간의 환희는 신자들이 주님을 만나는 순간의 기쁨을 드라마틱하게 묘사해 주는 역할을 하고 있다.

3) 교제의 지속을 위한 노력(5절): 만남의 감격을 노래한 여인은 이제

앞에서 사용한바 있는 후렴구를 반복하면서 왕과의 교제가 단절되지 않도록 조심하고 있다. 여기에 등장하는 노루와 들사슴은 아주 겁이 많아 조그만 일에도 쉽게 놀라는 동물들이다. 여인은 이러한 동물들이 깨어서 부스럭거리는 소리에 임이 잠에서 깨어 날까봐 두려워한다.

이러한 사실은 신자는 조그마한 죄에도 매우 조심해야 된다는 사실을 보여 준다. 성령님은 죄를 미워하신다. 만약 우리의 마음이 강렬한 사랑으로 충만하게 되었다면 죄를 파하기 위해 신음하며 애통할 것이다. 그러므로 그리스도인에게는 모든 생활에 있어서 철저히 근신하는 자세가 요청되는 것이다.

2. 장엄한 결혼행렬(3:6-11)

두 연인의 사랑이 무르익어 결혼행렬로 열매 맺는 장면을 화려하게 묘사한다. 신부는 신랑이 보낸 화려한 가마를 타고 예루살렘으로 입성한다. 비록 신랑과 비교할 때 하찮은 신분일지라도 신부는 아름다운 단장을 한 후 당당하게 혼인 예식을 올리는 것이다. 이러한 모습은 흠투성이에 불과한 교회를 끔찍이도 사랑하여 주시는 예수님의 사랑을 예표적으로 보여 준다.

1) 결혼식의 장엄함: 신랑과 신부는 멋지게 장식된 가마를 타고 왕궁친위대로 구성된 호위병들의 경호를 받으면서 당당하게 예루살렘으로 입성하게 된다. 솔로몬이 탄 가마가 백성들 가까이 접근하자 기다리던 구경꾼들은 솔로몬의 혼인용 특수 가마를 보고 그 호화찬란함에 탄성을 발하게 되었다. 이 가마는 레바논의 백향목으로 만들어 졌는데 모두 금으로 입혔으며 자색 덮개가 은 기둥에 받쳐있었다.

또한 솔로몬의 머리에는 모친이 만들어준 휘황찬란한 면류관이 씌어져있었다. 이와 같은 대단한 혼인식의 풍경은 흔히 볼 수없는 장관으로서 그리스도와 성도와 연합이 얼마나 놀라운것인지를 생생하게 보여준다. 신자는 이 세상에서 예수님을 만남으로써 영적 생명을 얻고 의로운 행실을 소유하게 된다. 또한 재림의 날에는 영광스런 모습으로 변모하여 영원토록 즐거움을 누릴 것이다.(시104:31)

2) 결혼행렬의 어려움(6절): 두 연인의 화려한 결혼식은 단순히 즐거움만 있는 것이 아니라 고통과 환난이 내제해 있다. 즉 거친 들을 지나야하고 이들의 순전한 사랑을 시기하는 악한 무리들의 공격을 효과적으로 막아야한다. 이러한 상황은 그리스도의 신부인 교회가 직면한 어려움과 근본적으로 동일하다. 사단은 교회를 무너뜨리기위해 호시 탐탐기회를 노리고 있다.

인간적인 욕심을 통해 유혹하기도하고 서로 간의 시기심을 자극하여 분열로 이끌기도하며 육제적인 핍박을 가하기도 한다. 그래서 바울은 "우리의 씨름은 혈과 육에 대한 것이 아니요 정사와 전세와 이 어두움의 세상주관자들과 하늘에 있는 악의 영들에게 대함이라"(엡6:12)고 언급하였다. 그러므로 교회는 자아도취와 자만과 아첨에 사로잡히지 말고늘 근신하여 경계해야 한다. 그럴 때 원수의 기습적 공격에 대해 승리할 수 있게 될 것이다.(마24:24)

3) 결혼행렬의 견고함(7,8절)

신랑과 신부가 결혼을 하기위해 떠나는 여정은 험난하고 괴로울지라도 궁극적으로 안전했다. 왜냐하면 어떠한 불의의 사고에도 완벽하게 대처할 수 있도록 특수훈련을 받은 군대가 완벽한 경호를 펼치기 때문이다. 사실 당시 이스라엘의 결혼식은 종종 매복해있던 이방인들의 기습에 의해 애통으로 변하는 경우가 있었다. 그러나 솔로몬의 결혼행차는 안전했다.

이러한 사실은 그리스도의 신부된 교회의 견고함을 상징적으로 보여주는 것이다. 그리스도께서 어떠한 경우에도 교회를 버리지 않으시고 완벽하게 보호하시는 분이시다.(롬8:36-39) 하나님께서는 하늘의 영들을 통해 온전한 구원을 이루어주실 것이다.(왕하6:17, 히1:14)따라서 그리스도의 신부된 우리는 주님과 완전한 연합을 위하여 걸어가는 모든 여정에 있어서 궁극적으로 안전함을 믿고 담대함을 유지해야 할 것이다.

이상에서 우리는 두 연인의 결혼식 장면을 통해 그리스도의 신부인 교회의 영광과 견고함을 확인할 수 있다. 그러므로 성도들은 자신의 존재에 대해 커다란 자부심을 느끼고 기쁨으로 영적 행진을 계속해야 할 것이다.

2007. 8. 23.

"사랑의 꿈과 결혼행렬에서 얻을 수 있는 교훈 3가지는 그리스도와 교인 간의 행복한 교제관계를 그린 것이다. 1)사랑은 적극적인 행동을 유발시킨다. 여기선 수동체적 사랑보다 능동체적 사랑을 강조한다. 2)사랑의 결과는 필연적으로 결혼이다. 3)사랑은 어떠한 경우에도 방해받지 않고 마무리 지어야한다.

사랑의 두려움에 대한 3가지 신학적 의미를 살펴봄은 역사적 사실로 실제 육체적 사건같으나 실제로 작가의 의중은 영적 실제적 관계를 그린 것이다. 1)영적갈망의 실체로는 성도는 예수그리스도를 만나려고 찾아나서야 한다. 2)영적 교제의 기쁨. 두 연인의 사랑 밀어는 아름다웠다. 3)교제 지속을 위한 부단한 노력이 필요했다.

장엄한 결혼행렬에서 핵심내용 3가지로 분류한 것도 장차 주님이 공중재림하여 신부된 성도와 혼인예식을 예표하는 것으로 1)결혼식의 장엄함은 너무 황홀할 정도로 가히 필설로 다 써 내려갈 수 없는 영광이다 2)결혼행렬의 어려움도 슬기롭게 대처 극복하고 3)결혼행렬의 견고함도 우리 하나님의 도우심으로 안전했다."

성경난해구절 해설시리즈 (성문서 아가서 6-(6)-⑯)

Q "결혼 초기에 임한 사랑의 갈등을 아가서의 치유방법은?"

아가 5:2-16

A 술람미 여인은 사랑하는 남편이 찾아와 문을 두드리며 애정 어린 말로 문을 열어 달라고 간청했을 때 놀랍게도 냉담한 반응을 보인다.(2,3절) 그녀는 남편이 예기치 않은 시간에 도착하여 불편을 준다는 생각을 하면서 문을 열어 줄 수 없다고 핑계를 댄다.

자신은 평안히 잠자리에 누웠는데 다시금 겉옷을 입고 발을 더럽히기가 귀찮다는 것이다. 그러나 신부는 자신의 태도가 옳지 않다고 생각하며 뒤늦게 문을 열었으나 실망한 남편은 이미 돌아가고만 상태였다. 남편을 찾아 거리로 나선 여인은 커다란 상처를 입는다.(7절)

여기서 남편의 사랑에 대해 절절히 반응하지 못한 신부의 고통이 드러나고 있다. 신부는 조금 괴로움이 있을지라도 참고 인내하며 신랑을 맞이 했어야한다. 그러나 게으름과 안일함으로 인하여 첫사랑의 열정을 상실한 여인은 더욱 큰 시련을 당하게 된다. 사랑의 본질은 쾌락이나 감정의 유희가 아니라 상대방에 대한 존중과 신뢰이다. 이러한 사실을 망각했을 때는 엄청난 괴로움이 수반되는 것이다.

이와 같은 사랑의 이중성은 본서가 유월절에 낭독 되었다는 것과 밀접한 연관을 갖는다. 원래 유월절은 해방의 기쁨과 동시에 애굽에서의 고통과 희생을 기념하는 절기이다.(출12:1-14)그래서 사랑은 단순히 즐겁고 신나는 측면만 있는 것이 아니라 고통스럽고 괴로운 면도 포함한다는 점을 염두에 두고 본서가 읽혀지는 것이다. 만약 고통과 괴로움을 참고 견디려는 마음이 없이 사랑을 하려고한다면 술람미 여인처럼 더욱 큰 시련을 만나게 될 것이다.

신부는 자신의 육신의 욕망을 제어 하지 못한 연고로 신랑과 이별했고(6절) 급기야 상처를 입었으며 모욕을 당했다.(7절) 이처럼 사랑을 위협하는 적은 외부의 공격이 아니라 내부에서 꿈틀거리는 죄악된 마음이다. 신부는 사링이 시작되면서 자기들의 사랑을 위협하는 '작은 여우'(2:15)나 '밤의 두려움'(3:8)등을 염려해 왔다. 그러나 두 사람사이를 갈라 놓은 원인은 바로 자신의 악한 마음이였다.

이와 마찬가지로 예수님과 동행하기를 원하는 성도에게 가장 큰 방해물은 외부적 환경이나 조건이 아니라 바로 자신의 마음이다. 만물보다 부패한 자신의 마음을 효과적으로 통제하고 제어할 때 결코 실족하지 않고 풍성한 은혜를 누릴 수 있는 것이다. 만약 우리의 신앙생활이 건조하고 답답하다면 그 원인은 하나님과 함께하려는 영적욕구가 고갈되었기 때문이라고 볼 수 있다.(요16:22)

술람미 여인은 고통을 겪은 후 남편에 대해 무감각하던 자세에서 벗어나 참된 사랑을 회복하게 되었다. 그녀는 남편의 머리끝부터 발끝까지 모두 흠모의 대상으로 받아 드릴만큼 예민한 감각을 되찾게 되었다. 특별히 본문에 들어난 찬사는 솔로몬이 여인에게 말한 칭찬에 버금갈 정도로 탁월한 표현들이다. 이러한 사실을 통해서 우리는 참된 사랑은 시련을 통해서 더욱 정금같이 빛나게 된다는 교훈을 배울 수 있다.

1. 혼인 잔치에의 초청(5:1)

5:1은 4장에 연속되는 내용으로서 신부에 대한 찬사의 크라이맥스(Climax)이며 동시에 신랑이 초대된 친구들에게 선포하는 말이다. 솔로몬은 자신의 즐거움을 함께 나누고자 자신의 친구들을 초청하였다. 이어서 한 쌍의 부부로 연합된 두 사람을 향해 합창단들은 축복과 건배를 외치고 있었다.

사실 고대근동 지방의 잔치는 언약의 확증(창29:22, 삿14:10)과 하나 된 기쁨을 나누는 의미가 있다. 이와 같은 천국은 모든 사람이 함께 즐거워하는 장소이다. 천국의 신랑 예수그리스도은 신부가 되는 교회의 예물을 받아들이고 함께 즐거운 잔치를 베푸실 것이다. 현재 교회가 시행하고 있는 성찬예식은 새 언약을 기념할 뿐만 아니라 바로 이러한 종말론적 안식을 성취하며 함께 누리는 의미를 가지고 있다.(눅22:17-20)

2. 사랑의 갈등(5:2-9)

달콤한 사랑의 장면은 이제 분위기가 변화되어 갈등으로 전개된다. 즉 두 번째 꿈을 통해 신부는 사랑이 식어진 자신의 모습을 보여준다. 물론 본 대목에 나타난 상황이 실제 일어난 것은 아니다. 그러나 무의식중에 내재해있던 여인의 상태를 대변 한다는 점에서 실제적이라고 보아야한다. 신부는 결혼잔치가 끝난 후 남편의 매력과 소중함을 조금 망각하고 있었다. 이러한 나태와 안일 속에서 사랑은 새로운 위기 국면으로 드러나게 되는 것이다.

이러한 신부의 무관심을 드러내 주고 있는 본 대목은 다음과 내용을 함유하고 있다. 신랑은 신부를 '나의 누이, 나의 사랑, 나의 비둘기, 나의 완전한 자' (2절)라고 부르며 순결하고 완전한 자로 대접한다.

또한 긴 여행을 마치고 돌아와서 피곤함을 무릅쓰고 아내의 방문을 노크한다. 비록 아내가 문을 빨리 열지 않고 주저 할지라도 급히 화를 내지 않고 문틈으로 손을 집어넣어 열려고 애를 썼다. 이러한 사랑의 자세는 신부에 대한 진실 된 애정을 표명하는 열망을 가시적으로 보여준다.

이와 같은 신랑의 태도는 교회를 사랑하시는 예수님의 모습을 잘 보여주고 있다. 예수님은 십자가의 모진 고통과 수고를 겪은 후에도 사랑하는 성도들과 함께 거하시려고 마음문을 두드리신다. 이러한 초청에 대해 우리는 냉정하게 배척하지 말고 기꺼이 응답해야 할 것이다.

신부는 밤새껏 긴 여행을 하느라고 팔레스틴의 굵은 이슬에 흠뻑 젖어있는 남편의 음성을 거절하고 자신의 평안함만을 추구하고 있다. 그 결과 호된 징계를 받게 된다. 왜냐하면 징계는 자신의 실수를 뼈저리게 느끼도록 만들어 주고 신랑의 사랑을 사모하도록 만들어 주는 역할을 하기 때문이다.

사실 이러한 징계 덕분에 신부는 다음 단락에서(10-16절) 신랑을 찬미하는 아름다운 노래를 부를 수 있게 되었던 것이다. 이와 마찬가지로 하나님의 자녀는 징계를 통해 죄악 된 성품의 문제점을 철저히 인식하고 주님의 사랑과 은혜의 풍성함을 더욱 절감하게 된다. 그러므로 징계는 성도에게 주어지는 가장 귀한 은혜의 수단이라고 볼 수 있다.

이상에서 우리는 사랑의 본질을 깨달을 수 있다. 사랑은 자기의 이익을 구하기보다 상대방의 요구에 민감하게 반응하는 것이다. 그러므로 우리는 예수님의 명령을 준행하고 이웃의 유익을 추구하는 삶의 자세를 견지해야 할 것이다. 만약 그렇지 않으면 하나님의 징계를 받게 될 것이다.

3. 신랑에 대한 찬미 송(5:10-16)

징계를 통하여 신랑의 사랑의 소중함을 더욱 절감한 신부는 이제 가슴 깊은 곳으로부터울려나오는 노래를 부른다. 그녀는 지금까지 남편에 대해 했던 칭찬보다 훨씬 탁월한 찬미가를 부르고 있다. 이러한 사실은 여인이 시련을 겪으면서 더욱 성숙한 사랑으로 발전했음을 단적으로 증명해준다. 이와 마찬가지로 성도는 여러 가지 난관을 겪으면서 더욱 아름다운 사랑의 노래를 부를 수 있게 됨.

이와 같이 역경을 극복한 신부의 사랑이 묘사되어 있는 본 대목에서 신부는 신랑의 남성적인 성품을 대략 세 가지로 드러내고 있다. 즉 ①남성다운 매력을 설명하기 위한 색깔, 꽃, 향, 단맛 등의 언어를 사용하고 있으며 ②신부를 향한 사랑의 순수성을 드러내기 위해 시냇가, 비둘기, 젖, 씻음(12절)등의 표현을 쓰고 있고 ③늠름한 권위와 힘을 나타내기 위하여 금, 대리석, 상아, 보석, 레바논 백향목(11,14,15절)등의 묘사를 사용하고 있다.

이상에서 신부는 자신의 남편이 육체적으로 매력적이고 놀랄 만큼 균형을 갖춘 남성임을 드러내고 있다. 이와 같은 감각적 묘사는 단순히 육체의 아름다움에 대한 호색적 찬사가 아니라 마음과 몸을 동일시하는 히브리적 사고방식의 반영이라고 보아야 한다.

이러한 내용을 담고 있는 본 단락에서 발견 할 수 있는 핵심적인 교훈은 한가지로 집약될 수 있다. 즉 신랑의 탁월한 성품을 효과적으로 드러내려는 시도이다. 먼저 신부는 신랑에 대해 개괄적으로 '희고도 붉어 만 사람에 뛰어난 자' 라고 소개하였다. 이러한 표현은 생명과 아름다움이 충만함을 상징적으로 보여주는데 궁극적으로는 성결과 희생이 보혈로서 만사람위에 뛰어난 그리스도의 모습을 예표 해준다.

이와 같이 신랑의 본질을 깨달은 신부는 너무나 감격에 찬 어조로 남편의 용모에 대해 10가지 예를 들어 찬미하고 있다. 먼저 머리 부분에 대해 기술하고(10-13절) 이어서 몸에 대해 말한다.(14,15절) 이러한 다양한 묘사는 그리스도의 탁월한 성품과 인격을 다양한 관점에서 보여주는 내용이다. 즉 그리스도의 전지성(계1:14, 2:18) 부드럽고 온화한 모습, 권위, 성결함, 사명 수행의 확실성, 사랑스러움 등을 비유적으로 드러내고 있다.

이와 같은 내용은 신부의 아름다움을 묘사한 4:1-5과 비교된다. 앞에서 각 지체가 모두 소중하고 귀중한 존재임이 부각된 반면 본문에서는 그리스도의 성품이 완벽하여 흠잡을 곳이 전혀 없음을 보여주고 있다. 교회는 그리스도의 뛰어난 성품을 음미하고 사모하면서 점차적으로 완성된 모습으로 나아가게 된다.

이와 같은 사실을 통해 우리는 신랑 되신 그리스도의 탁월함을 더욱 절감할 수 있다. 그리스도는 이전에 존재했던 어떤 영적존재나 선지자, 제사장, 왕도 감히 따라올 수 없는 완벽한 존재이다.

우리는 이러한 예수님을 마음속에 모시고 살게 된 것을 깊이 감사해야 할 것이다. 혹 주를 멀리 떠났을 때가 있든지 주님사랑이 식어질 때가 있든지 주님을 박대할 때든지 이 본문을 읽고 빨리 신랑을 사모하고 찬양해야만 된다.

2007. 8. 24.

"주님의 사랑은 변함이 없는 완벽한 아가페적인 사랑이지만 신부인 성도의 사랑은 인간적이고 우정적인 사랑(휠리아, 스톨케)인고로 자주 변질되기 쉽고 실수를 저지를 확률이 많다. 본문의 술람미 여인도 마귀나 세상의 유혹과 미혹에 넘어가 신랑을 사랑하던 마음이 변질 되었다.

실제적으론 게으름과 나태로 일시적 신앙의 잠이 들어 신랑을 섭섭하게 하게 되었다. 이런 술람미 여인에게 모진 시련과 사랑의 징계가 내리게 되었다. 우리가 범죄에 빠지는 것도 외부적 침입에 의한 것 보다 언제나 내부적 마음에서 우러나오는 것이 훨씬 많다. 자기 자신의 마음을 다스리기야 한다.

사랑의 갈등 속에서도 신랑의 사랑과 온정을 확인한 신부는 그제야 신랑의 위대함에 고개 숙이고 회개하면서 새롭게 눈을 뜨게 된다. 마지막으로 신랑에 대한 찬미송으로 두 연인의 사랑이 원상회복된다. 신랑의 성품 3가지를 발견하고 신랑의 늠름한 용모 10가지가 발견되고 모든 것 위에 엎드려 사죄하게 된다."

Q "솔로몬의 아내와 처첩은(왕상엔 천명) 얼마나 되는 것인가?"

아가 6:8

A 아가서 6:8 "왕후가 60이요 비빈이 80이요 시녀가 무수하되" 왕상 11:3. "왕은 후비기가 700인이요 빈상이 300인이라 왕비들이 왕의 마음을 돌이켰더라"

아가서 6:8에는 단지 140명의 아내와 첩이 있다고 기록하고 있다. 그러나 열왕기상 11:3에서는 우리가 잘 아는 데로 일천궁녀가 있다고 알고 있다. 그러면 과연 어느 것이 맞고 어느 것이 틀린 것일까? 둘 다 맞는 것일까? 풀어 보려고 한다.

'왕후에 해당하는 히브리어 '멜라코트(מלכות)는 '왕'을 의미하는 '멜레크'(מלך)의 (삼하 3:23,24 왕상2:35,36) 여성형 복수로 '왕후들' (queens, KJV)인데 아가서 에서는 6:8,9 두 절에서만 나오는데 다른 곳에서는 에스더에서 25회 또 와스디에게도 그리고 열왕기상 10장과 역대하 9장에서는 그리고 열왕기상 10장과 역대하 9장에서는 스바 여왕에게도 쓰여졌으며 아람말로는 벨사살의 아내에 대해 다니엘 5장에서도 2번 쓰였다.

'비빈'에 해당하는 히브리어 '필라게쉼'(פילגשים)은 '첩'들 (concubines KJV)을 의미한다. 잠자리나 함께하는 여인이 아니고 실제적 아내들이었다.

'시녀' 에 해당하는 히브리어 '알라모트' (עלמות)은 '처녀들' (사 7:14)(maidens)인데 이들은 왕후나 비빈들보다 낮은 부류의 여자들로서 왕후들을 시중들었던 자들인 것 같다. 즉 결혼하지 않은 여인들이었다.(1:3)

그러면 솔로몬의 아내와 첩의 수는 실제로 몇 명이나 되었을까? 그리고 왜 두 책은 그 수에서 현격한 차이가 있을까? 여기에 대해 여러 학자들의 의견을 들고자한다.

1) 델리취(Delitzsch): 이 차이는 아가서 6:8가쓰여진 시기는 집권 초기에 기록했고 왕상11:3이 쓰여진 시기는 집권하여 전성기 때 보고 기록한 것이라고 보았다.

2) 하퍼(Hasper): 여기서 말하는 화자(話者)가 솔로몬이였기 때문에 자연히 현재 상황에서 그의 아내의 수의 크기를 축소하였고 모호한 마지막 구절아래 그것을 감추었다고 보는 견해이다.

3) 그린휠드(Green field): 우가릿 본문 4,5,7,9-12과 비교할 경우 거기서 66/77/88/99 라는 수는 제한 없는 수를 가리키는데 쓰였다고 한다. 이에 비해 아가서에 60/80은 일일이 세지 않은 혹은 무수한 수를 가리켰다고 한다.

4) 또 다른 해석은 여기서 그의 아내에 대한 계산의 방법이 서로 달랐다는 것이다. 왕상11:3에서 그가 300명의 아내를 소유했다고 말하지 않고 700명의 아내들, 왕후들을 소유했다고 하였다. 다시 말하면 이들 중에 다수는 실제로 결혼한 아내이기보다 정치적 동역자들 이였을 것이

라고 하고 있다.

더 나아가서는 아가서는 수없이 많은 처녀들에 대해 말하고 있는데 (6:8) 이들은 솔로몬의 여성 측근의 무리였다. 이런 일반적 언급은 쉽게 열왕기상 기자가 전체가 천명으로 계산 될 수 있어 기록한 것이다. 그래서 두 책 사이는 아무 모순이 없다고 볼 수 있다.

위의 견해들 가운데서는 1번이 가장 개연성이있다. 주석가인 Lange도 이에 동조하고 있다. 다른 견해들은 많은 참조와 이해를 돕우는데 도움을 줄 수 있으나 신빙성에서 증거가 없고 믿을 수 없다. 그래서 이 두 성경은 아가서나 열왕기상 어느 한 곳이 맞고 틀린것이 아니고 둘 다 맞은 것이다. 통치초기와 통치전성기에는 많은 차이점이 있을 것이다.

아무튼 본 절에서 솔로몬이 그의 사랑하는 신부의 아름다움을 언급하는 과정에서 갑자기 궁궐내부에 많은 여자들이 있음을 언급한 것은 술람미 여자가 그들 가운데에서도 단연 돋보이는 존재임을(9절) 나타내기 위해서였다.

예표론적인 의미에서 이는 그리스도을 사랑하는 성도들은 단순히 구원의 반열에 들어 선데에 머물지 않고 개인적으로 주님을 더 깊이 사랑하고 헌신함으로써 주님과 깊은 사랑과 교제를 나눌 수 있어야 함을 교훈한다.

이 구절에서 우리가 얻어야할 교훈과 영적 양식이 있을까?

첩을 얻는 것은 성경적이 아니다. 성경은 하나님께서 일부일처제를 세우셨으며 남녀 두 사람이 합하여 한 육체가 될 것을 가르치고 있다.(창2:24) 솔로몬은 하나님의 말씀대신 당시 이방풍습을 따른 것이며 그렇게 많은 아내와 첩들은 왕권의 안전을 꾀한 정략적인 면이 있었으나 그의 무절제한 정욕의 소산이기도 했다.

따라서 그의 초기 선정은 점차 사치와 향락에 희색 되어갔고 점차 하나님 대신 이방나라의 힘을 더 의지하게 되었다. 많은 이방여인들은 그들의 신을 들여와 하나님만 섬겨야할 그가 하나님과 겸하여 우상들을 섬김으로 하나님의 심판을 자초하게 되었다.

마침내 그의 아들 르호보암왕때 통일이스라엘은 남쪽유다와 북쪽이스라엘로 양분되고 말았으며(BC.931년) 두 나라로 갈라진 유다와 이스라엘은 계속하여 적대관계 속에 전쟁이 그치지않고 서로 싸우는 동족상잔의 비극의 역사가 210여년 계속 되었다.

그러다가 북국 이스라엘이 먼저 앗수르나라에 의해 멸망당하고 만다.(BC.722년)그 뒤를 이어 ①안식일을 범하고 ②우상을 섬기고 ③감사치 않은 죄로 결국 남국 유다도 바벨론에 의해 3차 공격 1차 BC.605년 2차 BC.597년 3차 BC.586년 건국 345년 만에 망했다.

당시 6만 명이 바벨론에 포로로 끌려가 70년 동안 모진 고생 끝에 하나님의 약속대로 포로에서 돌아왔다.(BC.536년) 솔로몬 왕의 가정이 하나님의 뜻을 어기고 일부다처제로 전락했을 때 전민 족과 전 국가에 큰 불행을 자초한 시초가 솔로몬 타락으로 시작된 것이다. 하나님이 허락하신 부귀영화로 하나님께 영광만 돌리지 못하고 타락하여 죄만 짓다 이런 불행을 자초했다.

2007. 8. 25.

"아가서엔 140명 열왕기상엔 1000명 과연 큰 차이에 아연 질색한다. 고등비평가들은 성경의 영감 설에도 성경 정경론에도 의심의 일침을 가한다. 그러나 시대적 차이로 집권 초기엔 소수였으나 한창 전성기에는 많은 수라고 보아야 한다. 결국 둘 다 맞는 것이다.

올바른 해석을 알려준 델리취와 랑케에게도 감사드린다. 여기 갑자기 숫자가 나오게 된 것은 솔로몬이 왕궁에 많은 여인이 있지만 술람미 여인이 내 맘에 꼭 드는 여인임을 자랑하기 위함이니 세계66억 인구 중 그리스도의 신부 약 10억이 가장 그리스도의 맘에 드는 왕궁의 여인보다 아름답게 보이신다.

성경은 일부일처제이다. 일부다처를 선호하는 자들은 다 성경을 어기고 있는 것이다. 솔로몬에겐 너무 많은 부귀영화를 주셨더니 하나님 영광 돌리는데 사용치 못하고 타락과 범죄 하는데 이용하다 국가적으로 민족적으로 큰 징계를 받는다. 우린 많이 주시면 주신대로 없으면 없는 대로 하나님만 위해 살아야 한다."

성경난해구절 해설시리즈(성문서 아가서 6-(8)-⑱)

Q "신부 술람미의 춤이 오늘날 교회의 찬양 댄스(Worship dance)인가?"

아가 7:1-13

A 사랑의 아픔은 신부의 섬세한 감수성과 신랑의 성실한 애정으로 인하여 두 연인의 관계를 더욱 견고해지도록 만들었다. 이와 같은 원숙한 사랑은 이제 신부의 춤을 통해서 가시적으로 드러나며 솔로몬의 찬사와 감격을 불러 일으켰다.

이에 대해 신부는 보다 심도 있게 사랑을 고백하면서 꿈에도 그리던 고향으로 신랑을 초청한다. 이와 같은 과정을 통해서 부부간의 애정은 더욱 온전한 단계로 발전해간다. 사랑이 시작되었던 소박한 술람미의 고향에서 두 사람은 더욱 깊은 결합을 하게 되며 충만한 기쁨을 마음껏 누리게 된다.

본 단락에서는 춤추는 신부의 매혹적인 자태를 매우 적나라하게 묘사하고 있다. 현대교회는 예배 중 찬양을 워십댄스라고 젊고 예쁜 청년들이 야슬야슬한 옷을 입고 야슬야슬한 춤을 복음송에 맞추어서 열심히 춤을 춘다.

예배준비시간에 복음송과 함께 춤을 추는 것이 어느 정도 이해할 수 있는 부분이 있다. 그러나 예배시간 찬송시간에 복음송으로 대신하면서 워십댄스를 추는 것이 과연 성경적인가? 하고 질문하니 어느 목사님 대답하길 아가서에 신부 술람미가 왕의 초청으로 호쾌한 춤을 추어 왕을 기쁘게 해드렸다면서 왕은 하나님과 예수님을 상징하고 신부 술람미는 성도를 상징하니 성도는 복음송과 호쾌한 춤으로 하나님과 예수님을 즐겁게 해드리는 것이 성경적이라고 대답했다. 과연 술람미의 춤이 오늘날 우리 성도들도 춤을 추어야함을 하나님이 암시하신 것일까요?

본문은 신부의 육체 또는 동작의 자세한 묘사에 대해 어떤 사람들은 고대 이방의 호색적 선정적 문학과 동일시하려는 경향이있다. 그러나 본서는 결코 육감적 쾌락을 추구하는데 에로티시즘적 문학이 아니다.

저자는 여인의 아름다운 모습을 구체적으로 표현함으로써 더욱 지순한 사랑을 부각시키려고 노력하고 있다. 이러한 경향은 앞에서도 언급한바와 같이 영혼과 육체로 분리된 실체롤 보지 않고 연합된 대상으로 보고 있는 히브리적 사고를 반영한다. 결국 저자는 육체의 아름다움에 대한 세밀한 찬사를 통해 신부의 고귀한 인격을 상징적으로 드러내주고 있는 것이다.

또한 본장에 나오는 비유가 결혼초기보다 더욱 대담하고 노골적인 것은 그만큼 사랑이 성숙해졌음을 보여준다. 정상적이고 건강한 결혼에 있어서 성적자유의 증가는 지극히 당연한 현상이다. 남편은 더 한층 아내를 사랑하게 되었으며 아주 은밀한 부분까지 알 수 있게 되었다. 이와 같은 사실은 그리스도와 성도의 관계가 더욱 친밀해지고 모든 숨겨진 부분까지 드러내놓고 보게 할 수 있어야함을 알려준다.

또한 본문에 나타난 신부 예찬은 이전의 내용(4:1-5)과는 달리 신체의 밑 부분에서 부터 위로 올라오면서 역순으로 묘사하고 있다. 이와 같이 '발에서 머리까지' 묘사하는 것은 히브리인들의 관습이었다.(삼하 14:25, 사1:6)

저자는 동일한 묘사가 반복 될지라도 자신의 사랑이 결혼 초기보다는 많이 성숙하였음을 상기시키기 위해 순서를 전환했을 것으로 추측된다. 또한 본 노래는 춤추는 장면에 대한 묘사인 관계로 매우 역동적인 모습이 강조되고 있다. 이처럼 사랑은 지루한 반복이나 정적상태가 아니라 끝없는 변화를 추구하는 동적 발전이라고 볼 수 있다.

사랑의 절정을 의미하는 고백이 세 번째 반복되어 나타나고 있다.(10절2:16, 6:3) 저자는 상호 소유를 의미하는 후렴구를 반복하면서 결혼의 성숙을 알려주고 있다. 더구나 '네게 속하였다' 라는 표현을 '그가 나를 사모하는 구나' 라는 말로 대치함으로써 더욱 완벽한 소유임을 강조한다.

남편이 아내를 사모하는 상태보다 더욱 긴밀한 연합은 없다. 여인은 이제 모든 두려움과 걱정을 떨쳐버리고 남편의 사랑을 확신하게 되었다. 이러한 확신에 대해 "누가 우리를 그리스도의 사랑에서 끊으리요 환난이나 곤고나 핍박이나 기근이나 적신이나 위험이나 칼이랴"(롬8:35)라고 반문 하면서 "내가 확신하노니 사망이나 생명이나 천사들이나 권세자들이나 현재일이나 장래일이나 능력이나 높음이나 깊음이나 아무 다른 피조물이라도 우리를 우리 주 예수그리스도 안에 있는 하나님의 사랑에서 끊을 수 없으리라"(롬8:38,39)고 장엄하게 고백하였다. 그리스도는 교회를 위하여 자발적으로 십자가의 고통을 담당하셨다. 그러므로 결코 몸 된 교회를 포기하지 않으신다.

이상에서 우리는 솔로몬과 술람미 여인의 사랑이 더욱 원숙한 경지로 사랑의 성숙 단계로 진입하는 과정을 지켜볼 수 있다. 이와 같이 신자는 결코 칭의를 통한 신분의 변화에 만족해서는 안 된다. 더욱 깊은 사랑과 헌신의 경지로 성화되어나가야 한다. 그럴때 그리스도의 신부로서 합당한 거룩을 소유 할 수 있을 것이다.

본문은 솔로몬이 자기 신부 술람미의 춤추는 모습을 보고 그의 육체미에도 감동 되었셨다. 솔로몬의 신부 예찬론(7:1-9)에서 춤추는 여인의 육체적 미가 적나라하게 드러나는 본 대목에서 우리가 발견해야 될 영적 의미를 살펴보아야 한다.

춤추는 모습을 보고 신부의 발, 넓적다리(1절), 배꼽, 허리(2절), 유방(3절) 목, 눈, 코(4절) 머리(5절)등에 대해 다양한 비유를 사용하여 극찬하고 있다. 이러한 비유의 목적은 여인의 아름답고 유연하며 생동감 넘치는 동작과 균형 잡힌 몸매를 묘사함으로써 교회의 놀라운 신분을 알려 주기 위함이라고 볼 수 있다.

각각의 상세한 비유에 대해 모두 상징적의미를 찾아내려는 시도는 지나치게 알레고리적 해석법에 경도될 우려가 있으므로 조심해야 한다. 솔로몬은 신부의 모든 신체에 대해 극찬을 아끼지 않음으로써 그녀의 모든 부분을 사랑하는 자신의 마음을 유감없이 표현하였다. 이와 마찬가지로 예수께서도 하나님의 백성 모두를 진심으로 사랑하시며 기뻐하신다. 예수님은 교회의 하나 됨과 순결과 거룩을 기뻐하시며 자랑하신다.(요17:21-23)

예배는 구약시대에 제사에서 출발하고 있다. 제사는 레위기에서 엄격하게 계시해 주셨다. 제사장이외는 왕이 드리다가 문둥병자가 되거나 왕의 자리에서 물러날 만큼 엄격히 드렸다. 경건해야하고 은밀하고 겸손하게 성결한 마음으로 드려야한다. 제사가 오늘날은 예배가 된 것이다.

오늘의 예배는 신령과 진정으로 드려야한다. 하나님은 이런 자를 찾고 계시며 하나님은 영이시니 신령과 진정으로 드리지 않으면 받지 않으신다. 신령은 하나님의 뜻과 섭리, 하나님의 성령과 함께 드리는 예배이요 진정은 진리이므로 성경의 계시대로 즉 성경대로 예배를 드려야한다. 이런 것 외의 예배는 하나님이 받지 않으신다.

시편에 손뼉치고, 수금과 퉁소와 악기로 찬양할찌니라 했다고 오늘날도 그대로 하는 것이 예배가 아니다. 경축일이나 기념일이나 축하행사 때는 이와 같이 할 수 있다. 다윗 때 법궤를 옮길 때는 이와 같은 것이 다 동원되고 다윗의 옷이 벗겨지도록 춤을 추었다. 그러나 하나님께 제사드릴 때 감히 그렇게 하지도 못했고 다른 불가지고 들어간 두 제사장이 즉사했고 대제사장이 1년에 1차례 한하여 황소피를 가지고 들어가야 되지 그 외 다른 것 다른 사람이 들어가다가는 즉사했다.

Worship dance로 돌아가서 논하자면 예배시작하기 전이나 축하행사, 기념행사, 경축일 특별집회 특별행사 때는 어느 정도 가능하나 예배시간에는 있을 수 없는 것이다. 술람미 여인의 아슬아슬한 옷과 아슬아슬한 춤은 아가서가 원래 지혜서이면서 오축이요 시문학 작품이다.

아가서는 유월절(독립해방 기념일)행사 때 낭독되는 성경이다. 예배와는 전연 다른 차원이다. 예배는 신령과 진정으로만 드려야 된다. 박수치며 몸동작 댄스추면서 자기 있는 재능은 무엇이든지 다 실질적으로 보여 준다고 예배가 되는 것이 아니다. 그래서 술람미의 춤은 예배찬양시 워십댄스를 계시한 것이 아니다.

2007. 8. 26.

"술람미의 일시 타락으로 결혼 초에 큰 어려움이 있었다. 그러나 이 모든 것을 잘 극복하여 신랑과 신부의 사랑의 성숙단계로 접해지므로 더욱더욱 원숙한 경지로 발전하게 된다. 소박한 술람미 고향에서 더욱 긴밀한 결합으로 사랑이 무르익어갔다. 성도의 회개로 성도와 주님간의 관계가 정상화 되었다.

솔로몬왕의 요청에 의해 술람미 신부의 춤은 너무 황홀할 만큼 완벽한 춤으로 부부는 감동했다. 왕은 춤추는 모습에도 반해버렸지만 그의 육체미에도 발아래 신체부분 부분으로부터 머리끝까지 솔로몬의 감동적인 찬사로 이어진다. 술람미 여인의 춤이 오늘날 워십댄스로 이어진다고 믿고 있는 자들도 많이 있다.

예배학의 논리로 볼 때 그것은 절대로 아니다. 예배는 제사제도가 발전된 것이다. 제사제도에는 성경에 계시된 방법이외 다른 대안이 없었다. 경건, 진실, 겸손, 성결, 어느 한 가지 미흡해도 하나님이 받지 않으셨다. 아벨의 제사나 가인의 제사가 결코 같지 않았다. 워십댄스는 예배 때에는 시행해서는 안 된다."

성경난해구절 해설시리즈(성문서 아가서 6-(9)-⑲)

Q "사랑은 죽음보다 강하고 홍수도 엄몰치 못하고 온 가산, 재산과 못 바꾸는 것인가?"

아가 8:6-7

A "너는 나를 인같이 마음에 품고 도장같이 팔에 두라. 사랑은 죽음 같이 강하고 투기는 음부같이 잔혹하며 불같이 일어나니 그 기세가 여호와의 불과 같으니라 이 사랑은 많은 물이 꺼치지 못하겠고 홍수라도 엄몰하지 못하나니 사람이 온 가산을 다주고 사랑과 바꾸려 할 찌라도 오히려 멸시를 받으리라"(아8:6-7)

아가서는 그 내용에서나 그 해석상의 문제 때문에 강단에서 설교하기가 쉽지 않을 뿐 아니라 많은 사람들이 무관심한 책이기도 하다. 많은 학자들이 모형적인 해석을 시도해서 솔로몬과 술람미 여인의 결혼은 그리스도와 교회의 영적연합의 모형으로 본다.

그리고 그 실례로는 그리스도가 교회의 신랑이 되신다는 말씀과(마9:15) 부부제도가 그리스도와 교회 관계와 같다는(엡5:32) 말씀에 근거한다. 그러나 그것이 사실이라면 왜 그 주인공이 솔로몬인가? 솔로몬은 아무래도 일부일처의 성경적인 인물이 아님을 다 안다.

그래서 현대 자유주의자들은 솔로몬은 술람미 여인의 첫사랑의 상대가 될 수 없다는 것이다. 그래서 술람미 여인이 찬양하며 사랑하며 구혼한자가 솔로몬 만나기 전에 사랑을 약속했던 한 목동이 있었다고 주장하고 있다.

그래서 술람미 여인이 오늘 본문 6-7절에서 말을 거는 대상이 바로 그가 사랑했던 자요 사과 나무아래서 만난자요 그는 첫 번째로 그녀에게 사랑을 일깨워준 자로 그녀는 그가 인같이 마음에 품고 도장같이 팔에 두어서 그의 영원한 아내가 되게 해달라고 요구한자가 따로 있다고 주장하고 있다.

그러나 보수주의자들의 해석은 전연 그렇지 않다. 여기 6-7절의 대화 역시 솔로몬이다. 즉 술람미 여인은 처음에 솔로몬 왕에 의해 사랑의 관계가 시작 되었던바 이제 솔로몬 왕의 논지 일관한 사랑이 지속되기를 소원하고 있는 것이다.

예표론 적인 의미에서 볼 때 이는 죄악가운데 있는 성도들이 처음에 그리스도의 은혜로 구원 되었는바 또한 계속 그 분의 은혜와 사랑 안에서 보호되어지도록 그분에게 의뢰하는 것을 예시하고 있다. 본문의 간구는 술람미 여인이 솔로몬 왕을 향한 사랑의 고백과도 같다.

여기의 '인' 과 '도장' 의 히브리어 '호탐' (חותם)은 '인장' 과 '도장' 을 의미한다. 구약에서 인은 반지 형식으로 만들어 손가락에 끼고 다니거나 돌이나 금속에 새겨 목에 달아매고 다니거나 혹은 팔목에 묶고 다니기도했다.

특히 구약에서 이는 재산의 소유권이나 권세를 나타내는 표시로서 아주 애지중지 가지고 다녔다고 한다. 따라서 본 구절에서는 신부가 신랑으로 하여금 자신을 소중하게 여겨 달라는 의미가 암시 되였다고 본다.

그럼 사랑은 과연 죽음보다 강한 것인가? 이는 전절과 연결되는 내용으로 신부가 신랑의 '사랑' 과 '투기' 에 의뢰해 자신을 일평생 보살펴 달라고 당부하는 말이기도 하다. 과연 '죽음보다 강하고' 이 말은 아담 안에 모든 사람이 죽음을 맞이할 수밖에 없듯이 진정한 사랑은 어떤 방해 요인으로도 제지될 수 없음을 암시한다.

이와 같은 사랑은 하나님의 죄인 된 인간들 위해 당신의 독생자 그리스도를 이 땅에 보내사 온전히 성취하신 구속사역의 근간이 되며(요 3:16) 구원받은 성도들의 이 땅에서의 삶을 지속적으로 인도하며 보호하시는 은혜의 뿌리가 된다.(롬8:31-39)

사랑의 강력한 힘과 능력을 설명하기 위해 매우 극적인 표현이다. 죽음이란 살아있는 모든 것을 정복하는 강력한 권세를 가지고 있다. 술람미 여인은 솔로몬에 대한 자신의 사랑을 이러한 죽음에 비유함으로써 자신과 솔로몬의 사랑이 결코 변함이 없을 것이라는 사실과 아울러 그로인해 솔로몬과 자신은 지극한 기쁨을 누리게 될 것을 시사하고 있다.

또한 '여호와 불' 과 같은 것은 무엇을 의미 하는가? 사랑과 비교되는 것을 '투기' 로 표현했으나 조금 표현상 적절치 못하고 '뜨거운 사랑' (케일과 델리취)으로 보아야하고 또 '그 기세가 여호와의 불같다' 는 말은 마치 하나님이 일으킨 불처럼 여기 두 부부의 사랑은 소멸되거나 약하여지거나 꺼지지 않는 것을 더욱 나타내며 여호와의 불은 태양을 예를 들어 산소공급이나 땔감 제공을 안 해도 몇 천 년 몇 백 년이 지나도 소멸, 약하거나 꺼지지 않는 영원한 사랑, 뜨거운 사랑을 하나님의 불같다고 말한 것이다.

홍수도 엄몰치 못하는 것일까? 이 불은 어떤 홍수라도 꺼뜨리거나 소멸시키지 못한다는 문학적 표현이라고 본다. 즉 사랑의 힘은 그 어느 것으로라도 제거하거나 뒤엎지 못한다는 뜻으로서 앞 절에서 사랑을 기세 등등한 불로 비유한 것과 같은 표현인 것이다.

사랑의 강력한 힘은 영원불멸의 속성 그리고 무엇과도 비교할 수없는 고귀한 가치를 드러내고 있다. 솔로몬과 술람미의 사랑은 매우 열정적이며 아름다운 것이었지만 인간이기에 완전무결함을 갖추었다고 보기에는 미흡하다고 본다. 그런데 홍수도 엄몰치 못할 만큼 뜨거운 사랑은 두 사람 사이의 사랑을 좀 과장 법적 표현방식인 문학적기법인 것이다.

한편 우리는 그 어떤 상황에서도 굴복 당하지 않는 홍수도 엄몰치 못할 사랑은 당신의 몸을 상하시면서 까지 구속사역을 성취하신 예수그리스도의 행동을 통해서만 볼 수가 있다고 본다.(롬8:31-39) 그러므로 본 말씀은 궁극적으로 성도를 향한 그리스도의 사랑의 고귀한 가치와 영원불변함. 그리고 무엇과 비교할 수없는 강력함을 상징하는 표현으로 이해 되어야한다.

마지막으로 온 가산, 재산과 바꾸지 못하는가? 여기서 가산은 그 집의 모든 재산 목록에 기록된 전부(보배, 부동산, 동산) 즉 사랑을 온 가산을 주고 바꾸려다 도리어 멸시만 당한다. 그 어떤 것을 주고도 이 사랑은 바꿀 수 있는 것이 이 세상에 존재치 않는 것이다.

주님은 우리위해 이 사랑을 다 쏟아 주셨다. 그래서 이 사랑의 근원이 되셨다. 사랑의 근원으로 그리스도와 비교될 것은 이 땅에서 아무것도 존재하지 않는다. 그런데 우리는 이 예수그리스도 이 세상의 귀한 것과 바꾸려고 든다. 만국의 보배요 인류의 구세주이신 그리스도는 이 땅의 보배요 그 무엇과도 바꿀 수 없다. 그런데 우린 돈 벌기위해 명예 얻기 위해 주님 팔아먹는 자는 아닌지 반성해 보자.

우리가 이토록 귀하신 분의 신부가 되었음에도 세상 유혹에 마음이 뺏겨 주님에 대한 믿음과 사랑이 흔들리고 무너진다면 우리는 정녕 그리스도의 신부라고 말할 자격이 없는 것이다. 솔로몬을 향한 불같은 사랑을 퍼붓던 술람미처럼 주님향한 이런 사랑의 주인공들이 되어야 한다.

술람미 여인이 솔로몬 왕을 향한 사랑을 다섯 가지 요소를 갖추고 있음을 살펴보자

1) 그것은 죽음처럼 강하다. 그 힘은 깨칠 수가 없으며 죽음자체처럼

저지할 수 없는 것이다. 아무도 이 사랑을 저항 할 수 없으며 부인 할 수 없으니 죽음으로만 비교할 수 있을 뿐이다.

2) 사랑의 시기는 성경에서 긍정적 이거나 부정적인 의미가 있다. 긍정적으로 쓸 때는 하나님께 대한 것으로(출20:5, 신5:9) 그 대상에게 일치된 헌신을 가리켰다. 여기서 사랑이 어떤 자를 위해서는 시기임을 가리킨다.(질투)

3) 이 사랑은 하나님 자신에 의해 주어지는 타는 불길이다. 그런데 불길이란 말은 히브리어에서 접미사 yah가있는데 이는 주 여호와의 이름의 단축 형으로 이해되어야만 한다. 그렇다면 사랑은 그 원천이 어떤 육신적 본능에서 기인 된 것이 아니다. 사랑은 여호와 자체에서 나온다. 그가 사랑의 결혼에 참된 원천이시다. 결혼의 태두리 안에서 사랑의 불꽃은 하나님께로부터 온다.

4) 사랑은 많은 물이나 홍수로도 끄기에 불가능하다. 솔로몬은 술람미 여인에게 지위와 보석과 부와 여유에 대한 약속으로도 결혼설득에 실패한 적이 있었다. (후엔 뜨겁게 사랑했지만)

5) 이런 사랑은 어디서나 구혼을 위해 제의되는 어떤 대가보다고 더 가치가 있다. 이것은 사랑의 승리의 면목이며 그것은 하나님께로부터 온다. 그것은 사거나 팔 수 있는 것이 아니다. 따라서 결혼의 유대 안에서 육신적 사랑을 축하하는 이 구절은 그 사랑의 강함과 그 사랑의 끌 수 없는 특성 그리고 그 원천이 여호와 자신인 것이다.

2007. 8. 27.

"사랑은 단어 중에 가장 어려운 단어이다. 하나님의 613가지 계명을 축소함이 10계명이요 10계명을 2개로 축소함이 위로 하나님 사랑과 아래로 네 이웃사랑이다. 이것조차 하나로 축소된 것은 '사랑'이다. 사랑의 근원이 하나님이요 하나님의 결론도 사랑이시다. 우릴 사랑하셔서 구원해 주셨다.

아가서는 사랑을 죽음보다 강하고 홍수로도 엄몰치 못하고 가산 전 재산주고도 바꾸지 못하는 것이라고 추상화를 그린다. 죽음이 필연적인 것처럼 사랑도 필연적이며 홍수로도 엄몰치 못하게 될 만큼 영원하며 어떤 재물과 재산으로는 바꿀 수 없는 너무나 고귀하고 중한 것이다.

사랑의 근원인 하나님이 독생자도 아끼지 않고 우릴 살리시려고 그 아들을 죽이면서까지 우릴 사랑해서 우리는 그의 신부가 되었다. 그런데 이 신부들은 가끔 이런 신랑 예수를 이 세상 것과 바꾸려고 예수를 팔아서 우리 유익을 단단히 챙기는 몰염치한 들이 이 사랑을 회복하여 영원한 행복을 누리라."

성경난해구절 해설시리즈 (성문서 아가서 6-(10)-⑳)

"아가서의 총 결론인 사랑의 완성과 그 능력에서 얻을 교훈들"

아가 8:1-14

A 아가서는 두 연인의 구혼시절(1:1-3:5)과 결혼행렬(3:6-5:1) 그리고 사랑의 갈등(5:2-6:3)과 회복(6:4-7:13) 그리고 사랑의 완성(8:1-14)의 과정을 매우 감각적이고 아름다운 비유를 통해 묘사하였다. 이제 사랑의 완성으로 절정에 도달한 두 연인은 더욱 성숙한 사랑과 완전한 부부애가 소박한 시골을 배경으로 하여 극적으로 펼쳐지고 있다.

신부는 춤을 계기로 더욱 자신을 깊이 사랑하게 된(6:14-7:9) 신랑을 자기 집으로 초청했다. 그래서 두 사람은 술람미 여인의 고향인 수넴에 도착하였고 처음 만났을 때와 같은 완전한 사랑을 느끼게 되었다.

신부는 자신의 사랑을 오누이 관계의 사랑과 비교하여 말하게 되였고 그들의 관심은 친족들에게 까지 확대 되였다. 이와 같은 내용을 통해 본장은 결혼한 부부의 온전한 사랑의 모델을 제시해 주며(엡5:22,23) 더 나아가 예수그리스도와 성도의 완전한 사랑을 예표 해준다.

이러한 내용은 곧 본서 아가서의 총 결론으로 주도적 사상과 특징으로 교훈을 얻는다.

첫째 더욱 온전한 애정표현을 갈망하는 신부(1-4절)

술람미 여인은 사랑하는 남편과 더욱 뜨거운 사랑을 나누고 싶었다. 그러나 고대 근동지방에서는 가족의 경우를 제외하고는 공공연한 애정표현이 지탄의 대상이 되었다. 그래서 여인은 사랑하는 남편이 오라비 같은 관계를 원했고 언제나 자유로운 사랑을 풍성하게 누릴 수 있기를 희구했던 것이다.

이와 마찬가지로 성도는 늘 그리스도와 충만하고 온전한 사랑을 나눌 수 있도록 노력해야 한다. 우리가 하나님의 사랑을 더욱 강력하게 느낄 때 진정한 환희와 능력을 발휘할 수 있는 것이다. 그런데 가끔 성령님의 강력한 역사로 말미암아 일어나는 실제 감정을 과도한 열광주의로 매도하는 경우가 있다. 그러나 우리는 일체의 장애물들을 제거하고 더욱 주님과 온전한 사랑을 나누는 일에 최선의 노력을 경주해야 한다.

둘째 신랑과 신부의 일체감을 더욱 강조하고 있다.(8-10절)

사실 지금까지 본서의 등장인물들은 특징이 뚜렷하여 쉽게 식별할 수 있었고 본서에 대한 각자의 역할과 공헌도 적절하게 분리 되었다. 그러나 이러한 패턴은 본서가 마지막 절정을 향하여 질주하면서 무너져 내린다. 작중인물의 대화는 템포가 빨라지면서 순간적으로 바뀌고 대화의 내용도 매우 짧아지고 있다. 이러한 현상으로 인하여 본장은 신랑과 신부의 합일의 경지를 더욱 강조해주는 인상을 갖게 만들고 있다.

셋째, 구애 단계의 열정적인 요구들을 재현하면서 육체적 사랑을 승인하고 있다.(1,3,14절)

여인은 남편의 애무를 원했으며 더욱 강렬한 관계를 희망했다. 이와 같이 본서는 남편과 아내사이의 육체적 사랑을 하나님께서 승인 하시는 아름다운 그림이다. 이런 의미에서 하나님께서도 창조규례에서 "이러므로 남자가 부모를 떠나 그 아내와 연합하여 둘이 한 몸을 이룰지니라" (창2:24)라고 말씀하신 것이다.

결혼 안에서의 성욕은 결코 더러운 것이 아니다. 결혼은 육체와 영혼의 성스러운 결합이며 서로를 기쁘게 해주어야한다. 남녀가 서로에 대해 갖는 육체적인 매력과 열망이 결혼을 통해 성취되는 것은 자연스럽고 고귀한일이다.

본장을 포함한 본서 전체는 이성간의 육체적 매력에 대해 칭찬하고 부부간의 순결한 사랑과 결합을 적극적으로 권장하고 있다. 이와 같은 사랑을 지키기 위하여 결혼 전의 도덕적 순결을 지속해야하며(4:12) 혼전 성교를 하지 말고(2:7, 3:5) 혼외정사를 엄금해야 한다.(12절, 6:3, 7:10)

넷째, 사랑의 절대성과 능력에 대해 알려주고 있다.(6,7절)

술람미 여인은 본서 전체를 한마디로 요약하여 사랑은 죽음처럼 불가항력적이고 무덤만큼 배타적이며 타오르는 불처럼 격정적이고 많은 물과 강처럼 정복할 수 없이 끈질기다고 말한다. 이러한 설명은 사랑의 힘과 가치를 알려준다. 실제로 주님의 사랑은 죄와 사망의 권세를 이기게 한다.(롬8:2, 고전15:53-58)

만약 어떤 문제가 해결되지 않는다면 그 근본적 이유는 사랑이 없기 때문이다.(마24:12, 딤후3:3) 사랑은 모든 장애를 제거하고 극복하게 만드는 위력을 지니고 있다. 술람미 여인이 '사랑의 노래' 마지막에 부르는 '사랑의 송영' 은 진정한 사랑에 대하여 가장 함축적으로 제시하고 있는 부분이다.

본장을 통한 영적교훈 몇 가지를 적어본다.

1) 사랑은 한 순간 어떤 특정한 사건을 통하여 완성될 수 없다. 진정한 사랑은 순간순간의 서로를 향한 세심한 관심과 배려가 지속적으로

이루어지는 과정 속에서 점차 완성되어져 가는 것이다.(요13:1)

2) 본장은 그리스도를 사모하는 가장 올바른 자세를 가르쳐준다. 실로 그리스도에게 드려야할 성도의 사랑은 끝이 있을 수 없으며 스스로 만족할 수 있는 단계가 있을 수 없다. 따라서 성도는 매순간마다 그리스도께서 주신바 그 누구도 감당할 수 없는 뜨거운 사랑을 기억하고 감사할 뿐이다.

3) 완전한 사랑은 모든 문제를 해결하는 절대적인 능력을 지닌다. 성도가 예수그리스도의 절대적인 사랑의 능력에 의지하여 죄와 사망의 문제까지 해결 받게 된 것은 사랑의 능력을 증명하는 최대의 사건인 것이다.(롬8:35-39)

4) 진정한 사랑으로 인해 파생되는 기쁨과 유익은 직접적 당사자인 두 사람만이 소유하는데 그치지 않고 그 주변으로 까지 확장된다. 사랑하는 연인들 자신에게는 기쁨을 주는 행동이라 할지라도 그 행동이 주위 사람들에게 유익을 주지 못하는 배타적, 이기적 행동이 된다면 그것은 절대사랑의 범주에 들 수 없다.(요일4:20,21)

5) 사랑은 세상에서 제일 강하다. 그리스도 안에 있는 하나님의 사랑은 사망이나 생명이나 천사들이나 권세 자들이나 그 어떤 것으로도 끊어지지 않는다. (롬8:37-39) 사랑은 여호와의 불같아서(해) 홍수라도 엄몰치 못할 만큼 제일 강한 것이다.

6) 사랑은 언제나 적절한 표현을 요구한다. 술람미 여인이 남편에 대한 사랑을 외부적으로 표현하기를 원했던 것처럼 성도는 하나님에 대한 사랑을 구체적인 생활 속에서 드러내야 한다. "하나님의 은혜와 사랑을 늘 감사 찬송 드립니다."라고 고백하셔야 한다.

2007. 8. 28.

"사랑이 메말라있는 삭막한 광야 같은 세상에 시달린 영혼들은 사랑 받기를 소망하고 산다. 사랑을 받되 뜨겁고 풍족한 사랑을 원하고 있다. 바라는 것만큼 우리 주 예수그리스도께 받은 사랑과 은혜를 먼저 보답하는 신령한 신앙은 이런 사랑을 다 더 받을 수 있게 된다.

사랑엔 4가지 종류가 있다. 아가페 적, 신적사랑, 휠리야의 우정적사랑, 스돌케의 부성적사랑, 에로스의 이성적 사랑이다. 젊은이들은 사랑하면 흔히 에로스를 많이 연상하게 된다. 성경의 사랑은 거의가 다 아가페사랑을 말하고 있음을 명심해야 한다.

사랑은 육적 싸구려 사랑도 있지만 고귀하고 놀라운 사랑도 있다. 사랑은 강하다. 그 어떤 것으로 사랑을 단절 시킬 것이 없다. 홍수라도 엄몰치 못할 여호와의 불과 같아서 온 가산을 다 주고도 바꾸지 못하고 부끄럼만 더 할뿐이다. 남은 생애는 사랑의 전도사가 되어야한다."

예레미야 애가

\- 예레미야 애기-

슬프다 이 성이여 본래는 거민이 많더니

이제는 어찌 그리 적막히 앉았는고

본래는 열국 중에 크던 자가 이제는 과부같고

본래는 열방 중에 공주 되었던 자가 이제는 조공 드리는 자가 되었도다

1:1

성경난해구절 해설시리즈(성문서 예레미야 애가 7-(1)-⑧1)

"애가란 성경은 '아 어찌하여' '슬프다' '눈물들' '비탄' 어느 것이 맞는가?"

애가 1:~5:

본래 히브리원전의 제목은 본서 1,2,4장의 첫 단어인 '아 어찌하여' '슬프다' 로 번역된 '에카' (איכה)이다. 그러나 일부 유대인 랍비들에 의해 '슬픈 노래' '조가' 라는 뜻으로 내용을 반영하는 '키노트' (קינות)를 본서의 제목으로 삼았고 이후에 70인 역(LXX)은 이를 의역하여 '눈물들' 이란 뜻의 '트레노이' (*θρήνοι*)를 본서의 제목으로 삼았다. 대부분의 영역은 '비탄' '애도' 라는 뜻 'Lamentation' 여기에 저자의 이름 더하여 'Lamentation of Jeremiah' 를 제목으로 삼았고 한글 개역성경도 이 관계를 따라 '예레미야 애가' 라고 이름을 붙였다.

저자에 대해서만은 명확한 증거는 없지만 유대교나 기독교 전통은 한 결 같이 예레미야를 저자로 한목소리로 낸다. 예루살렘 함락을 직접 목도한 눈물의 선지자인 예레미야를 지적하는데 다른 이견(異見)이 없다.

기록 년대는 예루살렘 멸망 한 BC.586년 직후로 보는 것은 예루살렘 함락 당시의 처참한 상황이 현장감 있게 기록되어 있는 것과 BC.580년에 예레미야가 소천 한 사실을 감안할 때 BC.586년에서 BC.580년 사이로 추정이 되고 있다.

예레미야애가는 한마디로 BC.586년의 바벨론 제국에 의한 예루살렘 함락을 어쩔 수 없이 목도하였던 예레미야 선지자가 그 참화의 현장에서 지은 다섯 편의 슬픈 노래들이다. 무너지고 유린된 예루살렘의 잿더미를 바라보는 경악의 오열, 하나님을 향한 절규와 탄원이 그야말로 주체할 수 없이 터져 나온다.

예루살렘은 하나님의 택한 백성 곧 선민 이스라엘의 수도였다. 해발 약800m의 고원지대에 자리 잡은 그 성채는 견고하였다. 더욱이 예루살렘성전은 하나님이 이스라엘 중에 거하시는 것을 실증하는 하나님의 임재의 처소였다. 그러나 이제 그 위용을 자랑하던 성벽과 왕궁 심지어 하나님의 성전마저 무너져 내리고 불탔으며 보화는 약탈당했다.

1년 반이 넘는(햇수로 3년) 긴 포위 기간 동안 자기자녀를 삶아 먹어야할 정도로 굶주리고 목마르던 백성들은 먼 바벨론 땅으로 노예가 되어 잡혀가거나 남아있을 수 있다고 하여도 매 맞거나 능욕을 당해야하였다. 점령군들의 포악스러운 고함과 점령당한 자들의 비명이 끊일 날이 없었다. 살육과 약탈이 휩쓸고 나간 자리에는 치욕과 절망만이 남아 있었다.

이 같은 패망의 참회가 휩쓸고 지나간 현장을 바라보는 선지자 예레미야의 심정은 만감이 교차하였다. 자신이 바로 얼마직전까지도 유다와 예루살렘을 향하여 외쳤던 심판의 경고가 실현된 것이었다. 그러나 선지자는 끝내 회개하지 않다가 멸망당한 백성을 향하여 지금이라도 여호와께 돌아와 구원의 은혜를 입고 선민역사를 회복할 것을 촉구한다. 이 같은 선지자의 복합적 메시지가 바로 이 다섯 편의 슬픈 노래들 즉 애가 속에 함께 녹아있다.

그리하여 애가서의 핵심메시지는 절규, 회개, 소망 이 세단어로 축약될 수 있다. 먼저 선지자는 예루살렘함락의 그 처절한 정경에 한 인간으로서 억누를 수 없는 충격과 비탄에 절규한다. 그러나 거기서 머무는 것이 아니라 이 같은 심판을 초래한 원인이 과거 선민의 타락에 있음을 직시하고 회개를 촉구한다.

그리고 하나님의 자비와 긍휼에 의지하여 이제 심판의 때가 지나면 하나님이 자신들 선민을 회복시켜 마침내 메시아의 영원한 승리의 나라에 이를 때까지 선민 역사를 다시 이어가게 해 주실 것을 믿고 소망을 선포한다.

그리하여 너무나 참담한 현재를 향하여 무엇보다 먼저 터져 나올 수 밖에 없는 절규, 현재의 심판을 초래한 과거 범죄에 대한 회개의 촉구, 하나님의 구속사적 은혜에 의한 미래의 소망 이 세 가지가 애가서 다섯 편의 노래에 함께 녹아있는 것이다.

구약 선지서 17권은 그 구체적 시대 배경과 세부내용은 다소 다르지만 그 핵심주제는 타락한 이스라엘 남, 북 왕국을 향하여 이방제국을 통해서 집행될 심판과 일정기간의 심판의 때가 지난 이후의 하나님의 용서에 의한 선민 역사의 회복이었다.

심판메시지의 구심점은 예루살렘함락이며 회복의 메시지와 핵심은 바벨론 포로귀환이었다. 따라서 애가서는 모든 선지서의 심판의 메시지가 이제 결정적으로 완전히 실현된 시점에서 새로이 회복의 메시지의 실현이 가장 절실하게 대망되는 시점에 씌어진 '현장의 노래' 였던 것이다.

애가서는 예루살렘함락의 현장에서 쓰여 진 서로 독립된 다섯 편의 노래들의 모음집이다. 그 기본 주제 상 앞의 네 편의 시는 비탄 시이며 마지막 다섯 번째 노래는 기도 시이다. 그리고 앞의 네 편의 비탄 시는 답관체 즉 각행의 첫머리에 히브리어 알파벳 22자가 순서대로 나오는 두운을 가진 정형시이다. 하지만 다섯 번째 노래는 22행으로 구성되기는 하였지만 답관체 형식을 취하지는 않았다. 이는 의도적 파격으로 보인다.

이 다섯 편은 물론 각각 완성된 독립된 시들이면서도 서로 점층적 관계에 있기도 하다. 즉 제1편은 예루살렘멸망의 참상자체를 제2,3편은 그 원인의 지적과 회개촉구를 제4편은 예루살렘의 재건과 선민 역사에 대한 회복의 소망을 주로 강조한다. 특히 제5편 노래는 이스라엘의 회복을 직접적으로 간구하는 기도이다.

그리하여 이 다섯 편의 일단은 서로 독립된 시들로서 예루살렘함락을 목도한 선지자의 심경을 다중적으로 보여주고 있다. 그러나 동시에 다섯 편 각각의 기본관점이 현재에 대한 절규에서 시작하여 과거의 범죄에 대한 회개를 통하여 미래의 회복을 바라는 것으로 발전함으로써 서로 유기적으로 연결되는 점층적 관계를 보이고 있기도 한 것이다.

특별사항으로 본서는 각 절기별로 지성되어 낭독되는 오축(Five Megilloth) 가운데 하나로 예루살렘함락일인 압월(Ab) 제9일에 애가서를 공공집회소나 유대인 각 가정에서 낭독되었다. 〔유월절(아가서), 칠칠절(룻기), 초막절(전도서), 부림절(에스더서)〕

히브리원어 상으로 살펴볼 때 본서에서는 번역본으로는 파악하기 힘든 리듬이 발견되고 있는데 그것은 만가에 주로 사용되어 비감한 분위기를 자아내는 키나(qrnah)리듬이다. 이 리듬은 '절뚝거리는 리듬'이라고도 불리 우며 장례식행진에 참여한 자들이 질질 끄는듯한 걸음걸이에 적합한 것으로 여겨지는 리듬이다.

본서는 모든 성경 중에서 죄의 결과로 초래된 심판으로 인한 고통과 슬픔이 가장 극명하게 드러난 책인 동시에 절망과 고통이 깊은 만큼 하나님의 구원에 대한 소망 역시 더욱 사무치게 드러나 있는 책이다. 따라서 이 짧은 본서의 분량 안에는 고뇌와 비탄의 신학과 함께 소망과 확신의 신학이 역설적으로 완벽한 조화를 이루고 있다고 볼 수 있다.

예루살렘이 바벨론에 함락된 BC.586년 당시 활약한 선지자로 예레미야, 다니엘, 에스겔, 오바댜 등이 있으나 직접 예루살렘의 함락을 목격하고 이를 자신의 선지서에 언급한 선지자로는 예레미야가 유일하다. 즉 예루살렘성 함락을 직접 목격하고 현재형으로 기록한 선지자는 예레미야뿐이다.

2007. 8. 29.

"예레미야 애가서는 히브리책명은 '아 어찌하여' '슬프다'이고 랍비들은 '슬픈 노래' '조가'이고 70인 역(LXX)은 '눈물들'이라고 불렀다. 그러나 영역성경에서는 '비탄' '애도'라는 말 앞에 저자인 예레미야도 붙였다. 우리성경은 '애가'라고 불렀으니 책명으로는 이 8개의 이름들이 모두 다 맞다. 번역하다보니 약간의 변동이 있는 것 같으나 본뜻은 똑같다.

BC.586년 예루살렘 멸망을 목격한 저자가 ①비탄의 오열 ②회개 촉구 ③하나님께 기도해서 용서와 귀환 소망의 내용을 5편의 시로 구성 되었고 1-4장은 답관체로 히브리어 알파벳 22자의 첫 글자 따라 노래했고 5장은 답관체 형식은 아니었다. 다섯 편의 시는 각각 독립되었으면서도 동시에 기본관점(절규, 회개, 소망)이 다섯 편 시속에 녹아져 있는 것이다."

Q "왜 우리는 예레미야 애가서를 읽어야하며 무엇을 배워야 하는가?"

애가 1:1-22

A 예레미야 애가는 히브리 성경에서 세 번째 그룹인 성문서(Kethubim)의 두 번째 단락인 오축(Five Megilloth)이다. 이 오축의 다른 책들은 역사서의 룻기, 솔로몬 지혜서인 아가서와 전도서 그리고 역사서인 에스더서이다.

특별히 이 책들은 중요 절기 때면 낭독되는 '메기 롯' (두루마리들)으로써 유월절 때는 아가서를 낭독하고 온 가정에서도 읽고 성력 3월 칠칠절 때는 룻기서를 낭독하고 5월(압월) 제9일은 성전파괴일이라 본서인 애가서를 낭독한다. 그리고 7월 초막절에는 전도서를 또 12월 부림절 때는 에스더서를 낭독하는 것이 관례이다.

예레미야 애가는 재난의 원인이 된 죄에 대한 고뇌의 고백과 함께 예루살렘의 멸망에 대하여 슬픔의 울부짖음을 기록하고 있다. 이 책은 주전 586년 예루살렘과 그 성전의 파괴일인 성력으로 5월9일에는 성전파괴 일을 기념하여 공식적 모임에서 애가서를 반드시 낭독한다.

예루살렘 멸망이나 성전의 파괴는 하나님에 대한 배교에 대한 하나님의 심판이라고 믿게 된다. 그들은 예레미야 선지자의 끈질긴 경고와 회개의 설득을 듣지 않았고 심판을 자초하고 말았다. 결국 그들은 신명기 28장에서 언약을 깨는 경우에 하나님이 징계하시리라고 경고하신 예언의 말씀대로 되고 말았다.(신28:15-68) 거기서 모세를 통해 약900년 전에 예언 된 모든 저주가 그대로 성취된다.

그 예를 들어본다면 다음과 같이 비교분석할 수 있다.

1) 자녀들이 포로가 될 것이다.(신28:32, 애1:5)

2) 사람들이 예루살렘을 비웃을 것이다.(신28:37, 애2:15)

3) 부모가 그들의 자녀들을 잡아먹을 것이다.(신28:53, 56-57, 애2:20, 4:10)

4) 집들은 외국인들이 차지할 것이다.(신28:30, 애5:2)

5) 사람들이 기근을 경험할 것이다.(신28:48, 애5:10)

6) 여인들이 능욕을 당할 것이다.(신28:30, 애5:11)

7) 노인들이 존경받지 못할 것이다.(신28:26, 애5:14)

또한 패망의 현장에서 읊픈 선민의 처절한 비탄, 회개, 소망을 노래한 연작시

제1애가(1:1-22), 패망의 참상에 대한 비탄과 여호와의 관심호소.

결과론적 관점에서의 전락, 적막, 포수 등 패망으로 닥친 현실상황에 대한 비탄(1-4)원인론적 관점에서의 패망을 야기한 여호와의 심판 집행에 대한 비탄(5-9a) 원수와 대적에게 고통을 받는 선민을 향한 관심호소(9b-11) 죄악에 대한 징벌로써의 원수를 통한 패망에 대한 비탄(12-15) 여호와의 징벌로 패망의 고통을 당하는 자로서의 고독과 절망에 대한 비탄(16-19) 여호와의 징계를 당하는 자로써의 여호와의 관심호소와 원수심판 간구(20-22)

제2애가(2:1-22) 진노의 심판에 대한 비탄과 중보자적 권고 및 호소.

여호와의 진노의 심판에 대한 경악과 비탄(1-12) 진노의 심판을 당

한 예루살렘을 향한 중보자적 권고(13-19) 진노의 심판을 행하신 여호와를 향한 중보자적 호소(20-22)

제3애가(3:1-66) 여호와의 징벌의 고통에 대한 절규와 소망회복, 고백 및 간구

여호와의 격정적 징벌을 당하는 자의 터져 나오는 절규의 열거 (1-18)

선민을 진멸치 않으실 여호와 안에서의 소망회복 고백(19-23) 하나님과 사람 앞에서의 선지자 자신의 여호와 절대 신뢰 고백(24절) 여호와의 징벌로 신음하는 선민을 향한 중보자적 권고(35-41) 여호와를 향한 선민의 고통에 대한 중보자적 대변과 호소(42-46) 참담한 현실에 대한 선민들의 슬픔과 낙심(47-54) 여호와의 기도 응답과 원수들에대한 심판간구(55-66)

제4애가(4:1-22) 선민의 전락과 피폐의 비탄(1-10)

선민의 패망의 원인 상고와 그 주역들에게 닥친 재앙의 참상들(11-20) 여호와의 선민 징계종료와 이방심판 개시선언(21-22)

제5애가(5:1-21) 선민패망의 고통호소와 회복간구

범죄의 시인과 패망의 심판으로 인한 고통호소(1-18) 여호와 절대 신앙에 근거한 선민회복의 간구(19-20) 여호와의 심판의 고통에 대한 최후의 호소(21절)

따라서 예레미야 애가는 하나님께서 그를 찾는자에게 성실하시며 사랑하신 다는 메시지를 소개하고 있으며(애가3:19-39) 역시 축복과 함께 저주의 언약적 약속을 성실하게 책임지신다는 사실을 잘 가르쳐주고 있습니다.

그러나 더 나아가 저자는 진정하게 회개한 백성을 위해서는 시련 후에 회복과 축복의 때가 도래한다고 확신한다. 다시 말해서 하나님의 선하심을 확신하고 있는데 이것은 언약관계에의 확고한 부분이었다. 왜냐하면 바울이 지적한 대로(롬11:1), 하나님이 그의 언약백성을 온전히 배척하지 않으실 것이기 때문이다.(신30:1)

그럼에도 불구하고 예레미야 애가는 우리에게 과거 하나님의 축복이 우리가 죄에 지속적으로 빠져있을 때 까지도 지속될 것이라는 확신을 할 수 없게 한다. 하나님은 인내하시며 사랑하시므로 누구도 멸망하는 것을 원치 않으신다.(벧후3:9, 딤전2:4) 그러나 모든 경고를 다 무시한다면 그의 심판 밖에 남을 것이 없을 것이다.

예레미야 애가는 오늘 우리에게 시련이 오기 전에 영적 성숙이 필요함을 가르쳐준다. 또 욥기가 개인적인 고난을 다루고 있다면 예레미야 애가는 그 용어에서 국민적이고 역사적인 위기를 다루고 있다.

하나님에 관해서는 사랑의 하나님이시면서 역시 공의의 하나님이심을 보여 준다. 구원의 하나님이시면서 역시 심판의 하나님이시다. 더 나아가서 하나님은 말씀하신대로 시행하시는 성실하시며 전능하신 분이심을 가르쳐준다. 하나님은 그를 찾는 자녀에게 상을 주시며 범죄 한 자녀에게는 징계하신다.

그러므로 범죄한 영혼이 징계와 심판을 피할 수 있는 길은 회개뿐이다. 따라서 예레미야 애가서는 예루살렘의 멸망은 유다가 마땅히 받아야할 운명이지만 이 파괴를 유다에게 자초하게하신 하나님께서는 축복에 대한 필연적인 조건으로서 그의 백성의 확고한 신뢰와 충성을 요구하시는 언약의 하나님이시므로 그의 하나님의 신실성에 근거하여 장래에 소망을 기대하여 선지자는 도고의 기도를 드린 것이다.

2007. 8. 30.

"우리도 예레미야 애가서는 낭독되어야할 날이 있다. 국치일이나 6.25

사변일 군사혁명과 같은 하나님의 징계로 국가적인 큰 고난에 처하게 된 날이면 이 애가서를 낭독하고 처참한 징계에 대한 절규와 해결방법은 회개와 하나님의 도우심으로 원상회복을 위한 소망적 기도인 것이다.

기독교 130년의 역사 속에서도 기독교가 타락 될 때마다 국가적으로 위기가 닥친 역사를 우리가 잘 알고 있다. 슬픔과 절규 속에서 비통해 할 때는 하나님이 참고 참으시다가 내리신 재앙이니 다 받아야만 회복의 기회가 온다. 하나님의 계산은 틀림이 없어 우리의 배교는 곧 징계로 이어진다.

예레미야 애가의 선지자의 끈질긴 설득과 경고를 무시한 채 배교한 유다에게 내린 신명기의 저주와 애가의 저주를 비교분석한 7가지 제 1애가로부터 제5애가에 이르기까지 중요 내용들을 장절로 구분케 하신 후 우리가 왜 애가를 읽어야하고 배워야할 당위론을 자세히 기술하게 되었다."

Q "애가서의 다섯 노래들의 공통주제와 구속사적 교훈은?"

애가 1:~5:

A 애가서는 구약선민 이스라엘의 잔존 왕국이었던 남유다 말기와 바벨론 포로를 전후한 실로 경악스럽고도 수치스러운 역사의 격동기를 하나님의 선지자로 살았던 예레미야가 선민역사 최대의 굴욕이요 참사였던 예루살렘 패망 후 쓴 노래들의 모음집이다.

즉 이제 더 이상 돌이킬 수없이 타락했던 구약선민 이스라엘에 대한 하나님의 심판으로 그 수도요 여호와의 임재의 상징이었던 성전이 위치하던 예루살렘마저 마침내 함락되고 살육을 피한 거민들은 이방인들의 포로로 끌려가야만 했던 BC.586년의 예루살렘 대 함락사건을 온몸으로 체험하고 나서 그 폐허의 현장에서 쓴 다섯 편의 시들의 모음집이다.

제1장에서 4장까지의 네 편의 비탄 시와 제5장 한편의 기도 시 등으로 구성된 이들 5노래들은 일단은 각각 독립된 노래들인 동시에 함께 모여 예루살렘함락에 즈음한 선민의 고뇌와 간구를 다중 적으로 제시하는 양상을 띠고 있다.

즉 이들 다섯 노래들은 각각 완성된 한편씩의 독립된 시들이면서도 모두가 다 예루살렘함락을 다루되 각각 그 어느 한 측면만을 보다 강조하여 노래하는 시들로 함께 모여 애가서를 구성함으로써 예루살렘 패망과 이를 목도하는 선민의 심경의 면면을 망라하고 있는 것이다.

그러므로 애가서의 다섯 노래들 각각을 개별적으로만 연구하면 부분적 연구가 될 수 있고 전체의 입장에서만 보면 도식적 파악이 될 수 있다. 그러므로 애가서의 다섯 노래들은 전체와의 관련하여서 각 편을 그리고 각 편의 유기적 모음집으로서의 전체를 동시에 고려하여야 한다.

따라서 애가서의 경우는 다섯 노래들 각각의 관점과 강조점의 차이는 그것대로 살필 수가있고 본 단락에서는 다섯 노래들 모두가 예루살렘 함락이라는 동일한 사건을 노래하면서 공유하고 있는 다음 네 가지의 기본 주제들에 담긴 전반적인 구속사적 교훈들만을 함께 연구하기로 한다.

1) 그 옛날 출애굽사건을 통하여 하나님과 선민언약을 맺음으로써 세계만민 중에 유일한 선민이 되었던 이스라엘 민족의 잔존왕국이었던 유다는 물론 하나님의 임재의 상징적 처소였던 성전이 위치하여 단순한 정치중심지가 아니라 여호와 신앙의 영원한 요람이기도 하였던 거룩한 도성 예루살렘마저 처참하게 함락되어 살육, 약탈하는 경악스러운 현실 앞에서 실로 걷잡을 수 없이 터져 나오는 절규 또는 비탄이다.

2) 예레미야가 하나님의 선지자로서 그 영욕을 주체할 수 없는 극심한 두려움과 고통을 분연히 떨치고 백성을 향하여 그들이 당장 목도하고 있는 성도 예루살렘의 패망은 하나님의 징계로서 그 궁극적 원인은 다름 아닌 자신들의 끝없는 패역이었음을 각성시키며 촉구한 회개의 권면이다.

3) 예레미야가 이제 전 선민을 대표하여 하나님을 향하여 실로 후들거리는 영육을 가다듬으면서 간절히 드린 조속한 구원과 회복의 간구이다.

4) 인간의 눈으로는 그저 암담한 절망만이 자욱한 시대를 넘어 예레미야가 하나님의 전능하심과 신실하심에 근거하여 과감히 선포한 회복

과 구원이 소망이다.

한편 주저하다시피 예레미야는 BC.586년의 예루살렘 함락이라는 단회적사건에 대한 노래들만을 남긴 것이 아니다. 그는 예루살렘의 결정적 함락 이전 및 이후까지 망라하는 BC.627-580년 사이의 근 50년에 걸쳐 줄기차게 그 함락은 물론 미구에 있을 회복까지 이미 함께 예언하여 왔던 선지자였다.

따라서 그가 성도 예루살렘의 함락이라는 대 사건에 즈음하여 남긴 노래들에는 처참한 패망과 살육의 현장 한복판에서 어쩔 수없이 터져 나오는 생생한 절규와 함께 이를 계기로 민족적 대 회개를 유도함으로써 예루살렘 패망이라는 대 비극을 오히려 전 역사의 절대주권자로서 선민은 물론 열방 만민의 흥망과 그 영원한 종말론적 승패가 홀로 결정하시는 하나님과 새로운 관계를 맺는 전기로 승화시키려는 원대한 구속사적 비전이 함께 녹아 있는 것이다.

그러면 이제 이러한 예레미야의 다섯 노래들의 공통주제들에 담긴 전반적인 구속사적 교훈을 상술하므로 은혜 나누길 바랍니다.

첫째, 우리는 무엇보다 먼저 그토록 패역을 거듭하던 예루살렘이 마침내 하나님의 징계로 처절할 정도로 엄정한 심판을 당한 사실에 주목하게 된다. 구약시대 구속사의 주요 전개통로였던 구약선민 이스라엘이 그토록 거듭된 하나님의 권면과 촉구를 끝내 저버리다가 마침내 하나님의 임재의 상징이었던 성전이 위치했던 그 수도 예루살렘마저 함락된 이 참람한 사건은 더욱 먼 옛날의 노아 대홍수와 함께 다 시 한번 타락한 인간의 죄성이 얼마나 뿌리 깊고 또 악한 것인지를 새삼 발견하게 된다.

또한 이는 끝끝내 하나님의 구속사적 통치와 그에 대한 순복을 거부하는 인간을 향하여 미궁에 전 역사를 마감할 종말론적 대심판이 있을 것이라는 사실을 엄정히 제시하는 산 예표로 오늘날에도 경고를 발하고 있다.

둘째, 우리는 예레미야가 예루살렘의 함락으로 전 역사가 종결되었거나 아니면 이것으로 이스라엘이 하나님의 선민의 지위를 영영 상실한 것도 아님을 기억하면서 그저 공포와 치욕에 떨던 당시의 백성들을 향하여 실로 피 흘리는 병자를 싸메는 심정으로 조속히 그 궁극적 원인이 바로 그들 자신의 죄악이란 사실을 지적하며 오직 회개를 촉구한 사실의 교훈을 되새겨야한다.

구약시대 이스라엘 백성들은 하나님의 임재의 상징인 성전이 있는 한 자신들의 도성예루살렘은 영원할 것이라는 극히 맹목적이고 형식적 신앙에 빠져있었다. 그리하여 예루살렘이 패망하자 이들은 이제 하나님이 자신들을 버리셨거나 아니면 아예 하나님 자신이 절대유일하신 참 하나님이신 것이 아니라 이방인들이 믿는 신들보다 열등한 여러 신들 중의 하나에 불과한 것이 아닌가하는 깊은 절망과 회의에 빠져들 수밖에 없었다.

이에 예레미야는 예루살렘의 패망은 다만 더 이상 돌이킬 수 없을 정도로 타락한 자신들 곧 선민을 하나님이 잠시 치심으로 오히려 과거를 일소하고 새 역사를 창출할 결정적 계기를 주시기위한 일시적 징계일 뿐임을 간파하며 오직 회개를 촉구하였던 것이다.

그렇다. 궁극적으로 태초에서 종말에 이르는 모든 세대의 인간들이 온갖 죄와 질고에 휩싸여 살아가다가 마침내 죽어야만 하는 비극의 근원은 바로 우리들 인간의 죄인 것이다. 그리하여 영적으로 볼 때 바로 지금 우리들 자신의 심령은 그 옛날 살육과 파괴의 현장이던 예루살렘 이상으로 황폐해져 있는 것 아닌가! 그러므로 우리는 매순간 나 자신과 전 역사를 돌아보며 하나님 앞에서 우리 주 예수그리스도의 구속의 공로를 더욱 힘입어 모든 죄성의 오염을 벗기 위하여 몸부림쳐야 하겠다.

셋째, 우리는 예레미야가 그 공포와 혼돈의 와중에서도 선지자로서 자신의 시대적 소명을 다하여 전 선민을 대표하여 때로는 주체할 길이 없이 터져나오는 호소를 때로는 하나님의 공의와 자비에 의지하여 조속한 구원과 회복을 간구한 사실을 묵상하여야 할 것이다.

여호와 하나님은 자존하시는 절대 초월자요 말씀으로 천하 만물과 우리 인생을 지으신 창조자로서 우리 인생의 주권자이시다. 또한 전 구속사의 도정이 증언하는바 하나님은 타락한 우리 죄인을 위하여 삼위일체 하나님중 제2위 하나님이신 성자 예수그리스도를 대속 제물로 희생시키고 나아가 오순절 성령강림 이후 제3위 하나님이신 성령을 우리 안에 내주시켜 주심으로써 결국 당신 자신이 우리를 위해 죽으시고 당신 자신이 우리 안에 거하시기 원하시는 자비와 은총의 하나님이시다.

따라서 모든 인생의 궁극적 구원은 오직 하나님 안에서만 이루어 질 수 있으며 또한 이루어지고 있기도 하다. 그러므로 먼저 늘 흔들리고 방황함으로써 그 옛날 무너져 내린 예루살렘성 한 구석에서 두려워 울부짖던 예루살렘 거민들보다도 더욱 가련한 영적 상태에 머물고 있는 나 자신과 나아가 우리 모두를 위하여 하나님께 두 손을 들자.

넷째, 우리는 예레미야가 그 누구도 절망할 수밖에 없었던 암담한 현실에서도 여호와 하나님께 대한 절대 신앙으로 하나님의 백성인 자신들 선민의 조속한 구원과 세계만방에 대한 승리를 소위 선취적 신앙으로 확산하고 절망에서 소망으로 비약한 사실에 주목하여야 한다.

실로 역사는 저 혼자 끝없이 이어지는 무의미한 시간의 연속이 아니라 이미 태초 아담의 범죄로 즉각 영벌에 처하여만 했었던 세상과 인간에게 우리 주 예수그리스도의 십자가 구속수난을 정점으로한 구속 구원법을 새로이 주시고 이를 중심으로 태초에서 종말을 향하여 직선적으로 흘러가는 역사를 구속사로 승화시켜 가시는 하나님의 경륜의 도정이다.

그리고 이 도정은 인간의 범죄에서 시작하여 그 범죄의 극복으로 귀결되어 가는 과정이다. 그러므로 우리는 넓게는 구속사의 구비 구비마다 좁게는 우리 각자의 인생 여정의 때마다 시마다 죄로 인해 야기된 질고에 처할 때마다 끝내 절망에 머무는 것이 아니라 그 어떤 상황도 초극하고 더욱더 원대한 소망으로 비약할 수 있는 것이다. 여호와 하나님 안에서는 절망과 패망은 없는 것이다.

2007. 8. 31.

"애가서의 다섯 노래들의 공통주제 4가지는 중요하다. ①선지자의 절규와 비탄은 나라 멸망보다 하나님의 성전 파괴에 애용한다. ②하나님의 징계로온 패망 극복은 죄 문제해결인 회개뿐이다는 점. ③선지자답게 절망 가운데서 하나님을 향한 회복소원 기도이다. ④선지자의 선포로 이스라엘의 회복과 구원의 소망을 노래한다.

애가서의 다섯 노래들의 전반적인 구속사적 교훈들도 보배이다. ①하나님의 종들의 수없는 경고와 권면 촉구를 저버리고 죄에 빠진 이스라엘은 처참한 참상을 당했다. ②성전과 법궤를 우상 섬기듯 섬기고 하나님의 법과 말씀을 떠난 이들에게 회개를 촉구하고 ③하나님의 공의와 자비에 의지하여 간구하고 ④소망을 가지고 회복을 바란 기도였다.

1장에서 4장까지의 비탄시와 제5장의 기도시로 구성된 애가서는 패망될 즈음에 선민의 고뇌와 간구를 제시함은 우리 모두에게 각성제로 주신 것이요 각각 독립적으로 개별적인 하나님의 섭리와 전체의 입장에서 보면 도식적인 하나님의 섭리가 파악된다. 슬픈 노래가 기쁜 노래로 바뀌는 그날까지 전진하라."

Q “하나님의 영광을 상실한 자에게는 어떤 결과가 오는가?”

애가 2:1-22

A 이스라엘에 대한 하나님의 징계는 외형적으로 바벨론의 군사적 침략으로 드러났는데 이러한 사실의 진정한 원인은 종교적인 성격을 지닌다. 저자는 유다와 예루살렘의 멸망원인은 정치적인 사회적인 군사적 열세 때문이 아닌 하나님에 대한 반역으로 하나님의 영광이 떠난 자에게 내린 재앙이었다고 생각하며 탄식하고 비통해하고 있었다.

애가의 두 번째 장인 본장의 두드러진 신학적인 특징은 예루살렘 패망이 하나님의 진노의 결과였음을 강력하게 시사하는 점이다. 물론 1장에서도 이와 같은(1:12) 결과를 밝힌바 있지만 본장에서는 더욱 집중적으로 강조하고 있는 것이다.(1-4, 6절)

이처럼 선지자는 예루살렘 패망이 하나님과의 관계에서 비롯된 것이라는 점을 부각시킴으로써 이스라엘이 정상적인 삶을 회복하기위해서는 지난날의 죄악을 회개하여 하나님의 용서를 받고 하나님의 사랑을 받기위해 하나님께 돌아와야 한다는 메시지를 강하게 제시하고 있는 것이다.

하나님의 심판을 의인화해서 ‘삼킨다’(swallow up)라는 표현을 4번이나 사용함으로써(2,5,5,16) 이스라엘의 철저한 상황을 더욱 부각시키신다. 결국 저자는 패역한 이스라엘에 대한 심판을 통하여 이스라엘 백성과 하나님의 독특한 관계를 역설적으로 강조하고 있는 것이다.

1. 여호와의 진노로 인한 심판(1-9)

예루살렘을 의인화시켜 현재의 이스라엘 상황을 탄식조로 묘사했던 전장에 이어서 본 단락에서는 좀더 구체적으로 예루살렘의 패망의 원인을 묘사하고 있다. 저자는 극도의 슬픔에 잠겨있으면서도 이스라엘 상황을 냉정하게 관찰하고 있으며 독자들에게는 슬픔의 원인을 파악할 수 있도록 유도하고 있다.

1) 하나님의 전국가적인 심판(1-5절): 이스라엘은 아브라함의 후손으로써 하나님의 선택된 민족이요 거룩한 나라였다. 하나님은 초자연적인 능력으로 구원의 역사를 진행시키셨고 모든 삶을 구체적으로 인도하셨다. 이처럼 이스라엘은 하나님의 은혜로 열방 중에서 건짐을 받은 언약백성이므로 하나님께 특별한 헌신을 바쳐야 한다. 그럼에도 불구하고 배은망덕하였을 때 하나님은 전 국가적인 심판을 수행하게 된다.

2) 하나님의 종교적 중심지에 대한 심판(6-9절): 하나님과 이스라엘 백성들의 진정한 관계는 성전에서 이루어지는 의식적 영역(cultic realm)에서 밀도 있게 다루어져왔다. 사실 하나님과 이스라엘 백성들 간의 관계를 가장 직접적으로 확인시켜 주는 곳은 바로 성전이다.

그런데 바로 이 성전이 부패하고 타락했으므로 하나님은 가혹한 심판을 내릴 수밖에 없는 것이다. 이러한 사실은 이스라엘백성들에 대한 심판의 궁극적인 원인은 하나님과 이스라엘백성과의 신앙적 관계에서 비롯된 것이다. 예루살렘의 패망을 군사적 열세가 아니라 하나님이 직접 진행시킨 하나님의 징계인 것이다.

2. 하나님의 백성들의 슬픔(10-17)

이스라엘 전 영역에 대한 하나님의 심판을 소개했던 전 단락에 이어서 본 단락에서 공동체를 구성하고 있는 하나님의 백성들의 슬픔에 대해 언급하고 있다. 저자는 먼저 이스라엘의 황폐화된 모습들을 상기시키고 나서 이 상황을 경험하고 있는 이스라엘백성들의 슬픔을 묘사함으로써 극적인 성격을 더 해주고 있는 실정이다. 이러한 전개방식은 독자들을 자연스럽게 당시의 정황으로 인도해 주며 유다백성들의 고통에 동참하도록 이끌어 주고 있다.

본 단락에서는 저자 자신의 극도의 슬픔을 묘사하는 부분이 등장한다. 이러한 표현은 사실적인 진술이라기보다는 감정적 묘사라고 할 수 있겠다. 히브리인들은 '간' 을 심각한 감정적 반응과 연결되어 있다고 생각했다. 그러므로 저자는 '간이 땅에 쏟아졌다' 라는 표현을 통해 마음이 극도의 고통과 아픔으로 가득차 있음을 상징적으로 표현하고 있는 것이다(11절)

그런데 이와 같은 슬픔은 단지 인간적인 슬픔이라기보다는 하나님과 이스라엘백성들의 관계가 파기된 상황에서 나오는 신앙적인 슬픔이었다. 이러한 관점에서 선지자의 슬픔은 동시에 하나님의 슬픔이라고 볼 수 있다. 하나님께서는 언약백성의 배도에 따른 자신의 슬픔을 선지자들 통해 간접적으로 드러내고 있다.

1) 하나님의 참된 백성은 심판을 당할 때 진정한 회개를 하게 된다.(10-12절)

이스라엘에게 닥친 심판은 비록 부정적이긴 하지만 하나님의 역사를 경험하게 되는 중요한 계기가 된다. 하나님은 징계를 통해 자기백성들을 연단하시고 새로운 소망을 제시해 주신다. 그러므로 심판을 경험하는 하나님의 참된 백성은 불평과 원망으로 가득차기 보다는 하나님의 역사하심을 깨닫고 자신의 죄를 발견하며 회개에 이르게 된다. 즉 자신이 하나님과의 관계에서 얼마나 멀어져 있는가를 발견하고 하나님의 긍휼을 구하는 자리에 나가게 되는 것이다. 참된 신앙은 역경에 대한 반응에서 드러나게 된다.

2)하나님의 심판의 원인 가운데 하나는 거짓선지자의 거짓가르침을 받아 드렸다는 것이다.(14절) 선지자는 하나님의 계시를 그대로 이스라엘에게 전달해야하는 신분 이였다. 그런데 선지자가 하나님의 계시를 잘못 전달하거나 받지도 않은 계시를 자의적으로 전달하는 것은 이스라엘백성들을 멸망으로 인도하는 촉매 역할을 한다. 바로 이러한 계시 왜곡이 이스라엘백성들을 심판의 상황으로 몰고 가는 주된 원인이 되었던 것이다. 말씀에 대한 성실한 선포가 없을 때 타락은 가속화 된다.

3)하나님의 백성들이 하나님의 말씀을 불순종했을 때 세상 백성들보다 더욱 수치스러운 상황을 경험하게 된다.(15-17절) 이스라엘백성들은 언약을 수여받은 자들로서 하나님의 특별한 보호와 사랑을 받은 만큼 더욱 거룩하고 성결한 삶의 질이 요구 되였다. 즉 독특한 특권과 신분을 향유한 만큼 의무와 책임의 온전한 이행이 필요한 것이다. 만약 하나님의 백성으로서의 삶이 결여된다면 세상 백성들보다 더 수치스러운 상황을 경험하게 된다.(15절)

3. 기도와 응답(18-22절)

이스라엘의 수치스러운 상황은 저자로 하여금 하나님께 간구하게 되는 요인이 되었다. 그래서 본 단락은 여호와께 참된 긍휼을 바라는 기도를 주요 내용으로 하고 있다. 이러한 방향전환은 하나님만이 이 상태를 회복시킬 수 있는 유일한 구원자임을 철저하게 인식하는 데서 오는 현상이었다.

1) 예루살렘성은 하나님께 참된 회개를 해야 한다.(18-19절)

저자는 예루살렘이 하나님께 돌아오기 위해서는 진정한 눈물을 흘리는 회개가 뒤따라야 한다는 점을 강조한다. 지금까지의 형식적이고 외식적인 제사에서 벗어나 마음을 찢고 통곡하는 진정한 영적예배를 드려야 한다는 것이다. 이처럼 하나님과 인격적 교제를 맺을 때 진정한 변혁과 갱신이 가능해 진다. 저자는 무감각한 백성들을 향해 각성을 촉구하며 현재의 상황이 얼마나 슬픈 일인가를 깨닫고 돌아오도록 하고 있다.

2) 예루살렘성은 자신의 현재 상태를 있는 그대로 하나님께 고백해야 한다.(20-22절)

예루살렘은 더 이상 과거의 영광에 대한 집착이나 특권의식에 매달려 현실을 호도해서는 안 된다. 오로지 간구해야만 한다.(20절) 현재의 비참한 상황을 그대로 받아들이고 인정하면서 하나님께 매달려야한다. 하나님만이 모든 문제를 해결할 수 있는 유일한 구원자임을 인식하면서 탄원할 때 오직 긍휼을 기대할 수 있는 것이다. 이러한 이유 때문에 저자는 예루살렘성이 처해있는 역사적인 형편을 그대로 고백하면서 여호와의 구원을 갈망하고 있다.

이상과 같은 본 장에서 발견할 수 있는 영적교훈은 다음과 같다.

① 인간의 생사화복은 철저히 하나님의 주권적인 섭리 속에서 이루어진다.(롬11:36) 그러므로 성도들은 모든 사건들을 통하여 하나님의 살아계심과 능력을 통찰할 수 있는 믿음의 눈을 가져야 한다.(롬1:17)

② 진정한 회개 없이는 하나님의 은혜와 긍휼을 기대할 수 없다.(계3:19)

③ 하나님께 기도할 때는 자신의 상황을 있는 그대로 고백해야 한다. 하나님은 모든 것을 아시는 전지전능하신 분이시다(마6:8) 그러므로 성도는 진실 된 기도를 통하여 하나님의 도움을 받을 수 있다.

④ 하나님의 영광을 상실한 자에게는 하나님의 징계가 반드시 온다. 그 징계는 여러 가지로 분류될 수 있다. 이스라엘백성들에게는 나라는 망하고 예루살렘도성도 패망되는 혹독한 징계를 치르게 된 셈이다.

2007. 9. 1.

"세상에 뜻 없는 소리가 없듯이 우리 인생에게 닥친 모든 희노애락, 생노병사 모두가 하나님의 섭리와 경륜 하나님의 뜻과 메시지가 숨어있다. 이스라엘백성들의 죄악(우상숭배, 안식일 범함, 감사치 않음)으로 유다와 예루살렘의 멸망은 이사야 예레미야 선지자들 통해 하나님이 미리 예언하시고 회개를 촉구했었다.

물고기가 물을 떠나 살 수 없듯이 성도는 하나님의 품과 하나님의 은혜 은혜를 떠나서는 존재할 수가 없다. 하나님의 영광을 상실한 자에게는 하나님의 징계가 반드시 온다. 그 징계가 여러 가지 방향으로 하나님의 뜻대로 주신다. 오늘날 우리가 당하는 환난, 궁핍, 고난, 역경, 핍박, 어려움, 국가적, 교회적, 가정적 어려움도 모두 하나님의 징계일 수 있다.

여호와의 진노로 인한 심판이 전국가적으로 특히 종교적, 신앙적 중심지인 하나님의 성전 하나님의 교회위에 먼저옴을 기억하라. 하나님의 백성들의 슬픔은 이 슬픔으로 하나님께 진정으로 회개하고 돌아오라는 하나님의 뜻이요 특히 이스라엘백성들은 거짓선지자에 속아 하나님의 뜻을 저버린 죄가 크고 하나님의 백성의 불순종을 도리어 불신자보다 혹독한 댓가를 치루며 기도와 응답이 올 때까지 철저히 회개하고 현재 당해있는 상태를 있는 그대로 하나님께 고백하고 긍휼을 기다리자."

성경난해구절 해설시리즈(성문서 예레미야 애가7-(5)-85)

"인생의 화와 저주, 진노, 재난, 악이 하나님으로부터 오는가 아닌가?"

애가 3:38-39

A "화와 복이 지존자의 입으로부터 나오지 아니하느냐 살아 있는 사람은 자기 죄들 때문에 벌을 받나니 어찌 원망하랴" (애가3:38-39)

원문으로 볼 때 앞선37절 그리고 이어지는 39절과 달리 38절에는 의문사가 사용되지 않았다. 그러나 문맥으로 볼 때 본문은 의문할 여지없이 의문문임이 분명하다. 즉 본문은 화와 복이 틀림없이 지존자의 입에서부터 나옴을 강조하는 부정의문문인 것이다.

이러한 본 절에서 가장 강조되는 것 표현은 본래 히브리어의 일반어순상 가장 말미에 나와야할 전치사구임에도 불구하고 서두에 나오는 본문이다. 즉 지존하신 주님은 '지존자의 입으로부터' 나오는 말씀을 통해 '화와 복' 을 명하신다는 사실이 강조되고 있는 것이다.

이처럼 본문은 하나님의 절대주권에 의해 인간의 생사화복이 결정된다는 사실을 말한다. 그러나 이는 '지존자의 얼굴 앞에서' (35절)란 표현과의 대구를 통해 '화와 복' 이 하나님의 독단이나 기분에 의해 결정되기 보다는 인간의 행위에 따라 하나님께서 적절히 보응하신다는 결론을 이끌고 있다.(39절)

이러한 예레미야의 선포는 욥기2:10에서 이유를 알 수없는 고난 가운데서도 모든 현상의 배후에 하나님이 계심을 인정하고 고난을 받아들인 욥의 성숙한 신앙을 연상하게 만든다.

39절 역시 하나님이 가혹하시거나 불의해서가 아니라 인간 스스로의 죄로 인하여 징벌을 받음으로 어떤 경우에도 원망할 수 없다는 사실을 강조하고 있는 것이다.

여기서 '원망하다' 란 뜻으로 사용된 '이트오엔' 의 원형 '아난' (אנן) 은 본문과 민11:1에서만 사용된 동사로서 슬픔과 불만의 감정으로 탄식하는 것을 의미한다. 그러나 민수기의 용례에서도 드러나듯 이것은 부적절한 원망을 나타낸다.

즉 하나님의 합당한 징계에 대한 부당한 불만과 원망의 목소리를 내는 것을 나타내는 것이다. 사람이 자기죄로 인하여 벌을 받는 것인데 그 죄에 시선을 돌리지 못하고 오히려 자신에게 닥친 고통과 슬픔에 대하여 원망만 하는 것이다. 그러므로 우선 왜 자신이 그러한 하나님의 징계를 받았는지 그 원인 곧 자신의 죄를 돌아보고 그것을 먼저 해결해야한다. 즉 죄를 먼저 회개하는 것이 급선무인 것이다.

오늘 본문은 성경의 원리와 일치되는 주장을 하고 있다. 하나님은 자비로우시며 긍휼하시며 노하기를 더디 하시며 인자가 풍부하시다(시94:9, 약5:11, 요일4:10) 그러나 이와 반대로 성경은 하나님을 저주, 화, 진노, 재앙, 악과 원수를 갚으시는 분으로 묘사하고 있는 구절도 있다.

하나님께서 모세에게 "네 하나님 여호와께서 네게 붙이신 모든 민족을 네 눈이 긍휼히 보지 말고 진멸하고 그 신을 섬기지 말라"고 하셨다.(신7:16. 삼상16:19, 15:2-3, 렘13:14, 히12:29)

그렇다면 관연 모든 화와 저주, 진노, 재앙, 악이 하나님께로부터 오는 것인가? 그러면 하나님이 이런 것들 화, 저주, 진노, 재앙, 악의 저자이시거나 아니면 이런 것들의 적극 후원자란 말인가? 난제가 아닐 수 없습니다.

37절에 '주의 명령이 아니면 누가 능히 말하며 이루게하랴' 고 반문한다. 또 시33:9에서도 '저가 말씀하시매 이루었으며 명하시매 견고히 섰도다' 하였습니다. 따라서 선악을 망라한 모든 일이 반드시 하나님의 허락을 받아야한다. 그처럼 하나님은 주권적이시다. 그래서 화도, 저주, 진노, 재앙, 악도 하나님께 부터 오는게 사실이다.

이 문제에 대한 해답을 추구했던 제2세기의 이단의 한 파였던 영지주의의(Gnostic) 마르시온(Marcion)은 하나님은 무감동한(impassible) 분이라고 주장하였다. 그는 구약의 하나님은 신약의 하나님과 조화시킬 수 없는 조물주라고 이해하였다.

마르시온(Marcion)은 하나님은 공격을 하시거나 결코 성내지 않으시며 온전히 무감동하고 모든 감정에서 자유한분이시라고 하였다. 결국 노스틱파는 하나님은 죄나 불의에 대해서 전혀 노하시는 분이 아니시다는 의문을 제기해 놓았다.

교부 중에 락텐티우스(Lactantius)는 제3세기 후반에 하나님과 노에 대한 고전적인 논문을 썼다. 그 제목은 "하나님의 노"(De Ira Dei)였다. 락텐티우스에게 감정이나 열정들은 만일 그것들이 통제되였다면 본래의 악은 아니었다.

그러나 그 감정이나 격정이 악의가 있는 어떤 사람이나 그것을 싫어하지 않는자 혹은 그것으로 인하여 노하게 되는 자에게는 악이었다. 선을 사랑하는 것은 악을 미워하는 것으로 정의 되었다. 반대로 악을 미워하지 않은 것은 선을 사랑하지 않는 것이었다.

이것이 왜 우리가 하나님의 노는 결코 격정적이거나 비이성적이거나 설명이 불가능한 것이 아니라고 증언하는지의 이유이다. 하나님의 노는 결코 다스리는 힘이나 격정이 아니다. 하나님의 노는 단지 그의 의지의 도구일 뿐이다. 그러나 그가 그의 노를 처벌이나 교훈을 위해 쓰시더라도 그는 우리에게 결코 그의 사랑을 제외하지 않으신다(시77:9)

이제 위 본문을 다시 논해보자. 위 본문은 유다가 하나님의 심판을 받는 것은 하나님의 공의에 어긋나는 일로 부당하다는 불평에 대한 해답인 것이다. 하나님은 그의 불변하시는 본질에 따라서 일관된 행동을 하신다.(말3:6, 약1:17)

여기서는 다만 그 대상이 다른 것뿐이다. 하나님은 악한 자에게 그의 노를 시행하시는데 이것은 그의 공의가 요구하기 때문이며 그가 의인에게 선을 베푸시는 것은 그의 사랑이 그를 강제하기 때문이다.

하나님은 주권자이시다. 어떤 일도 하나님이 모르시거나 허락하심이 없이는 발생하지 않는다. 하나님은 세상에 존재하는 선과 악을 모두 허용하신다. 자유로운 행위자로서의 인간은 그 결과가 형벌이요 고통인 악을 선택하지 말아야한다. 하나님은 충분한 경고를 하신다.(출34:6-7, 암3:7, 욘4:2, 벧후3:9)

따라서 그의 오래 참으심에도 끝이 있을 것은 당연하다(암4:12) 그러므로 아무도 형벌의 고통이 범죄한 죄로 인해서 할당된 것일 때 불평할 수가 없는 것이다.(시38:3,51:3-4, 롬6:23)

사람은 그가 범죄했을 때 그의 고난을 인해서 불평하지 말아야한다. 차라리 그의 고통의 원인이 된 그의 죄로 인해서 슬퍼해야하고 회개하며 통곡해야만 한다. 비록 우리가 범죄하여 심판의 고통을 받게 될지라도 불평대신 죄를 회개하고 하나님께 돌아오면 그 고통도 도리어 협력하여 선을 이루게 하신다는 것이 성경의 원리인 것이다.(롬8:28)

2007. 9. 2.

"인생의 모든 화와 저주, 진노, 재난, 악이 다 하나님으로부터 오는 것인가? 아니면 다른 데로부터 오는가? 에 대한 질문은 기독교 2천년 역사의 질문이었다. 성경의 원리 대답은 모든 생사화복 그리고 모든 것은 다 하나님으로 인해 발생되나 그에게 죄 값을 물을 수 없고 우리가 다 책임을 져야한다. 그에게는 악이 없으시고 죄도 없으시고 우리를 위하여 주신 것이기 때문이다.

2세기의 Gnostic의 Marcion은 하나님은 무감동한 분이시라 죄와 불의를 보시고도 무감동하고 모든 감정에서 자유하셨다고 주장해서 이단으로 정죄 되였다. 그리고 Lactantius는 하나님이 주시는 것은 악도, 저주도, 화도 사랑해야 신앙이지 사랑치 않으면 신앙이 아니다.

사실 애가 3:38-39은 유다 민족이 하나님의 심판으로 저주받는 것은 하나님의 공의에 어긋나는 일이라 부당하다는 불평에 대한 해답으로 나온 말씀이다. 하나님은 어제나 오늘이나 영원토록 동일하시다. 하나님의 본질인 사랑도 영원하시다. 하나님이 화와 저주, 진노를 주심도 사랑하시기에 주신 것임을 믿자."

성경난해구절 해설시리즈(성문서 예레미야 애가 7-(6)-㊶)

Q "살육과 기근의 그날을 돌아보며 회상하는데 몇 가지 난제들"

애가 4:1-22

A 본장은 예루살렘 대 함락사건을 온몸으로 체험한 예레미야 선지자가 쓴 네 편의 비탄시(제1장-4장)와 한 편의 기도시(제5장)로 이루어진 본서의 그 네 번째 애가에 해당하는 부분인데 회상하면서 이해하기 어려운 몇 가지 난제를 풀어 보고자 한다.

이러한 본장은 내용적으로 볼 때 예루살렘의 멸망의 참상을 생생하게 묘사한 1,2장의 내용과 흡사하다. 그러나 제1장이 예루살렘의 멸망의 참상 그 자체 묘사에 강조점을 두고 있고 제2장이 패망한 예루살렘의 비극적 참상이 유다백성들의 범죄에 대한 하나님의 진노의 결과라는 사실에 강조점을 두고 있다.

그러나 본장은 멸망의 참상중에서도 특히 극심한 기근으로 인한 고통을 강조함과 동시에 예루살렘이 그러한 모든 재난을 당하게 된 주요 요인이 유다 종교지도자들의 타락과 유다백성들이 절대자이신 하나님 대신 유한한 존재인 이방나라를 더 의지한 죄악에 있음을 강조한다는 특징을 지니고 있는 것이다.

1. 유다백성들을 광야의 타조로 비유한 이유는 무엇인가?

기근이 극심하여 자녀를 소홀히 다루는 것을 묘사하기 위해서 타조로 비유했다. 실제로 타조는 다른 새들과는 달리 알을 품어 부화시키지 않고 알을 사막에 낳아 모래의 뜨거운 열로 부화시키며 부화된 새끼에게도 아주 무정한 면을 잘 조화시킨 것이다.

당시 예루살렘의 참상의 정도가 너무 극심했기 때문에 유다백성들은 마치 타조처럼 자기 자녀들을 돌보지 않고 먹이지도 않은 채 잔인하게 방치해 두었다는 것을 비유로 묘사한 말씀이다. 이처럼 예레미야는 유다백성들 사이에서 전개된 두 눈뜨고 볼 수 없는 참상을 묘사함으로서 당시 유대에 내려진 하나님의 진노가 얼마나 두려운 것이었는지를 잘 보여 주고 있는 바이다.

2. '붉은 옷을 입고 길리운자가 거름더미를 안았다' 이 말의 뜻은 무엇인가?

유다백성들 특히 상류계층들이 겪고 있는 비극적 참상을 비유한 것이라고 본다. 여기서 '붉은 옷' 은 고대의 왕이나 최고위층의 귀족들만이 입을 수 있었던 옷으로 입은 자의 고귀한 신분 및 부유함을 나타내는 고급의복들이었다.

또 '거름더미를 안았다' 는 매우 비참하고 비천한 상태로 전락한 것을 나타내는 표현인 것이다. 결국 이것은 온갖 특권을 누리던 남유다의 최상부계층의 사람들조차 멸망으로 인한 기근과 약탈 및 그로 인한 비극적 상황에서 예외가 되지 못했음을 보여준 것이다.

또한 당시 남유다에 닥친 재앙이 계층을 막론하고 얼마나 광범위했는지를 일깨워 주는 반증일 뿐 아니라 범죄에 대한 하나님의 심판에는 그 누구도 예외가 될 수 없다는 사실을 잘 보여주는 것이라 하겠습니다.

3. 본장에선 선지자들과 제사장들을 문둥병자로 비유한 이유에 대하여

유다를 멸망케 한 장본인들로 지적되는 선지자와 제사장들은 온갖 죄악으로 더렵혀져 있었기 때문이다. 예레미야 당시 선지자들은 거짓 평화를 외치고 범죄 한 백성에게 회개를 선포하지 않았으며(렘8:11) 제사장들은 하나님과 그의 백성 사이에서 중보적 역할을 제대로 수행하지 못하고 오히려 백성들이 가져온 제물로 치부를 일삼으며 재판을 부정으로 행했다.(사1:10-20)

이처럼 백성들의 죄를 책망하고 경계하여 정결한 삶을 살도록 해야 할 의무를 가진 종교지도자들이 무지한 유다 백성들 보다 더 타락하여 유다 멸망의 주요한 원인을 제공하자 유다백성들은 유다의 종교지도자들을 부정한 자로 여겨 가까이 하지 말 것을 경고하고 있는 것입니다.

한편 정결법이 명시된 레13:45에 보면 문둥병자는 자기에게 가까이 오는 사람에게 '부정하다' 라고 소리 질러 의식법상 정결한자가 부지중에 자기와 접촉으로써 부정케 되는 것을 방지해야할 의무가 있었습니다. 그런데 여기서는 당사자가 아닌 유다백성들이 종교지도자를 향하여 가까이 하지 말 것을 요구하고 있는 것을 볼 때 유다사회의 파멸에 종교지도자들이 얼마나 크고 심각한 영향을 미쳤는가를 알 수 있습니다.

4. 예레미야가 유다로 애굽을 의지하지 못하게 한 이유에 대하여

바벨론 군대의 위협이 하나님이 내리는 징계임을 너무나 확고히 잘 알았기 때문이다. 바벨론이 남하하여 유다를 위협할 때 시드기야 왕은 애굽을 중심으로 두로, 시돈, 암몬, 모압등과 함께 반 바벨론 동맹을 맺었었다. 이때 예레미야는 이것이 어리석은 짓이요 하나님의 명령을 어겼으므로 멸망을 자초하는 일임을 여러 차례 경고 했습니다.(렘:7:9,10)

왜냐면 하나님이 바벨론을 범죄한 유다 및 우상을 섬기며 기고만장해진 주변열방들을 향한 자신의 심판도구로 세웠기 때문이다. 심판이 임할 때 피하는 유일한 길은 매를 든 하나님 앞에 자신의 죄를 다 고하며 하나님의 자비와 긍휼에 호소하며 용서를 비는 길 밖에 없는 것입니다.

그러므로 예레미야는 애굽 대신 하나님만을 의지할 것과 그리하면 구원을 얻게 될 것임을 거듭 권유했지만(렘37:17-23) 시드시야와 유다 백성들은 바벨론의 등장이 단지 국제정세의 변화에 따른 것이라고 여겨 끝까지 예레미야의 권고를 듣지 않다가 멸망하고 말았던 것입니다.

5. 이러한 본장의 내용이 우리에게 주는 교훈들은?

첫째: 함락 이전과 대조되는 예루살렘의 상반된 두 모습을 죄의 심각한 결과를 지시하게 해 준다. 하나님은 언제나 죄 값은 사망이며 멸망과 징계가 반드시 따름이 하나님의 공의 이다.

둘째: 구약선민 이스라엘 그중에서도 백성들을 의의 길로 인도해야 할 종교지도자들의 타락이 예루살렘 유다왕국 멸망의 제1원인이 되었다는 사실에서 우리는 전 인류의 예외 없는 보편적 타락(롬3:9-19)을 직시하게 됨과 아울러 오늘날 교회지도자들 및 이 시대에 세상에 대하여 제사장과 선지자적 사명을 감당해야할 모든 성도들의 막중한 책임의식을 다시 한 번 재 각성하게 된다.(벧전2:9)

셋째: 하나님의 징계의 심판으로 인한 절망중에 처한 유다백성들을 향한 예레미야의 회복선언은 하나님은 택한 백성이 범죄하면 그 죄에 대해서는 반드시 징계하시나 그 백성자체는 결코 버리지 아니하시고 긍

극적으로 구원에 이르게 하신다는 사실을 깨닫게 해 주고있다.

바로 이러한 사실로 인하여 우리는 범죄하여 징계 중에 있더라도 낙심하거나 절망하지 아니하고 모든 문제해결의 열쇠를 쥐고 계신 하나님께 기도하고 의지하므로 구원의 소망을 갖게 되는 것이다. (롬5:1-5, 히6:18, 벧전1:3)

2007.9. 3.

"BC.586년 압월(5월9일)에 바벨론 군대의 약 18개월 동안 예루살렘을 겹겹이 포위하여 그 기근이 너무 심해 오늘은 우리 자식 내일은 누구의 자녀를 잡아 삶아 먹는 참상을 다 겪고서 함락된 뒤의 살육과 기근 그날을 돌아보게 될 때 예레미야는 눈물로 세월을 보냈다.

여기서 몇 가지 어려운 난제를 평신도 눈높이에서 해설하려고 애썼다. 유다백성을 타조로 비유한 이유, 붉은 옷을 입고 길리운지기 기름더미를 안았다는 뜻과 선지자 제사장들을 문동병자로 비유한점 예레미야 선지자만은 철저하게 유다도 애굽을 의지하지 못 하게한 이유에 대해서는 시원하게 풀렸다.

이 본장이 우리에게 주는 교훈들도 너무 귀하다. 함락의 참상은 오직 유다인들의 죄 값으로 그 심각성을 알려주고 특히 이스라엘백성들을 의의 길로 인도해야 할 선지자와 제사장들이 다 타락하므로 멸망 제1동조자였고 멸망의 절망 중에서도 하나님만 의지한 예레미야의 회복선언 소망은 복음 중 복음인 것이다."

다니엘

Daniel

- 다니엘 -
다니엘이 이 조서에 어인이 찍힌 것을 알고도
자기 집에 돌아가서는 그 방의 예루살렘으로 향하여
열린 창에서 전에 행하던 대로
하루 세 번씩 무릎을 꿇고 기도하며
그 하나님께 감사하였더라
6:10

성경난해구절 해설시리즈(성문서 다니엘 8-(1)-㉗)

Q "다니엘은 선지서인가? 성문서인가? 묵시문학인가? 지혜서인가?"

단 1:1

A 다니엘은 포로로 잡혀있는 상황 속에서도 이스라엘의 회복을 내다보며 하나님께서 여전히 세계의 통치자임을 거듭 밝힌다. 특별히 다니엘서는 동일한 시기에 구원의 소망을 피력했던 에스겔과 비교해 볼 때 좀 더 선지자적 관심이 두드러진다.

에스겔이 주로 제사장적 관점에서 성전의 회복과 종교적 제도에 초점을 맞춘 반면 다니엘서는 세상 왕국과 하나님나라의 완성에 집중한다. 즉 세계 역사에 나타날 제국의 흥망성쇠를 계시함으로써 하나님께서 역사를 주관하시는 절대자임을 단적으로 드러내 준다.

한편 다니엘은 흥분과 긴장이 넘치는 화법으로 이방의 궁중에서 일어나는 사건들을 묘사함으로써 흥미를 더 해주고 포괄적이면서도 매혹적일 만큼 상세하게 환상을 설명함으로써 관심을 집중시키고 있다.

구약성경의 다니엘은 어떻게 분류되어야 하는가? 히브리식 구약성경 분류에서 다니엘은 성문서(Kethubim)의 역사서에 제일 첫 번째 책으로 나온다. 그러나 기독교식 구약성경 분류에서는 선지서의 대선지서에 제일 마지막 책으로 나온다. 특히 다니엘은 묵시문학(계시록 같은)의 차원에서 세상역사를 미리 예언한 것 같이 세상 종말도 예언하고 있다.

꿈과 이상을 잘 해설해 놓았으므로 지혜서라고도 한다. 그럼 다니엘은 무엇이라 해야 하는가? 히브리식으론 성문서라고 해야 되고 기독교식으론 선지서라고 해야 되고 세계제국주의의 출현예언대로 세계역사가 그대로 된 것을 보며 말세 종말예언이 있음을 보면 묵시문학(계시록)이라 해도 되고 꿈과 이상을 설명된 것을 보면 지혜문학이라고도 맞다. 어느 것이라 해도 틀림이 없다.

다니엘서는 히브리 원전이 본서의 주인공이자 저자의 이름인 '다니엘'을 그대로 제목으로 삼았다. '다니엘'은 '하나님은 나의 심판자'라는 뜻인데 비록 이스라엘이 포로로 잡히게 되었을 지라도 하나님께서 열방을 공의로 심판하시고 이스라엘을 회복시킨다는 의미를 함유하고 있다.

다니엘은 바벨론 1차 침공 때(BC.605년) 소년으로 포로로 잡혀갔으나 그는 BC.620년경 출생하여 BC.530년경에 소천 했으니 약 90세 일기로 유다에서 15년 바벨론에서 75년 고레스왕9년(BC.530년)에 하늘나라로 부름 받았다.

더구나 단8장에서는(8:1) 다니엘 자신이 이 책의 저작자임을 전제한 상태에서 환상을 설명하고 있다. 또 9:2,20, 10:2에서도 '나 다니엘'이라는 1인칭을 사용하기도 한다. 예수님도 말세의 징조를 밝히시는 '감람산 강화'에서 본서의 마지막 부분(9:27, 11:31, 12:11)이 다니엘의 작품이라고 직접 언급하셨다.(마24:15)

비평학자들은 다니엘서가 마카비시대(BC.2세경)에 기록 되었다고 주장한다. 그러나 이러한 주장은 다니엘에서만 등장하는 벨사살(7:1, 5:1, 5:30)이 나보니두스 역대기에서 발견되었고 메데왕 다리오(BC.539-538)가 고레스의 부하인 구바루와 동일 인물임이 확인됨으로 그 근거가 상실됐다. 더구나 본서의 저자가 다니엘이라는 확고한 증거가(앞에서 언급하듯)있으므로 본서의 기록 년대는 BC.6세기로 확증 할 수 있다. 다니엘은 바벨론 함락이후(BC.539년) 고레스9년(BC.530년) 경 까지 집필하였던 것으로 보인다.

다시 다니엘서는 정확히 말하면 BC.586-539년 사이의 포로 시대 및 BC.538년에 이르러 소위 포로귀환이 갓 허락된 시대 곧 귀환시대(BC.538-400년) 초기라는 격동기를 배경으로 하고 있다. 바벨론 포로시대 초기에 선민 이스라엘은 절대초월자요 유일하신 참신으로 믿어오던 여호와의 성전이 위치했던 거룩한 도성 예루살렘의 함락의 그 처참한 정경을 목도해야만 하였다.

또한 다윗왕가의 후손으로서 남유다를 다스리던 자신들의 왕과 제사장들을 위시한 많은 귀족이 죽음 당하거나 이방인들의 노예가 되었다. 그리고 거의 모든 백성들이 바벨론 제국의 식민정책에 따라 제국의 수도인 바벨론 근경으로 끌려가 낯선 땅에서의 구차한 삶을 지탱했어야만 했다.

그러나 일단 바벨론 제국 각처에 강제 이주된 선민이스라엘은 비록 각 처로 흩어져야 했지만 특별한 개인적인 경우를 제외한다면 바벨론, 메데 파사 제국 등으로 이어가며 제국의 체제와 지배자들은 변했으나 특별한 정치적 위협 없이 그런대로 살아갈 수 있었다.

오히려 때로는 대제국을 일정 수준 안에서 무리 없이 유지하려는 각 제국의 식민정책에 따라 보호내지 우대까지 받으며 이방문화에 급속히 동화되어가고 있었다. 그러면서 서서히 선민의 정체성(identity)을 상실해 가고 있었다.

그리하여 마침내 포로귀환이 허락되였을 때에도 이것이 그 옛날 하나님의 숱한 선지자들을 통해주신 선민 이스라엘역사의 회복에 대한 위대한 약속의 성취라는 감격은 극히 일부사람에게만 국한 되었고 다수의 유다인들은 대국의 정치, 군사, 역학관계에 의해 우연히 발생한 정치적 환경변화로 받아들이는 형편이었다.

한편 이당시 오직 여호와만을 절대초월자요 유일한 참신으로서 믿고 섬기는 민족을 제외한 근동의 모든 민족들은 그 스스로 또 저절로 존재하고 있는 것으로 간주되는 이 우주에 숱한 신이 있어서 각 지역과 민족에 따라 신들이 각각 다를 수밖에 없고 어떠한 신들을 얼마나 잘 섬기는가에 따라 각 민족이나 개인의 운명이 좌우된다는 다신교사상에 젖어 있었다.

이런 때 이스라엘백성들은 하나님에 대해 두 가지 오류에 빠져들 수 있는 확률이 많았다. 하나님의 뜻을 저버려서 징벌을 받고 포로가 된 유다민족은 이제 선민의 지위를 영원히 상실하게 된다고 생각하는 첫째 오류였다. 둘째 오류는 하나님이 절대주권자이신 신이 아니라 여러 신들 중 하나에 불과한 신이라는 오류였다.

바로 이런 때 아주 걸출한 신앙영웅 다니엘이 등장하게 된다. 다니엘 역시 이방 땅에서 여호와 유일신이며 절대 신앙의 지조를 사수하고자 숱한 극단적 시련을 다 당해야했다. 그러나 그 모든 시련은 하나님의 역동적인 개입으로 오히려 더 큰 승리와 영광의 전환점으로 반전 되었다. 그리하여 다니엘의 일생은 평생 포로출신의 한계를 극복하고 영육 간에 위대한 삶을 살았던 위대한 인물이었다.

바로 이 다니엘을 통해 초월적 자존자요 창조주로서 전 역사에 대해서 주권을 홀로 가지신 여호와 하나님께서는 자신이 작정하신 데로 선민의 종말론적 구원과 승리를 위하여 진행되어가는 구속사의 전개과정이라는 원대한 예언을 계시하셨다.

그리하여 궁극적으로는 메시아의 나라에 이르게 되는 이 세상의 역사전개의 기본틀이 대제국들의 흥망사를 중심으로 해서 다양한 측면과 관점에서 다중적으로 보여지는 다니엘서의 놀라운 묵시들이 기록되였던 것이다. 본서의 특별사항에 대하여 기록하자면

1) 본서는 신약에 비하여 예수그리스도를 통한 구속사역의 모든 계

시가 완비되지 못했던 구약시대 배경을 반영하면서도 현역사의 심판종결과 새천국의 도래라는 성경종말론의 핵심 패턴이 명료히 제시되어 성경 종말론의 기본요소를 모두 망라하고 있다

2) 신약에서 종말론을 집중적으로 보여주는 대표적인 책인 계시록이 주로 세상 끝날의 대종말 전후 사건에 치중한 반면 다니엘서는 역사의 대종말 자체보다는 대종말을 향한 역사 전개과정 전체를 포괄적으로 강조하고 있다.

3) 계시록과 본서 둘을 합할 때에 보다 온전한 종말론적 조망을 얻을 수가 있다. 또한 이러한 이유로 본서가 '구약의 계시록' 이라고 불리우기도 한다.

4) 하나님과 하나님이 주도하시는 이 땅의 역사는 사단 또는 세상의 악의 무리와 싸우시며 승리를 쟁취하시는 전투적 하나님이요 또 그 전투의 과정이라는 기본 관점이 본서의 메시지의 심층에 기본적으로 깔려 있다고 본다.

5) 본서의 기본내용은 대제국의 흥망사를 말하는 것이며 여호와의 날들의 종말론적 예언을 제외하고 현실적 예언으로는 구약예언서 중에서 가장 스케일이 큰 예언을 하고 있다.

6) 본서는 히브리 성경에서는 그저자에 주안점을 두어 성문서의 역사서 첫 번째 책으로 분류되어있으나 70인 역(LXX) 이후의 성경에서는 그 내용의 주안점을 두어 선지서의 대선지서 마지막 책으로 분류되어 있다. 다니엘은 성문서, 선지서, 묵시문학, 지혜문학 모두가 다 불리울 수 있다.

7) 다니엘서 1:1-2:4a 및 8:~12장은 모두 히브리어로 기록이 되어있고 2:4b~ 7:28은 아람어로 기록되어있다. 이에 대해서는 우선적으로 이방민족 및 히브리인 각각과 관련된 내용을 서로 나누어 기록하였기 때문에 나온 결과라고 대개의 학자들이 추정하고 있으나 절대적이라

고 보기는 어렵다.

8) 신, 구약성경의 다른 묵시 문학서 즉, 에스겔, 스가랴, 계시록은 물론 고대 유대인들의 모든 묵시문학의 효시로 지칭되는 본서는 가장 의도적으로 동시대 선민들 뿐 아니라 종말까지의 전시대 성도를 수신자로 삼고 있는 구약의 계시록이다.

9) 구약의 분류학자들 중에서는 다니엘서를 꿈과 이상과 몽조를 깨달아(물론 하나님이 영감으로 주신 은사였으나) 성공한 다니엘이 그가 쓴 이 성경도 지혜서에 속한 영역으로 보아 지혜서라고 분류한 학자들도 있다. 일리가 있어 참고해 봄직한 말씀이다.

2007. 9. 4.

"다니엘서는 선지서인가? 성문서인가? 묵시 문학인가? 지혜서인가? 꼭 어떤 한 가지만 지적하기는 심히 어려운 실정이다. 히브리식 분류에서는 성문서의 역사서 첫 번째 책으로 분류하고 70인역(LXX)때부터 내용의 주안점을 두고서 선지서의 대선지서 마지막 책으로 분류했다.

신구약 성경의 묵시문학은 에스겔, 스가랴, 다니엘 그리고 요한계시록인 것이다. 고대 히브리인들이 묵시문학의 효시로 지정 되있다. 또 다른 관점은 꿈과 이상과 몽조를 깨닫는 관점에서 지혜서라고 분류하고 있다. 그래서 본서는 성문서, 선지서, 묵시문학, 지혜문학 이라고도 한다.

오랜 기간 포로생활 중에 여호와 하나님에 대한 오류에 빠질 수 있는 상황에서 다니엘을 등장시켜 선민 이스라엘이 낙심치 않게 하고 더 나아가 소망을 붙들고 살아갈 수 있도록 하나님이 주관하신 역사적사실과 세상 마지막 종말예언과 다니엘서의 특징으로 9가지 항목들을 이번에 알려주심에 다시 감사드립니다."

Q "다니엘서의 저작 년대는 BC.6세기인가? BC.2세기 인가?"

단 1:1

A 다니엘서는 BC.6세기에 다니엘이 기록했다는 것이 전통적인 견해였다. 그리고 이런 견해는 주후 7세기까지 확고한 전통으로 의심이 없었다. 그러나 다니엘서의 BC.6세기 저작의 전통적인 견해는 아래 여러 가지 이유로 반박 되고 있다.

이 전통적 견해를 깨고 합리주의자들과 성경고등비평가들 또 현대주의자들은 주장하길 다니엘의 예언들이란 실은 그 "예언된 사건"들이 다 발생한 이후의 유대역사중의 어느 때 예컨대 그런 종교적 사기극이 가장 쉽게 계획 되였을 법한 BC.2세기의 안티오쿠스 에피파네스 통치기간 같은 때에(BC.175-164년) 기록 되였다는 증거를 발견해야할 필요성을 느꼈다.

그러나 그렇게 늦은 연대를 발견하기위해서 J.D. 미카엘리스와 J.G. 아이히호른(이들은 AD18세기에 3세기의 신플라톤주의 철학자였던 포르피리가 내세운 다니엘서의 마카비시대 저작설을 부활시켰다)은 이들 주장을 그대로 펴나갔다.

이들의 주장은 다니엘서 본문이 표시하는 네 제국의 일어남의 순서조차 고치려했다. 첫째왕국은 바벨론 둘째왕국은 메데파사 셋째왕국은 헬라 넷째왕국은 로마이다. 그런데 로마는 BC.63년에야 비로서 성지 예루살렘을 점령했으니 다니엘서가 마카비시대(BC.175-164년)기록된 것같이 하려고해도 100년이란 편차가 생긴다.

그래서 다니엘의 예언을 로마 관련부분을 고쳐야하기에 1)바벨론 2)메데 3)파사 4)그리스라고해서 로마가 아니라 그리스라는 것을 증명하려고 애를 썼다. 만약 이렇게 하지 않는다면 다니엘서의 후기 저작설(BC.2세기)을 증명하지 못하기 때문에 폼베이가 BC.63경(예루살렘)성지를 정복했음을 설명하며 다니엘 후기 저작설을 주장하고 있다.

1) 다니엘서의 몇몇 페르시아어와 헬라어는 BC.6세기 이후의 저작임을 가르킨다고 한다. 그러나 이런 반대는 고고학이 다니엘시대 이전에도 헬라와 바벨론 사이의 교역이 있었음을 밝혀주었다. 다니엘서의 페르시아어는 근동을 통틀어 폭 넓게 공용어로 문서로 쓰여졌다.

2) 다니엘서에서 묵시문학이 발견되는 것이다. 그런 문학은 후대 마카비시대 이스라엘에서 풍부하게 나타나고 있다.(성경적 정경이 아닌문학)따라서 다니엘서는 바로 그시기(BC.168-134년)에 기록 되였다는 것이다. 그러나 다니엘서만 아니라 BC.6세기 저작인 에스겔서도 포로후기지만 스가랴서도 묵시문학적인 것이다.

3) 다니엘서에서 발전된 신학이 초기저작을 반대한다. 예를 들어 천사나 죽은자의 부활에 대한 언급이다.(12:2) 이는 다니엘서가 포로후기의 저작이라는 것이다. 그러나 다니엘서보다 앞서는 시편에서도(16:10)나오고 이사야 26:19에서도 천사나 부활이 언급된 것을 볼 때 다니엘서의 천사나 부활에 대한 언급은 오히려 더 자연스러운 것이다.

4) 다니엘서가 히브리성경의 둘째부분인 예언서중 후기예언서인 이사야, 예레미야, 에스겔과 같이 있지 않고 셋째 부분인 성문서에 포함되어있는 것은 후기 저작설을 지지한다고 한다.

그러나 다니엘의 경우는 그가 선지자 혹 예언자라기보다는 그 시대의 나라의 지도자로 간주 되었기 때문에 그의 책은 둘째부분보다 셋째 부분에 속하게 된 것이다.

5) 야웨 하나님의 이름이 다니엘에 의해 사용되지 않았는데 이것은 다른 사람들에 의해 다니엘 시대에 공통적으로 사용 되었으므로 다니엘서는 후대의 저작이라고 주장한다. 그러나 9장에서 8번이나 그 이름이 나오고 있다.(9:2,4,8,10, 13-14(세번), 20)

그밖에 다니엘서가 다니엘의 저작일 수 없다는 이론으로 역사적 오류가 발견된다는 설과 다니엘의 죽음의 시기를 들고 있다.(1:21) 그러나 모두 반박 할 수 있는 이론들이다.

따라서 다니엘서에 대한 진보주의 학자의 견해 즉 예를 들어 마카비 시대에 한저자에 의해 전12장이 작성 되었다고 보는 견해(S.R.Driver, S.B.Frost, O.Eissfeld, H.H.Rowly)나 BC. 3세기에서 2세기에 두사람 이상의 저자가 썼다는 견해(J.A.Montgo mery, H.L Ginsberg, A.Bentzen, M.Delcor)는 크게 설득력이 없는 주장들이다.

그러나 만약 다니엘서가 실제로 BC.160년경이 저작이라면 이쿰란 문서(당시 유대인들)들은 어휘, 어형, 구문에 있어서 다니엘과 똑같은 일반적인 특성들을 나타내야 할 것이다. 그러나 실제 실험결과는 다니엘 2:~7장은 창세기 아포크리폰(Ganesis Apocryphon)보다도 언어학적으로 여러 세기를 앞서 있다는 것이다.

더 나아가서 국제적으로 퍼져있던 음악악기의 명칭(단3:5)이외에는 희랍에서 빌려온 단어가 전혀 없다는 사실은 이 글의 저작시기가 알렉산더의 정복 이전의 저작이라는 것을 요지부동하게 증명해 주고 있다.

헬라어의 사용에 대해서 문제를 삼는 것은 앞에서도 개략적으로 살펴보았지만 그리 문제가 안 된다. BC.7세기 레오스의 헬라인 알케우스(Alcaeus)는 그의 동생이 바벨론 군인으로 복무했다고 언급하고 있다.

같은 시기의 목록에 신 바벨론의 토판들은 이오니아의(헬라) 배 만드는 사람과 음악가들을 위해 마련된 지급품들이 포함되어 있다. 또 앗시리아 사람들과 바벨론 사람들은 항상 음악에 관심이 컸었다.

비판적인 학자들이 다니엘서가 다니엘의 저작이나 BC.6세기가 아니라는 주장을 하는 배경에는 어떻게 주전605년 느브갓네살의 통치에서부터 로마제국의 폼페이장군이 BC.63년 성지 예루살렘을 정복하기까지 후대의 역사를 그렇게 정확하게 알 수 있겠느냐는 데 있는 것 같다. 그러나 그 대답은 자명하다.

다니엘은 하나님의 선지자였고 하나님께서 그에게 앞으로 되어질 역사에 대해 초자연적인 계시로 가르치시고 지도하셨다는 사실이다. 역사를 하나님이 주관하시고 하나님의 계획 에따라 그 역사가 진행되고 있다면 하나님의 계시에 틀림이 없을 것은 자명한 것이 역사의 산 증거인 것이다.

외경(Apocrypha)과 관계된 주장도 소개한다.

탐굼과 탈무드의 단어들이 외경 속에서 많이 발견된다는 사실은 이 외경의 저작과 에스라와 다니엘서 저작사이에 상당한 시간상의 간격이 있었음을 지적해 준다. 다니엘은 절의 뒷부분에 동사를 위치시키는데 반해 이 외경은 절속에서 정상적인 셈어의 어순을 취하고 있다는 사실은 이 두 문서의 생성지역이 분명히 다르든지(이 차이점은 다니엘서가 마카비시대에 팔레스틴에서 저술 되였을 가능성을 배제한다.) 혹은 저술 시기가 분명히 다르다는 뜻이다.

어느 쪽으로 추론하든지 익명 비문론(Pseudepigrapha theory)에는 치명적이다. 그러므로 이 두루마리(the Genesis Apocrypha)는 고등비평이 오랫동안 소중히 여겨오던 입장을 포기하게 되며 다니엘저작의 진실성을 전보다 더욱 매력적인 선택으로 만들어 준다고 말하는 것이 공정한 일이다.

이제 우리는 다니엘서의 저작 년대로서 BC.6세기말로 물러나게 되었다. 다니엘의 출생년대가 BC.620년 이므로 그가 90세가 되는 BC.530년까지는 완성 되였으며 따라서 만약 다니엘서가 참된 그의 작품이라면 우리는 다니엘서의 언어학적 성경을 그 시기에서 찾아보아야 할 것이다.

BC.539년 고레스의 메데 파사 군대에 의하여 바벨론이 멸망당하는 것을 그가 살아서 보았다는데 에는 의심의 여지가 없다. 그는 고레스의 총독 메데 사람 다리오 아래서 일 년 혹은 그 이상의 기간 동안 일했으며 따라서 행정과 정치문제에 관한 바벨론의 아람어에 침투하기 시작한 새로운 파사의 용어에 깊이 관여하게 되었다.

다니엘의 아람어에 나타나는 파사에서 빌려온 15개의 단어는 530년대에 다니엘이 페르시아의 관계가 밀접한 접촉을 가졌다는 사실에 의해서 잘 설명된다. 다니엘서 헬라의 정복이전에 저술 되였다는 것을 일단 우리가 확정한 이상 저작 년대는 BC. 530년으로 잡는 일의 적합성을 거절할 이유가 없다.

주후 1세기까지 내려오는 사건들이 정확히 예언 되였다는 현상은 그 배후에 하나님의 영감이 작용했음을 보여주는 특징이 될 수밖에 없으며 이 책의 연대를 후기로 잡으려는 전제적 동기는 제거되어 버렸다. 차라리 우리는 다니엘서 자체의 취지 즉 이것이 다니엘의 개인적 저술이라는 것을 받아들이는 편이 나을 것이다.

철저한 보수정통 복음주의자들에게 있어서 이 문제는 그리스도의 '감람산 강화' 에서의 다니엘에 대한 언급으로(마24:15) 분명하게 확정된다. 거기서 예수께서는 "선지자 다니엘의(소유격과 함께 쓰인 dia)말한바 멸망의 가증한 것"이라는 말씀을 하신다.

이 "멸망의 가증한 것"(혹은 "황폐화 시키는")이라는 말은 다니엘 9:27, 11:13, 12:11에 나타난 말이다. 여기서 중요하게 주목해야 할 것은 그리스도께서는 "다니엘"이라는 이름의 어떤 구약성경을 지칭한 것이 아니라 다니엘이라는 개인의 행위를 지칭했다는 점이다.(왜냐면 소유격과 함께 쓰이는 dia는 언제나 인간행위자를 암시하기 때문이다. 만약 그리스도의 이 말이 신빙성 있게 보고된 것이라면) 우리가 내릴 수 있는 유일한 결론은 그리스께서는 다니엘이란 역사적 인물이 이 종말론적 구절을 포함하고 있는 책의 저자라고 개인적으로 믿고 계셨다는 것이다.

더욱이 그리스도께서는 이 "멸망의 가증한 것"에 관한 예언의 성취는 미래의 일임을 분명히 하셨다. 비록 이 가증한 것의 한 전형이 안티오쿠스에 의하여 예루살렘성전에 세워지긴 했지만 이 예언은 주전 168에 일어난 사건에 의해서는 성취된 것이 아니었다.

2007. 9. 5.

"다니엘서의 저작 년도는 BC.6세기라고 믿는 것이 보수정통주의자들의 견해이다. 그러던 것이 합리주의 고등 비평가들에 의해서 AD.7세기부터 BC.2세기의 안티오쿠스 에피파네스의 통치기간인BC.175 −164년 사이에 기록 되였다고 주장하고 나서는데 문제가 되기 시작했다.

AD.3세기 신풀라톤주의 철학자 포르피리가 처음 주장하던 것을 미카엘리스와 아이히가 AD.18세기에 부활시켰다. 다니엘의 예언이 BC.6세기부터 BC.1세기까지 너무나 역사적으로 정확하게 이루어짐으로 조작의혹을 사기 시작해서 네 제국의 로마를 그리스로 조작하기에 이른다.

다니엘서는 히브리어와 아람어로 기록 되었으나 그 안에 바사어 단어가 나옴을 의심하나 그 당시 바사어는 근동통용어였고 묵시문학은 이스라엘의 마카비후에 일어났다고 하나 BC.6세기에는 에스겔 BC.4세기엔 스가랴도 묵시문학이며 천사나 부활사상은 포로후기시대 신학이라 하나 포로 훨씬 이전 산물인 시편(16:10), 이사야(26:19)에도 이 사상은 나옴으로 다니엘서는 다니엘 저자임이 의심할 바 없다."

Q “단1:1의 느브갓네살의 침공날짜는 렘46:2의 날짜와 모순되지 않은가?”

단 1:1

A 단1:1 “유다왕 여호야김이 위에 있는지 삼년에 바벨론왕 느브갓네살이 이르러 그것을 에워 쌌더니”하였고 렘46:2 “유다왕 요시아의 아들 여호야김 제4년에 유프라데 하수가 갈그미스에서 바벨론왕 느브갓네살에게 패한 애굽왕 바로 느고의 군대에 대한 말씀이라”

여기 단1:1은 느브갓네살왕이 처음 예루살렘을 침공한 것이 (BC.605년)유다왕 여호야김 제3년이라고 말하고 있는데 반하여 예레미야 46:2에서 여기선 느브갓네살의 제1년은 여호야김 제4년이라고 말하고 있습니다. 그러면 이 둘 중에 어느 것이 맞는 것인가? 둘 다 틀린 것 인지? 난제를 풀어 봅시다.

여러 견해가 있으나 여기서 참고로 두 견해만 들어 보기로 하자.

첫째견해: 원문과 번역본의 차이라는 견해

여기 여호야김 3년은 원 본문에 있는 숫자의 년도이고 번역본들은 자기 나라의 방법대로 번역하다보니 차이가 있는 것 같이 보인다고 주장하는 견해이다.

둘째견해: 초기사람들의 전설에 의한 것이라는 견해

다니엘은 날짜의 정확성에 대한 관심이 없었고 초기 사람들의 전설을 따랐을 뿐이라고 단순하게 생각하는 이들이 주장하는 견해이다.

그러나 이 견해같이 생각하는 것이 저자의 의중과 확실하게 맞는다고 가정하기는 심히 어려운 문제이다. 왜냐면 다니엘서는 그 어느 책보다도 장래의 사건에 대한 정확한 예언과 또 그 년 수에 대해 특별한 관심과 중요성을 보여주고 있기 때문이다.

예레미야 46장 2절에 느브갓네살이 애굽의 바로느고 2세(Phoroah NecoⅡ)를 파쇄시킨 갈그미스 전투는 여호야김 4년 때이었다. 여호야김은 BC.609-598년을 통치한(11년간, 유다 제18대왕)왕 이었다.

그러나 여호야김 3년은 BC.606년이 될 것이다. 느브갓네살이 왕이 될 인물로 군에 총참모총장이었는데 BC.605년까지 왕이 되지 못하였다. 그러나 느브갓네살이 예루살렘을 포위하고 침공에 성공한 후에야 바벨론 왕이 되었을 것이다.

그러나 적합한 이 문제의 해답은 다른 구약의 연대와 같이 1년의 차이는 계산이 다른 방법 때문에 오는 차이라고 볼 수 있습니다.((Bruce) 왕의 통치의해는 1)그의 직위 전 새해로부터 계산하는 방법. 2)그의 직위한 해부터 계산하는 방법. 3)직위 한 다음해부터 계산하는 방법 이 있다.

또 첫째나 셋째는 단지 처음부터 시작한지 얼마 오래지 않는 것으로 말 할 수 있었다. 따라서 그 연대는 단지 역사적 시점이상의 의미를 지닌 것으로 볼 수 있다.

바벨론왕 느브갓네살의 즉위 년도를 가지고 실례로 삼고 생각해 보자.

바벨론식 즉위 년도방식: 느브갓네살은 주전 605년에 바벨론 왕으로 즉위했는데 바벨론의 즉위 계산방식에 의하면 이해가 느브갓네살의 즉위년이다. 그러나 그의 치세 제1년은 그 전해(통치의 해 즉위계산방법 제3번) BC.604년의 정월 초하루가 치세1년이다.

유다식 즉위년도 방식: 즉위년이 곧 그 왕의 치세 제1년이 된다. 그러므로 그의 치세 제1년은 BC.605년이 된다. 여호야김은 바로 느고에 의하여 608년에 유다의 왕으로 임명 되였으므로 605년은 그의 제4년으로 계산된다.(제2번 방식 채택)

그래서 예루살렘에 살고 있었던 예레미야는 유다식 계산방식(제2번 방식)을 따라 예레미야서를 기록했고 다니엘은 바벨론에 살고 있었으므로 바벨론식 계산방식(제3번 방식)을 따라 다니엘서를 기록했으므로 예레미야는 여호야김4년이고, 다니엘서는 여호야김3년이라고 기록하게 된 것이다.

그러므로 바벨론 체제에서 주전 605년은 여호야김 3년이 될지라도 유대와 애굽의 체제하에서는 주전 605년은 여호야김 4년이 되는 것이다. 이 두 성경은 모두가 옳은 것이며 아무런 하자가 없는 것이다. BC.605년 느브갓네살은 유프라스강 상류지역 갈그미스 전투에서 승리한 후 곧 바로 예루살렘을 포위 침공에 성공하여 왕위를 즉위한다.

2007. 9. 6.

"왕의 즉위년도 방식차이로 1년의 차이가 생기게 되였다. 다니엘은 바벨론에 살았으니 바벨론 방식에 의해 즉위해 후 해부터 계산하게 되니 항상 1년이 뒤서고 유다와 애굽의 계산에 따른 예레미야는 예루살렘에 살게 되니 즉위 년도를 1년으로 잡게 된 것이다. 여기서 차이가 생긴 것이다.

성경에서는 서로 상충되는 숫자, 해, 연수, 사람이름, 나라이름, 여러 가지가 나온다. 어느 것은 맞고 어느 것은 틀린 것 같이 보이나 자세히 연구하고 근원부터 원어적, 역사적으로 살펴보면 서로 다른 방식을 적용해오는 차이점이지 결코 어느 한쪽이 틀려서 그런 것이 아닌 것이다.(영감되였으니)

단1:1은 바벨론식 계산방법에 의해 여호야김 제3년이라고 쓴 것도 맞는 것이고 렘46:2은 유다와 애굽 계산방식에 의해 여호야김 4년이라고 쓴 것도 틀림없이 맞는 것이다. 성경은 축자영감설이라 어느 글자, 점, 획에 이르기까지 틀린 것이 전연 없음을 온 세상에 공포하노라"

Q "느브갓네살의 즉위년도가 단1장과 2장이 서로 다른가? 그 이유는?"

단 2:1

A 1:3 "왕이"(느브갓네살), 1:5 "삼년을 교육받게 한 후 왕 앞에 서게하니", 2:1 "느브갓네살이 위에 있은지 2년에" 다니엘과 그 세친구들과 함께 포로로 끌려간 해는 BC. 605년 제1차 바벨론 포로사건 때이다. 이는 여러 고증과 누구나 인정하는 움직일 수 없는 사건이다. 그리고 1:3에 보면 느브갓네살은 이미 왕으로 호칭이 되고 있었으므로 그의 즉위년도는 605년으로 보아야 한다.

그리고 1:5에서 다니엘과 다른 속국의 포로소년들이 바벨론 황실에서 받은 교육기간을 만3년이라고 기록하고 있다.

그렇다면 본문인 2:1에 기록된 "느브갓네살이 위에 있은지 2년에 " 사건이 일어났으니 느브갓네살의 큰 신상 꿈 사건이다. 이때 이미 다니엘과 세 친구는 3년 교육과정을 마치고 일종의 황실 종교자문기관의 관리로서 다른 바벨론 술사들과 함께 황실에서 일하고 있었던 때의 일이므로(1:19, 2:13) 이 사건은 적어도 BC.602년 이후에 일어난 것으로 보아야한다.

그리고 그때는 즉위년 다음해를 치세1년으로 계산하는 바벨론식 즉위 년대 계산방식에 따를 때 앞에서 이미 언급한 바와 같이 느브갓네살

왕이 BC.605년에 즉위한 것으로 보이므로 이때는 그의 즉위 3년이 될 것이다.

그런데 2:1에서는 느브갓네살의 큰 신상 꿈 사건이 즉위 2년에 있었다고 기록하고 있다. 그렇다면 약1년간의 차이가 생기는데 성경이 잘못 기록한 것인지 계산 착오인지? 성경에 무슨 실수가 있는지 난제이기에 여기서 문제를 제기하게 됩니다.

이제 문제를 해결하기 위해서는 먼저 느브갓네살이 바벨론 제국의 왕위를 계승하게된 역사적 배경을 면밀히 검토해 보아야한다. 즉 느브갓네살이 이미 BC.612년 앗수르 수도 니느웨성 함락으로 멸망직전에 있던 앗수르제국의 잔류병을 돕기 위하여 원정 온 애굽의 바로 느고군대와 맞서 유프라테 강가의 갈그미스(Carchemish)에서 전투하여 승리한때가 바로 BC.605년이다.(왕하23:31, 대하35:20)

그리고 느브갓네살은 애굽군대에게서 승리한 여세를 몰아 근동지역의 패권을 장악하기 위하여 아프리카 대륙과 근동지역을 잇는 전략적 요충지인 남유다 왕국을 공격 정복하려했는데 1차가 바로 BC.605년에 침공하여 다니엘과 세 친구를 포로로 잡아갔다. 2,3차 걸친 침공으로 유다와 예루살렘은 멸망하고 말았다.

다니엘과 그의 세 친구들(사드락, 메삭, 아벤느고)과 많은 남유다의 왕족과 귀족 약 만명에 이르는 사람들이 BC.605년 제1차포로 때 이미 포로로 끌려가게 되었다.(왕하24:1, 렘46:2-12, 단1:1)

한편 BC.605년에 갈그미스에서 애굽군대를 격파하고 남왕국 유다를 정복할때에 느브갓네살은 분명 왕이 아니라 그의 아버지 나보폴라살 왕의 군대 총사령관이었던 것이다. 그런데 그의 혁혁한 전공으로 인하여 그의 부친은 그를 자신의 왕위계승자로 확정하고 그가 실질적인 왕권을 행사할 수 있도록 권한을 부여하였다.

그때부터 곧 BC.605년부터 느브갓네살은 아직 정식으로 왕위 즉위식을 갖지 못했음에도 불구하고 실질적인 바벨론의 왕으로 불리웠다. 다니엘서 1:3에서 언급된 왕은 바로 BC.605년당시의 느브갓네살을 가리킴이 분명하다. 그러나 BC.605년은 그의 정식 즉위년은 아니며 그의 통치 년 수로도 포함시키지 않는다.

그리고 느브갓네살이 정식으로 왕위에 오르는 즉위식을 가진 것은 그가 시리아와 불레셋지역의 정복을 마쳤을 즈음 그의 부친 나보폴리살(Nabopolasassar BC.625-605년) 의 갑작스런 죽음으로 급히 바벨론으로 돌아왔던 해가 BC.604년이다.

때문에 다니엘은 정식왕위 즉위식을 거치지 않고 왕권만을 가졌던 BC.605년이 아닌 명실상부하게 바벨론제국의 왕으로서 즉위식을 가졌던 해인 BC.604년을 기점으로 계산하여 다니엘과 그의 세 친구와 및 다른 속국의 포로소년들이 황실교육기간을 다 마친 해인 BC.602년을 느브갓네살 제2년이라고 기록한 것이다.(2:1)

이상에서 살펴볼 때 본 절인 2:1의 "제2년"과 1:5절의 '3년간' 이라는 서로 상치되게 보이는 이 두 기록은 다행히 역사적인 기록들을 통해 분명히 확인할 수 있었다.

그러나 성경의 어떤 기록들 중에는 서로 상치되는 것처럼 보이기는 한데 역사적 자료가 불충분하여 사실여부를 확인할 수 없는 것들이 성경 안에서는 많이 존재하고 있다.

예를 들어 다니엘서 11장에 기록된 안티오쿠스 에피파네스가 말년에 애굽을 침공할 것이라는 예언은 실제로 역사적으로 그 같은 침공사건이 있었는지에 대해서는 현제까지도 확인되고 있지 않은 사안입니다.

그 이유는 안티오쿠스 에피파네스의 말년의 행적에 관한 역사기록이 거의 남아있지 않기 때문인 것이다. 이처럼 여러 가지 원인으로 인하여 성경기록들의 진위여부를 확인 할 수 없는 경우도 종종 만나게 된다.

그러나 그럼에도 불구하고 우리들은 본문에서와 같이 표면적인 기록들만을 보고 성급하게 성경기록의 오류를 지적하는 어리석음을 결코 범해서는 안 된다.

오히려 우리 인간의 지식의 한계를 겸손히 인정하고 그 정확한 사실을 확인하기위해 끊임없이 노력해야 할 것이며 그리고 끝까지 확인하지 못했을 때에라도 미확인된 것으로 겸손히 유보해 두어야 할 것이다. 이것이 성경(하나님의 말씀)을 대하는 성도의 바른 태도라고 말 할 수 있습니다.

결론을 맺고자 합니다. 본 의제인 1:3의 BC.605년에 이미 느브갓네살이 왕이 된 것도 맞고 1:5에 다니엘과 그 세친구들이 3년 황실교육을 잘 마친 것도 맞고 2:1에 느브갓네살왕이 위에 있는지 2년에도 맞는 것을 역사적 고증을 통해 확인 할 수가 있게 됨이 감사하다.

성경은 일점일획이라도 틀림이 없고 절대 오류가 없는 하나님의 말씀이다. 우리가 잘 모르고서 속단하지 말고 하나님이 알려주신데 까지만 알고 하나님이 모르게 하신 것은 모르는 것도 은혜로 받아들이자.

실로 모든 성경은 하나님의 감동으로 된 하나님의 말씀이오니(딤후 3:16) 정확 무오한 하나님의 말씀으로 받고 이 말 이외에 더하면 이 책에 기록된 생명나무와 거룩한 성에 참여함을 제하신다고(계22:19)하였으니 어떤 성경이든지 두렵고 떨리는 마음으로 받아 들여야만 할 것이다.

2007. 9. 7.

"얼른 다니엘서 1장과 2장을 읽다보면 1:3, 1:5, 2:1에서 무엇인가 모순같이 보이는 것 같았다. 그러나 느브갓네살왕의 역사적 기록을 살펴볼 때 다니엘서의 모순같이 보였던 부문들이 얼마나 정확 무오한지 또다시 감탄하지 않을 수 없게 된 것이다.

다니엘은 신앙의 절개를 지킨 포로 선지자로 BC.620년 출생(BC.605년)바벨론 제1차 포로로 끌려갔고 3년 교육받고 64년을 관리직에 봉직하다 BC.538년(62세 때) 다리오왕에 의해 총리로 등극해서 약 8년 후

BC.530년(90세 일기)에 소천 한 위대한 선지자이다.

본문은 1:3의 605년 포로로 잡혀갔을 때 1:5에 이미 느브갓네살이 왕이 된 것도 맞고 3년 황실교육을 마친 해인 2:1의 느브갓네살 위에 있는지 2년도 맞는 것을 역사적 고증을 통해 확인 하였다. 성경은 반드시 틀림없고 완전무결한 하나님의 말씀이니 믿고 은혜받기만 소망하라“

성경난해구절 해설시리즈(성문서 다니엘8-(5)-⑨1)

Q "하나님께 충성된 다니엘이 갈대아 술사가 된 것일까? 아니면 딴 뜻이 있는가?"

단 2:2

A "왕이 그 꿈을 자기에게 고하게 하려고 명하여 박수와 술객과 점쟁이와 갈대아술사를 부르매 그들이 들어와서 왕의 앞에 선지라"(2:2)

느브갓네살왕은 그의 꿈을 해몽하도록 다니엘을 호출하였을 때 일이다. 그를 박수와 술객과 점쟁이 그리고 갈대아술사들을 불러들일 때 다니엘도 여기에 함께 동참한 것을 볼 때 하나님께만 충성한 다니엘이 어찌 이방의 박수, 술객, 점쟁이 노릇을 한 것인지 난제이다.

박사의 그룹인 이들 각자는 느브갓네살에게 조언자로서의 역할을 했다. 그러나 5:30에 다니엘은 그가 갈대아의 왕으로서 벨사살을 언급할 때 인종적 그룹으로 갈대아 사람들을 언급하였다.

다니엘 2:2은 처음에 그 "갈대아인들"(히브리어 Kas'dim)을 "박수와 술객과 점쟁이"와 더불어 갈대아 점성술사의 한 계급으로 소개하고 있다. 이런 용어의 사용에는 물론 종족을 표시하는 의미는 없다. 종족이라는 관점에서 본다면 느브갓네살 자신과 대부분의 정치, 군사 지도자들은 "갈대아인"이었다.

어떤 사람들은 주장하기를 단2:2과 다른 곳에서 나타내는바 종족을 구분하지 않는 이런 용어 사용은 후기의 다니엘서 저자론(다니엘서를 아마 BC.165년경 기록했다고 주장)의 이해에 혼란을 반영하는 것이라고 주장해 왔다.

그러나 이 이론은 "다니엘서"의 참 저자(즉 BC.530년경에 다니엘을 쓴 본인)도 또한Kas' dim은 종족을 표시하는 말로도 사용한다는 사실에 의하여 그 이론은 여지없이 가설임이 드러나고 만다.

5:30에서 그는 벨사살왕을 "갈대아인의 왕"(아람어로 Malka. Kasdae)이라고 지칭한다.(3:8에 등장하는 다니엘의 세 친구들을 고소했던 어떤 "갈대아 사람들"은 아마 점쟁이들이 아니라 고위 관리들이었을 것이다. 브라운, 드라이버, 브리지 똑같은 주장을 한다)

그런 다양한 방식의 용어 사용은 후기 저작설로 설명될 수 없다. 사실은 다니엘서의 저자가 이 이름을 서로 다른 두 가지 의미로 사용한다. 즉 1)점성가를 지칭하는 의미 2)종족을 지칭하는 의미로 사용한 것이다.

그러면 어떻게 이런 일이 일어날 수 있었을까? 이런 동음이의(同音異意)에 대한 어떤 설명이 있는가? 물론 있다. 그러나 이 설명은 한 고대의 용어가 세 가지 언어로 계승되는 속에서 발견된다.

먼저 다니엘이 갈대인의 술사와 같은 점쟁이였는지부터 알아보자.

느브갓네살왕이 다니엘을 불러 그의 꿈을 해몽하게 한 때는 이미 앞서말한 박수와 술객과 점쟁이와 갈대아술사가 왕의 꿈을 해석하는데 실패한 후였다. 다니엘은 그들과 함께 왕에게 호출되지 않았으며 그들이 정죄된 후에 홀로 왕에게 들어간 것이다.

따라서 우리는 술사들이 모두다 점을 쳤다고 생각할 수는 없다. 예를 들어 대학의 교수 그룹에 속한 교수가 다 같은 전공을 한 것도 아니고 다 같은 일을 하지 않는 것과도 같은 것이다. 그들은 각자가 맡은 전공 분야가 다른 것이다.

그런데 2:2은 "그 갈대아인들"(히브리어 Kas' dim)을 박수와 술객과 점쟁이와 더불어 갈대아점술사의 한 계급으로 소개하고 있다. 여기서 갈대아인들이란 말은 다른 곳에서는 끝에서처럼(2:2, 10) 중간에서도 나온다.(4:4, 5:7) 따라서 이 문맥에서 그 말이 그 원래의 종족이란 의미를 갖지 않는다는 것은 분명하다.

그러나 갈대아인들이란 말은 5:30에서처럼 갈대아인들의 왕 벨사살을 가리키는 것처럼 종속이란 의미가 있는 것도 사실이다. 그러면 점술가 갈대아 국가명칭과 혼돈하게 된 이유가 무엇인가? 프린스톤의 로버트딕 윌슨이 지적한 것을 여기서 참고로 기술하려고 한다.(Studies in the Book of Damiel Sesies I(New York. G.P.Putnam' s Sons. 1917)

수메르어 합성어인 Gul-du는 '건축의 대가'라는 말이었을 것이다. 이 '건축의 대가'라는 명칭은 육안으로 보이는 별들을 작은 공간으로 쪼개어서 집의 평면도 비슷한 도표위에다가 별의 도표를 그리는 점성술사들에게 붙여지던 명칭인 듯하다. Gal-du 라는 낱말은 바벨론의 샤마쉬 슈무킨(BC.668-648)의 제14년에 만들어진 토판에 그런 의미로 나타나고 있다.

Kal-du(수메르어 Gal-du를 아카드어로 표기하면 Kasdu 혹은 Ka' sdu였던 이 이름이 후에 바벨론의 아카드어 방언에서 Kasdu 로 발음하게 되었다. 이 현상은 치음 앞에서 지찰음(siliblant)이 L로 바뀌는 음운변화에 의해서 발생하였다.

이런 현상 때문에 전치사 ištu(~밖으로)는 후기 바벨론어 에서는 ultu로 발음되었고 aštur(내가 기록했다)는 altur로 변했다. 나보폴라살과 그의 아들 느브갓네살 치하의 신바벨론에 이르러서 음운변화의 마지막 단계로 접어든다.

왜냐하면 국가 부활의 이 시기에(마침내 앗시리아의 멍에를 벗어버린) 그들은 그들의 문자언어를 초기의 고전적인 형태로 회복시키려고 노력했기 때문이다. 이것은 곧 치음인(dental consonant) 앞에서 L로 변했던 모든 지찰음이 원래의 그들 자신의 지찰음으로 바뀌어야 했음을 의미했다.

그러므로 원래 Kal-du(Gal-du)에서 생긴 단어인가 역사적인사실에 어긋나게 Kalšdu로 바뀔 수밖에 없었다.(Kašdu의 복수는 Kašdi인데 히브리어에서는 Kašdin 아람어에서는 Kasdin 강조된 형태로 Ka'sdāē였다)

이렇게 되어서 이 말은 종족을 표시하는 말인 Kaldu(복수는 Kaldi)와 같게 되었다. 그러나 이 Kaldu는 원래 Kašdu에서 온 말이다.(희랍인들은 신바벨론의 개혁이전의 이 말을 가져다 썼기 때문에 그 나라를 Chaldaion이라고 부르는 사실을 주목하자. 영어의 'Chaldeans'라는 번역은 이 희랍어에서 온 말이다)

따라서 우리는 이렇게 설명할 수 있다. Kasdim이라는 히브리어의 갈대인들은 원래 아카디아어 Kaldu에서 온 것으로 그 원래의 고전적어체로는 Kasdu인데 종족이란 단어 Kaldu(갈대아인)로 잘못 유추한데서 기인 된 것이다.

그러나 실제로 Kaldu는 앞에서 본대로 수메르안어 Gal-du (건축대가)에서 빌려온 말로 그 말은 점성가 점쟁이의 특별한 계급에 적용 되였다. 그 말은 술사(wise man)의 넷째 계급으로 왕에게 전체 그룹을 위한 대변인으로 활동하였다.

그러므로 같은 단어가 점술가와 갈대아인으로 혼동이 가능하다. 그러나 여기서 그것이 크게 문제될 것은 없다. 그 말은 쓰여진 문맥에 따라 그 의미를 분명히 구별되게 파악할 수 있기 때문이다. 다니엘은 여기서 그 말이 당시에 두 가지 일반적인 용도로 쓰였던 단어를 그대로 사용한 것뿐이지 하자는 없는 것이다.

2007. 9. 8.

"2:2에서 다니엘은 박수도 술객도 점쟁이도 된 일도 없거니와 갈대아 술사라고 부름 받은 적도 없다. 일반박사로 존재하다가 이들 그룹이 느브갓네살왕의 꿈을 해석치 못함으로 왕에게 호된 책망 받은 후 다니엘은 따로 별도 그룹이므로 홀로 왕에게 호출되어 들어간 것이다.

여기서 좀 문제가 된 것은 '갈대아' 술사란 이 갈대아(히브리어 Kasdim)란 말이 박수, 술사, 점쟁이와 같은 단어 Gal-du(건축의 대가: 점성술의 대가)와 같은 어근으로 아카드어로 수메르어로 변천과정에서 또 히브리어로 아람어로 영어로 바뀌면서 혼동된 것이다.

이 복잡한 언어 발달로 혹자가 다니엘이 BC.2세기 작품이라고 고등비평가 쪽에서 강하게 내세웠으나 이 다니엘의 원저자 역시 (BC. 530년경 쓴 본인) Kašim을 종족을 표시하는 말로 쓴 사용한 근거 때문에 다니엘서 BC.2세기 저작설은 스스로 무너지고만 것이다."

Q "세친구들의 느브갓네살 금 신상 경배반대 사건에서 다니엘은 어찌했을까?"

단 3:12

A "이제 몇 유다사람 사드락과 메삭과 아벳느고는 왕이 세워 바벨론 도를 다스리게 하신 자이어늘 왕이여 이 사람들이 왕을 높이지 아니하며 왕의 신들을 섬기지 아니하며 왕이 세우신 금신 상에게 절하지 아니하나 이다"(단3:12)

단1:8에서 다니엘과 세 친구들은 "뜻을 정하여" 그들의 양심에 어긋나는 어떤 것도 하는 것을 거절하기로 결정하였습니다. 따라서 여기 세 친구는 신상에 절하기를 거부하였는데 왜 다니엘은 거부했다는 기록이 없는가? 나라의 높은 관직에 있기에 마땅히 경배했기 때문인지? 다른 이유인지? 언급이 없음은 난제라고 봅니다.

위에 나오는 다니엘의 세 친구는 분명 유다사람이라고 밝혔습니다. 이들은 영재이기에 바벨론왕이 이용하려고 왕궁 영재교실에서 3년 동안 훈련시키고 이제 각도를 다스리는 도백으로 발탁되었고 그의 이름들도 바벨론 종교식으로 바뀌었습니다.

다니엘(하나님이 심판하신다)를 벨드사살(바알의 아들) 이라는 뜻으로 바뀌었고, 하나냐(하나님의 총애자)가 사드락(나의 태양의 신)이라고 했고 미사엘(하나님과 비교하다)이 메삭(땅의 신이라는 뜻으로) 아사랴(여호와가 도우신다)를 아벳느고(물의 종이라는 뜻) 으로 이방신상에 맞게 이름을 고쳐 불렀다.

아람어 성경이나 70인 역(LXX)도 사드락, 메삭, 아벳느고로 나온다. 그러나 다양한 헬라어로 된 묵시적인 단편들에서는 그들의 히브리어 이름이 그대로 하나니아, 아자리아, 마사렐로나온다. 우리 성경도 바벨론식 이름보다 히브리식 이름대로 불러야할 텐데 바벨론식 이름으로 번역된 것은 좀 유감이라고 본다.

그래도 위안을 삼을 수 있는 것은 다니엘만은 우리 성경이 벨드사살이라고 부르지 않고 다니엘로 번역함에는 박수를 보낸다. 그런 다니엘이 왕의 신상경배사건에서는 자취를 감춘 것은 경배한 것으로 보아야할지? 경배안한 것으로 보아야 할지? 난제인 것이다.

여기서 다니엘은 왜 왕의 신상경배 반대운동에 가담하지 않았는지 알아보자.

이 문제에 대해 우리는 성경의 기록이 없고 외경, 내경, 구전, 기독교 전설, 역사소설에서 전연 찾아볼 수 없어서 정확히 밝히기가 아주 어려운 사안입니다. 그러나 그럼에도 불구하고 다니엘 6장에서 다니엘은 사자굴 속에 들어가 찢겨죽는 처참한 죽음 앞에서도 두려워하지 않고 도리어 날마다 예루살렘을 향해 창문을 열어 놓고 기도한 사실과 그 어인이 조서에 이미 찍힌 줄도 알고 또 원수들이 체포하려고 엿보는 줄도 알면서 하루 세 번씩 어김없이 보란 듯이 기도한 것을 볼 때 금 신상에게도 절하지 않았으리라고 단정 지을 수 있다.

여기서 다니엘에 대한 전연 언급이 없는 것은 그 당시 그럴만한 이유가 있는 것이 분명한데 그것을 알 수가 없음이 답답하다. 혹 그 자리에 없었던지 만일 다니엘이 그 자리에 있었다고 해도 그 세 사람의 유대인들보다 더 높은 관직에 있었으므로 그 자리를 비껴갈 수 있지 않았나한다.

만약 그가 근무처에 있었다 할 찌라도 언제나 아래 사람부터 처벌해 나가기 때문에 아직 다니엘 위치까지 처벌순위가 올라오지 않은 것뿐인지? 또 만일 그 자리에 있었다 할 찌라도 바벨론의 점성가들이 그를 고발하지 않았을 것도 고려해 볼 수가 있다고 본다.

그러나 많은 학자들의 의견을 종합한다면 아마 다니엘이 그 자리에 없었을 것이라는 것이 훨씬 설득력을 지닌 설명이라고들 입을 모은다. 그러면 다니엘이 왜 그 자리에 없었는지 아니면 무슨 연유에서 금 신상 경배 반대운동에서 침묵을 지켰는지 자세히 짚어보기로 하자.

1) 사건당시 다니엘이 공무 등의 이유로 외국에 나가있거나 국내지방 시찰에 나가 있어서 국사를 수행 중에 있었거나(당시 교통사정이 좋지 못함으로 오랜 시간 출장 중) 출장했으므로 금 신상숭배사건과 직접 연류 되지 않았을 가능성이 많이 있다고 본다.

2) 다니엘의 지위가 너무 높았고 왕의 신임이 너무 두터웠으므로 갈대인들이 직접 참소하지 못했을 가능성도 있다고 본다. 만일 그렇다면 갈대아인들은 일차적으로 사드락, 메삭, 아벳느고를 참소하여 처벌받게 함으로써 다니엘도 자연스럽게 처벌대상이 되도록 유도하려 했을 것이다.

3) 금 신상의 낙성식 당시 다니엘이 병에 걸려있어 거론의 대상에서 제외 되었을 경우도 생각해 볼 수 있습니다. 단8:27에서 때때로 그의 질병이 '혼절하여' 나라일 수행에 지장이 되었음을 알 수 있다. 다니엘이 기동할 수 없는 병중에 있었다면 왕의 낙성식 초청도 없었을 것이고 따라서 그 어떤 문제도 발생하지 않고 마치 침묵으로 지나간 것같이 보인다.(7:28, 8:27, 10:8)

4) 그는 왕의 내각의 다른 각료와 함께 입법이나 군사계획 때문에 입법로비에 너무 바빠서 왕 신상낙성식에 참여치 못했을는지도 모른다.

5) 그는 왕의 대신(수상, 총리 2:48)이었으므로 왕의신상에 경배하

므로 그의 충성심에 대한 공적인 증거가 요구되지 않는 지위였다고 본다. 느브갓네살이 그 신상에게 절했다는 말이 없고 그는 아마 그의 측근 신하와 함께 왕좌에 앉아 있었을 것입니다.

6) 다니엘의 직위가 바벨론의 수도 지방을 통치하는 자였으나(2:48) 공적 직위의 7범주의 목록에 (①방백: 도 관할의 최고지배자 ②수령: 성의 군대장관 ③도백: 민간 행정관 ④재판관: 재판의 결정권자 ⑤재무관: 공공재산의 관리, 감독자 ⑥모사: 법률해석의 법률전문가 ⑦법률사: 법률에 따른 재판관장자) 포함되지 아니하였으며 다니엘이 우두머리로 있던 술사들은 이 공적의식에 아무도 소환되지 않았다.

7) 술사로서 다니엘의 명성이 아주 대단했던 만큼 시기심이 많았던 갈대아인들까지도 그를 왕 앞에 감히 공격할 수가 없을 것이다.

아울러 이처럼 주인공이 중요한 순간에 빠져있다는 사실은 본서가 허구가 아닌 실제역사의 기록임을 반증해 주고 있다. 만약 자유주의 학자들의 말처럼 본서가 이방의 압제자들을 대항하기위해 마카비시대에(BC.167년경) 기록 되였다면 영웅의 주인공이 중차대한 시점에서 소외될 이유가 없는 것이다.

위의 어떤 이유로도 다니엘이 그 자리에 없었다거나 또 그 의식의 참여에서 면제될 수있다는 완전한 대답은 더 이상 기대하기 힘들다. 여기 제시된 대답이 완전한 대답이라고 확증하기도 힘들고 그리고 전연 근거 없는 허구라고만 단정 지을 수도 없는 것이다.

결론은 다니엘은 금 신상에도 절하지 않았다는 것은 확신할 수 있다. 사자굴 앞에서 순교자적 모습을 볼 때 단정 지을 수 있다. 세 친구들의 금 신상경배 반대운동에 동참하지 못한 문제나 금 신상문제에 대해서도 침묵을 지킨 것은 여전한 숙제로 후배들이 기도 많이 해서 꼭 풀어주시길 무능한 선배가 부탁드리노라.

2007. 9. 9.

"다니엘서의 젊은 네 친구들의 신앙은 언제 읽어도 신선하고 우리게 큰 충격과 도전을 준다. 우리 현실 앞에서 닥친 역경이나 절망사건이 세 친구들의 풀무불 사건 앞에서는 다른 핑계를 댈 수 없고 다니엘 사자굴 사건 앞에서는 역경과 절망사건은 아무것도 아니거니와 도리어 우리를 부끄럽게 만든다.

할 수 있으면 바벨론식 이름보다 성경식 하나님을 위해지은 이름을 불러야한다. 다니엘, 하나냐, 미사엘, 아사랴 이런 위대한 이름을 두고도 우상 섬김의 이름을 불러준다면 본인들이 저 천국에서 얼마나 괴로워하실까? 다니엘의 본문 행적에 대해 외경, 내경, 구전, 전설을 발견 즉시 연락주시면 후사하겠습니다. 기쁜 소식 기다립니다.

결론적으로 다니엘은 금 신상에 절할 사람이 아니다. 그의 순교자적 생활이 뒷받침한다. 그때 그 지점에서 피해간 것이 아니라 사건이 비켜갔을 것으로 안다. 여기 7가지로 다니엘 무죄의 타당성을 적어 보았지만 하나님이 기도하고 연구하는 자에게 주시려고 감추어두었다. 기도 자에겐 알려주시리라 믿습니다. "여호와께서는 자기의 비밀을 그 종 선지자들에게 보이지 아니하시고는 결코 행하심이 없으시리라"(암3:7)

Q “풀무불 속에서 건짐 받은 믿음의 세 친구들이 들어간 풀무 불 또 사자굴 사형이 존재했나?”

단 3:1-27

A 다니엘과 세 친구들(하나냐, 미사엘, 아사랴)은 유다의 왕족 및 귀족에 속한자들이다. 남유다 왕국의 멸망의 서곡인 BC.605년 제1차 바벨론포로 때부터 이 바벨론 제국을 정복했던 파사왕 고레스의 통치원년인 BC.538년까지 바벨론 시에서 공식적으로 활동한 관료이면서 선지자들 이라고 본다.

다니엘과 세 친구들이 바벨론에 포로 잡혀가던 해는 BC.605년으로 이해에 그 유명한 애굽과 바벨론 간의 갈그미스(Carchemish) 전투가 벌어졌었다. 이 전쟁은 바벨론이 앗수르와 애굽을 차례로 격파하고 고대 근동의 패권을 차지하게 된 결정적인 사건이었던 것이다.

그리고 당시 남왕국 유다는 애굽왕 바로느고에 의해 즉위하게 된 제18대왕 여호야김(BC.609-598년)이 통치하고 있었는데 애굽이 갈그미스 전투에서 패배함에 따라 남유다도 바벨론왕 느브갓네살의 노를 사게 되어 유다의 왕족과 귀족들이 포로로 끌려가게 되었다.

다니엘과 세 친구들 바벨론에 있는 동안 교체 되였던 바벨론 왕의 계보상황은 ①느브갓네살 2세(BC.605-562) ②에윌모로닥(BC.562-560) ③네리글리살(BC.560-556) ④라바시말둑(BC.556) ⑤나보폴라살(BC.556-539) ⑥벨사살(BC.550-539)이 차례로 등극하였으며 나보니폴라살과 벨사살은 상당기간 동안 공동통치를 하였다. 그리고 파사왕 고레스(BC.559-529)가 BC.539년에 바벨론 제국을 멸망시킴으로써 파사제국이 근동지역의 패권국으로 등장하고 이스라엘 포로들을 귀환시켰다.

다니엘의 세 친구인 하나냐와 미사엘과 아사랴가 느브갓네살의 금신상에 절하지 않는 연고로 풀무 불속에 던져지는 자세한 광경이 본문에 생생하게 드라마틱하게 나온다. 아울러 다니엘 6장에서는 다니엘이 다리오 신하들의 계책대로 여호와 하나님을 믿고 기도하는 신앙 때문에 사자 굴에 던져진 사실이 기록되어있다.

이에 대해 몇몇 자유주의적인 성경 고등 비평가들은 이러한 다니엘서의 기록들은 민간전승일 뿐이며 역사적 사실이 아니라고 일소해 버리는 경향으로 신앙사상을 밝힌다. 그러나 수많은 고고학적 증거들은 이런 형벌제도가 고대 근동지역에 분명히 있었음을 증거 해주고 있다. 이에 풀무 불과 사자굴 형벌에 대한 고고학적 증거들을 밝히고자 한다.

고대근동의 형벌방법 중에 사형의 경우에는 돌로 치거나 칼로 죽이는 방법이 가장 일반적이었다. 그런데 앗수르 제국이나 바벨론제국시대에는 그 형벌이 보다 잔인해져서 신(神)을 모독하거나 신의 아들로서 절대적인 존재로 여겨진 왕의 법령을 어기는 자들에게는 산채로 풀무불에 태워 죽이거나 맹수가운데로 던져 찢겨죽게 하는 형벌이 일반화되었던 사실을 밝혀보고자 한다.

이러한 사실은 바벨론 초기 유적지에서 발견된 벽돌 가마처럼 보이는 특이한 모양의 건물을 통해 분명히 확인 할 수 있었다. 이 건물의 용도를 기술한 비문에는 이런 내용이 기록되어 있다. "사형장, 이곳에서 갈대아의 신들을 모독한 사람들을 화형 시켰노라"

또 한편 디켈레포이(Diculafoy)와 같은 고고학자들은 커다란 우물 같은 곳에서 "사형장 이곳에서 왕의 노여움을 산자가 맹수에게 찢겨 죽었노라"라는 글이 적힌 우물둘레 테를 발굴하였다.

이 외에도 수산궁의 유적지에서는 사자 굴에 던져서 죽은 484명의 고관명부가 발견되었고 앗수르 왕 아슈르바니팔이 그의 조부 산헤립을 본받아 반역자들을 산채로 황소와 사자굴속에 던졌노라는 글을 비문으로 남겼다는 기록도 있다.

현제 로마시 중앙에 콜로세움이란 고대 원형경기장이 잘 보관 돼있다. 원형경기장의 스타디움에는 약 몇 만 명의 관객이 참석할 수 있도록 돼있고 운동장 바닥 밑에는 무서운 사자와 호랑이들의 거처와 사육지가 있다. 지금은 뼈대만 남아있으나 외부 쪽은 약 5층으로 된 벽돌 구조물이 흉물스럽게 방치돼있다. 네로 황제 때 것으로 추정해도 약 2000년 전 것이니 다니엘 시대는 약2,600년 전이니 거의 비슷하리라고 본다.

이상과 같은 사실들은 다니엘서에서 실제 사건들로 묘사된 기록들 중에서 가장 극적인 사건들로서 다니엘 세친구의 풀무 불 처형과 다니엘의 사자굴 처형과 같은 잔인한 사형관습이 고대 근동에서 실제 있었던 관습임을 분명히 알 수 있게 해준다.

그러므로 풀무 불에 던져졌으나 머리털하나 상하지 않고 풀무 불에서 나온 다니엘의 세친구들이나 사자굴 가운데서 몸이 조금도 상하지 않은 다니엘의 기사는 결코 허구적인 조직된 이야기가 아니라 전적인 하나님의 권능으로 인해 실제로 있었던 실로 놀라운 구원사건임을 확신케 된다. 이러한 사실을 확인할 때마다 우리는 하나님의 권능과 영광을 찬양하지 않을 수 없을 것이다.

믿음의 세친구들의 평가 및 우리에게 준 교훈을 살펴보기로 하자.

1) 세친구가 겪은 풀무불 시험은 성도들이 겪는 '불시험' (벧전4:12)을 연상시켜 준다. 그리고 이 세친구가 이 풀무불 시험에서 믿음의 승리를 거두었던 사실은 우리 성도들이 불시험을 어떠한 신앙자세로 극복해

야 하는가를 교훈해 주고 있다.

이 같은 신앙의 연단을 통해 우리성도들은 실로 전 인류의 죄를 대속하기위하여 십자가의 수난을 받으시고 지금은 영광의 보좌 우편에 앉아계신 예수그리스도의 영광에 참여하게 되는 것이다.(벧전4:13)

2) 유약한 현대의 신앙인들은 조그마한 어려움이 닥쳐도 그것에 맞서 싸우기보다는 피해버리려고 하기 일 쑤 이다. 세친구들은 이러한 신앙인들에게 하나님은 성도들이 시험당할 때에 피할 길 감당할 힘도 주시고 넉넉히 이기는 힘을 주심을 증거 한다.(단3:17,18 고전10:13)

3) 만일 여기 세친구들이 각각 떨어져 있었다면 풀무 불 가운데서 건짐 받은 위대한 신앙을 소유하지 못했을 런지도 모른다. 이처럼 신앙은 성도들 간의 깊은 교제 중에서 더욱 발전하는 것인바 이를 결코 소홀히 해서는 안 될 것이다.(히10:25)

4) 세친구들의 신앙은 마침내 이방왕 느브갓네살로 하여금 하나님을 찬양토록 한다.(단3:28) 이처럼 그리스도인들은 이 세상을 살면서 불신자들마저도 하나님을 찬양 할 수 있는 신앙의 본을 보여야 한다.(마5:13-16)

5) 오늘날 우리 주위에서 가장 흔하게 볼 수 있는 잘못된 신앙의 형태가 기복적 신앙이다. 더 많은 경제적부를 위하여 십일조를 내고 평안한 내세를 보장받기위해서 교회를 다닌다. 이런 자들은 하나님과 인격적 관계를 유지하는 것보다 오직 하나님께로부터 '복' 얻기에만 관심을 가지고 있다.

세친구들이 소유한 믿음 중 "그리 아니 하실지라도"의 신앙은 이런 자들에게 어떤 것이 바른 신앙의 형태인지에 대한 표본을 제시한다.(단3:18) 실로 진정한 복은 이렇게 "그리 아니 하실지라도"의 신앙을 가진 자들에게 자연히 따라 오는 것이다.

6) 하나님을 섬기는 자들은 실제로 이 세상에서 세상의 요구와 하나

님을 향한 신앙사이에서 무엇인가를 선택해야만 하는 문제로 많은 갈등을 경험하게 된다. 그러나 올바른 신앙을 가진 자들은 세친구들처럼 늘 하나님을 선택하게 된다. 이것은 결코 쉬운 일은 아니다. 때문에 경건의 연습을 통해서 이러한 선택방법을 구체적인 삶이 현장 속에서 배우고 익히지 않으면 안 되는 것이다.

2007. 9. 10.

"다니엘과 세 친구는 유다국의 징계로 포로 때 제1차로 끌려갔다. 하나님이 가장 사랑하는 자를 가장 많이 연단시키신다. 연단 중에 있는 자들은 소망 중에서 다니엘과 세친구들과 같은 엄청난 기적의 장본인들로 세우시고자 하시는 하나님의 뜻을 깨닫고 난관을 믿음으로 정면 돌파하라.

풀무불 사형제와 사자굴 사형제에 대해 자유주의적인 성경비평가들이 민간전승으로 한신화의 이야기로 진락시키고자 시도하나 고대 중근동지역에서 계속 발굴되는 고고학으로 자료들이 다니엘서의 이런 사형제도가 있었음을 확실히 증거 해주고 로마의 골로세움도 증거가 된다.

세친구들의 평가 및 영적 교훈들 6사항은 우리에게 큰 힘과 교과서적 간증이다. 신앙의 힘이 아니고서는 불가능하며 하나님의 도움 없이도 불가능하다. 기복주의 신앙에 빠지지 말고 다니엘과 세친구 같은 믿음을 본받아 나가면 하나님이 도와주어서 제2의 다니엘서를 기록해 내게 되리라."

Q "풀무 불 속의 기적을 목격한 느브갓네살이 개종한 자인가 그저 한 찬양인가?"

단 3:28-30

A "느브갓네살이 말하여 가로되 사드락과 메삭과 아벳느고의 하나님을 찬송할 지로다. 그가 그 사자를 보내사 자기를 의뢰하고 그 몸을 버려서 왕의 명을 거역하고 하나님밖에는 다른 신을 섬기지 아니하며 그에게 절하지 아니한 종들을 구원하셨도다. 그러므로 내가 이제 조서를 내리노니 각 백성과 각 나라와 각 방언하는 자가 무릇 사드락과 메삭과 아벳느고의 하나님께 설만히 말하거든 그 몸을 쪼개고 그 집으로 거름 터를 삼을지니 이는 이같이 사람을 구원할 다른 신이 없음이라"(단3:28-29, 4:36-37)

금 신상숭배를 거부한 죄로 극렬히 타는 풀무불 속에 던져졌음에도 불구하고 사드락, 메삭, 아벳느고가 머리털하나 상하지 않고 살아나온 실로 놀라온 사건을 목격한 느브갓네살이 그들의 하나님 여호와의 능력을 찬양하고(28절)있음에 우린 놀라지 않을 수 없다.

그리고 바벨론 전국 전체의 백성들에게 이스라엘 하나님여호와를 모독하는 말을 하는 자에게는 참형을 내리라는 내용의 조서를 내린 사실(29절)을 볼 때 느브갓네살이 참으로 개종한자인지? 풀무 불에서 생환 기적에 너무 놀라 감탄한 나머지 나온 허풍인지 난제이다.

원래 느브갓네살이 다니엘의 세 친구를 심판할 때 '너희를 극렬히 타는 풀무 불 가운데 던져 넣을 것이니 능히 너희를 내손에서 건져 낼 신이 어떤 신이겠느냐?' (15절)라고 협박했었다.

그 말속에는 두 가지만은 아주 자신하는 어조로 저주한 것이다.

1) BC.586년 느브갓네살 왕 자신이 남왕국 유다를 정복할 때조차도 자기 백성을 구원하지 못했던 유약한 신 여호와가 어찌 풀무속에 던져진 자를 살릴 수 있겠느냐하는 생각이었다.

2) 과연 풀무불속에서 던져진 자를 살리는 신이 있다면 그 신이야말로 전정한 신 일수 있다는 것이지만 그런 신이 이 세상에서 있겠느냐하는 생각이었다. 즉 그는 지금까지 수많은 우상신들 중에는 그 어떤 신도 풀무 불에 타죽는 자를 살리지 못했으며 또 살릴 수도 없을 것이라고 믿어왔던 것이다.

이런 호언장담과 신들을 저주하고 조롱하던 느브갓네살이 실제로 풀무 속에서 살아나온 다니엘의 세 친구를 목격한후 비로서 여호와 하나님을 찬양하시고 또 조서까지 반포한 사실은 실로 여호와 하나님은 무궁무진하며 전지전능하신 하나님이시며 풀무 불속에서 살리신 것을 보고 찬양안할 자 있었겠는가?

원래 느브갓네살 왕은 선왕이라기보다는 폭군이라고 해야 마땅할 것 같다. 그는 하나님의 심판의 도구가 되어 하나님을 버린 유다를 멸망시킨 장본인이기도 하지만 그는 어느 왕 못지않게 교만하기 그지없었다. 그런데 여기 3:38-39에서는 그는 완전 하나님을 찬양하고 하나님을 모독한자는 몸을 쪼개는 사형의 조서까지 내리는 것을 볼 때 개종하지 않고 과연 이런 조처가 나올 수 있을까?

그는 눈으로 하나님의 능력을 직접목격 하였을 때 그 어떤 신보다 여호와 하나님이 위대한 신임을 인정하지 않을 수 없었다. 그리나 여기서도 느브갓네살은 하나님의 권능에 의해 나타난 이적을 보고 일시적 감동을 느끼고 있을 뿐 그 하나님을 유일하신 하나님으로 받아들이고 회개한 것은 아니라는 사실을 분명히 알 수가 있습니다. 왕이 여호와 하나님을 '자신의 하나님이라' 하지 않고 '사드락과 메삭과 아벳느고의 하나님' 이라고 표현하고 있다는데서 그러한 사실은 분명하게 드러난 것이다.

즉 느브갓네살 자신은 여호와 하나님을 섬기지도 아니하였고 자기 백성들로 하여금 섬기게도 하지 아니했다. 그는 다만 유다출신의 포로들이 자신들의 하나님을 섬길 수 있게 자유를 허용했을 뿐이다.(29절) 그간 여호와 하나님을 섬기는 것을 금했으나 이젠 신들중 하나로 인정한 것이다.

29절에서 그가 반포한 조서도 여호와 하나님을 바벨론제국 내에서 섬김을 받던 다른 신들의 반열 중 한 자리에 오를 만한 신이라는 사실을 인정하고 그 하나님을 멸시하고 모독하는 일만을 금지시킨 것이지 하나님을 믿어 중생하여 하나님만 믿고 사는 그런 거듭남의 체험을 한 것은 아닌 것이다.

1) 그는 하나님의 주권을 진심으로 고백하고 있다(34-35절)

2) 그는 역시 인간은 피조물 됨을 고백 한다(35절) 인간은 피조물이니 하나님만 의존해야한다.

3) 그는 하나님의 진실하심과 의로우심을 고백한다(37절)하나님의 심판은 참되며 의로우시다.

4) 그는 하나님은 교만한 자를 대적하시며 겸손한 자에게 은혜 주신다(37절, 잠3:34)

여기서 느브갓네살은 그의 교만으로 하나님의 징계를 받은 후 겸손해 졌고, 그 결과 새사람이 된 것 1)이성이 돌아왔고 2)나라가 회복 되였으며 3)왕의 자리에 복직 되었으며 4)나라의 장관들과 나라의 군신들이 그의 편으로 모여들게 되었다.

느브갓네살이 교만한 후에 겸손해짐으로 그가 이전에 누렸던 영화를 다시 되찾았다면 그것은 교만한 자는 물리치시되 겸손한 자에게 은혜를 주신다고 하신 말씀대로 된 것이다. 이렇게 느브갓네살이 신앙의 고백을 했고 겸손하여 하나님의 축복을 받게 되었다면 그가 정말 하나님을 믿었으니 가능해졌고 개종했다고 볼 수 있지 않겠는가?

그는 과연 애굽의 바로 왕과는 다르게 계시의 각 요점에서 마다 하나님께 긍정적으로 반응하였다.(2:47, 3:28, 4:36-37) 신약에서처럼 구약에서 하나님께 대한 그런 반응은 전형적으로 불신자적인 색체보다 차라리 신앙인의 색체가 더 짙다고 볼 수가 있다.

과연 느브갓네살이 하늘의 하나님을 찬양하며 높이며 영화롭게 했다는 말씀이나 34절에 존귀하게 하고 영화롭게 했다는 동사들은 지속된 행동을 가리키는 것으로 느브갓네살이 이런 일들을 습관적으로 했음을 암시하고 있다. 이런 동사들은 경외, 존경, 존귀, 찬탄 그리고 경배의 사상들을 포함한다. 따라서 알미니안니즘의 주석가들은 그가 하나님의 자녀가 되는 중생의 체험을 했다고 한다.

그러나 그럼에도 불구하고 여기서 느브갓네살은 참 신앙이 아니라고 칼빈주의 보수신앙 신학자들은 주장하고 있다. 사실 여기 나오는 사건과 기사만 보고 느브갓네살왕이 중생했는지 못했는지 판단하는 것은 좀 무리인 것이다.

여기 하나님의 권세와 공의에 대한 느브갓네살의 공적인 인식은 회개와 참 신앙에 미치지 못한다는 것이 신학계의 정설인 것 같다. 사실 이 사건이야기는 우리에게 생생하게 남겨두려 들려주는 바는 신자만 아니라 불신자에게도 인간사는 하나님의 섭리적 배열이요 하나님은 그 자신을 증인 없이 남겨두지 않으시며 만인이 진리의 지식에 이르기를 원하시고 계신다.(딤전2:4)는 것이다.

그러므로 위의 구절들이 가르치는 바는 느브갓네살의 개종이 아니다. 다니엘서는 1장에서 6장까지 기록된 내용들은 한 결 같이 비중생한 인류의 자만을 꺾으시는 하나님의 주권과 진실하심 그리고 능력에 대한 승리의 증거로 마치고 있다.

느브갓네살에 있어서 하나님은 그 자신의 하나님이 아니었다. 그는 다니엘의 세친구의 하나님 또는 유다 자손들의 하나님으로 알고 있어 권능과 기적과 능력의 하나님 앞에 일시 감화 감동되어 반사적으로 나온 찬사와 찬양이지 우리 같은 신앙고백의 믿음이 아닌 것으로 보아야 할 것이다.

2007. 9. 11.

"본문과 단4장을 읽다보면 느브갓네살은 여러 기적을 직접보고 여호와 하나님을 찬양하고 최고의 신으로 인정하고 만약 세친구들의 하나님을 설만히 말하는 자는 사형시키고 그 집안까지 다 진멸시키겠다는 조서를 선포하는 것을 누가 봐도 개종한 중생한 자같이 보인다.

그래서 신학계에서도 둘로 나뉜다. 느브갓네살 왕은 애굽의 바로 왕과는 다르고 계시의 각 요점에서 마다(2:47, 3:28, 4:36-37) 하나님을 긍정적으로 인정하는 모습을 보고 그는 중생의 체험을 했다는 알미니안니즘 주석가들의 견해와 그렇지 않다는 칼빈니즘 주석가들로 나뉘고 있다.

사실 느브갓네살은 하나님의 심판의 도구가 되어 하나님을 배반한 유다를 멸망시킨 왕이었으나 그가 교만하였을 때 하나님이 징계와 심판을 내려 교만한 자는 대적하시되 겸손한 자를 사랑하시는 하나님을 알려주고 피조물인 인간 모두를 다스리고 주관하시고 세계역사도 한 결 같이 다스리시는 하나님임을 알 수 있다."

Q "느브갓네살의 일생을 통해볼 때 하나님의 종인가 이스라엘의 징계몽둥이 인가?"

단 4:1-37

A 느브갓네살 '나무신이 나의 경계선을 보호하신다' 는 뜻을 지닌 이름이다. 신바벨론 제국의 창건자 나보폴라살(BC.625-605년 통치)의 아들로 신바벨론 제국의 제2대왕으로 메데왕의 딸 아무히야와 결혼하여 에윌 무르닥(BC.562-560년 통치)을 아들로 얻어 신바벨론 제국의 제3대왕으로 등극시켜 약3년 통치했다.

느브갓네살은 BC.604-562년까지 42년간 바벨론의 제2대통치자였다. 당시 바벨론 제국을 고대근동의 실질적인 패권국으로 부상시킨 결정적인 사건은 BC.605년 앗수르를 돕기 위한 애굽과 바벨론 간에 근동지역의 패권을 두고 한판 힘겨루기를 벌렸던 '갈그미스' (Carchemish) 전투 때였다.

느브갓네살은 이 전투에 참여할 때 정식으로 왕 위에 등극하지 않은 황태자 신분이었다. 그리고 이 전쟁에서 대승을 거두게 됨에 따라 느브갓네살은 부왕 나보폴라살(Nabopolassas BC.25-605년)로부터 차기 왕위 계승자로 확정 받고 실질적인 왕권을 행사할 수 있는 권한을 부여받았다.

이런 이유로 그는 정식왕위에 등극하지 않은 BC.605년에 이미 왕으로 호칭되기도 했다.(단1:3) 그리고 그 다음해인 BC.604년에 부왕 나보폴라살의 죽음과 함께 느브갓네살은 영화롭게 대제국 바벨론의 황제로 등극하게 되었으며 등극한 후 남유다를 비롯하여 근동지역의 대부분의 약소국가들을 정복하였다.

한편 느브갓네살은 치세기간동안 바벨론 제국의 영토를 티크리스 강과 유프라데 강사이의 남부메소포타미아 지역을 중심으로 하여 팔레스틴, 시리아, 애굽의 일부까지 확장시킴으로써 바벨론 제국을 명실상부한 세계 최강대국으로 부상시켜 놓았으며 또 대규모 건축 사업을 벌여 바벨론 성을 새롭게 수축하고 세계불가사이 중의 하나인 '공중정원' 이 있는 통치 말년에 정신병을 앓는 등 결코 평탄치 않았다.

그의 성품으로 자기의 꿈을 해석하지 못한 바벨론의 모든 박사들을 멸하라 라고 명한 것을 보아 매우 난폭한 성격을 소유했고(단2:12) 역사상 동서고금을 막론하고 절대 권세를 소유한 대부분의 전제 군주들이 그리했던 것처럼 바벨론 제국의 번영을 자기 자신의 영광으로 돌린 매우 교만한자(단4:30)였고 약소국뿐만 아니라 강대국 앗수르와 애굽을 격파하고 고대근동의 최강대국으로 바벨론을 부상시킨 것으로 보아 용맹하고 군사적인 전술이 뛰어난 자라고 볼 수 있다.

그의 구속사적 지위로는 하나님의 택하신 선민을 억압하고 포로로 끌고 간 이방왕(단1:1)이며 이방인으로서 대제국의 흥망사를 중심으로 하는 세계역사 전개에 관한 하나님의 계시를 내포한 꿈을 꾼 자라고 본다.(단2:1-45, 4:29-27)

하나님의 자녀인 사드락, 메삭, 아벳느고를 핍박하다가 모든 신보다 우월한 하나님의 절대능력을 목격한 자(단3:19-28)요 하나님의 능력을 찬양하고도 다시 잊어버리고 교만해져서 끝내 하나님의 진노를 산 그의 생애는 한번 비췸을 얻고도 성령을 거스리는 자의 말로를 잘 보여주고 있다.

그의 평가 및 우리를 향한 교훈 몇 가지를 적어본다.

1) 느브갓네살의 한 신상의 꿈은 대제국을 중심으로 하는 세계역사 전개에 대한 예언적 계시였다. 그리고 그 계시는 역사상 하나도 빠짐없이 다 성취되어 왔으며 지금도 성취되어가고 있다. 이 같은 사실에서 우리는 분명 세계역사의 절대주관자는 여호와 하나님이심을 새삼 확인하게 된다.(단2:1-42)

2) 느브갓네살은 자기가 꿈꾼 한 큰 나무의 꿈의 계시대로 일곱 때 동안 정신이상으로 고생하며 살았으며 그가 이렇게 저주 받은 이유는 그의 교만함 때문이었다. 그리고 항상 남보다 조금 높은 지위에 있는 사람들은 자기의 아랫사람을 섬김과 동시에 모든 권세의 주관자는 하나님이심을 알아 더욱 겸손해야 할 것이다.

3) 느브갓네살이 교만의 죄에 빠진 것은 그의 지나친 형통 때문이었다. 때문에 성경은 '악인이 형통하는 것은 다 죄니라' (잠21:4)라고 말한다. 그러므로 형통하는 악인을 보면서 부러워하거나 불평하기 보다는 지나친 형통으로 인하여 하나님을 모른다하는 죄에 빠지지 않는 것에 대하여 하나님께 감사하는 우리성도들이 다 되어야 할 것이다.(잠30:8,9)

4) 하나님이 한 큰 나무의 꿈을 왕에게 주시고 그 꿈의 계시대로 왕에게 실행하신 것은 꿈을 주신지 1년 후였다.(29절) 이처럼 하나님은 악인일지라도 곧 바로 심판하지 않으시고 회개의 기회를 주시며 궁극적으로 구원 얻기를 원하시는 근본사랑의 하나님이시다(벧후 3:9)

5) 바벨론 모든 술사들이 느브갓네살 왕의 꿈을 해석하지 못했으나 다니엘만은 해석하였다. 이는 결국 다니엘을 비롯하여 당신의 택한 모든 백성들에게 여러 가지 경로를 통해 하나님의 지혜와 하나님의 지식의 은사를 주어서 그 지혜 따라 그 지식 따라 살게 하시는 하나님의 오묘한 섭리의 손길을 보여주는 것이다.(고전 2:14)

6) 하나님은 높은 자나 낮은 자나 부요한 자나 가난한 자, 인품이 있는 자나 없는 자, 무론하고 모든 인생을 주관하시는 절대자이시므로 모든 인간은 하나님이 계시하는 선, 악의 기준에 따라 의를 행해야하며 이를 범할 때는 필연코 징계를 당케 될 것임을 보여준다.(시103:22, 시115:13)

7) 하나님의 백성은 때로 전하기 어려운 말 예를 들면 가까운 사람에게 하나님의 심판을 경고해야하는 말을 전해야 할 때가 있다. 그러나 성도는 그것이 분명 진리라면 그것을 전함으로써 설령 해를 받는다 할지라도 반드시 전하는 진리의 사자(使者)가 되어야 할 것이다.(행4:19,20)

8) 하나님 앞에서 겸손하지 않고 교만하여 자신을 높이는 자는 그 행위 자체가 곧 역사와 우주의 절대주권자이신 하나님께 대한 도전이며 신성 모독행위이므로 필히 심판을 받게 된다.(단4:37, 시31:23, 잠16:18, 사13:11)

9) 절대자 하나님을 떠난 인생들이 현 세상에서 취하는 영광은 일시적이며 덧없을 뿐이다. 그러므로 우리성도들은 오직 겸손하며 먹든지 마시든지 무엇을 하든지 다 하나님의 영광을 위하여 행하는 자들이 다 되어야 할 것이다.(고전 10:31, 시103:15, 16)

10) 인간에 대한 하나님의 징계는 궁극적으로 하나님께 돌아오게 하기 위한 부름이다. 그러므로 징계를 받는 자는 절망하거나 아니면 끝내 하나님께 도전적인 완고한 태도를 버려야 할 것이며 도리어 징계의 원인이 무엇인가를 깨달아 회개하고 하나님께 복종함으로 나아가야 할 것이다.(히12:5-13)

11) 인간은 아무리 강하고 높은 권세를 가지고 세계를 호령한다 할지라도 하나님의 권능과 위엄 앞에서는 보잘것없는 피조물에 불과하다. 그러므로 우리는 이 같은 인생의 유한성과 나약성을 올바로 인식하고

절대자 하나님께 대한 겸손과 순종하는 삶의 자세를 잃지 말아야 할 것이다.(시93:4, 사66:1, 빌2:12, 약4:14)

2007. 9. 12.

"느브갓네살왕의 일생을 통해 우리에게 여러 가지 교훈과 지혜를 얻게 해 주셨다. 그럼 이 느브갓네살은 하나님의 심부름한 충실한 종이었다. 하나님을 배반한 이스라엘을 징계도구로 사용하셨다. 그래서 느브갓네살은 하나님의 편에서 볼 때 유용하게 부려먹은 종이요 이스라엘의 징계의 몽둥이 노릇을 한 것이다.

신바벨론제국은 유다국이 멸망하여 포로 잡혀간 기간 동안(약70년)만 하나님이 들어 쓴 도구로 그 기간만 융성하다 유다백성이 돌아올 때가 되어 바벨론을 파사왕 고레스에게 패망케 하여 멸망할 때까지 나라의 연수가 72년이었다.(BC.610-538년)유다와 깊은 관계가 있다.

느브갓네살은 불신자였고 일시 하나님의 기적을 보고 감탄하고 찬양하는 것 같았으나 나의 구주로 못 믿고 유다인들의 하나님으로 믿었으므로 구원에 이르지 못한 불쌍한 실패한 인생이다. 그는 하나님의 백성유다를 징계하는 도구로 하나님의 종이었고 유다백성을 때리는 몽둥이로 충실했던 자이다."

Q "역사에는 바벨론의 마지막 왕이 나보니더스인데 단5장은 벨사살이면 누가 맞는가?"

단 5:1, 29-30

A "벨사살 왕이 그의 귀인 일 천명을 위하여 큰 잔치를 배설하고 그 일 천명 앞에서 술을 마시니라"(5:1) "이에 벨사살이 명하여 무리로 다니엘에게 자주 옷을 입히게 하며 금 사슬로 그의 목에 드리우개하고 그를 위하여 조서를 내려 나라의 셋째치리자로 삼으니라. 그날 밤에 갈대아왕 벨사살이 죽임을 당하였고 메대사람 다리오가 나라를 얻었는데 때에 다리오는 62세였어라"(5:29-30)

바벨론의 멸망할 당시 마지막왕은 고대의 역사가들의 기록은 나보니더스(Nabonidus)가 나오는데 다니엘 5장은 1절부터 29-30절에 이르도록 벨사살왕을 바벨론의 마지막 왕으로 소개하고 있다.

역사가 시러스실린더(Cyrus Cylnder)나 바벨론의 사기 그리고 베로수스(Berossus)모두가 바벨론의 마지막 왕을 나보니더스로 말하고 있다. 또 헤로도투스(Herodotus)나 시노폰(Xenophon)은 벨사살에 대하여 전혀 기록하지 않은 것을 볼 때 나보니더스가 맞다.

헤로도투스이래의 어떤 희랍역사가도 벨사살에 대해 전혀 언급이 없으며 그 이름조차도 알지 못했다. 그래서 지난 여러 세기동안에 많은 학자들은 '벨사살 왕'을 단지 전설적인 인물로 오해하고 있었다.

나보니더스가 실제로 갈대아 제국의 멸망당시에 최후의 왕이었던 것은 사실이지만 고레스가 바벨론을 침공할 때에 그는 북아라비아의 태마에 진을 치고 있었음이 오늘날 확실히 역사적으로 밝혀지고 있다.

그러므로 바벨론 자체를 책임지고서(당시의 바벨론은 어떤 외적의 공격에 대해서도 난공불락인 것으로 간주되었다) 그의 아버지가 아직 재위에 있었는데도 섭정 왕으로 군림하고 있었던 왕이 그의 아들 벨사살왕 이었던 것이다.

따라서 다음과 같은 여러 가지 해석을 제시하고자한다.

1) 실제로 바벨론의 마지막 왕은 나보니더스였는데 그가 고레스(Cyrus)에 의해 패하고 벨사살이 왕이 된 것을 축하 하기 위한 잔치를 배설한 것이 다니엘 5장의 잔치라고 보는 견해

2) 벨사살의 실제적 아버지는 나보니더스였다. 그는 왕족이 아니었는데 쿠데타를 통해서 왕위에 오르게 되었다는 견해

3) 벨사살은 느브갓네살의 아들이었다. 그런데 나보니더스가 느브갓네살의 가족과 결혼을 했을 것이다. 그렇지 않아도 벨사살이 나보니더스의 아들이었을 것으로 생각하나 그 증거는 희박하다. 다만 신바벨론제국이 느부갓네살 아래서 발전했으며 그 멸망이 나보니더스와 벨사살때였다고 보면 벨사살의 아버지가 느부갓네살 왕이었다고 보는 견해도 있다.

일반 역사가들의 기록처럼 나보니더스는 실제로 바벨론의 최후의 왕이었던 것이 사실이지만 고레스가 바벨론을 침공할 때 나보니더스는 북아라비아의 데마에 있었음이 오늘날 확실히 밝혀졌다. 그러므로 바벨론나라를 책임지고 그의 아버지가 아직 재위해 있는데도 섭정왕으로 통치하고 있던 것은 그의 아들 벨사살이었다.

우르의 유적 중에서 나보니더스의 비석문이 발견됐는데 거기에는 첫째로 그 자신 나보니더스를 위한 기도와 두 번째로 그의 아들 장남인 벨

사살을 위한 기도가 들어있다. 그런 기도들은 오직 통치자의 자리에 있는 군주만을 위해드려졌다.

헤로토스시대(BC.450년경)에는 벨사살의 이름이 이미 잊혀져있었으므로 다니엘 5장의 저자는 그 글을 주전 450년 훨씬 이전에 썼을 것임이 분명하다. 그 저자는 또한 BC.539년에 벨사살은 바벨론의 마지막왕 나보니더스의 다음가는 두 번째 치리자였음을 잘 알고 있었다.

그 이유로는 연회장의 벽에 나타난 글자를 해독한 보상으로 벨사살이 다니엘에게 준 상급은 "나라의 셋째치리자"였기 때문이다.(단5:39) 여기서 첫째는 나보니더스이고 두 번째는 벨사살 왕이고 세 번째 치리자가 다니엘이 된 것이다. 그러니 다니엘 5장에서 바벨론왕 마지막왕을 벨사살로 기록된 것은 하등의 오차가 없는 것이다.

결국 이상의 사실들은 본문에 기록된 벨사살왕이 다니엘의 상상력에서 나온 허구의 인물이 아니라 역사적으로 실존한 인물이었음을 알려주고 동시에 다니엘서가 하나님의 영감으로 기록된 정확 무오한 하나님의 말씀이라는 것을 확증해 줍니다.

다음은 벨사살의 역사성에대한 고고학적 증거를 사례로 들려한다.

처음으로 벨사살이 가공의 인물이 아닌 역사적으로 존재했던 인물임이 확증된 것은 AD.1854년 한 영국영사가 바벨론 나보니더스가 옛 바벨론의 갈대아 우르지역의 수호신인 '달의신'에게 바치기 위해 우르(Ur)에 세운 신전의 폐허 속에서 몇 개의 조그마한 점토 기둥들을 발굴함으로써였다.

그 기둥들을 가로세로 10㎝정도의 정방형 글씨가 새겨져있었는데 그 글의 내용은 나보니더스와 그의 큰 아들의 건강과 장수를 신께 기원하는 것이었다. 그 내용은 다음과 같다. "바벨론 왕인 나 곧 나보니더스가 당신께 죄를 짓지 않게 해 주소서 그리고 나의 장남이며 사랑하는 아들인 '벨사살'의 마음에 당신에 대한 경외심이 있게하소서" 이었다.

한편 1854년 이후에 벨사살에 대한 바벨론의 문헌들이 더 발견 되었는데 그 때마다 벨사살이 왕자 또는 왕의 아들로만 언급 되였고 '왕' 으로서 확인되지 않았다. 그러나 또 다른 비문에서 벨사살이 비록 법적으로 왕위는 계승받지 못했지만 그 부친 나보니더스와 바벨론의 공동섭정을 하였음이 밝혀졌다.

즉 바벨론의 최고신인 '벨' (Bel)또는 '말둑' (Marduk)이라 불리우는 신보다 다른 두 도시 화란과 우르의 수호신인 '달의 신' 에게 더 많은 관심을 가졌던 괴짜 나보니더스왕은 BC.555년에 등극한지 3년이 되던 때부터 실제 통치권을 자신의 아들에게 맡겨 버리고 바벨론을 떠나 아라비아의 테마(Teima)라는 곳의 오아시스 주변에서 거주했던 것으로 알려지고 있다.

그 이유에 대해서는 분명히 알려져 있지 않으나 일반적으로 학자들은 그가 바사왕 고레스 2세와의 전투에서 패한 후 실의에 빠져 그 곳에서 은둔생활을 했을 것으로 본다.

한편 이러한 사실은 다니엘이 어떻게 바벨론제국의 '셋째 치리자' 가 될 수 있었는지도 설명해 준다. 즉 벨사살의 아버지 나보니더스가 정식 왕이었기 때문에 그의 지위가 첫째이고 벨사살 자신은 섭정 왕으로 둘째가는 자리에 있었다. 따라서 다니엘에게 나라의 셋째 가는 자리를 줄 수밖에 없었다.(16,29절)

한편 바벨론 제국이 메데 -바사 연합군에 멸망하기직전 BC.539년에 나보니더스가 바벨론으로 다시 돌아왔었다. 그러나 실제 통치권은 그의 아들 벨사살에게 그대로 맡겨두고 섭정 왕자리에서 물러가 조용히 지냈다.

그래서 성경의 기록은 놀라울 정도로 고고학적 증거와 일치함은 물론이려니와 때로는 세상역사책과 상이한 것 같으나 자세히 살펴보면 성경 속에 세상역사가 세상 역사 속에 성경기록이 서로 연관성이 있고 미비한 점을 서로 보충 설명해주고 있는데 우리가 몰라서 세상역사 책은 무조건 맞고 성경은 허구로 만든 신화니 이야기니 하지만 아직까지 성경이 그런 것은 발견치 못했다.

2007. 9. 13.

"역사가들이 기록한 세상역사책에는 바벨론의 마지막왕은 나보니더스이다. 그러나 성경 다니엘 5장에서는 바벨론의 마지막 왕은 벨사살 왕으로 되어있으니 어느 것이 맞는 것인지? 이런 어려운 난제를 하나님이 직접해 답을 알려주심같이 명쾌히 풀게 되었다.

역사가들의 주장처럼 바벨론 왕의 마지막 왕은 나보니더스였다. 그러나 그의 장남 벨사살의 섭정 왕으로 BC.539년에 멸망할 때까지 첫째 치리자가 나보니더스였고 둘째 치리자가 벨사살 왕이었고 셋째 치리자가 다니엘이였다. (5:16,29) 둘 다 맞는 것이다. 정확한 역사이다.

이런 사실은 세계역사서나 서양역사, 동양사에 나오고 성경 다니엘서에도 나오고 고고학적 자료에 의해서도 확인되었다. AD.1854년 영국영사가 우르 신전에서 점토기둥에 새겨진 글씨에도 정확히 나온다. "바벨론 왕인 나 나보니더스가 ... 나의 사랑하는 장남 '벨사살'의 ..." 언제나 성경은 세상역사서보다 더 확실한 예언이고 고고학의 자료보다 더 확실하다. 하나님의 영감으로 썼기 때문이다."

Q "메데사람 다리오는 실제인물인가? 전설적 인물인가?"

단 6:1

A "메데사람 다리오가 나라를 얻었는데 때에 다리오는 육십이 세였더라"(5:31)

"다리오가 자기의 심원대로 방백 일백 이십 명을 세워 선국을 통치하게하고"(6:1)

다니엘서에 의하면 바벨론의 마지막 왕 벨사살이 침공군(메데파사 연합군)데 의해 무너지고 메데사람 다리오가 62세에 왕이 되었다고 기록하고 있다(5:31) 그러나 고대문서에는 그런 인물에 대한 언급이 없으므로 메데의 다리오는 실제인물이 아니었으며 다니엘서의 기록이 잘못되었다고 주장하고 있다.

이런 주장은 특별히 다니엘서가 BC.6세기 작품이 아니고 BC.2세기 작품이라고 주장하는 고등비평주의 신학자들에 의해 제기되고 있다. 이들의 주장에 의하면 실제 다리오는 없고(BC.539-538년 경) 마카비시대에 후기 저작자가 뽑아내놓은 이름이라는 것이다.

메데-파사 연합군에 의해 바벨론 제국이 멸망한 후 새롭게 등장한 메데 파사 과도제국의 첫 왕으로 '메데사람 다리오'가 즉위한 때가 BC.538년이었다. 학자들에 의한 일반역사 기록에서 볼 수 있는 메데 파사의 왕들 중에서 다리오라는 이름을 가진 세 왕이 있었다.

1) 다리오 1세 히스타스페스(BC.521-486년)

2) 다리오 2세 오쿠스 (BC.423-404년)

3) 다리오 3세 코도마누스 (BC.336-330년)

그런데 일반역사가 밝히고 있는 이 세 다리오 중에는 재위연대를 비교해볼 때 본문에서 말하는 다리오와 일치하는 인물이 없다. 그래서 자유주의 비평가들은 이러한 불일치를 근거로 다니엘서가 하나님의 영감된 성경이 아니다 라고 주장하며 다니엘의 내용이(본문) 실제 역사에 근거한 기록이 아니라 독자들에게 교훈을 주기위해 기록한 하나의 우화 내지는 꾸며낸 이야기라고 말한다.

자유주의 성경비평가들의 주장에 따르면 다니엘서는 마카비시대(BC.164년)에 생존하였던 익명의 작가에 의해서 기록된 것으로 그는 과거의 사실을 토대로 우화를 기록하면서 다리오 1세인 히스타스페스를 본장의 등장인물인 다리오의 모델로 삼았는데 이 과정에서 다리오 1세의 연대계산에 착각을 일으켰다는 것이다.

그러나 모든 성경말씀은 하나님의 감동으로 된 것이므로(딤후3:16) 우리는 본문을 결코 거짓된 우화로 다리오를 전설적 인물로 보아서는 안 된다는 것이다. 우리는 이미 4:1에서 벨사살왕이 역사적으로 실제했던 인물임을 살펴본바 가있다.(8-(10)-참조)

또한 고대국가들의 이름들은 상이한 언어에 의해 여러 가지 다른 이름들로 불리었다는 사실을 기억하고 있다. 그러므로 본문에 나오는 '다리오' 로 언급되어있는 인물로 세속사가 들이 기록한 역사 속에서 다른 이름으로 등장하고 있을 가능성은 얼마든지 있다.

이러한 관점에서 고레스 2세(Cyrus Ⅱ BC.539-530년)가 메데 파사를 통치하기 이전에 그의 앞서 통치했을 가능성이 있는 역사적인 인물을 살펴볼 때 다음과 같은 세 사람이 본문에 언급하는 '다리오' 에 가깝게 접근하고 있다. 이 세 사람을 살펴보자면

1) 고레스에의해 바벨론 총독에 임명된 것으로 추정되는 '구바루'(Gubaru)

2) 벨사살의 후임자 역할을 했다고 추측되는 '코브리아스'(Gorbryas)

3) 메데나라의 다섯 번째 왕인 '키악사레스 2세'(CyaxaresⅡ) 였다.

이 가운데 1번 구바루와 2번 코브리아스는 다리오와 동일 인물이라고 보기에는 무리가 있다. 왜냐하면 본장이 가리키고 있는 다리오는 절대 군주로서 절대적인 권위를 갖는 법령을 공포할 만큼 막강한 권력을 가지고 있는 것으로 묘사되고 있는데(7-9절) 구바루와 코브리아스는 둘 다 왕이 아니었으므로 그러한 절대 권력을 가지지 못했을 것이기 때문이다.

또한 그들에 관한 역사적 문헌이 거의 없는데다가 있는 것 마저도 학자들은 신빙성이 적은 것으로 본다. 결론적으로 본장에서 언급되고 있는 다리오는 고레스2세의 지휘 아래 있는 자가 아니라 고레스와는 독립된 권한을 쥐고 있는 자이다.

이렇게 볼 때 본장의 다리오는 메데의 다섯 번째 왕 키악사레스 2세라는 세 번째 견해가 매우 설득력을 가지고 있다. 그리고 믿을 만한 헬라의 역사가 '크세노폰'(Xenophon)도 본문에 나타난 다리오가 키악사레스 2세라는 것을 뒷받침해 주는 기록을 남겨놓고 있다.

이 키악사레스 2세 아버지인 '아스티아게스'(Astyages)왕은 슬하에 아들 키악사레스 2세와 딸 만데인을 두었는데 딸을 파사사람인 캄바세스와 혼인시켰으며 사위인 캄바세스를 바사지역의 통치자로 삼았다.

그때 만데인과 캄비세스 두 사람사이에서 태어난 왕자가 고레스 2세이다. 한편 부왕 캄비세스시대에 파사는 실상 메데의 속국이나 다를 바가 없었다. 그러나 고레스2세는 BC.550년경에 반란을 일으켜 바사제국을 독립시킨 후 그로수스와 앗수르, 나아가 메데왕국의 상당한 부분까지 정복하기에 이르렀다.

따라서 메데왕 키악사레스 2세와 바사왕 고레스 2세가 연합할 당시 메데와 바사가 동등한 관계에 있었다기보다는 오히려 메데가 바사의 속국이 되어있었다고 볼 수 있다.

그러나 고레스 2세는 키악사레스 2세의 딸과 혼인하여 양국 간에 결혼동맹을 맺고 자신이 계속해서 정복전쟁을 하는 동안 자신의 외삼촌이자 장인인 키악사레스2세 곧 다리오를 존중하여 메데-바사 과도제국의 왕으로 추대하였던 것이다.

그리고 약2년 후 고레스2세가 그의 모든 권한을 자연스럽게 이양 받게 되므로 메데나라는 짧은 과도제국의 역사를 남기고 이 땅에서 사라지게 된 것이다.

당시 메데 바사 연합국의 군대지휘권은 고레스 2세에게 넘겨진 상태였으며 그는 계속해서 정복전쟁을 행하는 중이었을 것이다. 때문에 다리오는 바벨론 도를 주로 통치하면서 메데 바사 과도제국 전체행정을 정비하는 역할을 했던 것으로 추정이 된다.

한편 다리오가 시행한 메데 바사제국 전체를 120도로 나눈 것은 후에 바사왕 아하수에로 즉 크세르크세스 I세(Xerxes I. BC.486-464년)가 바사제국 전체를 127도로 나눌 때에 그 기초가 되었던 것이다.(에 1:1)

그러므로 이제 바벨론이 메데바사의 군대에게 함락당한 직후에 그의 확장하는 군대의 다른쪽 전방에도 고레스의 나타남이 급히 필요했음으로 보인다. 그러므로 고레스는 자기가 직접돌아 와서 말둑의 선전에서 공식적인 대관식을 거행할 때까지 다리오를 바벨론의 왕이라는 명칭과 함께 그리로 보내는 것이 손쉬운 방법이라고 생각했다.

그래서 몇 년 동안을 서로 섭정 왕으로 지낸 후 다리오는 바벨론 총독이 되었고 왕관은 고레스에게 넘겨지게 되므로 메데는 자연 속국으로 그 세력이 점점 약화되고 말았다.

다니엘이 '다리오 제1년' (9:1)의 연대만 기록하고 다리오와 관련된 다른 어떤 연대도 기록하지 않은 것을 미루어 볼 때 그가 왕으로 재임한 기간이 매우 짧은 2년으로 막을 내렸음이 분명하다.

또한 여기서 한 가지 주목해야할 사실은 여기 단2년만 존속한 제국의 존재는 다니엘서가 마카비시대에 씌어졌다는 자유주의자들의 주장을 용납하기 어려운 요소를 가져다준다는 점이다. 왜냐하면 73년 동안 존속한 바벨론 제국, 208년 동안 존속한 바사제국 그리고 주전 165년까지 167년간을 존속한 헬라제국 등의 일연의 제국 속에 겨우 만 1년 햇수로 2년 존속한 메데제국을 두 번째 서열의 제국이라고 단정하기는 곤란한 것이다.(①바벨론 ②바사 ③헬라 ④로마제국으로 분류하는데 자유주의자들 제국분류는 ①바벨론 ②메데 ③바사 ④헬라로 분류가 잘못임)

다니엘서의 서술 속에서 다리오가 처음무대에 등장하게 되는 에피소드를 소개하면서 이 논의를 마치려한다. 단5장은 벨사살의 연회장벽에 나타난 하나님의 글자라는 극적 에피소드를 이야기하고 있다. 이 숙명적인 손가락이 쓴 글씨 세 번째 글자는 PERES였는데 다니엘 자신은 이글을 "베레스는 왕의 나라가 나뉘어서 메데와 바사사람(pārās)에게 준바 되었다함 이니다" 라고 해석하였다.

다니엘서 저자는 첫 번째 바벨론을 메데 페르시아 연합국 제국을 두 번째 제국으로 보았다. 손가락이 쓴 글씨가 베레스는(바벨론) 바사사람(pārās)은(바사) 두 번째 제국으로 봄이 틀림없다. 그런데 자유주의 비평가들은 다니엘이 메데를 두 번째 제국으로 보는 것은 큰 오류를 범한 것이라고 본다.

그래서 전통주의(보수주의) 제국설은 ①바벨론 ②바사 ③헬라 ④로마 제국으로 분류하고 역사가 증명해 주는데 자유주의 비평가들은 ①바벨론 ②메데 ③바사④헬라로 보는 것은 다니엘을 2세기 작품을 보고(주전 165년 존속한 헬라까지를) 마카비시대 익명이 썼기 때문에 그때 헬라까지만 보고 로마는 못 보았으니 예언 할 수 없는 위치니 4번째 제국을 헬라로 맞추려고 하다 보니 느브갓네살의 꿈, 다니엘의 환상 여러 성경을 다 뜯어 고쳐야할 단계이다. 다니엘이 530년경에 썼으나 약400년 후의 로마제국을 보고 썼다는 것이 얼마나 자연스럽고 예언자 답고 역사가 증명해 주고 있지 않는가?

2007. 9. 14.

"메데사람 다리오는 실제인물이다. 역사가들이 기록된 인물 사에 나오지 않는다고 전설적인물이니 우화로 독자 교육시키기 위한 이야기로 전락시키는 것은 더욱 우스운 이야기이다. 4:1의 벨사살왕도 역사가들의 기록에 없다고 전설적 인물로 인정했다가 고고학적 증거가 나오니 인정하지 않았는가?

여기 다리오는 키악사레스라는 실제 인물이었다. 이 증거는 헬라의 역사가인 '크세노폰'의 기록에도 선명하게 나온다. 키악세레스 2세와 고레스2세와 사이는 키악세레스가 장인 이며 외삼촌이니 고레스가 메데 바사 과도제국의 왕으로 먼저 맡기고 자기가 임직식한 후에 바사제국이 되었다.

이걸 단서로 자유주의 비평가들이 다니엘서는 BC.6세기 작품이 아니고 BC.2세기 작품이라면서 제국주의 순서를 메데 제국을 삽입하나 만1년 햇수로 2년인 제국이 존재할 수 있는가. 다니엘이 예언으로 4대제국을 맞춘 것이 아니라 마카비시대 2세기경까지 헬라는 보고 썼으니 맞다는 주장이나 어리석은 조치이다. 4대제국은 ①바벨론 ②바사 ③헬라 ④로마 제국이 분명하고 다리오는 실제 인물로 키악사레스 2세가 다리오이다."

성경난해구절 해설시리즈 (성문서 다니엘 8-(12)-98)

Q "성경묵시 문학의 이해와 다니엘의 주요 예언과 성취에 대하여"

단 7:1-27

A 에스겔, 다니엘, 스가랴는 구약의 3대 묵시문학서이다. 그리고 이러한 3대 묵시문학서는 위경은 물론 신약성경의 요한계시록 등 모든 본격 묵시문학서들에 지대한 영향을 끼쳤다. 이에 여기서 일단 넓게는 예언 문학의 범주에 속하면서도 그 안에서 뚜렷이 구분되어 보다 좁은 의미로 재 구분되는 묵시문학의 핵심사항을 정리해 보는 것은 묵시문학영향아래 기록된 성경의 특정본문들을 보다 심층적으로 이해하는 데에 큰 도움을 줄 것이다.

'묵시문학' 또는 '묵시' (apocalypse)란 넓게는 예언문학 또는 예언(Prophecy)에 속하면서도 다음과 같은 특유한 양식으로 예언을 전달하는 문학 또는 그러한 양식으로 된 예언을 가리키는 용어이다.

다시 말해서 묵시문학은 전달하고자 하는 예언의 내용이 강렬한 인상으로 남겨지게 하기위하여 신선하고도 충격적인 이미지들을 동원하는 동시에 그 내용을 직설적으로 서술하지 않고 특정한 방식으로만 해석 될 수 있거나 아니면 구체적이고도 정확한 해석이 원천적으로 불가능 하도록 의도적으로 고안 된 특이한 표현방식들을 구사한다.

예를 들면 상징적 숫자나 수수께끼식의 문자적 조합, 과거의 역사적 사물이나, 사건을 동일한 패턴의 미래의 일을 예언하는 문맥에 별다른 설명 없이 복합적으로 사용, 열 개의 다리나 뿔을 가진 짐승 등의 비현실적이고 상징적인 존재들의 등장 등을 들 수 있다. 그리하여 결국 묵시는 고도의 상징성, 난해성, 복합성 등을 갖게 된다.

또한 묵시문학이라 할 때에는 일차적으로는 그 특이한 양식과 관련지어 붙여진 용어이지만 내용면에서는 전반적으로 범우주적역사 전개들의 틀 그리고 궁극적으로는 죄와 질고로 오염된 현 역사의 종결과 하나님이 선민을 중심으로 새로이 전개하실 새 역사의 개시의 기점이 되는 대 종말에 모든 관심을 집중하는 즉 종말론적 내용을 다루는 특정예언을 가리키는 보다 좁은 용어라 정의할 수 있겠다.

물론 이상의 정의는 극히 성경신학적 관점에서 내려진 것이다. 그러나 묵시문학이란 성경에서만 존재하는 것이 아니다. 성경 묵시문학이전과 이후에도 거의 전 세계의 모든 문화권 안에서도 발견된다. 물론 그 근본의 우주관 및 역사관에 있어서는 서로 현격히 다르다.

그러나 그 배경과 양식 및 내용의 기본패턴 등에 있어서 대강의 문학적 특징을 같이한다. 즉 주로 역사의 격변기에 기괴한 양식으로 역사의 변화와 전환을 예언하는 식의 전승들이 동서고금에 걸쳐 널리 산재해 있는 것이다.

따라서 '성경 묵시문학'에 대응하여 '일반 묵시문학' 또는 '세속 묵시문학' 등의 용어도 가능하다 하겠다. 그리고 이와 같은 것을 기억하고 상호 비교하여 성경의 묵시문학을 대한다면 이해에 상당한 도움을 얻을 수 있다.

한편 묵시(apocalypse)에 해당하는 원어는 '덮개를 벗긴다' 안에 감추인 것을 '밖으로 드러내다' 라는 뜻을 가진 '아포칼륍시스' (ἀποκάλυψις)이나 이는 동시에 하나님이 인간에게 자신의 뜻을 드러내는 일체의 행위를 전반적으로 가리키는 '계시' (revelation) '열어 보여 주다 '라는 의미도 갖는 헬라어 단어이다.

따라서 이 용어 자체가 직접적으로 묵시문학의 특징을 반영하고 있지는 않으며 다만 후대의 학자들이 이 원어에서 앞서 말한바와 같은 일련의 문학적 특징을 가진 작품들을 가리키는 용어로서 묵시라는 말을 원용시켜 사용하였을 뿐이라는 사실도 기억해 둘 필요가 있다.

이제 다니엘에 나타난 묵시문학 형태도 주요 예언과 그 성취상황을 살펴보자.

1) 여러 재료로 이루어진 신상. 신상을 부수는 뜨인 돌, 온 세상에 가득 차는 뜨인 돌(2:31-45): 신상을 이루는 금은 바벨론, 은은 페르시아, 동은 헬라. 철은 로마제국을 가리킴. 이 모두를 뜨인 돌 되신 예수그리스도께서 파하시고 정복하심으로 성취 됨.

2) 큰 나무가 잘려 그루터기만 남음. 왕은 왕위를 잃고 들짐승과 일곱 때를 지나게 됨.(4:10-33): 잘린 나무는 느브갓네살을 의미하고 그가 교만함으로 인해 사람에게 쫓겨나 일곱때 동안 소처럼 풀을 먹게 됨으로 성취됨.

3) 사람의 손가락이 나타나 '메네 메네 데겔 우바르신' 이라고 씀(5:5-31): 저울에 달려 부족함으로 (벨사살왕) 나라가 나뉘어 타인에게 주어진다는 뜻. 그 밤에 메데 바사 제국의 침입으로 벨사살왕이 죽고 바벨론이 멸망함으로 성취됨.

4) 바다로부터 네 짐승 즉 사자, 곰, 표범, 열 뿔 달린 짐승들이 나옴.(7:1-7, 15-17, 19,23): 네 짐승은 세상을 지배할 강력한 네 제국을 의미함. 사자(바벨론), 곰(메데바사), 표범(헬라), 열 뿔 달린 짐승(로마)의 네 제국이 일어나 세상을 지배함으로 성취 됨.

5) 사람의 눈과 입을 가지고 있는 작은 뿔이 한때와 두 때와 반 때 동안 하나님의 성도를 괴롭게 함.(7:8,20,21,24,25): 적그리스도가 나타나 성도가 교회를 대적하고 하나님의 법과는 다른 법을 세상에 전파함

으로 수차례에 이미 성취되었다.

6) 인자 같은 이가 하늘 구름을 타고 와서 영원한 권세를 받게 됨.(7:13,14): 예수께서 스스로 인자로 칭하셨으며(요1:51) 재림하실 때 하나님으로부터 열국을 통치할 권능을 받아 재림하심으로 성취될 것임(계11:15)

7) 성도들이 영원한 왕국을 얻게 됨(7:18,22,27): 예수를 믿는 모든 성도들이 주님 재림 이후 천년왕국의 왕이 되고 또 영원한 천국의 기쁨을 소유하게 됨으로 성취될 것임.

8) 심판이 시작되어 작은 뿔이 멸망하게 됨(7:26): 주의 재림 후 심판의 때에 적그리스도와 사탄과 마귀 그리고 불신자들이 산채로 유황불 못에 던지게 됨으로 성취될 것임.(계19:20)

9) 두 뿔 가진 수양이 현저한 뿔 가진 수염소에게 패하게 됨. 이 염소가 높아져 성소를 헐어버림.(8:3-12, 20-25): 양은 메데 파사제국, 수염소는 헬라제국을 가리키며 헬라왕 에피파네스가 성소를 탄압하고 헐어버림으로 성취되었다.

10) 바사의 멸망이후 한 능력 있는 왕이 일어날 것임(11:3): BC.334-330년에 헬라의 알렉산더 대왕이 페르시아(바사) 제국을 멸망시킴으로 성취 됨.

11) 강력한 왕의 왕국이 나뉘어져 다른 사람들에게 돌아감.(11:4): BC.323년에 알렉산더 대왕이 죽은 후 그의 왕국이 넷으로 나뉘어 부하 장수들에게 돌아감으로 성취됨.

12) 남방왕국과 북방왕국 사이에 힘과 모략을 동원한 싸움이 있을 것임.(11:5-35): 애굽의 톨레미 왕조가 시리아의 셀류쿠스 왕조사이에 힘과 모략을 동원한 전쟁이 잦음으로 성취됨.

13) 한 왕이 자기 뜻대로 하여 하나님을 불경한 말로 대적하고 스스로 크다고 함.(11: 36-39) : 안티오쿠스 에피파네스가 스스로 신으로

여겨 성전을 더럽히므로 성취됨.

14) 마지막 때 남방왕이 북방왕을 치나 북방왕이 승리하고 동북으로 재 출정하던 중 죽음(11:49-45): 에피파네스가 애굽과의 싸움에서 대응하나 아르메니아의 반란 소식으로 회군하던 중 예루살렘근처에서 갑작스럽게 죽게 되므로 성취되었다.

15) 네 민족을 호위하는 대군 미가엘이 일어나고 또 개국 이래 없던 환난이 일어남.(12:1): 에피파네스의 핍박과 종말의 대 환난 때 환난, 핍박가운데서도 하나님의 백성은 보호로 성취됨.

16) 자는 자 가운데서 일어난 자들이 더러는 영생을 얻고 더러는 무궁한 부끄러움을 받음.(12:2,3): 마지막 심판의 때에 죽은 자들이 살아나 그 행위대로 판결을 받음.(계20:12-15)

2007. 9. 15.

"구약의 묵시문학은 에스겔, 다니엘, 스가랴이다. 다니엘서도 묵시문학에 입각한 주요예언과 성취 된 것, 될 것이 약16가지가 있다. 역사적으로 지난 것은 완전 성취된 것이고 아직 지나지 않고 미래의 예언은 성취 될 것들이다. 16개중 12개는 과거이고 4개는 미래에 될 것이며 이루어져 가고 있는 현실이다.

가까이는 몇 십 년, 몇 백 년 전 예언이었지만 일점일획의 틀림이 없이 완전무결하게 성취 된 것을 볼 때 몇 천 년 후(예언한 후 다니엘이)에 이루어질 것(4개) 또한 철두철미하게 말씀하신 그대로 이루어질 것을 믿고 있습니다. 성경 말씀은 한 치의 오차도 없고 오류나 실수 잘못됨이 없는 하나님의 말씀인 것이다.

2천5백 년 전 다니엘시대 이런 예언들(16개)이 이루어지리라고 믿는 사람들이 많지 않았을 것이다. 현재도 남은 4개의 예언이 그대로 이루어질 것을 믿는 자들이 그리 많지 않은 것은 사실이다. 온 세상 사람이 못 믿어도 나는 그대로 믿고 살다가 그 나라가서 확인해 보는 것이 나의 소원이다."

성경난해구절 해설시리즈(성문서 다니엘 8-(13)-⑨⑨)

Q “다니엘 70 이레 예언과 대 환난은 도대체 무엇을 의미하는 것일까요?”

단 9:20-27

A 다니엘의 70이레의 예언은 다니엘 시대이후 전개 될 세계 역사의 흐름 및 세상 끝 날의 도래 과정에 대한 예언까지 포함된 성경예언의 최고절정의 하나라 보며 성경 중에서 가장 이해하기 힘들고 잘 풀리지 않는 난제 중에 최고의 난제라고 봅니다.

70이레 예언이라 함은 다음을 의미한다. 먼저 70은 예루살렘 성전이 파괴된 해인 BC. 586년에서 예루살렘성전이 재건된 해인 516년 사이의 70에서 나온 것이다.

한편 이레란 결국 한 주간(week)을 뜻하는데 이것은 전지창조의 한 주간 또는 완성, 완전의 상징수인 7을 뜻하는 것이다. 그리하여 70이레 예언이란 70주간 곧 70×7=490일의 일일은 한 해로(겔4:6)계산하면 490년이란 기간 안에 앞서말 한대로 세계사가 종말까지 전재되는 양상을 대입하여 예언한 것이다.

성경묵시문학의 이해(8-(12)-98)에서 다루었듯이 묵시문학의 예언의 성취는 강렬한 인상을 남겨지게 하기 위하여 신선하고도 충격적인 이미지를 총동원하는 동시에 그 내용을 직설적으로 서술하지 않고 특정한 방식으로 표출한 것이기에 숫자라고해도 정확한 해석이 원천적으로 불가능하도록 의도적으로 고안된 특이한 표현방식이니 고도의 상징성, 난해성, 복합성을 갖게 된다. 그래서 여기서 70이레란 것도 상징적 숫자로 해석해야하고 난해성을 지니고 있으나 복합적으로 많은 메시지를 주고 있다.

대강 제가 알고 있는 70이레는 (단9:29-27) 예루살렘성전 파괴로부터 준공까지 7주와 성전 재건에서 전 역사의 구속 주 이신 예수그리스도가 오실 때까지 62주 그리하여 67주가 지났고 그리고 중간에 그 기간을 알 수 없는 중간기가 있는데 이 기간은 명시가 안 되고 중간의 공백기를 지나 이제 마지막 1주가 남은 기간이 1주(7일=7년) 곧 7년 대환난 기간이다. 3년 반씩 전반기 후반기로 또 나누게 되는데 현제는 전반기 3년 반이지나 후반기에 돌입하여 주님의 재림이 가까웠음을 모든 징조를 보고 알 수 있다.

마지막 1주의 시작은 적그리스도가 많은 사람들과 언약을 맺고 전반기 3년 반은 선교기가 되어 비교적 온화한 핍박기(계11:2)를 지났다. 전반기를 지나자 사단들이 제때가 얼마안남은 줄 알고 극성을 부리게 될 후반기에 접하게 되었다.(살후2:3-4, 단9:27)

후반기 3년 반은 선교단절 및 혹심한 환난기에 접하게 된다.(계11:9, 12:6) 창세기로부터 지금까지 이런 환난이 없겠고 후에도 없겠다고 주님이 말씀하셨다.(마24:21) 주님이 보시다가 택한 자들을 구원시키시려고 그 날을 감해주시고 만약 주님이 감해주시지 않으면 구원 얻을 자 없다고 했다.(마24:22)

단9장 24절에 70이레 정한 기한부터 여섯까지 양상이 나타난다고 기록해 주고 있다. 1)허물이 마치며 2)죄가 끝나며 3)죄악이 영속되며 4)영원한 의가 드러나며 5)이상과 예언이 응하며 6)지극히 거룩한 자가 기름부음을 받는다는 것이다.

여기 1),2)번은 현재 죄로 저주받은 세계질서가 종국을 맞을 것을 뜻하며 3)번은 죄인을 위한 구속의 대가가 치러질 것이며 4)번은 하나님의 나라가 지상에서 그물이 바다를 덮음같이 온 세상이 영원히 의로 가득 차게 될 것이며 5),6)은 지극히 거룩한 자(예수그리스도)가 엄숙하게 기름부음 받고서(십자가 부활 후)알 수 없는 기간을 지난 후 7년 대환난을 지나 주님이 공중에 재림하고 다시 이 지상에 임재하여 천년 왕국을 세운다는 뜻이다.

카일(Keil)은 이 여섯 가지 언급을 사도 요한이 밧모 섬에서 본 환상대로 하나님이 그들과 함께 거하시고 그들이 그의 백성이 되며 그가 그들의 하나님이 되시므로 사람과 함께하는 하나님의 성막을 가리키는 것으로 보았다.(계21:1-3)

따라서 이 예언은 그리스도의 사역을 가리키는 것으로 그가 우리 죄를 위해서 죽으려고 오셨으며 그를 통해서 우리는 죄에 대해서는 죽고 의의 새 생명으로 살아나게 된다.(롬6:2,18)또 그리스도를 통하여 이런 일이 성취되었으므로 은혜가 의로 사람을 다스리며 우리 주 예수그리스도를 통한 영생을 누리게 된다는 것이다.(롬5:21)

뿐만 아니라 이상과 예언이 응한다. 그것은 그가 하나님의 마지막 말씀이시며(히1:1) 그 안에서 하나님의 약속들이 예가되고 아멘으로 하나님께 영광을 돌리게 된다.(고후1:20) 지극히 거룩한 자가 기름부음을 받는다는 말씀 역시 예수께서 지성소로 설명된 모든 것을 채우신다는 것이다.

요한복음은 그가 육체로 오셔서 우리 안에 거하신다고 했고 우리가 그의 영광을 보았다고 하였다. (성막에서 나타났던 하나님의 진리와 영광 요1:14) 더 나아가서 그가 우리 대제사장으로서 우리를 위해서 기도하시기 위해 그의 아버지의 존전으로 들어가셨다고 말씀한다.

또 그들을 위하여 내가 나를 거룩하게 하신다고 하셨다.(요17:19) 예수님 자신이 지극히 거룩하셨고 거룩하시다. 따라서 이 예언의 핵심은 예수그리스도의 초림과 그가 오셔서 이루실 구주의 사역에 있다고 할 수 있다.

이제 70이레가 가르치고 있는 의미와 기간 그리고 이 사건이 우리에게 무엇을 주고 있는가? 아처가 지적한대로 이 70주간의 예언은 기독교 교회 전체의 모든 교파의 연구가들과 학자들에 의하여 가장 광범위하게 토의하고 연구되고 있으면서도 가장 어려운 난제 중에 난제인 것이다.

여기서 에드워드 영(Young) 박사의 70이레에 대한 네 가지 학파에 대한 해석을 소개하기로 하고 그 후에 더 자세한 내용을 설명해 보기로 합시다.

1) 전통적인 메시아 해석

이 견해는 70이레의 예언들이 그리스도의 재림, 특히 그의 죽음과 예루살렘 멸망에서 그 정점을 이룬다고 주장한다. 어거스틴이 그 첫해석자요 푸세이(Pusey), 라잇(Wright) 그리고 윌슨(Wilson)이 이 학파에 속하는데 에드워드 영 박사도 이 해석을 지지한다.

2) 자유주의 적인 해석

이 견해는 70이레는 안티오쿠스 에피파네스(Antiochus Epiphnes) 시대와 마카비(Macabbes)하에서 그의 패배의 기간을 기술하고 있는 예언일 뿐이라고 한다. 끊어진 메시아는 안티오쿠스의 방어를 위해 살해된 대제사장 오니아스(Onias)와 동일시한다.

3) 기독교회의 해석

이 견해에서 70이레는 정확한 해의 숫자가 아니라 메시아의 초림과 죽음, 유대인을 귀환시킨 고레스의 칙령과 적그리스도의 때 그리고 종말에 그의 멸망의 때 사이의 기간을 포함하는 상징적인 수로 이해하고 있다.

4) 괄호( )적인 해석

이 견해는 70이레는 7이레와 62이레로 나누이며 마지막 7은 정해지지 않은 괄호()에 의해 그 나머지에서 분류된 것이다. 69이레는 메시아의 초림과 죽음 그리고 예루살렘의 멸망을 포함한다. 마지막 7은 시대의 끝에 있을 적그리스도의 시기이다. 괄호적인 해석은 세대주의 해석이다.

여기서 '이레' (sabu)란 말은 일곱이라는 말 '세바' (seba)에서 파생되었다. 이 말의 정상적인 복수는 그 형태에 있어서 여성명사 '세부돗' (sebuot)이다. 그런데 오직 다니엘서의 여기서만 이 단어가 남성 복수인 '사부임' (sebuim)으로 쓰였다. 따라서 70이레는 70개가 7번 있는 날이라기보다는 그 만큼의 해를 의미한다. 그래서 전체는 490년이 된다고 본다.

그런데 만일 페르시아왕 아닥사스다 왕의 술 맡은 관원으로 있었던 느헤미야가 그왕 20년에 예루살렘의 중건을 허락받았다고 한다면(느 2:1-4) 그의 통치20년은BC.454년이다. 그리고 7+62 이레는 69이레이나 483년이 된다. 따라서 우리는 AD.29이라는 햇수에 이르게 된다.(483-454= 29년)

이 해수가 예수님의 사역의 정점이 된다. 그해 봄에 예수님은 기뻐 환호하는 군중들에 의해 메시아의 왕으로 승리의 예루살렘 입성을 하게 된다.(슥9:9, 마21:5)

그러나 칼빈은 그 계산은 예루살렘으로 포로의 귀환을 위한 고레스왕의 칙령으로 시작해야 되며 이렇게 할 경우 예레미야의 70년에 대한 예언이 다니엘의 70이레와 직접 연결된다고 보았다. 그런데 칼빈은 해의 정확한 수는 그것들이 연대적이기 보다 상징적이므로 그렇게 중요하다고 보지 않았다.

카일(Keil)역시 시간의 측정에서 상징적인 견해를 지지하였다. 따라서 실제적인 그 시기의 기간은 우리 인간의 연구로는 불가능한 것으로 보았다. 그는 70이레는 말세에 그 완성으로 가는 하나님의 나라의 역사를 포괄한다고 주장하였고 에드워드 영은 메시아의 끊김은 69주간만 아니라 70이레도 역시 정점에 이르는 것으로 믿었다.

우리는 여기 나오는 7의 숫자를 류폴드의 견해처럼 하나님의 활동을 의미하는 상징적인 수로 그 작정은 그의 완전히 지혜로우신 섭리에 의한 것이므로 그 기간이 얼마나 오래 일지는 하나님만 아신다.

성경에는 어려운 내용이 적지 않다. 그중에 상당수는 그 설명이 성경안에 들어 있어서 해석이 그리 큰 어려움을 느끼지 않는다. 그러나 말세에 있을 사건이나 상징적인 숫자에 대해서는 우리의 제한된 지혜로 다 풀 수 없는 것들이다. 우리는 그것들이 성취될 때까지 기다려야 하는데 그 이유는 그것들이 하나님의 지혜에 속하기 때문이다.

단9:27의 "제사와 예물 '의 언급은 천년왕국 통치기간에 예수그리스도께서 통치기간 다윗의 보좌에서 다스리시는 지상의 하나님의 나라와 아마겟돈 전쟁이전에 마지막 7년 대환난이 시작할 즈음에 명백한 성전과 제단이 성전 산에 먼저 하나의 상징으로 세워질 것을 전제한다.

끝으로 참고로 밝히자면 이 70이레의 예언은 다니엘서의 여러 예언(묵시)들 중에서도 여타 예언(묵시)들이 전반적으로 역사전개의 각 단계의 세부 양상에 치중한 반면 이는 예수그리스도의 구속사역의 진행상태를 기준으로 한 구속전개의 기본패턴(Pettern) 즉 구속사의 각 단계의 시대구분 자체에 치중하고 있는 독특한 예언이라고 본다.

2007. 9. 16.

"70이레 예언은 성경예언 중 69이레는 이미 이루어졌고 알 수 없는 중간기를 거처 이제 막바지 1이레만 남은 것이 7년 대환난이라고 본다. 7년 대환난의 전후반 3년 반씩 나누어졌는데 전반기는 이미 지났고 후반기에 돌입한 이때 주님의 재림의 때가 가까웠음을 여러 징조를 보고 알 수가 있다.

단9:24에 1)허물이 마치며 2)죄가 끝나며 3)죄악이 영속되며 4)영원한 의가 드러나며 5)이상과 예언이 응하며 6)지극히 거룩한 자가 기름부음을 받는다. 카일은 이 여섯 가지 언급은 사도요한이 밧모섬에서 본 환상대로 하나님이 우리와 함께하시고 우리가 그의 백성이 되게 하시기 위한 하나님의 성막을 가리키는 것으로 보고 있다.

70이레의 네 학파견해 ①전통적인 메시아 예언으로 해석하고 ②자유주의적인 해석으로는 메시아보다 안티오쿠스 에피파네스를 기점으로 삼고 ③기독교회 해석은 모든 숫자를 다 상징적인 수로보고 있으며 ④괄호적인 해석은 세대주의자들 해석으로 7주를 (　)안에 의해 분류한다. 그리스도를 기점으로 숫자는 상징적으로 본다."

Q "본문의 예루살렘성전 모독 사건예언이 안티오쿠스 에피파네스의 예언인가?"

단 11:31

A "군대는 그의 편에 서서 성소 곧 견고한 곳을 더럽히며 매일 드리는 제사를 폐하며 멸망케 하는 미운 물건을 세울 것이며"(단11:31)

본문은 헬라제국의 제4대 분할왕국중 하나인 시리아왕국의 셀류크스 왕조의 제8대왕인 안티오쿠스 4세 에피파네스(Antiochus Ⅳ. Epiphnes BC.175-163년)가 예루살렘성전을 모독할 사건을 다니엘이 약 400년 후의 사건을 예언하여 기록해 둔 것이다.

이는 역사적으로는 유대를 독립시킨 마카비혁명(BC.166년)의 기폭제가 된 것으로 그 의의가 참으로 큰 것이다. 또한 구속사적으로 볼 때 이는 종말에 적그리스도가 자신을 하나님이라 칭하면서 성전에 "멸망의 가증한 것"(마24:15)을 세우고 하나님을 대적하여 모독할 것에 대한(살후2:4) 예표적 사건으로도 그 의의가 큰 사건이었다.

따라서 비록 본문은 본 사건이 실제로 발발하기 약400년 전에 다니엘에 의해 주어진 예언이지만 이 사건을 살펴보는 것은 일차적으로 다니엘의 예언이 얼마나 정확하게 성취되었는가를 확인케 하는 것이며 나아가 말세에 등장할 적그리스도에 대한 분명한 경계가 되게 하는 우리를 위해 주신 예언이기도 하다.

안티오쿠스 4세 에피파네스는 인티오쿠스Ⅲ세의 셋째아들로서(Antiochus Ⅲ. BC.242-187년) 그의 형 셀류쿠스 4세 피로파토르(Seleucus Ⅳ. Philopator BC.187-175년)의 뒤를 이어 셀류쿠스왕조 제8대왕으로 즉위했다.

에피파네스는 왕이 되기 전에 14년 동안 로마에 인질로 잡혀있었다. 그 이유는 그의 부친 안티오쿠스 3세가 BC.190년 카르타고의 장군인 한니발(Hannibal)과 연합하여 로마와 벌린 서머나 전투에서(Smyrna) 크게 패한 후에 그를 볼모로 내주었기 때문이다.

그런데 에피파네스는 로마에서 14년 동안 살면서 헬라문화에 깊이 심취했던 것으로 보인다. 때문에 그는 왕이 된 후에 정치, 경제적으로 매우 불안정한 상황을 바로잡고 정치적 파벌싸움을 잠재우기위하여 강력한 헬라파 정책을 추진하였다.

그리고 나아가 그는 올림피아의 제우스(Zeus)신상의 모습을 따서 자신의 우상을 만들고 백성들로 하여금 숭배하게 하였다. '에피파네스' 라는 이름은 '명백히 나타난 신' 이라는 의미의 헬라어 '데오스 에피파네스' 에서 따온 것으로 자신을 신격화하기 위한 것이었다. 사람들은 그에게 '에피마네스' (Epimanes)라는 별명을 붙여주었는데 그것은 '미친 놈', '정신병자' 라는 뜻이다.

에피파네스가 예루살렘성전을 모독하게 된 근본원인은 그의 헬라화 정책에 있었다. 에피파네스는 왕위에 즉위하자마자 시리아 왕국은 물론 유대지역까지도 장악하여 강력한 헬라화정책을 추진했다.

그는 애굽의 프톨레미왕조와 가까운 유대의 대제사장 오니아스3세(OniasⅢ.)를 몰아내고 자신의 헬라화정책을 적극지지하는 야손(Jason)을 대제사장에 앉혔다. 그러다가 다시 유대인들의 종교적 결속을 와해 시키기위하여 야손을 몰아내고 제사장 아론의 혈통도 아닌 베냐민지파 사람인 메델라우스(Memelaus)를 대제사장으로 세웠다.

그러던 중에 BC.170년 에피파네스는 이집트를 침공하게 되었다. 이것은 당시 이집트왕국의 왕인 프톨레미6세 필로메토르(Ptolemy Ⅵ. Philomentor)가 과거 안티오쿠스3세에게 빼앗긴 코델레시리아(Coele-Syria) 땅을 되찾으려고 전쟁을 준비한다는 사실을 에피파네스가 미리 알고 선제공격을 했던 것이다.

이 전쟁에서 에피파네스는 이집트를 완파하여 이집트를 맴피스(Memphis)와 알렉산드리아(Alecsandria)를 중심으로 양분하여 프톨레미6세의 동생인 프톨레미7세 피스콘(Ptolemy Ⅶ. Piscon. BC.170-117)을 또 다른 왕으로 세워 두 정부가 서로 경쟁하도록 만들어 놓고 본국으로 귀환하였다.(25-27절)

그후 1년 뒤인 BC.169년에 이집트의 두 형제왕은 에피파네스에게 대항하기 위하여 연립왕정을 수립하게 되었다. 이에 에피파네스는 재차 이집트 정복에 나서게 되는데(28절) 먼저 프톨레미6세가 다스리는 맴피스를 정복하고 7세가 다스리는 알렉산드리아를 점령하기 직전에 이집트에서 철수하라는 로마원로원의 최후통첩을 받게 되었다.

로마에서 인질로 14년 동안 살았던 그는 로마제국의 막강한 군사력을 보아왔기 때문에 감히 그 최후통첩에 항거하지 못하고 철수하지 않을 수 없었다.(29절)

그리고 철군하는 길에 시리아와 로마사이의 완충지역에 있는 유대의 충성을 확보해 두기위하여 유대지역에 이전에 비할 수 없을 정도의 강력한 헬라화정책을 시행하게 되었다.(30절)

유대에 대한 에피파네스의 헬라와 정책의 제1목표는 유대교를 말살하고 헬라화 종교를 그 지역에 심은 것이었다. 이에 에피파네스는 2만2천의 군대를 파견하고 유대인들이 안식일에는 싸우지 않는 것을 이용해 안식일에 예루살렘을 공격하게 했다. 이로 인해 예루살렘은 대부분 약탈당하고 불태워졌으며 많은 사람들이 죽고 여자와 아이들은 노예로 붙잡혀 갔다.

그리고 BC.167년에는 드디어 유대인들이 조상대대로 지켜오던 율법 준수를 금지하기에 이르렀다. 즉 안식일 준수, 절기 시에 행하는 축제, 번제, 제사, 어린아이의 할례 등을 금지시켰다. 그리고 율법서(Torah)를 모두 불태우며 성전제단에서 부정한 제물로 우상을 숭배하게하고 유대인들에게 돼지고기를 먹도록 강요했다.

그리고 이 가운데 어느 하나라도 어기는 자는 누구를 막론하고 가차없이 사형에 처하게했다. 이 같은 가증스러운 행위가 절정에 이른 것은 BC.167년 12월 16일이었다. 성전에 제우스 신상이 세워지고 번제 단위에 돼지고기가 제물로 바쳐졌다.

그리고 이 같은 제사를 매월 25일에 지내게 했는데 이날은 에피파네스의 생일이었다. 결국 유대인들로 하여금 에피파네스 자신을 위해 제우스 신상 앞에서 제사를 드리게 한 셈이다.

그러나 이것은 에피파네스의 크나큰 실책이었다. 그는 유대인들의 종교성을 전혀 이해하지 못했다. 또 그는 유대인들의 종교적 전통이 마치 이집트와 밀접한 연관이 있는 것으로 생각하여 무조건 독단적으로 이를 폐지하고 헬라화 시키도록 했는데 이는 유대인들의 감정을 극도로 자극한 것이 되었고 결국 마카비혁명이라는 유대독립전쟁의 도화선에 불을 붙인 셈이 되고 말았다.

다니엘의 예언대로 BC.167년 에피파네스에 의해 예루살렘 성전이 더럽혀지는 사건이 역사적으로 발생했다. 이처럼 다니엘에 의해 성전 모독 사건이 예언되고 이것이 역사적으로 분명히 성취된 사실은 비록 표면적으로 볼 때 역사가 마치 권력을 가진 이 세상의 악한 세력에의해 좌지우지되는 것처럼 보이나 실상은 그 배후에 하나님의 특별한 섭리의 손길이 작용함을 증거 하는 것이다.

또한 이러한 에피파네스의 성전 모독사건은 궁극적으로 세상 끝날 적그리스도가 하나님의 신성을 모독하고 도전할 것을 예표하는 것인바 그러한 적그리스도의 모독도 하나님이 힘이 없어서 가만히 보고만계시기 때문이 아니라 이 세상에 죄악이 관영하여 최종심판 하실 날까지 잠정적으로 허용하심 때문이며 이에 성도들은 결코 놀라거나 의아해할 필요가 없음을 교훈하는 것이다.

이처럼 모든 역사가 하나님의 절대주권아래 있음을 깨달을 때 우리 성도들은 환난 가운데서도 오히려 소망 중에 주님을 찬양하는 역동적인 신앙생활을 할 수 있을 것이다. 주님의 예언은 반드시 이루어진다. 주님 예언 중에 아직도 이루어지지 않은 것은 단 한가지뿐이다.

주님 재림하셔서 우리가 천국 갈 예언이다. 지금까지 수천 년 전 예언 수백 년 전 예언 수백 가지 다 이루어졌으니 하나 남은 것도 이루어질 것 믿고 소망 가운데 살자."

2007. 9. 17.

"단9장의 예언들도 조목조목 다 그대로 이루어졌다. 본문에서 대표적인 것은 예루살렘성전에 제우스 신상을 세우고 제사제물을 가증한 것으로 바꾸고 율법 책을 다 불태우며 이런 예언을 다니엘이 400년 전에 했지만 역사적으로는(BC.175-163년) 에피파네스를 예언한 것이다.

다른 종교는 말살정책에 의해 없어질 수 있으나 하나님의 나라는 영원토록 영존하기 때문에 모독하고 핍박하는 그 어떤 세상권력도 지금까지 종속된 정권이나 나라가 존재하지 않고 있다. 결국 다 망하고 만다. 하나님이 힘이 없어 당하는 것이 아니라 참 성도와 가짜성도를 구별해 내시기 위한 하나님의 섭리이다.

예루살렘성전 모독사건으로 유대에선 마카비혁명이라는 유대독립 전쟁으로 비화되어 대승하므로 독립을 이루어 냈으나 얼마 못가서 로마의 침공으로 다시 로마의 식민 지배를 받게 되었고 그 후 예수님도 탄생하게 된다. 하나님은 세계 역사를 구속사위주로 주관해가시고 성도에겐 복 주시려고 불신자들은 망하게 하시려고 모든 역사를 이끌고 가신다. 교회나 하나님 모독은 철저히 망하기 직전의 발악으로 보고 참고 이겨내자."

구약성경의 분류

<table>
<tr><th colspan="3">기독교식 분류</th><th colspan="3">히브리식 분류</th></tr>
<tr><td colspan="2" rowspan="5">모세 오경</td><td>창세기</td><td>창세기</td><td colspan="2" rowspan="5">율법서 (Torah)</td></tr>
<tr><td>출애굽기</td><td>출애굽기</td></tr>
<tr><td>레위기</td><td>레위기</td></tr>
<tr><td>민수기</td><td>민수기</td></tr>
<tr><td>신명기</td><td>신명기</td></tr>
<tr><td colspan="2" rowspan="9">역사서</td><td>여호수아</td><td>여호수아</td><td rowspan="4">전기 예언서</td><td rowspan="19">예언서 (Nebim)</td></tr>
<tr><td>사사기</td><td>사사기</td></tr>
<tr><td>룻기</td><td>사무엘 상·하</td></tr>
<tr><td>사무엘 상·하</td><td>열왕기 상·하</td></tr>
<tr><td>열왕기 상·하</td><td>이사야</td><td rowspan="15">후기 예언서</td></tr>
<tr><td>역대기 상·하</td><td>예레미야</td></tr>
<tr><td>에스라</td><td>에스겔</td></tr>
<tr><td>느헤미야</td><td>호세아</td></tr>
<tr><td>에스더</td><td>요엘</td></tr>
<tr><td colspan="2" rowspan="5">시가서</td><td>욥기</td><td>아모스</td></tr>
<tr><td>시편</td><td>오바댜</td></tr>
<tr><td>잠언</td><td>요나</td></tr>
<tr><td>전도서</td><td>미가</td></tr>
<tr><td>아가서</td><td>나훔</td></tr>
<tr><td rowspan="17">선지서</td><td rowspan="5">대선지서</td><td>이사야</td><td>하박국</td></tr>
<tr><td>예레미야</td><td>스바냐</td></tr>
<tr><td>애가</td><td>학개</td></tr>
<tr><td>에스겔</td><td>스가랴</td></tr>
<tr><td>다니엘</td><td>말라기</td></tr>
<tr><td rowspan="12">소선지서</td><td>호세아</td><td>욥기</td><td rowspan="3">시서</td><td rowspan="12">성문서 (Kethubim)</td></tr>
<tr><td>요엘</td><td>시편</td></tr>
<tr><td>아모스</td><td>잠언</td></tr>
<tr><td>오바댜</td><td>아가</td><td rowspan="5">오축</td></tr>
<tr><td>요나</td><td>룻기</td></tr>
<tr><td>미가</td><td>애가</td></tr>
<tr><td>나훔</td><td>전도서</td></tr>
<tr><td>하박국</td><td>에스더</td></tr>
<tr><td>스바냐</td><td>다니엘</td><td rowspan="4">역사서</td></tr>
<tr><td>학개</td><td>에스라</td></tr>
<tr><td>스가랴</td><td>느헤미야</td></tr>
<tr><td>말라기</td><td>역대기 상·하</td></tr>
</table>

평신도를 위한 성경 난해구절 해설 시리즈 및 기타서적

구분	서 명	책 명	출간유무 출간예정년도	성 경 분 류
1권	모세오경	그림자를 따라가보니	완 간 2001년 12월	(5권 187장) P 351 창. 출. 레. 민. 신.
2권	역사서	하나님의 발자국을 보노라면(상)	완 간 2005년도	(8권 212장 중) P 470 수. 삿. 삼상. 삼하.
3권		하나님의 발자국을 보노라면(하)	완 간 2005년도	(8권 212장 중) P 484 왕상하. 대상하. P 522
4권	시가서	하나님을 노래한 예술작품을 보니 I	완 간 2007년도	(3권 223장) P 523 욥. 시. 잠.
5권	성문집	하나님을 그린 예술작품을 보니 II	완 간 2007년도	(8권 74장) P 568 스. 느. 에. 단. 가. 룻. 전도. 렘애.
6권	예언서	하나님이 알려주신 것을 열어보니(상)	완 간 2006년도	(15권 223장 중) P 482 사. 렘.
7권		하나님이 알려주신 것을 열어보니(하)	완 간 2006년도	(15권 223장 중) P 544 겔. 12소선지서.
8권	사복음서	네 제자가 그린 예수님의 초상화	완 간 2002년 11월	(4권 89장) P 460 마. 막. 눅. 요
9권	바울서신	사도바울이 그린 예수님의 초상화(상)	완간 2003년 7월	(13권 81장 중) P 362 롬. 고전.
10권		사도바울이 그린 예수님의 초상화(하)	완간 2003년 12월	(13권 81장 중) P 388 고후, 갈, 살전후, 엡, 빌, 골, 몬, 딤전후, 디도
11권	공동서신	여러 제자들이 그린 예수님의 초상화(상)	완간 2004년 7월	(10권 84장 중) P 459 행. 히.
12권		여러 제자들이 그린 예수님의 초상화(하)	완간 2004년 12월	(10권 84장 중) P 498 약. 벧전후. 요1,2,3. 유. 계시록.
13권	교회개혁 시리즈	한국교회는 개혁되어야 다시 산다(상)	완간 2000년 12월	P 247
14권	교회개혁 시리즈	한국교회는 개혁되어야 다시 산다(하)	2009년도 예정	
15권	설교집	믿음과 감사가 너를 구원하였으니	2010년도 예정	
16권	회고록	달려온 발자국을 뒤돌아 보니	2011년도 예정	

* 위의 성경분류는 편의상 나누어 놓은 것임.
* 문서선교에 협조하실 분은 송금해 주십시오. 〈농협 172161-52-009281 (이병삼)〉
* 저자주소: 인천광역시 남구 주안5동 18-21 신일교회 (우) 402-836

평신도를 위한 성경난해구절 해설 시리즈 ⑤

하나님을 그린 예술작품을 보니 II

[성문서]

2007년 11월 10일 1판 1쇄 인쇄
2007년 11월 20일 1판 1쇄 발행

지은이 ● 이 병 삼
발행인 ● 김 수 관
발행처 ● 도서출판 영 문

등록 / 제 03-01016호(1997. 7. 24)
주소 / 서울시 은평구 역촌동 10-82
전화 / (02) 357-8585
FAX / (02) 382-4411
E-mail • kskym49@yahoo.co.kr

ISBN 978-89-8487-231-8 04230

값 16,000원